GOTTES
WORT
IM KIRCHENJAHR
2023

GOTTES WORT

IM KIRCHENJAHR
2023

**DAS WERKBUCH
FÜR VERKÜNDIGUNG
UND LITURGIE**

LESEJAHR A – BAND 3
DIE ZEIT NACH PFINGSTEN

echter

Imprimi potest: Mainz, den 28. Februar 2023
P. Felix Rehbock OMI, Provinzial

Herausgegeben im Auftrag der Mitteleuropäischen Ordensprovinz
der Oblaten der Makellosen Jungfrau Maria
von P. Christoph Heinemann OMI
Merkurweg 21 · D-55126 Mainz · E-Mail: heinemann@oblaten.de
Gegründet 1939 von Bernhard Willenbrink OMI †

Redaktion: P. Christoph Heinemann OMI (verantwortlich)
Maria-Theresia Brantzen · Dr. Maximilian Röll ·
Kristina Unger

Redaktionsbeirat: Prof. Dr. Thomas Hieke
Ordinariatsdirektorin Stephanie Rieth · Pfarrer Tobias Schäfer · P. Jens Watteroth OMI

Die Tagesgebete wurden mit Erlaubnis der Ständigen Kommission für die
Herausgabe der gemeinsamen liturgischen Bücher im deutschen Sprachgebiet
dem Messbuch für die Bistümer des deutschen Sprachgebietes entnommen.
Das Deutsche Liturgische Institut erteilte für die aus „Wort-Gottes-Feier"
entnommenen Perikopenorationen die Abdruckerlaubnis.

Verlag: Echter Verlag GmbH · Dominikanerplatz 8 · D-97070 Würzburg,
Telefon 0931/66068-0 · Telefax 0931/66068-23 · E-Mail: info@echter.de
Internet: www.echter.de · www.echter.de/gottes-wort-im-kirchenjahr/

Druck und Bindung: Friedrich Pustet · Regensburg

Bezugspreise:
Band 1+2/2023: je 19,00 EUR (D) · 19,60 EUR (A)
Band 3/2023: 23,00 EUR (D) · 23,70 EUR (A)
Jahresabo: 54,00 EUR (D) · 55,60 EUR (A)
jeweils zuzüglich Versandkosten

GOTTES WORT IM KIRCHENJAHR ist auch digital erhältlich:
www.echter.de/gottes-wort-im-kirchenjahr/

Zu beziehen durch alle Buchhandlungen oder direkt beim Verlag.
Abonnementkündigungen sind nur zum Ende des jeweiligen Jahrgangs möglich.

Auslieferung: Brockhaus/Commission, Kreidlerstraße 9, D-70806 Kornwestheim.
Auslieferung für die Schweiz: AVA Verlagsauslieferung AG, Centralweg 16,
CH-8910 Affoltern am Alibs.
Auslieferung für Österreich: Mohr Morawa Buchvertrieb GmbH, Sulzengasse 2,
A-1232 Wien.

ISBN 978-3-429-05830-2

Eine Stunde bei uns selbst

Zu den Sonn- und Festtagen (A)

Dreifaltigkeitssonntag · 4. Juni 2023

Fronleichnam · 8. Juni 2023

Zehnter Sonntag · 11. Juni 2023

Elfter Sonntag · 18. Juni 2023

Zwölfter Sonntag · 25. Juni 2023

Gottesdienstmodelle

Zu besonderen Gelegenheiten

Verzeichnisse

Auf ein Wort unter uns

Liebe Mitbrüder,
liebe Haupt- und Ehrenamtliche in Liturgie und Verkündigung!

Vor einigen Monaten haben wir in den sozialen Medien gefragt, was für Zuhörer eine gute Predigt ausmacht. Ein Teil der Antworten betraf den persönlichen Glauben der Predigerinnen und Prediger. Manche der dort formulierten Wünsche sind eine echte Herausforderung, etwa wenn es heißt: *„Eine gute Predigt ist es dann, wenn man bei denen, die predigen, spürt, dass in ihnen Feuer ist. Wenn man das Gefühl hat, dass sie voll und ganz hinter Christus stehen. Das gibt mir das Gefühl, da werden nicht nur ein paar Worte gesagt, sondern da spricht irgendwo der Heilige Geist."* Oder dann, wenn die *„eigene Begeisterung"* des Predigenden auch noch *„ansteckend"* wirken soll, wie sich jemand wünscht.

Es geht aber nicht nur um eine punktuelle Begeisterung während des Gottesdienstes, das macht der zweite geäußerte Wunsch deutlich. Die Worte der Predigt sollen eine Wirkung entfalten. So fordert es eine Nutzerin, die von einer guten Predigt erwartet, *„aus der Frohen Botschaft Kraft schöpfen und für den Alltag gute Gedanken mitnehmen"* zu können.

Ich weiß nicht, wie es Ihnen mit solchen Wünschen geht. Mich machen sie etwas kleinlaut. Ich glaube, ich bemühe mich, nur das zu verkündigen, hinter dem ich auch stehe. Ich hoffe, dass meine Auslegung der Frohen Botschaft den Zuhörenden guttut und sie stärkt. Ob mir das gelingt, müssen andere entscheiden. Ganz sicher gibt es viele Tage, an denen ich nicht mit einer ansteckenden Begeisterung gesegnet bin. Aber auch dann kann die Predigt nicht einfach ausfallen. Wie also umgehen mit der „Zumutung" einer Predigt? Dazu hat sich Maximilian Röll in seinem Beitrag „Predigten deuten" Gedanken gemacht. Sie finden ihn auf den folgenden Seiten.

Ich hoffe, dass der aktuelle Band von GOTTES WORT IM KIRCHENJAHR Ihnen eine praktikable Hilfe bei der Vorbereitung von Verkündigung und Liturgie ist. Dass wir dabei immer alle Wünsche erfüllen können, wage ich zu bezweifeln. Das gilt für alle, die Gottesdienste vorbereiten, genauso wie für ein Team, das ein Werkbuch zu erstellen versucht. Bei aller Unzulänglichkeit mag uns trösten, dass wir nicht alleingelassen sind, wenn wir die Frohe Botschaft verkündigen. Vielleicht hilft Ihnen ja auch dieses pfingstliche Gebet:

Ewiger Gott, du hast den Aposteln
den Heiligen Geist gesandt.
Gib auch uns diesen Geist der Liebe,
damit wir vor allen Menschen treue
und glaubwürdige Zeugen deiner Botschaft werden.

Mit herzlichen Grüßen aus dem Oblatenkloster in Mainz
Ihr P. Christoph Heinemann OMI

Predigten deuten

Predigen ist eine Zumutung. Dieser Gedanke beschleicht einen nicht nur, wenn man sonntags eine schlechte Predigt hört. Es ist ein allgemeines Problem. Denn die Predigt richtet sich an Zuhörer, die ihr ausgesetzt sind, ohne ihr im Moment entkommen zu können. Wem das Fernsehprogramm gerade nicht zusagt, der schaltet um; aber man kann sich ja in der Kirche schlecht die Ohren zuhalten. Auch eine unmittelbare Reaktion ist nicht mehr vorgesehen. In Zeiten der alten Kirche konnte die Homilie ein lebendiger Dialog sein: Da antworteten die Gläubigen mit Zurufen, Äußerungen der Zustimmung, der Ablehnung und der Verwunderung, zum Ende der gelungenen Predigt gab es auch mal Applaus.[1] Das ist heute nicht mehr vorgesehen. Die Predigt richtet sich also an Menschen, die ihr nicht entkommen können. Wenigstens in der Theorie richtet sie sich auch an Adressaten, die verpflichtet sind, ihr zuzuhören, zumindest, soweit sie Teil des Sonntagsgottesdienstes ist.

Die Predigt ist also eine Zumutung für die Zuhörer; sie ist es aber auch für den Prediger. Denn er soll ja die Gläubigen nicht nur beschallen. Die Predigt hat die Aufgabe, die Gläubigen zu stärken, ihnen Weisungen, Rat und Trost für das christliche Leben zu bieten, sie zum Glauben zu motivieren und die Lauen für ein engagiertes Christsein zurückzugewinnen.[2]

Was diese Aufgabe noch etwas schwieriger macht: Die Adressaten, das sind eigentlich alle. Im Sonntagsgottesdienst versammelt sich ein Querschnitt der Bevölkerung: Alte und Junge, Hauptschüler und Professoren, mehr und weniger fromme Christen. Sie alle soll der Prediger irgendwie adressieren, keinen durch seine Predigt ausschließen, alle am besten mitnehmen. Auch das ist eine Zumutung.

PREDIGTEN BLEIBEN BEDEUTSAM

Wie können die Beteiligten dieser Zumutung begegnen?

Eine Möglichkeit: Man erträgt sie; die Predigt gehört zum Gottesdienst, auch wenn sie schlecht ist – das kann keine Lösung sein, zumal in einer Zeit, in der Kirche und Christentum sich immer mehr erklären müssen. Predigt erreicht immer weniger Menschen, wird aber wichtiger. Aber die Gesellschaft wird immer stärker nach funktionalen Prinzipien organisiert, ein christlicher Wertekontext in unterschiedlichen Lebensvollzügen verliert sich damit immer mehr. Predigt wird dadurch einer der wenigen Orte, um „die Relevanz der verhandelten (biblischen) Texte für die Lebenswirklichkeit der Rezipierenden aufzuzeigen"[3].

So es nicht als Lösung akzeptiert wird, die Zumutung einfach auszusitzen, welche andere Option gibt es? Der erste Schritt ist an dieser Stelle schon getan: Die Predigt wird als Zumutung erkannt. Als zweiter Schritt soll eine inhaltliche Reflexion des Predigens vorgeschlagen werden. Hierbei soll es darum gehen, wie Muster der Deutung in Predigten erschlossen werden können, die nicht offen zutage liegen, die aber den Inhalt der Predigt prägen, die ja wiederum Deutung der biblischen Texte wie der Welt ist – die Deutungsmuster des Deutens.

Predigten können analytisch in zweierlei Weise verstanden werden: als Selbstäußerungen einzelner religiöser Akteure,[4] aber auch als eine soziale Form, die zwar in einem konkreten Raum realisiert wird, die als soziale Form des Wissens analytisch auch die Fähigkeit zur Selbstauskunft besitzt.

Das hier vorgeschlagene Modell ermöglicht beides; das Ergebnis dieser Unterscheidung ist aber nicht folgenlos, was später noch deutlich wird.

LANGSAMES DENKEN

Zunächst soll es aber genügen, mit Niklas Luhmann gesprochen, Predigten anzusehen als Unterscheidungen eines Beobachters. Unterscheidung wird gedacht als Differenzierung zweier Seiten; der Beobachter kann sowohl als Mensch wie als soziales System verstanden werden. Um also unsere Aufgabe zu erfüllen, müssen wir den Beobachter beobachten, um herauszufinden, welche Unterscheidungen er trifft.[5]

Ein weiterer Gedanke von Niklas Luhmann sei hier als Vorüberlegung aufgegriffen. Die Unterscheidung als Unterscheidung wahrnehmen meint, die Operation auf sich selbst zu beziehen, um auf diese Weise die Grenze der Operation kenntlich zu machen. Anlehnend an George Spencer Brown nennt Luhmann das „re-entry". Dieses re-entry kann aber nicht auf einer beliebigen Seite der Unterscheidung vollzogen werden, sondern nur auf jener Seite, die Anschlussfähigkeit bereithält.[6] Ein Beispiel: Missionsanstrengungen in früheren Zeiten beruhten wesentlich auf der Vorstellung, wer nicht Christ sei, komme nicht in den Himmel. Die Unterscheidung lautete also: Christ/Nicht-Christ. Die Unterscheidung, wer Christ war – mit Luhmann also das re-entry – konnte aber sinnvoll nur auf der Seite Christ getroffen werden.

Diese Präferenz des re-entry bietet für unsere Überlegungen eine beruhigende Verlangsamung des Analyseprozesses an. Denn wir müssen in diesem Schritt weder fragen, ob das aufgefundene Deutungsmuster richtig ist, noch, welche alternativen Deutungen es geben würde, sondern es genügt zunächst, dass die Deutung als Unterscheidung sichtbar wird. Das auf diese Weise verlangsamte Denken bietet dann in einem nächsten Schritt – in unserer Zählung Schritt 3 – die Chance, das vorgefundene Deutungsmuster nach neuen Kategorien zu beurteilen. Das schnelle Denken, das uns so häufig in unseren eigenen Grenzen festhält, wird damit ausgetrickst.[7]

WAS SIND DEUTUNGSMUSTER?

Der Begriff Deutungsmuster ist zuerst von Ulrich Oevermann entfaltet worden. Oevermann begreift Deutungsmuster als „das instrumentelle und kommunikative Handeln steuernde Regeln."[8]

Sie werden von Oevermann als soziale Phänomene aufgefasst; sie entstehen also nicht im Individuum, sondern sind in einer Gesellschaft oder einer Teilgesellschaft allgemein akzeptiert. Oevermann betont, dass der Einzelne nicht notwendigerweise über diese Handlungsregeln auskunftsfähig sein muss. Deutungsmuster generieren vielmehr konkrete Einstellungen und Maximen, aber nicht notwendigerweise ein reflektiertes Bewusstsein derselben. Vielmehr geht Oevermann davon aus, Deutungsmuster seien umso erfolgreicher, je weniger sie exemplifiziert werden, da sie selbstverständlich geworden sind. Deutungsmuster entstehen für Oevermann vor allem, um Krisen zu bewältigen. Relevant ist dabei, dass Deutungsmuster sich nur deswegen etablieren können, weil sie zur Bewältigung der Krise beigetragen haben. Deutungsmuster formulieren also nach Oevermann „die Standards der Geltung, Akzeptabilität und Angemessenheit von Meinungen, Urteilen und Handlungen".[9] Deutungsmuster sind zukunftsweisend: Sie bringen bestehende Interpretationen und neue Erfahrungen in Zusammenhang. Zugleich ermöglichen sie, durch Definition der Situation Sinn zu stiften. So sorgen sie für die Aufrechterhaltung der Handlungsfähigkeit; denn die Sinnstiftung geht dem Handeln voraus.[10]

Besonders erfolgreich ist ein Deutungsmuster dann, wenn es sich als entwicklungsoffen erweist; es entwickelt sich dann in dem Maße weiter, wie die Änderung der Situation es erfordert und insoweit es als konsistent empfunden wird. Ein wesentliches Merkmal von Deutungsmustern sind daher argumentative Inkonsistenzen. Denn rein konsistente Deutungssysteme wären in sich geschlossen. Die Inkonsequenzen öffnen die Deutungsmuster nach außen und machen sie daher entwicklungsfähig.[11]

Schon in dieser Phase der Überlegungen wird der enge Zusammenhang von Deutungsmustern und Predigten deutlich. Deutungsmuster bei Predigten können einmal verstanden werden als: jene Deutungen, welche a) die Predigt leiten, oder b) jene Deutungen, welche die Bepredigten leiten sollen. Um es uns in diesem kurzen Aufsatz leichter zu machen, denken wir beide Perspektiven in eins, was im Sinne des re-entry möglich ist: Die Deutungsmuster, welche die Gläubigen leiten sollen, werden also als Deutungen, welche die Predigt selbst leiten, in den Akt der Unterscheidung hineinkopiert. Die Teilnehmer der Predigt, Hörende und Sprechende, werden als Teile eines Kommunikationssystems von der Umwelt unterschieden.

Oevermann begreift Deutungsmuster als Schemata, die in den Köpfen der Subjekte befindlich sind; das stellt einen gewissen Konflikt da zu seinem Ansatz, Deutungsmuster als soziale Phänomene aufzufassen. Um diesen Konflikt zu überwinden, empfiehlt Oevermann einen tiefenhermeneutischen Ansatz: Seiner Meinung nach müssen mit einem Deutungsmuster zugleich weitere, subjektive Sinnstrukturen erhoben und vom Deutungsmuster abgrenzt werden. Was kompliziert klingt, ist es auch. Die begriffliche wie praktische Abgrenzung der verschiedenen Ebenen lässt sich schwer und auch nur individuell auf den jeweiligen Fall angewandt ermessen. Entsprechend stellt sich die trennscharfe Analyse von Deutungsmustern von Predigten als schwierig heraus, wenn eine Predigt methodisch als individuelle Äußerung eines religiösen Akteurs begriffen wird.[12] Freilich: Wenn auf diese Unterscheidung für den Gebrauch verzichtet werden kann, dann bietet der Ansatz Oevermanns eine gute Analysegrundlage.

DEUTUNGSMUSTER ALS FORMENKATEGORIEN SOZIALEN WISSENS

Die Wissenssoziologie begreift Deutungsmuster als Formkategorie sozialen Wissens. Sie sind damit in der sozialen Welt vorfindbare Strukturen. Damit kann die Wissenssoziologie auf eine tiefenhermeneutische Analyse verzichten. Deutungsmuster werden dann verstanden als „jene kollektiven Wissensbestände, in denen abstraktes Wissen direkt mit Situationsdeutungen und konkreten Handlungsanleitungen verknüpft ist."[13] Deutungsmuster sind dabei nicht mehr in das Belieben der sozialen Akteure gestellt; ihrer ordnenden Kraft unterliegen vielmehr die Medien, die Akteure und ihre Rezipienten gleichermaßen. In diesem Konzept können dann Deutungsmuster vorrangig anhand jener Medien analysiert werden, durch die sie verbreitet werden.

VERBREITUNG VON DEUTUNGSMUSTERN

Deutungsmuster erhalten ihre soziale Gültigkeit primär durch diskursive Verbreitung. Das kann besonders in drei Situationen beobachtet werden: in der alltäglichen Anwendung durch Subjekte, bei der Weitergabe an neue Mitglieder der betreffenden sozialen Gruppe und in der medialen Darstellung.[14]
Die Predigt gehört zum Feld der medialen Darstellung. Werden die im Gottesdienst ausgehandelten Deutungsmuster dabei auch von den Gläubigen im Alltag angewendet, dürfen sie als erfolgreich gelten; als besonders wirkungsvoll wird ein Deutungsmuster aus der Predigt dann angesehen, wenn es an neue Mitglieder weitergegeben wird, etwa in der Kindererziehung oder in der Lehre.

ANALYSE VON DEUTUNGSMUSTERN

Davon ausgehend entwerfen Ina Schmied und Michael Schetsche ein methodisches Vorgehen für eine Analyse:
Diese beginnt mit der Festlegung des abstrakten Erkenntnisinteresses und der Formulierung der konkreten Fragestellung, dann folgt die Festlegung des Materialkorpus; die inhaltliche Bearbeitung beginnt mit der Beschreibung des Wissensumfeldes, in dem sich der Diskurs realisiert; sodann folgt die Identifikation der Akteure, die den Diskurs realisieren und aktualisieren und die Identifikation der Diskursfragmente, in denen das zu untersuchende Deutungsmuster möglichst vollständig verbreitet ist. Die Stichprobe ist dann gesättigt, wenn kein weiterer Erkenntnisgewinn aus dem vorhandenen Material bezogen werden kann.[15]

PRAKTISCHER METHODISCHER VORSCHLAG

In diesem Beitrag konnte gezeigt werden, dass sich Predigten als kirchliche Medien dazu eignen, auf Deutungsmuster hin untersucht zu werden. Es konnte auch gezeigt werden, dass dies sinnvoll sein kann, um mit der Zumutung Predigt umgehen zu können. Freilich, wie soll so etwas praktisch aussehen?
Zum einen können Sie Ihre eigenen Predigten analysieren. Entweder solche, die Sie schon gehalten haben, oder jene, die Sie gerade vorbereiten. Das hat den Vorteil, dass Sie die Gruppe, zu der Sie sprechen oder gesprochen haben, einschätzen können und zugleich auch Ihre eigenen Deutungsmuster ermitteln. Freilich: Selbstreflexion gehört mitunter zu den schwersten Übungen.
Eine Alternative: Nutzen Sie den Ihnen vorliegenden Band von GOTTESWORT.

Eine leitende Fragestellung könnte z. B. sein: Wo gibt es in den zu untersuchenden Predigten Deutungsmuster, die bestimmte Gruppen ausschließen? Fragen wir uns dann: In welche Situation von Kirche wird eine Predigt hineingesprochen?

Sodann: Welche Beiträge möchten Sie bei einem ersten flüchtigen Lesen für die Bestimmungen solcher Deutungsmuster nutzen? Passen diese Predigten zu Ihnen und Ihrer Gemeinde? Wer sind die Autoren, was wissen Sie über diese? Nachdem Sie so den Kontext herausgearbeitet haben, widmen Sie sich den Predigten, die Sie ausgewählt haben: Welche Deutungen sind offensichtlich, die andere ausschließen, wo werden sie verdeckt fortgesetzt? Gibt es Argumente, die in einem anderen Kontext einen ausschließenden Effekt haben? Wichtig ist in diesem Schritt – und deswegen wurde die Frage nach ausschießenden Deutungsmustern gewählt – dass es nicht darum geht, auf die Suche nach dem zu gehen, was aus dem Text entfernt werden soll, sondern zunächst einmal nur diese Deutungsmuster zu identifizieren. Auf diese Weise werden die Grenzen des Systems klar, in dem die Deutungsmuster funktionieren. Es wäre dann ein neuer Schritt zu sagen – zu Beginn als Schritt 3 bezeichnet –, welche anderen Deutungsmuster Sie in dem Text einsetzen wollen und wie sich der Text auf Basis dieser neuen Muster verändert.   *Maximilian Röll*

---

[1] Vgl. Michael Kunzler, Liturge sein. Entwurf einer Ars celebrandi, Paderborn 2009, S. 437.

[2] Vgl. Kunzler: Liturge sein, S. 437.

[3] Zitat nach: Dix, Carolin: Die christliche Predigt im 21. Jahrhundert. Multimodale Analyse einer Kommunikativen Gattung, Wiesbaden 2021, S. 421.

[4] Vgl. Joachim Werz: Ein ABC zisterziensischer Predigt, Erste Beobachtungen anhand der Handschrift 476 zur volkssprachigen Verkündigung der Zisterzienser von Heiligenkreuz in der frühen Neuzeit, in: Joachim Werz (Hg.): Die Lebenswelt der Zisterzienser. Neue Studien zur Geschichte eines europäischen Ordens, Heiligenkreuz 2020, S. 386–411, hier S. 388f.

[5] Vgl. Niklas Luhmann: Die Religion der Gesellschaft, Frankfurt am Main 2018, S. 25.

[6] Vgl. Luhmann: Die Religion der Gesellschaft, S. 25f.

[7] Hierzu immer noch wegweisend: Daniel Kahneman: Schnelles Denken, langsames Denken, München 2012.

[8] Ulrich Oevermann, Zur Analyse der Struktur von sozialen Deutungsmustern. In: Sozialer Sinn (2001) S. 3–33, hier S. 5f.

[9] Oevermann: Zur Analyse der Struktur von sozialen Deutungsmustern, S. 11.

[10] Den Zusammenhang von Sinn und Handlungsfähigkeit hat prägnant wie eindrücklich immer wieder Viktor Frankl beschrieben, vgl. etwa Viktor E. Frankl: Wer ein Warum zum Leben hat. Lebenssinn und Resilienz, Weinheim 2017.

[11] Vgl. Oevermann: Zur Analyse der Struktur von sozialen Deutungsmustern, S. 5–22; S. 525f.; Rolf Arnold: Deutungsmuster. Zu den Bedeutungselementen sowie den theoretischen und methodologischen Bezügen eines Begriffs. In: Zeitschrift für Pädagogik 29 (1983) S. 893–912, hier S. 894–899.

[12] Vgl. Andreas Wernet: Einführung in die Interpretationstechnik der objektiven Hermeneutik, Wiesbaden 2006, S. 18.

[13] Zitat aus: Michael Schetsche, Ina Schmied: Deutungsmuster im Diskurs. Zur Möglichkeit der Intergration der Deutungsmusteranalyse in die Wissenssoziologische Diskursanalyse, in: Zeitschrift für Diskursforschung (2013), S. 24–45.

[14] Vgl. Reiner Keller: Diskursanalyse. In: Roland Hitzler, Anne Honer: Sozialwissenschaftliche Hermeneutik, Stuttgart 1997, S. 309–333, hier S. 316.

[15] Vgl. Schetsche, Schmied: Deutungsmuster im Diskurs, S. 35–41.

4. Juni 2023 · Zur Liturgie

Dreifaltigkeitssonntag (A)

LIEDVORSCHLÄGE

Gesänge zur Eucharistiefeier

Eröffnungsgesang: Gott ist dreifaltig einer (GL 354); *Antwortgesang:* Gepriesen bist du, Herr (GL 616,4); *Ruf vor dem Evangelium:* Halleluja (GL 174,7) mit dem Vers; *zur Gabenbereitung:* Halleluja ... Ihr seid das Volk (GL 483,1–2+4); *Danklied:* Lobe den Herren, den mächtigen König der Ehren (GL 392,1+4–5); *zur Entlassung:* Nun danket alle Gott mit Herzen (GL 405,1–3).

Gesänge zur Wort-Gottes-Feier

Eröffnungsgesang: Nun jauchzt dem Herren, alle Welt (GL 144,1–2+7); *Antwortgesang:* Nun singe Lob du Christenheit (GL 487); *Predigtlied:* Herr, du bist mein Leben (GL 456,1+4); *Danklied:* Singt dem Herrn ein neues Lied (GL 409,1–4).

ERÖFFNUNG

Liturgischer Gruß

Die Gnade unseres Herrn Jesus Christus, die Liebe Gottes, des Vaters, und die Gemeinschaft des Heiligen Geistes sei mit euch / ist mit uns allen.

Einführung

Die Kirche feiert heute in besonderer Weise das Fest der Heiligsten Dreifaltigkeit. Mit jedem Kreuzzeichen bekennen wir uns zur Dreieinigkeit unseres Gottes. Als Vater hat er die Welt erschaffen, als Sohn die Menschen erlöst und als Kraft des Geistes die Gläubigen geheiligt.

Drei Personen in der Einheit – Er ist ein Gott, aber wir Menschen können ihn in ganz verschiedenen Weisen erfahren: Gott-Vater, Gott-Sohn und Heiliger Geist. Gottes Liebe ist unendlich und absolut bedingungslos. Gott verschenkt durch den Sohn im Heiligen Geist überreich seine Liebe an die Menschen.

Doch alles in allem bleibt unser Bild von der Dreieinigkeit Gottes unvollkommen. Es entspricht unseren menschlichen Vorstellungen, die uns helfen können, das Bild Gottes in Spuren zu entdecken.

Kyrie-Litanei

Herr Jesus Christus, du bist vom Vater in die Welt gesandt. Herr, erbarme dich.

Herr Jesus Christus, in dir wird die Liebe des Vaters für die Menschen sichtbar und spürbar. Christus, erbarme dich.

Herr Jesus Christus, durch den Beistand des Heiligen Geistes erfahren wir die immerwährende Liebe Gottes zu den Menschen. Herr, erbarme dich.

Tagesgebet

Herr, himmlischer Vater, du hast dein Wort und deinen Geist
in die Welt gesandt,
um das Geheimnis des göttlichen Lebens zu offenbaren.
Gib, dass wir im wahren Glauben
die Größe der göttlichen Dreifaltigkeit bekennen
und die Einheit der drei Personen
in ihrem machtvollen Wirken verehren.
Darum bitten wir durch Jesus Christus.

ZU DEN SCHRIFTLESUNGEN

1. Lesung: Ex 34,4b.5–6.8–9
Auf dem Berg Sinai offenbart sich der Herr dem Mose. Er ist ein barmherziger
und gnädiger Gott. Er ist langmütig und reich an Huld und Güte.

2. Lesung: 2 Kor 13,11–13
Der Apostel Paulus möchte die Gemeinde in Korinth ermahnen, stärken und
weiter aufbauen. Die grundlegenden Themen des Zusammenlebens werden
erörtert.

Evangelium: Joh 3,16–18
Aus Liebe zu den Menschen schenkt Gott der Welt seinen Sohn.

FÜRBITTEN

Der Herr, unser Gott, er schenkt den Menschen durch seinen Sohn seine Liebe.
Im Heiligen Geist erneuert er unser Leben. So tragen wir unsere Bitten vor
den Herrn.

- Wir beten für die Kirche auf der ganzen Welt und für alle, die sich in ihr en-
  gagieren. Erneuere die Kirche in deinem Geist und führe die getrennten Kir-
  chen zur Einheit zusammen. Gott, unser Vater ...
- Wir beten um den Geist Gottes für alle Christen. Schenke ihnen Freude im
  Glauben und halte den Glauben in unseren Gemeinden lebendig. ...
- Wir beten für alle, die sich für die Bewahrung der Schöpfung einsetzen, und
  für die Vielen, die Verantwortung im Großen und im Kleinen übernehmen.
  Ermutige sie in ihrem Einsatz für die Menschen. ...
- Wir beten für alle, die anderen Menschen mit Respekt und Toleranz begeg-
  nen. Steh denen bei, die in unserer Gesellschaft ausgegrenzt werden und
  ohne Perspektive leben müssen. ...

Dreieiniger Gott, du bist die Hoffnung und die Kraft der Menschen. Durch
deine Liebe schenkst du ein Leben in Vielfalt. Dafür danken wir dir, heute und
alle Tage unseres Lebens und einmal in Ewigkeit.

Zum Vaterunser

„Liebt einander, so wie ich euch geliebt habe" (Joh 15,12).
Zu Gott, unserem Vater, der das Leben der Menschen durch seine Liebe im Heiligen Geist erneuert, beten wir mit den Worten, die Jesus uns gelehrt hat.

Zur Kommunion

Gott hat die Welt so sehr geliebt, dass er seinen einzigen Sohn für uns hingab.

ELEMENTE FÜR DIE WORT-GOTTES-FEIER

Zum Friedenszeichen

Der Friede Gottes ist ein kostbares Gut. Dieser Friede wird uns immer wieder neu geschenkt; ihn wollen wir dankbar annehmen und weiterschenken. Dieser Friede des Herrn sei alle Zeit mit euch / ist alle Zeit mit uns.

Zur Besinnung

Gemeinsames Gebet zur Besinnung „Anbetung des Dreifaltigen Gottes" (GL 7,6).
Anschließend wird der folgende Text vom Vorbeter vorgetragen:

Gestärkt sind wir durch deinen Geist,
gewollt sind wir von deiner Liebe,
getragen sind wir durch deine Nähe,
gestützt sind wir durch dein Erbarmen.

Gehalten sind wir in den Stürmen unseres Lebens,
geborgen sind wir in den Tiefen der Unsicherheit,
geliebt sind wir auf den Wegen des Alltags.

Geleitet sind wir durch dein Wort,
geeint sind wir in der Gemeinschaft der Kirche,
gerufen sind wir an deinen Tisch,
gesandt sind wir als Zeugen deiner Treue.

Als Lobpreis wird GL 670,7 im Wechsel gebetet.

Karsten-Johannes Kruse

Ein Gott des Lebens

Am Dreifaltigkeitssonntag feiern wir nicht irgendeine theologische Definition Gottes oder irgendwelche philosophischen Erkenntnisse in Bezug auf die Realität Gottes. Wir feiern vielmehr, dass Gott die Liebe ist, dass Gott Beziehung ist und dass er uns einlädt, an der Beziehung zwischen Vater, Sohn und Heiligem Geist teilzunehmen.

Im Grunde ist das Angebot Gottes an uns ein ziemlich verlockendes: das ewige Leben. Und der Beginn dieses Lebens soll nicht erst nach dem Tod kommen, sondern bereits hier auf Erden. Gott selbst möchte uns nicht nur einen kleinen Vorgeschmack auf das geben, was uns einst erwartet. Er möchte uns schon hier begegnen und Erfüllung schenken. Gott lädt uns ein, seinem Wirken in unserem konkreten Leben Raum zu geben.

Er selbst hat uns ein Leben geschenkt, in dem wir vieles als gegeben vorfinden. Wir haben uns nicht ausgesucht, wann wir wo und in welcher Familie geboren werden möchten. Wir haben unser Leben einfach erhalten. Gott lädt uns ein, dieses Geschenk anzunehmen, mit allem, was dazu gehört, mit dem Schönen, aber auch mit dem Herausfordernden. Er lädt uns ein, etwas Großes aus diesem geschenkten Leben zu machen.

Und Gott hat noch viel mehr getan, als jedem von uns ein Leben zu schenken: Er hat seinen Sohn gesandt, um die Welt zu retten. Jesus ist für uns gestorben, um uns zu zeigen, dass Gott selbst da, wo wir es für unmöglich halten, gegenwärtig sein will und Leben schenken möchte. Gott steht nicht für Tod und Auflösung, sondern für Leben und Vollendung.

„Wer nicht glaubt, ist schon gerichtet", so heißt es im heutigen Evangelium. Leben ist und bleibt ein Geschenk, eine Einladung Gottes. Er drängt sich nicht auf, er lässt uns selbst die Freiheit, uns für oder gegen ihn zu entscheiden. In seiner Liebe hofft er, dass wir uns für ihn entscheiden, denn er möchte keinen von uns verlieren. Das heutige Fest lädt uns ein, tiefer darauf zu vertrauen, dass Gott die Liebe ist. Jesus ist gekommen, um die Vollendung, die Erfüllung anzubieten. Es gibt hier keine Verurteilung von Jesus. Jeder von uns darf (und muss) vielmehr selbst entscheiden, ob er das Angebot Jesu annimmt oder nicht.

Patrick Vey

Gott ist Gemeinschaft

Uns allen ist sehr wohl bewusst, welche Bedeutung die Gemeinschaft hat – im großen Weltgeschehen, aber auch in unserer kleinen, alltäglichen Welt. Das sind zwei Seiten einer Medaille. Eine Gemeinschaft kann einem das Gefühl geben, angenommen zu sein, ein Gefühl der Sicherheit, der Geborgenheit und der Liebe schenken, aber es gibt noch die zweite Seite. Wenn eine Gemeinschaft, in der einer über der anderen bestimmen will und Unterdrückung ausübt, nicht funktioniert, wenn in einer Gemeinschaft die Liebe fehlt, kann diese einen Menschen zerstören, sogar töten. Diese zwei Aspekte der Gemeinschaft erleben wir immer wieder in unseren Familien, Freundeskreisen, bei der Arbeit und als eine Nation und Kultur unter vielen anderen. Wie gut tut uns zu wissen, dass Gott eine Gemeinschaft der Liebe ist und dass wir durch die Taufe daran teilhaben. In dieser Gemeinschaft mit Gott wird unsere Sehnsucht nach einer erfüllenden Liebe gestillt.

JESUS

Der Wortgottesdienst des heutigen Dreifaltigkeitssonntags spricht von der Liebe Gottes zum Menschen. Paulus sagt dazu in der zweiten Lesung: „Die Gnade des Herrn Jesus Christus und die Liebe Gottes und die Gemeinschaft des Heiligen Geistes sei mit euch allen!" (2 Kor 13,13). Der Glaube an den dreifaltigen Gott ist die Besonderheit unseres christlichen Glaubens. Erst im 16. Jahrhundert wurde dieses Fest, das zunächst in vielen Ortskirchen gefeiert wurde, auf die gesamte Kirche ausgedehnt. Warum wird es unmittelbar nach dem Pfingstsonntag gefeiert? Nach Pfingsten wurde die Wahrheit über Jesus und die von ihm befohlene Taufe auf den Namen des Vaters und des Sohnes und des Heiligen Geistes in der ganzen Welt praktiziert. Das heutige Fest schließt somit die Gesamtheit des Heils ab und offenbart einen Teil des Geheimnisses Gottes.

DIE LIEBE DES VATERS

Das heutige Hochfest regt uns dazu an, zu betrachten, wer Gott in drei Personen für uns ist. Wer ist Gott, der Vater? Wir haben den Vater durch Jesus kennengelernt. Im heutigen Evangelium hörten wir: „Gott hat die Welt so sehr geliebt, dass er seinen eingeborenen Sohn gab, damit jeder, der an ihn glaubt, nicht verloren geht, sondern ewiges Leben hat. Denn Gott hat seinen Sohn nicht in die Welt gesandt, dass er die Welt richte, sondern dass die Welt durch ihn gerettet werde" (Joh 3). Der Vater ist anders als der Sohn. Er ist derjenige, der uns richtet – heißt es im Evangelium. Aber in erster Linie ist er für uns ein Vater, ein „Papa". Er richtet nicht wie Richter, sondern wie ein Vater, d. h. er rechtfertigt uns, setzt sich immer für uns ein, um uns zu verteidigen. Er ist kein Großvater, der irgendwo im Himmel auf einer Wolke sitzt und sich über unsere Lebensgeschichte lustig macht. Er beobachtet uns nicht auf einem großen Bildschirm und erfreut sich an unseren Fehlern und Torheiten. Gott, der Vater, hat uns geschaffen, er ist es, der uns die Liebe schenkt, an die uns Jesus heute erinnert: „So sehr hat Gott die Welt geliebt" (Joh 3,16). Gottes Gerechtigkeit ist Barmherzigkeit. Manchmal vergessen wir, dass Gott uns liebt und oft konzentrieren wir uns auf die Tatsache, dass er uns richtet. Gott, der Vater, liebt uns und lädt uns deshalb in sein Haus im Himmel ein, wo wir für immer bei ihm sein werden. Beängstigend? Meiner Meinung nach hoffnungsvoll. Der Grad unseres Glaubens hängt davon ab, wie wir Gott, den Vater, entdecken. Heute dürfen wir in ihm diese Liebe, mit der er zu uns kommt, neu entdecken und annehmen.

JESUS, DER BRUDER

Aber er ist nicht allein. Bei ihm ist Jesus, sein Sohn. Der Vater „gab seinen eingeborenen Sohn, damit jeder, der an ihn glaubt, nicht verloren gehe, sondern ewiges Leben habe" (Joh 3,16). Jesus ist anders als der Vater. Er hat uns erlöst und gerettet, den bösen Geist ein für alle Mal besiegt und bietet uns an, an seinem Sieg teilzuhaben. Er ist es, der uns auf den Weg des Lebens führt, um das Haus des Vaters zu erreichen. Warum? Weil er unser Bruder ist. Er ist die Art von großem Bruder, der sich nicht über unsere Schwächen und unseren Starrsinn ärgert, sondern uns hilft. So wie wir uns in der Familie darauf verlassen können, dass ein Bruder oder eine Schwester uns nicht anlügt oder ausnutzt (wenn die Familie gesund und gut ist), so ist es auch im Glauben. Jesus ist nicht gekommen, um uns auszunutzen, sondern um uns zu helfen. Es lohnt sich, seine Hilfe in Anspruch zu nehmen. Es ist besser, gemeinsam mit jemandem, der vertraut ist, auf schwierigen, unbekannten Wegen zu gehen. Jesus führt uns auf diese Weise durch unseren Lebensweg. Er führt uns wie ein Bruder, in dem wir auch die Liebe des Vaters zu ihm und die Liebe des Vaters zu uns sehen. Diese brüderliche Liebe ist hilfreich, um uns selbst und die Liebe des Vaters zu uns zu entdecken. Wie in der Familie. Wir sehen, wie die Eltern jedes ihrer Kinder lieben, alle Kinder gleich stark, denn wenn es nicht genug Liebe für alle gibt, ist es keine Liebe. Deshalb haben wir Jesus. – Er zeigt uns die Liebe des Vaters.

DER HEILIGE GEIST

Und es bleibt der Heilige Geist, der sich vom Vater und vom Sohn unterscheidet, aber von ihnen kommt. Er ist es, der uns beschützt, der uns die Kraft und die Erkenntnis gibt, uns dem Glauben zu öffnen. Er ist es, der uns fähig macht, die Liebe des Vaters zu empfangen und dem Sohn zu begegnen und ihm zu folgen. Es gibt viele Wunder im Heiligen Geist und die Gaben des Heiligen Geistes, die den Glauben beflügeln. Er ist der Atem unseres christlichen Lebens. Die Heilige Dreifaltigkeit ist so in unserem Leben präsent. Ihn rufen wir an, wenn wir morgens beten, das Kreuzzeichen machen, ihm geben wir die Ehre im Gebet: Ehre sei dem Vater... In ihrem Namen sind wir in die Welt gekommen und in ihrem Namen werden wir in das Haus des Himmels gehen. Aber der Weg ist das Leben des Menschen. Deshalb muss das Leben im Bewusstsein gelebt werden: der Liebe des Vaters zu mir, der Freundschaft und Brüderlichkeit Jesu und der Heiligung durch den Geist. *Florian Wieczorek*

Die göttliche Liebe ist das Geheimnis der Dreifaltigkeit

Wir leben in einer globalen Welt, wir leben mit allen uns gegebenen Möglichkeiten. Unsere deutsche Wirtschaft fußt nicht nur im eigenen Land und in Europa, denn wenn sie wettbewerbsfähig bleiben will, muss sie ihre Arme rund um den Globus ausstrecken. Unsere Urlaubsreisen gehen schon seit vielen Jahrzehnten in alle Kontinente der Weltkugel. Unsere Kultur und die Kulturen auf dem gesamten Erdball begegnen einander schon, seit es Menschen gibt. Unsere Schulen bieten schon seit vielen Jahren nicht mehr nur die traditionellen europäischen Fremdsprachen in ihrem Unterricht an. Heute stehen schon wie selbstverständlich Russisch, Chinesisch, Japanisch und andere Weltsprachen auf dem Stundenplan der Schüler. Selbst die derzeitige Corona-Pandemie schlägt nicht nur uns hier im Land, sondern grassiert weltweit. Die Kommunikation der Weltsprachen bringt uns einander näher, verbindet uns miteinander, lässt uns in Kontakt treten und uns einander auch kulturell verstehen. Aber verstehen wir uns nur sprachlich, grammatikalisch oder verstehen wir uns so, dass wir in ein Miteinander und Füreinander eintreten? Nicht anders ist es in unserer eigenen Muttersprache. Wir hören uns, verstehen Worte, aber verstehen wir auch den inneren Sinn, den Kern dessen, was wir uns tatsächlich mitteilen und sagen wollen? Oft ist dies selbst unter vertrauten und befreundeten Menschen ein schwieriges Unterfangen. Wir verstehen uns und doch verstehen wir uns nicht.

BILDER ZUR ERKLÄRUNG DER DREIFALTIGKEIT

Heute, am Tag der Heiligsten Dreifaltigkeit, feiern wir ein Glaubensgeheimnis, das kognitiv, von unserem Kopf und Verstand her, sehr schwer zu verstehen ist. Rein mathematisch, physikalisch und anatomisch erleben wir dabei einen Reinfall, denn Vater, Sohn und Heiliger Geist sind drei Personen und doch eins. 1+1+1=3, aber dennoch 1! Hier können wir nicht die mathematische Bestätigungsformel „Quod erat demonstrandum" [„Was zu beweisen war"] darunterschreiben. Um uns an die Entschlüsselung der göttlichen Dreifaltigkeit heranzutrauen, brauchen wir Bilder, die uns helfen, uns diesem Geheimnis in seiner Tiefe anzunähern. Schon die Kirchenväter haben zu Symbolen gegriffen, um eine Erklärung zu finden, und haben dennoch sehr schnell gespürt, dass auch diese unvollkommen, täuschend oder gar falsch sein können. Der erste lateinisch schreibende Schriftsteller Tertullian, der im zweiten Jahrhundert in Karthago lebte, versuchte es mit dem Bild vom Baum mit Wurzeln, Stamm und Zweigen. Basilius der Große, ein Bischof und Kirchenlehrer, der im 4. Jahrhundert in Cäsarea lebte, verglich die Dreifaltigkeit mit dem Regenbogen mit Sonne, Sonnenlicht und Farben oder mit den drei Kerzen, die doch ein einziges Licht verbreiten. Zur gleichen Zeit benutzte der heilige Patrick, der Patron Irlands, das dreiblättrige Kleeblatt als Erklärung für die Dreiheit des Vaters, des Sohnes und des Heiligen Geistes als der einen göttlichen Person. Die drei Blät-

ter bilden zusammen ein Kleeblatt: So bilden die drei göttlichen Personen den einen Gott. Der große Kirchenvater Augustinus hat sich im 4./5. Jahrhundert sehr intensiv und spirituell mit dem Geheimnis der Dreifaltigkeit auseinandergesetzt und deutet sie mit Hilfe des Lichtes: „Licht ist der Vater, Licht der Sohn, Licht der Heilige Geist, und doch sind sie zusammen nicht drei Lichter, sondern ein Licht. Deshalb ist Weisheit der Vater, Weisheit der Sohn, Weisheit der Heilige Geist, und doch sind sie zusammen nicht drei Weisheiten, sondern eine Weisheit. Und weil bei Gott sein und weise sein ein und dasselbe ist, deshalb ist Vater, Sohn und Heiliger Geist ein Wesen. Und wiederum: Nichts anderes ist bei Gott das Sein und das Gottsein. Vater, Sohn und Heiliger Geist sind also ein Gott." Und auch der deutsche Dichter Johann Wolfgang von Goethe hat am 31. Oktober 1817 ein Gedicht über die göttliche Trinität verfasst, das auch einen Zugang zum heutigen Fest zulässt. Es heißt darin:
„Der Vater ewig in Ruhe bleibt, / Er hat der Welt sich einverleibt. / Der Sohn hat Großes unternommen: / Die Welt zu erlösen, ist er gekommen. / Hat gut gelehrt und viel ertragen, / Wunder noch heut in unseren Tagen. / Nun aber kommt der heil'ge Geist, / Er wirkt an Pfingsten allermeist. / Woher er kommt, wohin er weht, / Das hat noch niemand ausgespäht. / Sie geben ihm nur eine kurze Frist, / Da er doch Erst' und Letzter ist. / Deswegen wir treulich, unverstohlen, / Das alte Credo wiederholen: / Anbetend sind wir all' bereit / Die ewige Dreifaltigkeit."
Ein weiteres verständliches Symbol ist das Dreieck. In modernen Darstellungen des französischen Malers, Bildhauers und Performance-Künstlers Yves Klein, der im 20. Jahrhundert lebte und wirkte, weisen die Farben auf den unsichtbaren dreieinigen Gott hin: Gold auf den Schöpfer, den Vater; Rot auf den Erlöser Jesus Christus, also den Sohn, und Blau auf den Himmel und Erde erfüllenden Geist, den Heiligen Geist.

DAS HERZ UND DIE LIEBE ENTSCHLÜSSELN DAS GEHEIMNIS

Wenn unser begrenzter menschlicher Verstand dieses heilige Geheimnis nie ganz erfassen kann, so kann es nur über den Schlüssel des Herzens und des Glaubens gehen. Unser Herz und unser Glaube erklären uns die Dreifaltigkeit nur durch die Liebe: die unendliche Liebe des Vaters zum Sohn, der sich, dem Willen des Vaters folgend, in den Tod begibt, um die Liebe des Vaters zu erfüllen und der Welt aus Liebe seinen Beistand, den Heiligen Geist, geschenkt hat. Es ist die Sprache der Liebe, die von der Dreifaltigkeit Gottes spricht. Und diese Sprache verstehen alle Menschen, die Sprache der Liebe braucht keinen Dolmetscher und keinen Übersetzer. Diese Sprache können alle Menschen erlernen und sprechen! Vater, Sohn und Geist sprechen die eine Sprache der Liebe, die auch wir verstehen, nicht nur akustisch, hörend, sondern sinngemäß, mit herzlichem Leben erfüllt.
Das Evangelium des heutigen Festtages ist der Schlüssel zum Geheimnis der Dreifaltigkeit: „Denn Gott hat die Welt so sehr geliebt, dass er seinen einzigen Sohn hingab, damit jeder, der an ihn glaubt, nicht verloren geht, sondern ewiges Leben hat" (Joh 3,16). Quod est annunciandum – Was zu verkünden ist!

Klaus Leist

Bei Gott bist du mittendrin

Lesung: 2 Kor 13,11–13

Vor 30 Jahren – da wart ihr noch gar nicht auf der Welt – durften sich eure Großeltern und viele andere Sportfans über einen neuen Sportsender im Fernsehen freuen. Um viele Zuschauer anzulocken, schlug der Sender kräftig auf die Werbetrommel. Dazu ließen sich schlaue Menschen einen tollen Satz einfallen: „Mittendrin statt nur dabei."

Ihr könnt euch sicher vorstellen, was sie damit sagen wollten: „Mittendrin statt nur dabei." Auch ihr wollt nicht nur dabeistehen, wenn gespielt wird, ihr wollt mittendrin sein. Genauso wollen sich auch die Zuschauer vor dem Fernseher fühlen: nicht am Rand, sondern mitten auf dem Sportplatz, dort, wo der Ball rollt.

Großartig, so mittendrin zu sein: Du fühlst ganz mit, wenn der Ball ins Tor geht oder drüber. Du freust dich mit dem Torjäger, der ihn im Netz versenkt, oder ärgerst dich mit dem Torwart, der ihn nicht halten kann. Immer die volle Emotion. Du wirst atemlos, wenn sich Eishockeyspieler das Letzte abringen, und du springst mit, wenn ein Reiter mit seinem stolzen Pferd ein Hindernis überwindet. Am eigenen Körper merkst du die Reaktionen der Zuschauer: die Begeisterung, die Enttäuschung und das Mitfiebern, wenn es darum geht, noch im letzten Moment den entscheidenden Punkt zu machen. Am Ende bist du unter der jubelnden Menge, wenn deine Mannschaft gewonnen hat, oder ganz enttäuscht, wenn sie geschlagen wurde. Du bist voll drin, nicht mehr zuhause auf dem Sofa, in deinem Zimmer, sondern in den Stadien und Arenen dieser Welt. Und du hast den Eindruck, du bist mit den Sportlern auf du und du. Die sind dir alle so vertraut wie deine Freunde in der Schule. Einfach mittendrin. So ist das auch bei Veranstaltungen, die live stattfinden, wenn ihr mit euren Eltern unterwegs seid: Alles live! Im Konzert könnt ihr ganz mitgehen mit der Musik. Ihr könnt ganz gespannt zuschauen, wenn ihr ins Kindertheater geht. Ihr könnt spielen, so viel und so laut ihr wollt. Das kann zwar auch ganz schön eng und schweißgebadet sein, wenn viele Menschen im Sommer zusammenkommen. Aber so ist es eben, wenn ihr mittendrin sein wollt.

MITTENDRIN – IN DER KIRCHE

Auch hier in der Kirche seid ihr nicht einfach nur dabei, ihr seid mittendrin. Es kommt nämlich auf alle an, auf jeden von euch, wenn wir zusammen Gottesdienst feiern, jeden Sonntag.

Eine schöne Predigt wird noch viel schöner, wenn ihr genau zuhört und euch mitreißen lasst. Die Musiker freuen sich, wenn ihr mitsingt oder sogar mitspielt. Die Erwachsenen freuen sich, wenn ihr mitbetet. Nur dabei zu sitzen, ist öde. „Mittendrin sein" heißt das Stichwort.

Das kennt auch schon der Apostel Paulus. Aus seinem Brief an die Gemeinde in der Stadt Korinth in Griechenland wurde heute ein Stück vorgelesen. Darin schreibt der Apostel an die Korinther: Wenn sich alle miteinander verbunden fühlen, wenn sie sich grüßen und beieinanderbleiben, wenn sie spüren, dass sie zueinander gehören und ihr Leben ausrichten an Gottes Wort, dann spürt man: Sie sind mittendrin in der Gemeinschaft, deren Mitte Gott selbst ist. Da ist keiner nur einfach Zuschauer. Auf jeden zählt Gott, jeder ist wichtig. Das galt nicht nur vor 2000 Jahren, das will Paulus auch die Menschen heute wissen lassen.

Gott will uns mit in seine Gemeinschaft nehmen, weil er selbst lebendige Beziehung ist. Da ist der Schöpfergott, der alles ins Dasein ruft, da ist sein Sohn Jesus, der sich auf Augenhöhe mit uns Menschen zeigt, und da ist der Heilige Geist, der uns alle mit hineinnehmen will in die Wirklichkeit Gottes. Das ist nicht ganz einfach zu verstehen. Das ist das Geheimnis der Dreifaltigkeit. Deshalb heißt der Sonntag heute „Dreifaltigkeitssonntag".

IM KREUZZEICHEN MITTENDRIN SEIN

Helfen kann uns vielleicht das Kreuzzeichen, das wir immer wieder machen. Es ist das kürzeste Gebet, und wir machen es mit unserem ganzen Körper.
Ich lade euch und Sie alle ein, aufzustehen. (–)
Wir machen mal zusammen das Kreuzzeichen. Wir alle zusammen und doch jeder für sich.
„Im Namen des Vaters und des Sohnes und des Heiligen Geistes. Amen."
Ist euch was aufgefallen? Vielleicht wollt ihr es nochmal probieren? (–)
Wenn ihr ein großes bewusstes Kreuzzeichen macht, dann steht ihr mittendrin: Oben Gott Vater, unten am Herzen der Sohn und auf den beiden Schultern der Heilige Geist. Das ist der dreifaltige Gott, und ihr seid mittendrin. Er umfängt euer ganzes Leben, eure ganze Person.
In jedem Kreuzzeichen stellen wir uns alle bewusst in die Geborgenheit dieses unseres Gottes, der uns ganz umfangen will. Jedes Kreuzzeichen gibt uns die Sicherheit: Ja, Gott liebt mich, ich darf in ihm leben, in seiner Geborgenheit. Ich stehe mittendrin in der liebenden Beziehung zwischen Vater, Sohn und Geist.
Ich bin für Gott keine Randfigur. Ich darf durch ihn und mit ihm leben, ich darf die Freundschaft mit seinem Sohn immer mehr vertiefen und ich darf seinen Geist atmen, damit mein Leben gelingt. Dies alles kann ich dann auch hier in unserem Gottesdienst ausdrücken.
Gott will uns mittendrin haben, nicht am Rand, er will uns annehmen und lieben, Tag für Tag. Er freut sich, wenn wir uns mit ihm verbinden, in ihm leben, wenn wir uns immer wieder hineinstellen in die Gemeinschaft mit ihm. Das feiern wir zusammen in jedem Gottesdienst und besonders auch heute: am Dreifaltigkeitssonntag. Amen!

Markus W. Konrad

Fronleichnam (A)

LIEDVORSCHLÄGE

Gesänge zur Eucharistiefeier

Eröffnungsgesang: Brot, das die Hoffnung nährt (GL 378) ; *Gloria:* Gloria, Gloria in excelsis Deo (GL 168); *Antwortgesang:* Jerusalem, rühme den Herrn (GL 150) mit den Psalmversen; *Sequenz zum Hochfest:* Deinem Heiland, deinem Lehrer (GL 898); *Ruf vor dem Evangelium:* Halleluja (GL 174,6) mit dem Vers; *zur Gabenbereitung:* Beim letzten Abendmahle (GL 282)*; zur Kommunion:* Gottheit tief verborgen (GL 497); *Danklied:* Herr, du bist mein Leben (GL 456,1+4).

Gesänge zur Wort-Gottes-Feier

Eröffnungsgesang: Wenn wir das Leben teilen (GL 474,1–3); *Antwortgesang:* Suchen und fragen, hoffen und sehn (GL 457); *Lied zu Beginn der Kommunionfeier:* Sakrament der Liebe Gottes (GL 495).

ERÖFFNUNG

Liturgischer Gruß

Jesus Christus, der sich in den Gestalten von Brot und Wein an uns verschenkt, er sei allezeit mit euch / mit uns allen.

Einführung

„Kann denn das Brot so klein, für uns das Leben sein? Kann denn ein Becher Wein für uns der Himmel sein?" Mit diesen Fragen des Dichters und Priesters Wilhelm Willms nähern wir uns dem Geheimnis des heutigen Hochfestes des Leibes und Blutes Christi – Fronleichnam.

Ja – mit diesem kleinen Brot, das wir in der Eucharistiefeier austeilen, und mit dem Becher Wein, den der Priester stellvertretend für die ganze Gemeinde trinkt, erkennen wir, dass Jesus gegenwärtig ist als der, der für uns alles sein will: Bruder und Freund, Hoffnung und Freude, Leben und Himmel. Darum verehren wir Jesus an diesem Festtag in dem kleinen Stück Brot, das uns sättigt, und in dem Wein, der uns Kraft und Freude schenkt, und tragen Jesus Christus im Brot, geschützt in einer Monstranz, durch die Straßen unserer Gemeinde zu den Menschen.

Denken wir einen Moment über die Bedeutung des Brotes Jesu für uns selber nach. – *Stille*

Kyrie-Litanei

Herr Jesus Christus, du bist das lebendige Brot. Kyrie, eleison.
Du sättigst unseren Hunger und unsere Sehnsucht nach dem wirklichen Leben. Christe, eleison.
Du bist mit einem jeden von uns auf dem Weg. Kyrie, eleison.

Tagesgebet

Herr Jesus Christus, im wunderbaren Sakrament des Altares
hast du uns das Gedächtnis deines Leidens
und deiner Auferstehung hinterlassen.
Gib uns die Gnade, die heiligen Geheimnisse
deines Leibes und Blutes so zu verehren,
dass uns die Frucht der Erlösung zuteilwird.
Der du in der Einheit des Heiligen Geistes
mit Gott, dem Vater, lebst und herrschst in alle Ewigkeit.

ZU DEN SCHRIFTLESUNGEN

1. Lesung: Dtn 8,2–3.14–16a
Der lange Weg durch die Wüste hat das Volk Israel gelehrt, die Herausforderungen von Hunger und Durst auszuhalten, für das unbekannte Manna dankbar zu sein und die Angewiesenheit auf Gott zu erkennen.

2. Lesung: 1 Kor 10,16–17
Wenn wir das Brot miteinander teilen, haben wir Gemeinschaft mit Christus und miteinander.

Evangelium: Joh 6,51–58
Wer ganz auf die Worte Jesu vertraut und sein Brot isst, wird ewiges Leben erfahren.

FÜRBITTEN

Jesus Christus, der uns den Tisch mit Brot und Wein reich deckt, sodass niemand hungrig weggehen muss, bitten wir voller Vertrauen:
Liedruf: Kyrie, eleison (GL 155).

- Für alle Menschen weltweit, die hungern. *A:* Kyrie, eleison.
- Für alle Menschen, die auf der Flucht sind und keine Heimat mehr haben. ...
- Für alle Menschen, die in Kriegsgebieten leben und Angst haben. ...
- Für alle Menschen, die sich nach gerechter Behandlung sehnen, nach Heilung ihrer Krankheiten und ihrer Traurigkeit. ...
- Für alle Menschen, die sich um andere, die hilflos sind, kümmern. ...
- Für alle Menschen, die nach einem Sinn für ihr Leben suchen. ...
- Für uns selber, dass wir Brot und Wein auf unseren Tischen großzügig mit anderen teilen. ...
- Für alle Sterbenden, die auf ewiges Leben in Gottes Gegenwart vertrauen. ...

Guter Gott, in Jesus Christus, deinem Sohn, hast du den Menschen ein sichtbares Zeichen deiner Liebe geschenkt. Er ist selber zum Brot für die Menschen geworden. Dafür danken wir dir mit ganzem Herzen und preisen dich heute an diesem Festtag und an allen Tagen unseres Lebens.

Zum Vaterunser

Sich täglich satt essen können, das ist in vielen Ländern unserer Welt nicht selbstverständlich. Schließen wir darum die Menschen, die Hunger leiden, sehr bewusst in das Herzensgebet Jesu ein:

Zum Friedensgebet

Jesus Christus, du bist für uns das Brot des Lebens und kennst unseren täglichen Hunger nach mehr: mehr Gerechtigkeit, mehr Frieden und Einheit. So bitten wir:

Kommunionvers

Den vertrauten Zeichen von Brot und Wein hat Jesus beim letzten Abendmahl eine neue Bedeutsamkeit gegeben: Brot und Wein sind sein Leib und Blut. So ist Jesus Christus unter uns gegenwärtig.

ELEMENTE FÜR DIE WORT-GOTTES-FEIER

Zur Kommunion

Der Leiter / die Leiterin stellt die Schale mit den konsekrierten Hostien auf den Altar. Die Gemeinde singt das Lied „Sakrament der Liebe Gottes (GL 495).
Der Leiter / die Leiterin lädt die Gemeinde ein zum gemeinsamen Gebet der Andacht „Lebendiges Brot" (GL 675).
Dieser Teil endet mit dem Lied: Ich will dich lieben, meine Stärke (GL 358).

Es folgen das Vaterunser, das Gebet „Herr, ich bin nicht würdig" und das Austeilen der Kommunion.

Zur Besinnung
Jesus, Brot,
nehme ich in meine Hände,
nehme ich auf in mir,
an mein Herz, in mein Denken und mein Sprechen.
Herz, Gedanken und Sprache – voll von Jesus.

Jesus, Brot,
das mich lebendig macht,
das in mir gute Gedanken weckt,
das durch mich spricht
zu denen, die auf ein Wort warten,
zu denen, die selber keine Worte haben
und die den Geschmack des Brotes Jesu nicht kennen,
die nicht wissen, dass der Mensch nicht vom Brot allein lebt –
Jesus, Brot, können wir teilen – heute und jeden Tag.

Katrin Kayenburg

Fest der Liebe

Um zu leben, muss man essen und trinken, das wissen wir alle. Meistens haben wir Menschen auch große Freude an Speisen, die wir mögen, und genießen diese mit Vergnügen. Oft wird auch behauptet, dass alleine zu essen keinen Spaß macht, dass es in guter Gesellschaft besser schmeckt. Dies gilt umso mehr, wenn es um das ewige Leben geht. Das ewige Leben erfordert allerdings Nahrung, die ewig ist – haltbar und ohne Verfallsdatum. Ewige Speise ist die Liebe – die wir in jeder Kommunion empfangen. Dazu gehört auch eine Gemeinschaft. Wir feiern gemeinsam als Gemeinde die Eucharistie.

Deshalb nennt Jesus sich das lebendige Brot und besteht darauf, dass wir uns von ihm ernähren, denn er ist die Liebe in ihrer reinsten Form. Wenn es in der Welt so wenig Liebe zu geben scheint, liegt das vielleicht oft daran, dass wir geistig unterernährt sind – unterernährt mit Liebe. Und wenn wir uns davon ernähren, verschwenden wir sie oft, anstatt sie zu verwerten. Denn wir nehmen die Liebe nur auf, behalten sie für uns allein, anstatt sie mit anderen zu teilen und sie, so wie es uns Jesus vorgelebt hat, zu verschenken.

Tagtäglich begegnen wir Menschen, die hungrig nach Liebe sind, vielleicht sind wir das selbst auch auf unserer Pilgerreise durchs Leben und sehnen uns nach Liebe, Erfüllung, Geborgenheit. Jesus will diese tiefste Sehnsucht eines jeden Menschen stillen, die Sehnsucht nach Liebe.

Bei jeder Eucharistiefeier gibt er sich aus Liebe neu hin. Dies wird symbolisch durch die Geste des Brotbrechens ausgedrückt. Um Brot zu erhalten, muss ein Korn in die Erde geworfen werden und dort absterben. Um Wein zu gewinnen, muss der Saft der Trauben ausgepresst und vergoren werden. Durch das Sterben Jesu wird Leben neu geschaffen. Jesus lässt sich wie Brot brechen und wie Wein ausschenken – so möchte er uns seine Liebe konkret zeigen, sich greifbar machen, sich verschenken, uns diese Liebe beweisen. Das feiern wir heute am Hochfest des Leibes und Blutes Christi – seine sich verschenkende Liebe. Im Empfang der heiligen Kommunion begegnet uns Jesus mit seiner Liebe – stillt unseren Hunger und unsere Sehnsucht, uns angenommen und geliebt zu wissen. Deswegen wollen wir heute unsere Dankbarkeit zum Ausdruck bringen und dafür Gott loben, für das größte Geschenk seiner Liebe – die Gegenwart Jesu Christi in der heiligen Eucharistie. Und auch wenn wir, wie die Zeitgenossen Jesu, oft gegen die Grenzen unseres Unglaubens ankämpfen müssen, eröffnet sich uns durch das Geschenk dieser einzigartigen und realen Gegenwart Jesu in der Eucharistie schon jetzt die Aussicht auf die Vereinigung mit Gott, die wir in ihrer ganzen Fülle erst erfahren werden, wenn er selbst uns am Jüngsten Tag auferweckt. Bitten wir also Jesus um einen tiefen Glauben und schenken wir ihm gemeinsam mit der ganzen Kirche das Lob und die Anbetung, die ihm gebühren für das Geschenk seiner Liebe. Und so wie Jesus seinen Leib und sein Blut für das Heil der Welt hingibt, so sollten wir uns unseren Schwestern und Brüdern hingeben.

Florian Wieczorek

Fronleichnam – mehr als eine Inszenierung

Die heutige zweite kurze Lesung kommt in einem Sprachgestus einher, der uns – auch wenn er dem Fronleichnamstag geschuldet zu sein scheint – fremd anmutet. Der uns, ehrlich gesagt, nicht wirklich anspricht. Ihn aber einfach als liturgisch verbrauchte Sprache an uns vorbeiziehen zu lassen, wäre keine Lösung.

KELCH DES SEGENS, TEILHABE AM LEIB CHRISTI?

Der Text liefert zu viel auf einmal: Kelch des Segens, Teilhabe am Blut Christi, Brot als Teilhabe am Leib Christi. Paulus hatte die Gemeindeglieder in Korinth vor Augen, die sich der Neuheit der Eucharistiefeier in Gestalt von Brot und Wein erfreuten. Wobei es offenbar mit der Erfahrung dieser Teilhabe bei manchen nicht allzu gut bestellt war. Denn Paulus redete ihnen ins Gewissen, ob sie sich dieser Teilhabe überhaupt bewusst seien.

BRAUCHEN WIR DIESEN SEGEN?

Bei uns ist die Lage noch einmal anders. Das heutige säkulare Empfinden mag durchaus mit einem Gottesdienst etwas wie einen Segen Gottes über das Leben verbinden. Aber wirklich angewiesen auf diesen Segen dürften sich heute längst nicht mehr alle fühlen. Der kirchliche Gottesdienst hat sich von unserem Leben entfernt. Und das in einem ganz wörtlichen Sinn: Gemeinden werden aufgelöst, werden zusammengelegt. In manchen Kirchen wird kein Gottesdienst mehr gefeiert. Und die, die gehalten werden, sind ausgedünnt. Mit Hilfsmitteln versucht man ihnen einen Geschmack zu geben; über den eigentlichen Kern eines Gottesdienstes sind wir in ein unsicheres Stottern geraten. Es geht im Leben auch ohne Kirche ganz gut.

In unserer Situation lösen bei manchen Gottesdienstbesuchern die Worte des Paulus ein Befremden aus: Der Kelch des Segens, über den wir den Segen sprechen, ist Teilhabe am Blut Christi. Das Brot, das wir brechen, ist Teilhabe am Leib Christi. Erschwerend kommt hinzu, dass wir in der Regel die Teilhabe am Kelch, die Kelchkommunion, nicht kennen. In der Tat hat der, der den auferstandenen Herrn unter beiden Gestalten empfängt, dadurch keinen größeren Anteil an Christus.

WORAUF PAULUS HINAUSWILL

Worauf Paulus hinauswill, das ist die Bedeutung der Eucharistie für das Zusammenleben der Menschen. Da treten nicht lauter Einzelne nach vorne, bekommen die Hostie auf die Hand gelegt und versinken dann, in die Kirchenbank zurückgekehrt, für einige Augenblicke in stille Zwiesprache mit ihrem „Seelengast". Die persönliche Frömmigkeit unterschätzt Paulus nicht, aber er lenkt den Blick auf den Gemeinschaftscharakter der Eucharistie. Wir sind ein Leib durch den Empfang des Leibes Christi. Das versteht Paulus nicht als moralischen Appell, sondern als Segen, als Ermächtigung, die im Empfang der Kommunion von unserem Leben ausstrahlen möchte. Ein Segen, in dem wir – da fängt es schon wieder an, sich wie eine Worthülse auszunehmen – zum Segen für andere werden.

EIN GEGENSEITIGER SEGEN

Wir verstehen das Gemeinte leichter am Beispiel von Liebenden, von Verliebten, die sich im ersten „Honeymoon" als gegenseitiger Segen verstehen. Da sind es Worte an die andere Person, die an deren Existenz gerichtet sind. Wenn einer „wie tot" ist, kann er durch das Wort der Liebe aufgerichtet werden. Gibt es ein größeres Unglück für jemanden, als nie von einem Liebeswort anvisiert worden zu sein? Es sind Worte des Segens, es sind Worte, die diejenigen, an die sie sich richten, auferwecken.

Das alles aber soll sich nicht nur im engeren Sinn unter Verliebten abspielen. Paulus dachte an der Stelle, als er von dem Leib sprach, an die Gemeinschaft der Feiernden. „Gehet hin in Frieden", heißt es beim Entlass am Ende des Gottesdienstes. Es soll Friede werden aus der Kraft des einen Leibes, aus der wir einander begegnen, wie wir übereinander denken; und da haben wir wohl die meisten Probleme. Aber die Sorgfalt, die Aufmerksamkeit, die Fürsorglichkeit füreinander erstrecken sich weit darüber hinaus. In das Leben unserer Stadtgesellschaft hinein, in der sich manche bei der „Tafel" engagieren, da zunehmend mehr Menschen allein nicht mehr wissen, wie sie über die Runden kommen. Es bezieht sich aber auch auf unser Denken über Migranten, die in den Staaten der EU und anderswo nach neuen Lebenschancen suchen. Es mag naheliegen, in einer gewissen Ängstlichkeit und in einer Verkennung der behördlichen Verwaltungsaufgaben die Gefahr einer Überfremdung unseres Landes zu befürchten. Dazu besteht kein Anlass. Das Motto vor einigen Jahren, Deutschland schaffe sich ab, war ein vergiftetes Motto.

Nein, die größere Gefahr lauert in unserer Selbstbesorgnis um uns selbst bzw. in unserer Anfälligkeit für die Parolen von Querdenkern, Reichsbürgern und ähnlichen Gruppierungen.

Von dem Potenzial, das Jesus Christus in seiner Botschaft in die Menschheit hat einfließen lassen, ja, in die Menschheit und nicht nur in die christliche Welt, weiß unsere Lebenswelt heute nicht mehr so genau, was sie von ihm halten soll. Dieses Potenzial soll einmal in den älter werdenden und irgendwie ausdünnenden Sonntagsgemeinden gepflegt und bezeugt werden. Aber eben nicht nur da, sondern ebenso in den sehr säkularen Formen der Nächstenliebe, in denen sich der eine Leib aufbaut. Gottes Impulse, die Impulse des Auferstandenen und des Heiligen Geistes, enden Gott sei Dank nicht an den Kirchentüren, sie wirken weit in das Leben hinein, was uns an Fronleichnam in unserer Teilhabe am Leib und Blut Christi wieder neu bewusst werden möchte.

Stefan Knobloch

Lebensbrot – Brot zum Leben

In Brothausen – Betlehem – kommt Jesus, der sich im Johannes-Evangelium „das lebendige Brot" nennt, zur Welt; so die Tradition. Er gibt sich hinein in das Leben der Menschen, der Randsiedler wie der Intellektuellen, der Hirten wie der Weisen aus dem Osten. Er gibt sich hin wie das Brot, das gebrochen oder geschnitten Hunger stillt; wie Wein, der gekeltert und gereift Freude bereitet. Er gibt sich hin, als Mensch, als Zuhörer, Tröster und Befreier. Er weicht niemandem von denen aus, die ihn suchen: ob als Kranke und Aussätzige, ob als Schriftgelehrte und Pharisäer. Und er ist bei festlichen Anlässen an reich gedeckten Tischen genauso zu finden, wie er hungrig mit den Seinen Ähren aufbricht und die Getreidekörner kostet.

Jesus wird zum tagtäglichen Lebensmittel. Er stillt den Hunger der Menschen, die Begegnung mit ihm suchen. Mit seiner Art beruhigt er Panikattacken und Stürme, die Lebensgeschichten in Angst und Schrecken versetzen. Er führt Auseinandersetzungen mit Leuten, die verurteilen und sich zum Richter machen, und erkennt auf alle Weite versteckte Absichten, die ihn hereinlegen möchten. So macht er Leute sprachlos, die ihm Fehler und Gesetzesübertretung nachweisen wollen. Ihnen scheint das Wort im Halse stecken zu bleiben, als ob sie sich an ihrer Intrige verschluckt hätten.

So treiben sie sprachlos in eine sinnlose Wut, brüten ihren Hass aus und wollen ihn beseitigen, werden unfähig zu verstehen, was er eigentlich will, was sein Anliegen ist, worauf es ihm ankommt.

HERRENMAHL UND FUSSWASCHUNG

Die Gemeinde des Johannes, und die Christen bis heute, haben sein Vermächtnis angenommen, das er im Abendmahlssaal den Seinen ans Herz gelegt hat. Schon damals scheint das Herrenmahl so selbstverständlich begangen und gefeiert worden zu sein, dass der Evangelist darüber kein Wort über das Wie, Wann und Warum verliert. Aber: Jesus zeigt sich als der Dienende. Er wäscht den Seinen die Füße. Er ist sich bis in diesen festlichen Abend hinein nicht zu gut, sich vor seiner Mannschaft hinzuknien und diesen Sklavendienst zu leisten.

Wer sich wehrt, wie Petrus, hat diesen Jesus nicht verstanden. Noch einmal macht er mehr als eindrucksvoll deutlich: Mein Tun, mein Beispiel soll euch in Fleisch und Blut übergehen, soll in euch und durch euch Tat werden.

Das Brot, das er als Bild für sich verwendet, ist alltägliche Nahrung, Quelle der Kraft, Stärkung für alles, was zu tun ist. Und der Wein, den wir spüren, wenn wir ihn getrunken haben, der uns das Herz wärmt, aber auch in den Kopf steigt, ist weiteres Modell für seine Gegenwart durch die Seinen, durch uns in dieser Welt.

Menschen, die Jesu Fürsorge und Liebe spüren, die sich von ihm zeigen lassen, wie der Gottesglaube gelebt werden kann, sind es, die „sein Fleisch essen und sein Blut trinken". Sie sind es, die sich auf seine Art einlassen und mit Hand und Fuß in der Welt, mit Herz und Verstand, in Wort und Tat als die Seinen leben. Duftend wie frisch gebackenes Brot, köstlich wie der Wein.

BLEIBENDES UND VERBUNDENES LEBEN

Menschen, die vom gleichen Brot essen und miteinander den Wein trinken, den Jesus als sein Blut, seine Lebenskraft deutet, sind gesandte, sind lebendige Zeuginnen und Zeugen, sind ein Stück Gegenwart des Himmels in dieser Welt. Dies aber nicht als Show-Effekt-Veranstaltende oder Sensationen-Haschende, nein, vielmehr als selbstverständliches, alltägliches Angebot.
Eine so gelebte Liebe stirbt nicht. Sie bleibt. Wer sich Leben von Jesus schenken lässt, von ihm annimmt, der steuert auf entgrenztes Leben zu. Da fällt sogar die Mauer des Todes. Da ist der, der in Brothausen, in seiner Geburt, den Himmel aufgerissen hat, der auf Golgota, vom Kreuz herab, noch Menschen einander anvertraut. Seinen Durst nach der Zuneigung von Menschen, nach Frieden und Gerechtigkeit schreit er mit letzter Kraft in die Welt hinein, und stellt im Sterben fest: Es ist vollbracht, neigt sein Haupt und übergibt den Geist.
Das ist seine Botschaft: Meine Hingabe ist gelebt. Jetzt wisst ihr, wie es geht, Wein und Brot, Jesus Christus, Jüngerinnen und Jünger für die Welt zu sein. Dieses Leben bleibt. Diese Hingabe verbindet, wird zum unauslöschlichen, geschenkten Bund, dessen Zeichen wir heute feiern.

NICHT SCHAUEN, LEBEN

In manch bayerischer Region und anderswo soll es keinen Deut anders sein, wird Fronleichnam „Prangertag" genannt. Größte Festlichkeit, neueste Mode, aufwändig geschmückte Altäre, Böllerschüsse, Musik, Fahnenabordnungen ...
Schön, dass sie alle da sind. Aber wir müssen aufpassen, dass Fronleichnam in der Spur des Brotes bleibt, nicht zur Selbstdarstellung und Inszenierung wird, sondern durch die Lebenspraxis derer gedeckt bleibt, die da mitgehen. Wir sind nicht aufgerufen, die Barockzeit aufleben zu lassen, sondern uns der Welt von heute mit ihren Sorgen und Nöten zu stellen – und zwar in der Art und Weise von Brot und Wein: Hoffnung und Kraft schenken, die Lebensart Jesu in die Welt bringen ... Hunger und Unfreiheit den Kampf ansagen; die Botschaft vom Leben, von Lebenschancen für alle in diese Welt mit Kriegen und Ungerechtigkeit, Naturkatastrophen und Elend hineintragen; dem Lebensdurst und Lebenshunger der Menschen etwas bieten, was nach der Art Jesu aussieht, mit Liebe zu tun hat, Chancen öffnet, Würde zeigt und Heimatlosigkeit beenden hilft.
Menschen, die so leben, ihren Glauben so Tat werden lassen, sind eine echte Gabe für die Welt. Ihr Wirken nimmt Maß an Jesus. Sie bieten sich selber an, bringen sich und ihre Talente, ihre Möglichkeiten und Kompetenzen ein – und erleben: Da tut sich etwas. Und das hat mit Auferstehung zu tun.
Die Kraft dazu finden wir, wenn wir uns mit dem beschenken lassen, der sich uns als Lebensbrot und Lebenstrank austeilt.   *Albert L. Miorin*

Zehnter Sonntag (A)

LIEDVORSCHLÄGE

Gesänge

Eröffnungsgesang: Zu dir, o Gott, erheben wir (GL 142,1+2); *Antwortgesang:* Hört auf die Stimme des Herrn (53,1) mit den Psalmversen; *Ruf vor dem Evangelium:* Halleluja (GL 174,3) mit dem Vers; *zur Gabenbereitung:* Brot, das die Hoffnung nährt (GL 378,1–3)*; Danklied:* O Jesu, all mein Leben bist du (GL 377,1–2); *zur Entlassung:* Lasst uns loben, freudig loben (GL 489,1–3).

ERÖFFNUNG

Liturgischer Gruß

Der Herr, der uns den Weg zum Leben weist, sei mit euch / ist mit uns allen.

Einführung

Zum sonntäglichen Gottesdienst sind wir wie jede Woche zusammengekommen. Gottesdienst, Gott dienen – für manche Ohren heute eine etwas fremde Vorstellung. Eher: Wir möchten mit Gott in Verbindung treten und hören, was er uns sagt – in unser Leben, in unseren Alltag hinein. Wir legen vor ihn all das, was uns sorgt und bedrückt, im Vertrauen darauf, dass er Trost und Heilung schenkt. Wir bringen vor ihn unser Suchen und Fragen in der Hoffnung, dass er uns den Weg zu einem gelingenden Leben weist – für uns und alle Menschen. Und vielleicht dienen wir ihm ja dann auch.

Kyrie-Litanei

Herr Jesus, du bist der Weg zu Wahrheit und Leben. Kyrie, eleison.
Du rufst uns Menschen, dir zu folgen. Christe, eleison.
Du leitest und stärkst uns mit deinem Geist. Kyrie, eleison.

Tagesgebet der Eucharistiefeier

Gott, unser Vater, alles Gute kommt allein von dir.
Schenke uns deinen Geist,
damit wir erkennen, was recht ist,
und es mit deiner Hilfe auch tun.
Darum bitten wir durch Jesus Christus.

Perikopengebet der Wort-Gottes-Feier

Gott, dein Sohn hat die Nähe der Sünder nicht gescheut.
Im Vertrauen auf ihn bitten wir dich:
Nimm uns an und forme uns nach dem Bild deines Sohnes,
der mit dir und dem Heiligen Geist lebt in Ewigkeit.

1. Lesung: Hos 6,3–6
Das Wesen Gottes und seinen Willen erkennen – das beschäftigt Menschen
zu allen Zeiten.

2. Lesung: Röm 4,18–25
Gottes Wille kann manchmal jeder menschlichen Vernunft widersprechen.
Was geschieht, wenn ein Mensch sich glaubend und vertrauend auf Gottes
Verheißung einlässt?

Evangelium: Mt 9,9–13
Jesu Auftreten und Wirken ist Ärgernis und Herausforderung für gewohnte
Denkmuster. – Das war zu seinen Lebzeiten so und das gilt auch für unsere
Zeit. Lassen wir uns von ihm mitnehmen auf den Weg zu einem Leben, wie es
Gott gefällt und den Menschen dient.

FÜRBITTEN

Zu Gott, der uns in Jesus Christus den Weg zur Wahrheit und zur Liebe ge-
wiesen hat, lasst uns beten:

- Für die Verantwortlichen in den christlichen Kirchen: um die Bereitschaft,
  immer wieder nach dem Willen Gottes für unsere Zeit zu fragen und ihre
  Botschaft und Lehre vom Geist des Evangeliums her zu erneuern.
  Du Gott der Wahrheit und Liebe – Wir bitten dich, erhöre uns.
- Für uns Christen: um den Mut, über den Tellerrand unserer Gemeinde zu
  blicken und offen zu sein für Menschen am Rande der Gesellschaft, die unser
  Verständnis und unsere Hilfe brauchen. ...
- Für Menschen, die in Konflikt geraten zwischen Gesetzestreue und Loyalität
  und der Stimme ihres Gewissens: um Kraft, den rechten Weg zu erkennen
  und diesen auch zu gehen. ...
- Für Menschen, die aus politischen oder gesellschaftlichen Gründen benachteiligt, ausgeschlossen oder gar bedroht sind: um die Erfahrung von Gerechtigkeit und Solidarität. ...
- In Stille beten wir in unseren ganz persönlichen Anliegen. ...

Gott, sei du mit uns auf unseren Wegen und erfülle uns stets mit deinem Geist.
Darum bitten wir, jetzt und alle Tage unseres Lebens.

ELEMENTE FÜR DIE EUCHARISTIEFEIER

Zum Vaterunser
Dem Wesen Gottes und seinem Willen mit uns Menschen kommen wir nir-
gends näher als in dem Gebet, das er uns durch seinen Sohn geschenkt hat.
Darum beten wir:

Kommunionvers

Gott ist Liebe, und wer in der Liebe bleibt, bleibt in Gott und Gott bleibt in ihm (1 Joh 4,16). – Empfangt und seht!

Zur Besinnung

Gott, an deinem Tisch durften wir Platz nehmen.
Waren willkommen, so wie wir sind,
gesund und krank,
tatkräftig und stark, aber auch unvollkommen und schwach.
Sind angenommen und beschenkt von dir,
dem Gott der Barmherzigkeit und Liebe.
Erfüllt und zugleich eingeladen,
dein Wesen und deinen Willen stets neu zu ergründen.
Lass uns nicht müde werden, dich und dein Reich zu suchen,
auch an ungewohnten Orten und am Rande unserer Gesellschaft.
Treib uns an, offen und neugierig durchs Leben zu gehen,
den Menschen ohne Vorurteile und Vorbehalte zu begegnen,
mit Zuwendung und Verständnis,
solidarisch und hilfsbereit –
als Menschen, die Gutes für die anderen wollen und ihnen Gutes tun.
Hilf du uns, etwas von deiner Barmherzigkeit und Liebe in die Welt zu tragen.

ELEMENTE FÜR DIE WORT-GOTTES-FEIER

Zum Friedenszeichen

Wo Gottes Wort gehört und befolgt wird, da geschieht Begegnung und Wandlung, da wird Friede. Sagen wir einander unseren Frieden und den Frieden Gottes zu.

Segensbitte

L: Gott, der Vater, schenke uns seine Liebe.
A: Amen.
L: Der Sohn erfülle uns mit seinem Leben.
A: Amen.
L: Der Geist stärke uns mit seiner Kraft.
L: Und der Segen des allmächtigen Gottes, des Vaters, des Sohnes und des Heiligen Geistes, komme auf uns herab und bleibe bei uns allezeit.
A: Amen.

Marlies Lehnertz-Lütticken

Barmherzigkeit

Hosea überrascht immer wieder. Unter den großen Propheten des Alten Testaments geht er oft im Zwölfprophetenbuch unter. Jesaja, Jeremia und Ezechiel erhalten immer mehr Aufmerksamkeit, auch in der Liturgie. Aber was bedeutet es schon, zu den Großen oder den Kleinen zu gehören? Manchmal haben auch die Kleinen etwas zu sagen, was hörenswert ist. Wie Hosea heute. Er wird im Evangelium sogar zitiert. Was hat er uns zu sagen?

Dieser eher unscheinbar wirkende Prophet wagt es, falsche Haltungen zum Kult zu kritisieren. Ohne ein Blatt vor den Mund zu nehmen, kritisiert er das Volk Israel für seinen Abfall vom JHWH-Glauben und eine Hinwendung zum Kult des Ba'al. Mit dem Bild vom Ehebruch beschreibt er Israels abtrünnige Haltung und wirbt darum, zur Ehe mit JHWH zurückzukehren.

Seine Sprache ist werbend, fast betörend. Er ruft seine Adressaten auf, den Herrn zu erkennen, also ihm zu begegnen, ja ihm nachzujagen. Es steht für ihn völlig außer Zweifel, dass Gott kommt. Mit zwei anschaulichen Bildern aus der Natur macht er seine Botschaft anschaulich: Gott kommt so sicher wie das Morgenrot und wie der Frühjahrsregen. Der Wankelmütigkeit des Volkes Israel stellt er vor Augen, dass es keinen Zweifel gibt, dass Gott auf dieses Volk erneut zugeht und sich treu bleibt.

Er spart aber auch nicht mit harscher Kritik. Die Zuwendung Gottes zu seinem Volk scheint eine Einbahnstraße zu sein. Denn die Liebe seines Volkes ist oberflächlich und nicht beständig. Auch hier nutzt Hosea anschauliche Bilder aus der Natur: Die Liebe des Volkes ist wie eine Wolke am Morgen und wie der Tau, der bald vergeht. Vergänglich eben. Die Treue und Liebe Gottes erwidert sein geliebtes Volk mit Unzuverlässigkeit. – Hat Hosea damit nicht auch uns richtig beschrieben? Stellen nicht auch wir dieses unglaubliche Angebot Gottes immer wieder in den Hintergrund?

Hosea fährt mit einer Gottesrede fort, in der die Propheten als Gottes Strafinstanz beschrieben werden. Grausame Worte. Eine furchtbare Vorstellung, dass Gott durch die Propheten zuschlägt und durch ihren Mund umbringt. Der gleiche Gott, der sich voller Liebe seinem Volk immer wieder zuwendet. Kaum zu glauben, aber aus menschlicher Sicht zu verstehen.

Am Ende kommt dann der große Paukenschlag des Hosea: Gott will Liebe und Gotteserkenntnis, aber keine Schlacht- und Brandopfer. Keinen äußeren Opferkult und keine rituelle Beziehung will der Gott Israels, sondern genau das, was er auch schenkt: Liebe und Begegnung. Der Gott des Hosea unterscheidet sich von den Baalsgöttern.

Und was machen Sie mit dieser Botschaft? Drei Punkte können helfen:

Nehmen Sie Gottes Entgegenkommen wahr?

Haben Sie eine lebendige Beziehung zum personalen Gott?

Was löst der Glaube an die Barmherzigkeit in Ihnen aus?

Oder hängen Sie Ihren eigenen Göttern nach? Wer sind diese?

Beate Kowalski

„Lasst uns nach der Erkenntnis des Herrn jagen!"

Das macht mir regelrecht Spaß, wenn hier davon die Rede ist, dass wir nach der Erkenntnis des Herrn jagen sollen. Von wegen hier rumsitzen, die Beine übereinanderschlagen und mal mehr oder weniger gespannt darauf warten, was mir in dieser Sonntagsmesse geboten wird, was der Prediger mir da jetzt erklären möchte. Der Prophet Hosea, der erste der sogenannten kleinen Propheten aus der Zeit 750–725 v. Chr., kämpft in seinem Buch gegen den Götzendienst. Echte Liebe der Menschen will er als Antwort auf die Gottesliebe.

ERKENNTNISJÄGER

Was hier von uns erwartet wird, bedarf des ehrlichen Wollens, der rechten Vorbereitung und einer angemessenen Einstimmung. Ein Jäger hat für seine besondere Passion eine gründliche Ausbildung zu absolvieren, die ihn mit der Natur der Pflanzen und der Tiere vertraut macht. Er muss zudem die Gesetze kennen, in deren Rahmen er geordnet agieren kann. Er braucht eine passende Ausrüstung von der Kleidung bis zu den Waffen, die er einsetzen möchte. Wer sich – um im Bild zu bleiben – auf die Fährte Gottes begibt, sollte sich darauf einstellen und entsprechend vorbereiten. Wenn es um das heilige Gut unseres Glaubens geht, ist es zwar schön, wenn uns die Bilder des Glaubens in unserem Gefühl ansprechen, aber das reicht nicht. Die Aussagen des Glaubens ordnet und erklärt die Theologie. Wenn wir von „mündigen Laien" in der Kirche sprechen, dann ist Voraussetzung dafür ein gewisses Basiswissen, das uns zunächst im Katechismus vermittelt wird. Ein Erkenntnisjäger im Herrn müsste willens sein, sich das theologische Rüstzeug anzueignen, das ihn befähigt, wenigstens grundsätzlich mitzureden. Ich darf, ja muss meinen Glauben in etwa verstehen, wenn ich ihn anderen erklären möchte, wenn ich ihn bekennen will. Über Erkenntnis und Weitergabe vollzieht sich Mission, die wesentlicher Bestandteil gelebten Glaubens ist.

HOSEA, NATURVERBUNDEN

Der Prophet schildert wie ein versierter Waidmann, was er bei seiner „Pirsch" beobachtet, und drückt in Bildern aus, wie sich Gott uns Menschen nähert: „Er kommt zu uns sicher wie das Morgenrot, er kommt zu uns wie der Regen, wie der Frühjahrsregen, der die Erde tränkt" (Hos 3b). Als Mann Gottes sieht Hosea seine Aufgabe nicht darin, die grundsätzliche Frage nach Gott zu erörtern. Die Wirklichkeit seines Gottes ist ihm so sicher wie das Amen in der Kirche. Gott offenbart sich in der Selbstverständlichkeit, mit der Morgenrot und Regen da sind. Wie das Regenwasser den Boden tränkt und das Wachstum der Natur sichert, so ist unser Gott für uns da. So weit, so gut. – Doch Efraim und Juda leben, so Hoseas Beobachtung, als würde sie das herzlich wenig interessieren. Liebe wird schon praktiziert, aber oberflächlich und flüchtig wie eine Wolke am Morgen, wie der Tau, der bald vergeht.

Wie reagierte Gott auf diese Oberflächlichkeit und Flüchtigkeit der Menschen? Hosea wechselt spürbar den Ton und verkündet Gott als den, der auf die Menschen durch Propheten einschlägt, der sie sogar durch sein machtvolles Wort umgebracht hat. – Kein Trostwort für uns, keine Frage! Aber Gott ist es ernst, und Hosea gibt diesen leidenschaftlichen Eifer in drastischer Weise weiter. Was glauben wir, mit welchen Mitteln unser Gott heutzutage auf unsere Lauheit und mangelnde Glaubwürdigkeit reagieren wird? Sind das, was Kirche und wir mit ihr dieser Welt zu bieten haben, nicht auch „Wolken am Morgen" und „Tau, der bald vergeht"? Wie steht es um unsere Überzeugungskraft? Erscheint das, was Kirche an glaubwürdigem Zeugnis und missionarischer Überzeugungskraft zu bieten hat, nicht eigentlich mickrig und erbärmlich? Einen Gott, der verärgert dreinschlägt, den möchten wir uns gar nicht vorstellen. Er hätte freilich mit der Liebe, die in Jesus Christus Mensch geworden ist, auch wirklich herzlich wenig zu tun.

Hosea lässt es nicht bei der prophetischen Androhung von Gottes „Zuschlagen" und „Umbringen". In der so bereinigten Situation wird Gott neu Licht hervorbrechen lassen im Recht, das er gesetzt hat. Dann kann der Mensch wieder neu ja sagen zu Gott und dem Bund, den er erneut anbietet. Und dieses Jasagen ereignet sich nicht in noch so vielen Schlacht- und Brandopfern, die Gott nie genügen werden, ihm in ihrer äußerlichen Betriebsamkeit sogar missfallen. Er will von uns geliebt und (an-)erkannt werden.

LIEBE UND OPFER GEHÖREN ZUSAMMEN

Was vermag der Prophetentext der Lesung uns heute zu sagen? Äußerliche Geschäftigkeit reicht für ein überzeugendes Glaubensleben ebenso wenig wie die bloße Mitgliedschaft in welcher Kirchengemeinschaft auch immer. Taufschein und Kirchensteuer sind nicht überflüssig, aber sie reichen nicht. Gott ist nicht so billig zufriedenzustellen, wenn auch bei manchem Großverdiener für die Kirchensteuer ein stattliches Sümmchen zusammenkommen mag. Freilich gehören zu einem glaubwürdigen Lebenszeugnis auch persönliche Opfer. Opfer, die Gott und dem Nächsten zuliebe gebracht werden, bringen die Bereitschaft zur Hingabe zum Ausdruck. Gott ist nicht unser Geschäftspartner. Ausgangspunkt und letztlich maßgebendes Beispiel der geforderten religiösen Opferbereitschaft ist das Opfer, das Jesus Christus am Kreuz für uns Menschen dargebracht hat. Die Ganzhingabe durch seinen Tod ist Ausdruck der grenzenlosen Liebe, die Gott uns geschenkt hat. Sie vollzieht sich in jedem heiligen Messopfer (unblutig) neu. Die heilige Messe ist das Opfer, das die alttestamentarischen kultischen Opfer ablöst und übersteigt, sie vollzieht, und feiert das Opfer schlechthin aus Liebe zu uns Menschen. Das Tagesgebet fasste prägnant zusammen, worum es uns eigentlich gehen soll: „Gott, unser Vater, alles Gute kommt von dir. Schenke uns deinen Geist, damit wir erkennen, was recht ist, und es mit deiner Hilfe auch tun." Darin geben wir Gott alle Ehre und bitten um den Geist der Erkenntnis des Guten, damit jeder von uns es auch im eigenen Leben tun kann: das Gute! Aus opferbereiter Liebe. *Robert Jauch*

Gott und der Welt gerecht werden

Matthäus gehörte nachweislich zu den zwölf Aposteln (Apg 1,13; Mt 10,1–4; Mk 3,13–19; Lk 6,12–16). Vor seiner Berufung in den Jüngerkreis war er Zöllner gewesen. Davon haben wir eben im Evangelium gehört. Traditionell wird Matthäus auch als der Autor des nach ihm benannten Matthäusevangeliums angesehen. Die Kirche ehrt in Matthäus also einen prominenten Apostel und Evangelisten.

BERUFUNG – EIN UNAUSSPECHLICHES EREIGNIS

Eigenartigerweise spielt aber der eigentliche Akt der Berufung des Matthäus im heutigen Evangelium nur eine untergeordnete Rolle. Da heißt es einfach: „Jesus sah einen Mann namens Matthäus am Zoll sitzen und sagte zu ihm: Folge mir nach! Und Matthäus stand auf und folgte ihm." Keine Begründung. Keine Vorgeschichte. Keine Diskussion.

Drei Erklärungen drängen sich auf: 1) Der göttliche Blick Jesu reichte aus und es waren keine Worte mehr nötig. 2) Wenn Matthäus tatsächlich der Autor dieser Zeilen ist, wollte er vielleicht von sich kein großes Aufheben machen. Allein das Heilshandeln Jesu sollte im Vordergrund stehen. 3) Und das ist meines Erachtens das Wahrscheinlichste: Was sich letztlich in einer Berufung innerlich vollzieht, ist unaussprechlich. Geht es doch um die Hineinahme einer Person ins Christusgeschehen. Und das bleibt immer ein Mysterium.

BERUFUNG – SÜNDE ENTLARVEN

Viel wichtiger ist, was aus der Berufung wird. Die erste Konsequenz ist ein Mahl. Matthäus lädt Jesus zum Essen ein. Dabei geht es weniger ums Essen als um die, die Matthäus eingeladen hat, damit auch sie Jesus kennenlernen. „Zöllner und Sünder" wird diese Gesellschaft von den religiösen Zeitgenossen Jesu genannt. Es waren die Menschen, mit denen damals kein anständiger Mensch zusammen sein wollte: Freunde der Feinde, Verräter, Hehler, Wucherer, Ausbeuter, Neureiche, Diebe, Räuber, Prostituierte, Ehebrecher, Lüstlinge. Alles Leute, bei denen eigentlich nicht damit zu rechnen war, dass Jesu Ruf zur Umkehr bei ihnen auf fruchtbaren Boden fallen würde. Die Pharisäer geben weder den Zöllnern und Sündern noch ihrem ausgemachten Konkurrenten Jesus in dieser Hinsicht eine Chance.

Die gesetzestreuen Religionsführer hatten ein klares Konzept: das Gesetz des Volkes Gottes. Es regelte genau, wer dazugehört und wer nicht. Wer zu Gottes Gnade Zugang haben darf und wer nicht. Wer dazu noch eine Chance hat und wem eine solche verwehrt bleibt. Die mit Jesus zu Tisch saßen, gehörten allesamt zu den Chancenlosen.

Im Gegensatz zu den Pharisäern weiß Jesus, was Sünde in ihrer letzten Konsequenz bedeutet. Es ist in erster Linie nicht das falsche und böse Verhalten.

Sünde ist zuallererst die Unfähigkeit, im Nächsten den Bruder oder die Schwester zu sehen. Diese Unfähigkeit verstellt dann eben auch den Blick auf Gott. Sünde ist folglich ein Gefängnis, in dem es nur noch mich selbst gibt. Das Gegenüber wird zweitklassig. Es sind immer die anderen, die sich verändern müssen. In diese Selbstverschlossenheit findet dann auch Gott keinen Eingang mehr. Veränderung kommt dem Sünder, egal ob Mann, Frau oder Kind, nicht in den Sinn. Der Sünder wird zum Meister der selbstgerechten Argumentation, der Entschuldigung und des Selbstmitleids.

Jesus belehrt damit die Pharisäer. Er zitiert ihnen den Propheten Hosea: „Barmherzigkeit will ich, nicht Opfer" (Hos 6,6). Hosea hatte nach 750 v. Chr. die kultischen Praktiken Israels und den Abfall von Gott kritisiert. Damit hält Jesus den religiösen Führern den Spiegel vor. Wenn das Tempelopfer und das Gesetz Gottes nur noch der Selbstgerechtigkeit dienen, dann sind die Pharisäer nicht besser als die Sünder, die in gleicher Weise Gefangene ihrer selbst sind. Der einzige Unterschied: Sie sehen Gott als den Garanten für alles, was ihnen erlaubt ist oder eben entschuldbar scheint.

BERUFUNG – EIN AKT DER BEFREIUNG

In der Belehrung der selbstgerechten Pharisäer wie auch mit seiner Teilnahme am Mahl mit den Sündern setzt Jesus klare Zeichen. Es ist die Befreiung zum Leben im Reich Gottes, wozu alle berufen sind. Das Erkennen der eigenen Berufung ist also immer ein Akt der Befreiung. Dieser resultiert aus der Begegnung mit Christus, dem Sohn Gottes, dessen Barmherzigkeit eine klare Dynamik aufweist. 1) Jesus identifiziert die Sünde. Das wird am Beispiel der Pharisäer verdeutlicht. 2) Die Sünder aber schließt er nicht aus. Das verdeutlicht das Mahl der Sünder, in dem die menschliche Gemeinschaft und die Nähe Gottes die heilenden Faktoren sind.

Das von Jesus verkündete Reich Gottes konstituiert sich aus den Menschen, die versuchen, ihrer Berufung gerecht zu werden. Welchen Platz hat Gott mir im Leben zugewiesen? Welche Menschen machen ganz wesentlich mein Leben aus? Für wen bin ich wichtig im Leben?

Zweifellos ist Berufung ein Akt der Befreiung aus der Gefangenschaft meiner selbst. Vor Gott und meinen Mitmenschen soll mein Leben Sinn machen. Matthäus ist in der einzigartigen Begegnung mit Jesus an den Punkt gekommen, an dem er gemerkt hat, dass er selbst die Kraft hat, sein Leben zu ändern. Die Sünder haben die Tischgemeinschaft mit Jesus genossen und gelernt, dass es in der Begegnung miteinander mehr gibt als pure Selbstgefälligkeit. Die Pharisäer mussten sich von Jesus sagen lassen, dass ihr Gottesglauben viel weiter reicht, als sie belang geglaubt hatten.

Wir feiern nun in der Kommunion unsere Tischgemeinschaft mit Christus. Vorbereitend beten wir gleich: „Herr, ich bin nicht würdig." Das ist unsere Bitte um Befreiung zur eigentlichen Berufung, damit wir heute und morgen Gott und der Welt gerecht werden.

Thomas Klosterkamp

Jesus sucht Menschen, die Ja sagen

Evangelium: Mt 9,9–13

Wir schauen uns heute einen Mann an, der genau das getan hat, was ihr heute hier in diesem Gottesdienst tut. Wir sagen mit Matthäus „Ja" zu Jesus, „Ja" zu Gott. Matthäus, der Zöllner, der den ganzen Tag nichts anderes tut als im Zollhäuschen zu sitzen und der von jedem, der vorbei möchte, Geld verlangt. Er wird von Jesus gesehen und angesprochen: Folge mir! Und er stand auf und folgte ihm. Wir sind aufgestanden, haben uns auf den Weg in diese Kirche gemacht. Jesus sagt: „Folge mir nach!" Und weiter heißt es: „Er stand auf!" Kennt ihr Stehaufmännchen? Stehaufmännchen sind Menschen, die immer wieder neu einen Weg finden, die nicht am Boden sitzen oder liegen bleiben, die sich bewegen, um wieder auf die Beine zu kommen. Stehaufmännchen. Vielleicht habt ihr sogar ein Stehaufmännchen bei euren Spielsachen. Ein Stehaufmännchen kann ich hinlegen, so oft ich will; es steht auf und macht immerzu das, wozu es da ist: aufstehen. Matthäus steht auf; so wird aus dem Zöllner jetzt ein Jünger Jesu. Erwachsene können sich vorstellen, was es bedeutet, von einem Moment auf den anderen sein Leben zu ändern. Aber hat Matthäus alles in seinem Leben verändert?

CHRISTSEIN BEDEUTET „JA" SAGEN ZU JESUS

Liebe Kinder, Jesus möchte, dass wir ihm mit Worten und Taten folgen. So wie ein Stehaufmännchen immer wieder aufsteht, sollen wir unser Herz und alles, was wir tun, an Jesus ausrichten. Es geht also nicht darum, die Schule zu wechseln, den Arbeitsplatz aufzugeben, umzuziehen in eine andere Wohnung. Matthäus folgt Jesus nach und das bedeutet: Er sucht die Nähe Jesu und Gemeinschaft mit anderen Jesusnachfolgern. Er möchte Jesu Worte hören und verstehen und er möchte ein Fan Jesu sein; mit allem, was dazugehört. Matthäus will sich von Jesus verändern lassen. „Christsein" bedeutet, sich sein ganzes Leben von Jesus begleiten zu lassen. Warum steht ein Stehaufmännchen immer auf? Wie geht das? Kluge Köpfe erklären, dass das Stehaufmännchen statt Füßen eine Halbkugel hat und der Körper ganz leicht ist. Dadurch steht das Stehaufmännchen auf, so oft wir es möchten. Matthäus ging es gut, er hatte Arbeit, Freunde und eigentlich keinen Grund, sein Leben zu verändern. Trotzdem folgt er Jesus nach. Was hat Matthäus wohl dazu bewogen, Jesus zu folgen? Ich glaube, dass er gespürt hat, dass Jesus ihn ansieht, ihn ernst nimmt, ihn als Menschen und nicht nur als Zöllner, also seinen Beruf, sieht. Das wäre so, wenn andere in euren Eltern nur die Verkäuferin, den Fensterputzer, die Büroangestellte, die Lehrerin oder Lehrer oder mich nur als Pfarrer/Gemeindemitarbeitende sehen und nicht den Menschen, der sie und wir in Wirklichkeit sind. Eure Eltern sind viel mehr als das, was sie tun, um Geld zu verdienen. Jesus sieht mich, er geht nicht an uns vorbei, sondern spricht uns und mich an. Wir alle haben Hobbies, Freunde und finden etwas gut oder schlecht. Jesus sieht Matthäus und dich und mich. Er sieht mich, wie ich wirklich bin. Jeder Mensch hat die Sehnsucht, gesehen zu werden. Nicht die neue Kleidung oder die neue Frisur, sondern als Mensch gesehen zu werden, unabhängig von dem, was andere sehen.

MATTHÄUS ERLEBT DIE BARMHERZIGKEIT JESU

Zöllner waren damals dafür bekannt, ihre Macht auszunutzen und immer mehr Geld zu verlangen. Matthäus spürte, dass er nicht gut genug war, dass jemand wie Jesus ihn einlädt und aufnimmt. Doch Jesus tut es dennoch, er zeigt seine Barmherzigkeit. Das macht Jesus mit uns auch, ob wir Fehler gemacht haben oder nicht, ob wir fair zu anderen waren oder auch nicht. Jesus sagt: „Ja, dich will ich, auch mit deinem Blödsinn im Kopf. Ja dich, die noch nicht so viel über die Frohe Botschaft weiß. Ja dich, obwohl du oft streitest. Ja dich, die ihre Klassenkameraden manchmal schlecht behandelt. Ja dich, der du denkst, nicht gut genug zu sein, wie Matthäus es von sich dachte. Jesus möchte, dass du ihm folgst. Steh auf! Jesus hat Matthäus gesehen und ihn wertgeschätzt. Das tat ihm gut und das tut jedem von uns gut. Wir sind wertvoll in den Augen Jesu, Jesus ist unser Grund und unsere Kraft; wie die Halbkugel, die das Stehaufmännchen immer wieder aufrichtet. Bei ihm gibt es Vergebung, Leben, Kraft, Trost und Halt auch in schweren Zeiten, wie wir sie gerade erleben.

STEHAUFMÄNNCHEN

Liebe Kinder, Stehaufmännchen stehen immer auf, es sei denn, sie sind kaputt. Dann kann es nicht mehr das tun, wofür es da ist. Aufstehen! Matthäus steht auf und folgt nach. Er sagt „Ja" und bleibt Jesus treu. Er wusste, dass Jesus ihn nie verlassen wird, auch nicht, wenn er mal etwas falsch macht. Jesus ist der Grund und die Kraft, die eurem Leben einen Sinn schenkt. Erinnert euch daran, wenn ihr ein Stehaufmännchen seht. Oder wenn ihr mal an eurem Glauben zweifelt, dann stellt euch ein Stehaufmännchen vor. Sagt Ja zu Jesus: Ja zur Hoffnung, zur Liebe, zur Gemeinschaft, zu Gott und seiner frohmachenden Botschaft.

Brigitte Goßmann

Elfter Sonntag (A)

LIEDVORSCHLÄGE ♙▯

Gesänge zur Eucharistiefeier

Eröffnungsgesang: Wie schön leuchtet der Morgenstern (GL 357); *Gloria:* Allein Gott in der Höh sei Ehr (GL 170); *Antwortgesang:* Freut euch, wir sind Gottes Volk (GL 56,1) mit den Psalmversen; *Ruf vor dem Evangelium:* Halleluia, halleluia (GL 174,1) mit dem Vers; *zur Gabenbereitung:* Du hast, o Herr, dein Leben (GL 185); *Sanctus:* Heilig, heilig, heilig, heilig ist der Herr (GL 388); *Danklied:* Den Herren will ich loben (GL 395); *Mariengruß:* Ein Bote kommt, der Heil verheißt (GL 528).

Gesänge zur Wort-Gottes-Feier

Predigtlied: Gott liebt diese Welt (GL 464,1+5–6+8).

ERÖFFNUNG ♙▯

Liturgischer Gruß

Jesus Christus, unser Herr, der Sohn des liebenden Gottes, er sei mit euch / ist mit uns allen.

Einführung

Heute begegnen wir im Evangelium Jesus, der voller Mitleid mit den Menschen ist. Alles, was er tut, geschieht aus Erbarmen und Liebe. Menschwerdung, Verkündigung der Frohen Botschaft und Wundertaten, Tod und Auferstehung, alles geschieht, weil Gott Erbarmen mit den Menschen hat. Im Bild der Ernte zeigt Jesus aber auch, dass der Mensch eine Antwort auf das Angebot Gottes finden muss. Erntezeit ist Zeit der Entscheidung. Gott bietet uns seine Gnade vorbehaltlos an; sie anzunehmen und entsprechend zu leben, das ist unsere Aufgabe.

Kyrie-Litanei

Herr Jesus Christus, voll Erbarmen mit uns Menschen. Kyrie, eleison.
Deine Liebe gilt den Schwachen und Kleinen. Christe, eleison.
Du lädst uns ein, die Liebe Gottes anzunehmen. Kyrie, eleison.

Tagesgebet der Eucharistiefeier ♙

Gott, du unsere Hoffnung und unsere Kraft,
ohne dich vermögen wir nichts.
Steh uns mit deiner Gnade bei,
damit wir denken, reden und tun, was dir gefällt.
Darum bitten wir durch Jesus Christus.

Perikopengebet der Wort-Gottes-Feier

Gott, dein Sohn hat Mitleid mit den Menschen.
Er hat seine Jünger ausgesandt, um die Not zu lindern.
Gib uns deinen Geist,
damit wir deine Liebe in die Welt tragen.
Darum bitten wir durch ihn,
Jesus Christus, unseren Herrn,
der mit dir und dem Heiligen Geist
lebt und herrscht in Ewigkeit.

ZU DEN SCHRIFTLESUNGEN

1. Lesung: Ex 19,2–6a

Gott gehört die Erde und Israel ist sein heiliges Volk, sein besonderes Eigentum, wenn es bereit ist, ihm zu folgen.

2. Lesung: Röm 5,6–11

Paulus stellt heraus, dass Gott vorbehaltlos liebt. Gott erweist seine Liebe durch das Opfer Jesu, das er zur Rettung der sündigen Menschen auf sich genommen hat.

Evangelium: Mt 9,36–10,8

Jesus beruft seine Jünger und erteilt ihnen den Auftrag, dem Volk Israel das nahende Himmelreich zu verkünden.

FÜRBITTEN

Zu Gott, der die Menschen vorbehaltlos liebt, dürfen wir jederzeit mit unseren Sorgen und Nöten kommen. Bringen wir ihm die Anliegen von Kirche und Welt und alles, was uns selber in dieser Stunde am Herzen liegt.

- Für alle Haupt- und Ehrenamtlichen in den Kirchen, die müde, erschöpft oder enttäuscht sind. Gott, voller Liebe für uns Menschen.
- Für den Papst und die Bischöfe und für alle, die Leitungspositionen in der Kirche haben. Gott, voller Liebe ...
- Für alle, die den Glauben an die Liebe verloren haben und Gott oder ihren Mitmenschen misstrauen. ...
- Für die Verantwortlichen in Staat, Gesellschaft und Kultur, die sich für das Allgemeinwohl einsetzen. ...
- Für die Opfer von Krieg, Unterdrückung und Terror und für die, die von Naturkatastrophen betroffen sind. ...
- Für all die Menschen, für die wir Verantwortung tragen, und in unseren persönlichen Anliegen. ...

Gott, du weißt, was wir brauchen. Vertrauensvoll bringen wir dir die Menschen, für die wir gebetet haben. Nimm dich ihrer an und begleite sie mit deinem Segen. Dir sei Lob und Dank in Ewigkeit.

Zum Vaterunser

Gott liebt die Menschen wie ein Vater seine Kinder. Im Wissen, seine gelieb-ten Töchter und Söhne zu sein, beten wir voll Vertrauen:

Zum Friedensgebet

Die Botschaft des liebenden Gottes und die eigene Lieblosigkeit sind oft ein großer Gegensatz in unserem Leben. Deshalb bitten wir:

Kommunionvers

In diesem kleinen Stück Brot begegnet uns Jesus Christus, die menschgewor-dene Liebe Gottes. Wer ihn empfängt, wird leben.

ELEMENTE FÜR DIE WORT-GOTTES-FEIER

Weihrauchspende zum Bußritus

Nach der Verkündigung des Wortes Gottes (nach dem Glaubensbekenntnis/Pre-digtlied) leitet der Leiter / die Leiterin den Bußritus ein:

Die Botschaft des liebenden Gottes und unsere eigene Lieblosigkeit sind oft ein großer Gegensatz. Bitten wir Gott um Vergebung für die Momente unse-res Lebens, in denen es uns an Liebe gefehlt hat und wir Schuld auf uns gela-den haben. Wie der Duft des Weihrauchs unsere Kirche erfüllt, so durchdringe und heile die Liebe Gottes uns neu.

Der Leiter / die Leiterin legt Weihrauch in eine Schale mit glühenden Kohlen. Dazu singt der Kantor / die Kantorin die Antiphon (WGF S. 199), alternativ wird der Psalm 141 von der Gemeinde gebetet oder gesungen (GL 661,2+3). Anschlie-ßend folgt das Friedenszeichen.

Zum Friedenszeichen

Wir haben unsere Unzulänglichkeiten bekannt und Gott für unser Versagen um Vergebung gebeten. Wünschen wir einander nun den Frieden, den nur Gott geben kann.

Christoph Heinemann

Wen Jesus ruft ...

Wann haben Sie den Ruf Jesu vernommen? Gibt es so etwas wie einen heiligen Moment, von dem Sie sagen können: Da habe ich seine Stimme gehört, die mich beim Namen gerufen hat? Viele Menschen denken, Gott ruft Heilige, denen gibt er besondere Aufträge, aber mich doch nicht. Stimmt das? Es kann doch auch ganz anders sein. Es gab und gibt Leute, die sich als areligiös bezeichnen und plötzlich eine Stimme in sich hören, die sie unbedingt angeht und herauslockt aus ihrem bisherigen Leben. Der jungen Französin Madeleine Delbrêl (1904–1964) ist solches widerfahren. Von Gottes Charme überwältigt, wurde sie, die überzeugte Atheistin, zur Mystikerin der Straße. Sie ließ sich zur Sozialarbeiterin ausbilden und bezeugte Gottes Gegenwart in ihrem sozial-politischen Engagement, teilte ihr Leben mit gesellschaftlich Benachteiligten in Ivry, einem Vorort von Paris. „Die Liebe ist unsere einzige Aufgabe"[1]: Delbrêls poetische Formulierung dessen, worauf es im Leben eines jeden Menschen ankommt, kann auch für uns wegweisend sein. Wenn Taufe für uns nicht nur eine Urkunde auf Papier bedeutet, sondern wir Gott die Liebe glauben, mit der er uns liebt, dann wird der Impuls, diese Liebe weiterzuschenken, immer stärker. „Umsonst habt ihr empfangen, umsonst sollt ihr geben", sagte Jesus damals zu den Jüngern. Kann ein Herz Ohren haben? Rein organisch gesehen natürlich nicht. Aber jedenfalls reicht das äußere Ohr nicht, um den Ruf Gottes zu hören. Es braucht eine Wahrnehmung im Innersten des Menschen, und ein einmaliges Hinhören reicht nicht aus. Jesu Mitleid mit den vielen Menschen, die müde und erschöpft waren, wie Schafe, die keine Hirten haben, klingt höchst aktuell. In den letzten Jahren haben sich viele offizielle Hirten gerade nicht als solche erwiesen, die Glaubwürdigkeit der Kirche leidet mehr und mehr. Zudem bekommen die Menschen den Mangel an Hirten deutlich zu spüren, die pastoralen Räume werden ständig vergrößert. Große Abstände bergen die Gefahr, dass die einzelnen Menschen immer leichter aus dem Blick geraten. Gottes Liebe ist treu und grenzenlos, doch der Mensch, der von ihm gerufen wird, hat sich je neu zu bewähren. Berufung kann auch scheitern, Gott kann auch missbraucht werden als Platzhalter für Machtgier und persönliche Eitelkeit. Ob jemand ein Hirt, eine Hirtin für andere ist, entscheidet sich einzig am brennenden Herzen. Damit das Zusammenleben in den Familien und in unserer Gesellschaft gelingt, braucht es Interesse füreinander, Anteilnahme aneinander, menschliche Wärme. Wenn jeder nur sein Ding durchzieht, nicht bereit ist, Mitverantwortung zu übernehmen für das Gelingen des Ganzen, dann leidet die Qualität jeder Arbeit, und in der Folge die Menschen, die von ihr profitieren sollen. Wen Jesus ruft, der hat die Aufgabe, bleibend auf Empfang zu sein und freudig aus der Fülle dessen weiterzugeben, was er oder sie selbst geschenkt bekam. *Brigitte Schmidt*

[1] aus: Madeleine Delbrêl, Die Liebe ist unsere einzige Aufgabe. Das Lebenszeugnis von Madeleine Delbrêl (Topos Taschenbücher „Premium", Band 26) © Matthias Grünewald Verlag. Verlagsgruppe Patmos in der Schwabenverlag AG, aktualisierte Neuausgabe 2019.

Auf Adlerflügeln ...

Wissen Sie, wie ein kleiner Adler fliegen lernt? Wenn für einen jungen Adler die Zeit gekommen ist, dass er das Fliegen erlernen soll, greift seine Mutter ihn und fliegt mit ihm in die Höhe. Dort lässt sie das Jungtier fallen. Der kleine Adler schlägt mit den Flügeln und versucht, sich in der Luft zu halten, aber es gelingt nicht immer: Es kann passieren, dass der kleine Adler abstürzt. In diesem Fall ist die Adlermutter sofort zur Stelle und fängt das abstürzende Tier auf. Das Spiel beginnt von Neuem, bis der kleine Adler fliegt.

Fliegen lernt der junge Adler nur dadurch, dass er es tut. Die Mutter unterstützt ihn, sie kann es ihm zeigen und sie kann ihn retten, wenn es ihm nicht gelingt – aber fliegen muss der Adler letztlich alleine.

ERINNERN: GOTT GEHT MIT

In biblischen Texten begegnet uns mehrmals dieses Motiv: Mit dem Bild vom Adler wird die Beziehung zwischen Gott und seinem Volk Israel beschrieben. Gott ist wie ein Adler, der über seinen Jungen, über sein erwähltes und geliebtes Volk wacht, es beschützt und begleitet, es aus der Not rettet wie eine Adlermutter ihre Jungen.

Die Lesung vom heutigen Tag erinnert an diese beschützende und rettende Zuwendung Gottes: „Ihr habt gesehen, was ich den Ägyptern angetan habe und wie ich euch auf Adlerflügeln getragen und zu mir gebracht habe" (Ex 9,4).

In einem ersten Schritt wird Israel an ein zentrales Datum seiner Geschichte mit Gott erinnert: Gott hat Israel aus der Knechtschaft des Pharaos befreit. Gott hat sich mit dieser Befreiungstat gegen ein Unrechts- und Unterdrückungssystem gestellt, das Menschen ausgebeutet, geknechtet und unfrei gemacht hat. Mit dieser Rettungstat hat Gott sich an die Seite derer gestellt, die unter der brutalen Macht anderer leiden mussten. Das Handeln Gottes zeigt, was Gott will: nicht Unterdrückung, Unfreiheit und Gewaltherrschaft, sondern Freiheit, Gerechtigkeit und Solidarität.

Gott begleitet Israel auf seinem Weg aus dieser Knechtschaft heraus in die Freiheit. Er trägt sein Volk wie auf Adlerflügeln. Und diese rettende und helfende Zuwendung endet auch nicht mit der Befreiung aus der Gewaltherrschaft. Auf seinem Weg in die Freiheit gerät das befreite Volk in die Versuchung, die geschenkte Freiheit aus dem Blick zu verlieren. Immer dann, wenn die Verhältnisse – Hunger (vgl. Ex 16,3), Durst (vgl. Ex 15,22f.; 17,1f.) und Krieg (Ex 17,8-16) – das Volk bedrängen und die verheißene Freiheit konterkarieren, wächst der Zweifel an der Zuwendung und am Mitsein Gottes: Das Volk murrt (vgl. Ex 16,8). Wären wir doch an den Fleischtöpfen Ägyptens geblieben! Unfrei, aber wenigstens satt. Deutlich wird: Dieser Weg in die Freiheit ist nicht einfach und er erfordert von Israel Mut und eine gehörige Portion Vertrauen in die Verheißung Gottes. Aber auch in den Situationen der Anfechtung erweist Gott immer wieder seine Rettung. Er trägt sein Volk wie auf Adlerflügeln bis hin zum Sinai.

Der Sinai ist in der biblischen Tradition der bevorzugte Ort der Gottesbegegnung. An diesem Ort macht Gott seinem Volk ein einmaliges Beziehungsangebot: „Wenn ihr auf meine Stimme hört und meinen Bund haltet, werdet ihr unter allen Völkern mein besonderes Eigentum sein" (Ex 9,5). Mit dieser Aussage ändert sich der Blickwinkel. Dominierte bis hierher die Erinnerung an Gottes Zuwendung und Rettung den Text, wird jetzt der Blick auf die Zukunft gerichtet. Gott will den Bund mit seinem Volk, den er mit Abraham geschlossen hat (vgl. Gen 17,7.9f.), aktualisieren.

Diese Aktualisierung oktroyiert Gott aber seinem Volk nicht. Er ruft es in Verantwortung. Mit Ex 9,5 hängt es nun auch vom Willen und der Entscheidung des Volkes ab, ob sie Gottes Beziehungsangebot annehmen.

Gottes Beziehungsangebot steht, auch durch Krisen und Zweifel hindurch. Das hat das Gottesvolk auf seinen Wegen und Umwegen durch die Wüste erfahren. Annehmen darf dieses Beziehungsangebot der Mensch. Und diese Annahme braucht vor allem eines: Mut. Mut, dem verheißenen Mitsein Gottes zu vertrauen – auch wenn die gegenwärtige Situation dieses Mitsein Gottes manchmal vielleicht auch nur schwer erahnen lässt.

Es ist vielleicht ein bisschen wie mit dem kleinen Adler, der das Fliegen lernen darf: Der Unterstützung und Zuwendung seiner Mutter darf er sich gewiss sein, fliegen muss er letztlich alleine.

Philipp Kirsch

Die Vollmacht, die Welt zu heilen

In diesem Jahr sind/werden in unserem Bistum x *(Zahl einsetzen)* Priester geweiht. Im letzten Jahr waren es auch nicht mehr. Allein das zeigt schon, wie brandaktuell die Worte Jesu aus dem heutigen Evangelium sind: „Die Ernte ist groß, aber es gibt nur wenig Arbeiter!" Und wie wichtig die Aufforderung Jesu, immer wieder um geistliche Berufungen, um Arbeiter für die Ernte, für den Weinberg des Herrn zu beten. Es geht aber natürlich nicht nur um Zahlenspiele und Statistik. Es kommt – auch bei Priestern – ja nicht zuerst auf die Quantität an, darauf, dass wir möglichst viele Priester haben, sondern auf die Qualität. Aber auch da macht mich das heutige Evangelium sehr nachdenklich. Jesus ruft seine Jünger zu sich und gibt ihnen die Vollmacht, die unreinen Geister auszutreiben und alle Krankheiten und Leiden zu heilen, heißt es im Evangelium. Er stattet sie mit ganz unerhörten Vollmachten aus. Sie sollen das weiterführen, was er begonnen hat: die Welt heilen, die zerstörerischen Kräfte, die in dieser Welt an so vielen Enden spürbar und am Werk sind, vertreiben. Genau diesen Auftrag gibt er nun seinen Jüngern mit auf den Weg: „Geht und verkündet: Das Reich Gottes ist nahe. Heilt Kranke, weckt Tote auf, macht Aussätzige rein, treibt Dämonen aus!"

SIND DIE GÖTTLICHEN VOLLMACHTEN AUSGESTORBEN?

Das ist etwas, das mir ganz schön zu schaffen gemacht hat. Ich bin seit xx Jahren *(Zahl einsetzen)* Priester (Diakon). Und ich muss nach diesen Jahren nüchtern feststellen: Kein Kranker, dem ich die Hände aufgelegt habe, ist davon gesund geworden. Ich habe nie erlebt, dass Dämonen und unreine Geister unter lautem Getöse ausgefahren sind, wo ich aufgetaucht bin. Und ich fürchte, diese Erfahrung machen alle, die in der Kirche arbeiten. Sind die machtvollen Vollmachten, mit denen Jesus die Apostel ausgestattet hat, mit den Aposteln ausgestorben? Oder sind sie nur ein Mythos? Fehlt es uns vielleicht an Glauben, dem richtigen Glauben, der auch Berge versetzen kann? Was ist los mit uns, mit unserer Generation, dass die spektakulären Wunder ausbleiben? Ich glaube nicht, dass die Vollmacht, die Jesus seinen Jüngern mit auf den Weg gegeben hat, wirklich schwächer geworden ist oder heute nicht mehr trägt. Ich glaube eher, wir nehmen zu wenig wahr, wie und wo Gottes Reich unter uns zu wachsen beginnt und wächst. Und vielleicht ist es auch ein wenig so, dass wir uns selbst, oder besser gesagt: der Kraft Gottes, die durch uns wirken will, in unserem modernen Rationalismus zu wenig zutrauen und deshalb blind geworden sind für ihr Wirken.

DAS LEID WAHRNEHMEN – DAMIT FÄNGT HEILUNG AN

„Jesus hat Mitleid mit den Menschen", so begann das heutige Evangelium. Er hat Mitleid mit den Menschen, die gebeugt, müde, erschöpft, bedrückt sind. Mit dieser Aufmerksamkeit, mit der Jesus wahrnimmt, was die Menschen brauchen, fängt Heil an. Manchmal denke ich: vielleicht ist das schon unser Problem, dass wir so besetzt und gefangen sind in unseren eigenen Ängsten, in Selbstmitleid, in den innerkirchlichen Machtkämpfen: Wer hat wem was zu sagen? Wer hat die Macht in der Kirche? In unserem eigenen Egoismus, unserer Angst, zu kurz zu kommen, unserem Selbstmitleid, wenn unser Engagement nicht genug gewürdigt und anerkannt wird. Vielleicht müssen wir zuerst einmal all diese bösen Geister und Dämonen in uns selbst austreiben.

Jesus stattet seine Jünger mit Vollmachten aus, damit sie sehen, wo in der Welt Unheil, Not, böse Geister am Werk sind. Sie sollen den Menschen helfen: sie aufrichten, ihnen neue Hoffnung und Halt geben. Deshalb ist es zu kurz gedacht, wenn man bei den Vollmachten nur daran denkt, dass hier irgendwelche kleinen Teufelchen mit Schwefelgestank ausfahren, oder dass schlimme Krankheiten auf wundersame Weise verschwinden. Jesus sendet ja keine Ärzte und Chirurgen. Hier geht es um sehr viel mehr: Es geht darum, dass all das, was in dieser Welt im Argen liegt, was Menschen das Leben schwer macht, was diese Welt krank macht, von der Wurzel her gesund und heil gemacht werden soll. Es geht um die Vollmacht, die Welt im Kern zu heilen und dem Leben zum Durchbruch zu verhelfen gegen alles, was lebensfeindlich ist: Streit und Missgunst, Rechthaberei und Neid, Konkurrenzkampf und Eifersucht, Egoismus und die ewige Angst, selber zu kurz zu kommen. Das sind die bösen Geister, die es vor allem auszutreiben gilt. Das ist die Wurzel zu der Krankheit, an der unsere Welt und die Menschen leiden.

LIEBE IST DIE KRAFT, DIE ALLES HEILEN KANN

Die Vollmacht, diese bösen Geister auszutreiben, diese Krankheiten zu heilen: Die haben wir alle in der Taufe geschenkt bekommen. Es ist die Liebe, mit der Gott uns bedingungslos liebt. Je mehr wir uns von Gottes Liebe erfüllen, berühren, heilen lassen, umso mehr sind wir selbst in der Lage, anderen mit Liebe zu begegnen. Liebe: Das ist im Grunde ein anderes Wort für die Vollmacht, die Gott uns schenken will und längst geschenkt hat, die Vollmacht, die Welt von innen heraus zu heilen. Liebe hat die Kraft, all diese lebensfeindlichen Kräfte, all das, was diese Welt so krank und unmenschlich macht, von der Wurzel her zu heilen. Deshalb ist es so wichtig, dass wir als Christen Zeugen dieser Liebe sind, die von Gott kommt. Wo wir einander mit Liebe begegnen, wird tatsächlich etwas vom Reich Gottes schon hier und jetzt spürbar. Wo wir mit echter, ehrlicher Liebe den Menschen begegnen, da wird spürbar, dass wir dem Reich Gottes wenigstens ein Stück nähergekommen sind.

Jeder Mensch sollte sich bemühen, die Welt ein wenig besser zu verlassen, als er sie angetroffen hat. Das hat Lord Baden-Powell, der Gründer der Pfadfinder, einmal gesagt. Genau darum geht es. Und mehr noch: Jesus hat uns auch mit seiner Liebe die Möglichkeiten, die Instrumente, die Vollmachten mit auf den Weg gegeben, die es braucht, um die Welt ein Stück besser zu machen, um das Reich Gottes etwas weiter wachsen zu lassen. Er hat uns seine Liebe geschenkt. Das ist die Vollmacht, die die Welt heilen kann. Und diese Liebe hat er uns umsonst geschenkt, damit wir sie umsonst weiterschenken.

Tobias Schäfer

Jesus braucht Mitarbeiterinnen und Mitarbeiter

Vorbemerkung: Die gekürzte Fassung des Evangeliums aus der BasisBibel (www.die-bibel.de/bibeln/online-bibeln/lesen/BB/MAT.9/Matthäus-9;www.die-bibel.de/bibeln/online-bibeln/lesen/BB/MAT.10/Matthäus-10).

Evangelium: Mt 9,36–10,8 *(gekürzte Fassung Mt 9,36–38; 10,1.7 später verkündigen)*

Ich wäre gern dabei gewesen, als Jesus durch die Dörfer und Städte zog und mit den Menschen über Gott redete, als er Kranke heilte und überall die Frohe Botschaft vom Himmelreich verkündete – oder sagen wir stattdessen: als er die neue Welt Gottes angekündigt und beschrieben hat! Denn genau das ist mit „Himmelreich" gemeint: eine neue Welt, die Gott den Menschen schenken will, die wir mitgestalten können und in der Gott selbst einen wichtigen Platz hat.
Wie ist das mit euch, liebe Kinder? Hättet auch ihr das gerne miterlebt?(–)

JESUS ERZÄHLT VOM HIMMELREICH UND HEILT KRANKE

Hören wir, was Jesus getan und gesagt hat und welche Aufgabe er seinen Jüngerinnen und Jüngern zugedacht hat: *(Evangelium verkündigen)*
Was ist bei euch hängen geblieben? Was hat Jesus getan? (–)
Jesus spricht über das Himmelreich – über die neue Welt Gottes. Er lädt dazu ein, in dieser neuen Welt zu leben.
Und er macht Kranke gesund. Er kümmert sich um Menschen, die leiden. Das waren damals Menschen mit einer Behinderung. Das waren Einsame und Arme, das waren Leute, mit denen niemand etwas tun haben wollte, Fremde und Außenseiter. Solche Menschen gab es zur Zeit Jesu – es gibt sie auch heute und sie haben es heute noch genauso schwer wie damals.
Ihnen allen steht die neue Welt Gottes offen. Niemand wird ausgeschlossen. Aber wie schaffen sie es, hineinzukommen? Wie erfahren sie davon? Wer lädt sie ein und nimmt sie bei der Hand?

JESUS BEAUFTRAGT HELFERINNEN UND HELFER

Jesus hat Mitleid mit den Menschen, die Hilfe brauchen. Mit den Kranken, den Armen, mit denen, die verachtet und ausgegrenzt werden. Er sagt: Es gibt viel zu tun. Dafür verwendet er ein Bild. Wisst ihr noch, welches? (–)
Er sagt: Die Ernte ist groß, aber es gibt wenige Arbeitskräfte, die auf dem Feld arbeiten und die Ernte einbringen können. Damals lebten noch nicht so viele Leute in Städten wie heute. Die meisten waren auf dem Land zu Hause. Sie verstanden sofort, was Jesus sagen wollte: In der Landwirtschaft werden viele Helferinnen und Helfer gebraucht. Auch Jesus braucht Helferinnen und Hel-

fer, um die Menschen zu erreichen. Er braucht Mitarbeiterinnen und Mitarbeiter – und die hat er zur Hand, denn er ist nicht allein unterwegs. Er wird von seinen Freunden begleitet. Die Bibel nennt sie die Jünger. „Jünger", das ist nur ein anderer Name für „Schüler". Jesus hat einen Kreis von Menschen um sich versammelt, die begeistert sind von seiner Botschaft und die ihn unterstützen wollen. Denen gibt er nun einen Auftrag und er gibt ihnen auch die Fähigkeiten, die sie zur Erfüllung des Auftrags brauchen. So haben wir es gehört: „Er gab ihnen die Vollmacht, böse Geister auszutreiben und jede Krankheit und jedes Leiden zu heilen." Sie sollten zu den Leidenden gehen und ihnen sagen: „Das Himmelreich kommt jetzt den Menschen nahe!"

WAS WIR TUN KÖNNEN – JEDE UND JEDER VON UNS

Vollmacht – böse Geister – Himmelreich. Das klingt schwierig und fremd. Das klingt auch ziemlich unmodern. Hat es etwas mit uns zu tun? Wir sind ja schließlich nicht die Jünger Jesu, die von ihm beauftragt und mit besonderen Fähigkeiten ausgestattet werden.
Oder doch?
Wir können sagen: Wir alle sind heute Jüngerinnen und Jünger Jesu. Wir sind seine Freundinnen und Freunde. So wie er damals zwölf Jünger ausgesandt hat, so sendet er heute uns. Aber: böse Geister austreiben – Krankheiten heilen – mit den Menschen über die neue Welt Gottes reden – wie soll das gehen? Wir sind doch keine Zauberkünstler und auch keine Ärzte, wer soll uns vertrauen und uns zuhören?
Wir sind doch nur Kinder, sagt ihr, wer soll uns ernst nehmen?
Ich glaube, das Alter ist ganz unwichtig. Jeder und jede kann mithelfen. Wir können alle – auf unsere Art – Jesus unterstützen. Wir sind alle aufgerufen, Mitarbeiter und Mitarbeiterinnen Jesu zu werden.
Denn es gibt vielfältige böse Geister, die die Menschen quälen und das Zusammenleben vergiften. Nehmt als Beispiel die Schule: Da gibt es Kinder, die den Ton angeben, und andere, die oft vom Spielen ausgeschlossen werden. Es tut weh, an den Rand geschoben zu werden. Und wenn Starke die Schwächeren unterdrücken, dann herrscht kein guter, sondern ein böser Geist in der Klasse, auf dem Schulhof, in der Gemeinschaft. Dann ist es wichtig, dass ihr aufsteht und euch auf die Seite der Schwächeren stellt, damit ein guter, ein menschenfreundlicher Geist einzieht!
Ihr habt natürlich recht: Wir sind keine Ärzte, wir können nicht heilen – aber wir können zum Beispiel einen Krankenbesuch machen und so einem Menschen, der krank ist, zeigen: Du bist nicht vergessen, du gehörst zu uns! Wir können genau hinschauen, wie es den Menschen in unserer Nähe, zum Beispiel in der Nachbarschaft, geht. Sind alle glücklich und zufrieden oder ist jemand ganz allein und braucht Hilfe? Es gibt so viele Möglichkeiten, zu helfen und Einsamkeit zu lindern! So können wir – jeder von uns, jeder auf seine Art und mit seinen Möglichkeiten – an der neuen Welt Gottes mitbauen, als Mitarbeiterinnen und Mitarbeiter Jesu!

Petra Gaidetzka

Zwölfter Sonntag (A)

LIEDVORSCHLÄGE   ⚱️📖

Gesänge zur Eucharistiefeier

Eröffnungsgesang: Das Jahr steht auf der Höhe (GL 465,1+2); *Antwortgesang:* Meine Hilfe und mein Retter bist du (GL 307,5) mit den Psalmversen *oder* Erhör, o Gott, mein Flehen (GL 439,1+3); *Ruf vor dem Evangelium:* Halleluja (GL 174,3) mit dem Vers; *zur Gabenbereitung:* Wir weihn der Erde Gaben (GL 187); *Danklied:* Herr, ich bin dein Eigentum (GL 435,1+4)*; Mariengruß:* Maria, breit den Mantel aus (534,1+2).

Gesänge zur Wort-Gottes-Feier

Eröffnungsgesang: Der Erde Schöpfer und ihr Herr (GL 469,1–3); *zur Verehrung des Wortes Gottes:* Herr, wir hören auf dein Wort (GL 449).

ERÖFFNUNG   ⚱️📖

Liturgischer Gruß

Die Gnade unseres Herrn Jesus Christus, der uns zum furchtlosen Bekenntnis ruft, sei mit euch / ist mit uns allen.

Einführung

Wir sind in der Mitte des Jahres angekommen. Was vor uns liegt, deutet sich vielleicht an; sicher ist es aber nicht. Was hinter uns liegt, ist bereits Geschichte. Welches Vorzeichen hatte die erste Jahreshälfte für Sie? War sie schwierig, locker, erfreulich, leidvoll? Was hat sie ausgemacht? – Und wichtiger noch: Können Sie in all dem Gottes Handeln an Ihnen erkennen? Sei es als Anruf, Zuspruch, Trost, vielleicht auch als Zumutung. Gibt es eine prägende Begegnung, bei der Sie Gottes Gegenwart wahrgenommen haben? Dann möge sie der Ausgangspunkt sein, um heute zu hören, wie Jesus seine Freunde, die Apostel, unterweist, um sie für das Kommende bereit zu machen.

Kyrie-Litanei

Herr Jesus Christus,
deinen Augen ist nichts verborgen. Herr, erbarme dich.
Du kennst unsere Schwachheit und Hinfälligkeit. Christus, erbarme dich.
Mit allem bist du vertraut, willst es zum Heile wenden. Herr, erbarme dich.

Tagesgebet der Eucharistiefeier   ⚱️

Heiliger Gott, gib, dass wir deinen Namen allezeit fürchten und lieben.
Denn du entziehst keinem deine väterliche Hand,
der fest in deiner Liebe verwurzelt ist.
Darum bitten wir durch Jesus Christus.

Perikopengebet der Wort-Gottes-Feier

Gott, unser Heiland,
du Retter der Menschen.
Durch deinen Sohn Jesus
berufst du uns zu Zeugen deiner Nähe.
Lass uns dein Wort verstehen
und danach handeln.
Stärke uns, dass wir ihn weiterschenken,
der im Wort der Heiligen Schrift gegenwärtig ist:
Jesus Christus, deinen Sohn,
der in der Einheit des Heiligen Geistes
mit dir lebt in Ewigkeit.

ZU DEN SCHRIFTLESUNGEN

1. Lesung: Jer 20,10–13
Jeremias Prophetenamt macht ihn einsam, er wird verleumdet und ist Angriffen ausgesetzt. Dennoch vertraut er Gott, der sein Leben zu retten vermag.

2. Lesung: Röm 5,12–15
Durch einen einzigen Menschen (Adam) kam die Sünde zur Herrschaft; durch den neuen Adam (Christus) wird den vielen rettende Gnade zuteil.

Evangelium: Mt 10,26–33
Jesus gibt seinen Aposteln ein dreimaliges „Fürchtet euch nicht!" mit auf den Weg. Es gründet im Vertrauen auf die Vorsehung des gütigen Vaters, der keinem seine väterliche Hand entzieht.

FÜRBITTEN

Wer mit Jesus Christus unterwegs ist, muss mit Widerspruch rechnen, zu allen Zeiten, auch heute. Wir bitten um seinen Beistand:

- Für die ganze Kirche: Gib, dass sie immer wieder die Neuheit und Kraft des Evangeliums entdeckt und lebt. Christus, höre uns. *A:* Christus, erhöre uns.
- Für unsere Ortsgemeinde: Lass uns die Furcht vor den Menschen ablegen und in der Furcht Gottes wachsen.
- Für die Menschen, die Jesus nicht kennen: Lass uns als Christen Jesus freimütig bekennen und Zeugnis für ihn ablegen.
- Für die Menschen, die Gott nicht kennen: Gewähre ihnen heilsame Erschütterungen und führe sie zur Erkenntnis Gottes.
- Für unsere Verstorbenen: Führe sie zur Vollendung.

Christus, du erleuchtest und führst deine Gläubigen. Nimm unsere Bitten an und schenke ihnen Gehör, wo sie deinem Willen entsprechen. Dir sei Dank und Lobpreis alle Zeit.

Zum Vaterunser

Gott anerkennen, ihn fürchten und lieben, öffnet den Weg zum Vater. Den Vater von ganzem Herzen anrufen lehrt uns der Glaube Jesu. So beten wir:

Kommunionvers

Ich bin der gute Hirt (Joh 10,11.15).
Ich gebe mein Leben für meine Schafe – so spricht der Herr.

ELEMENTE FÜR DIE WORT-GOTTES-FEIER

Zum Friedenszeichen

Gottes Liebe vertreibt jede Furcht. Sie macht frei, innerlich und äußerlich. Jesus spricht uns heute dreimal sein „Fürchtet euch nicht" zu und schenkt uns damit Frieden. Geben wir ihn an unseren Nachbarn weiter.

Zur Besinnung

Die Worte Jesu im Evangelium stehen im Zusammenhang mit der Erwählung und Aussendung seiner Apostel. Ihnen also, den Aposteln, gilt das dreimalige „Fürchtet euch nicht!" Im Anschluss an diese Rede weist Jesus darauf hin, dass man mit Johannes dem Täufer, dem Größten aller Propheten, gemacht hat, was man wollte. So wird deutlich: Jede prophetische Verkündigung des Reiches Gottes ist der Willkür der Menschen ausgesetzt; sie machen damit, was sie wollen. Und das ist tatsächlich zum Fürchten. Wenn die Boten nicht in der Liebe Gottes verwurzelt sind, geht ihr Bekenntnis schnell unter. Es muss von „Schafen unter Wölfe" gebracht werden, von Bettlern aus Liebe auf den Markt der Möglichkeiten.

Der Mensch wird sich immer fürchten. Entweder fürchtet der Mensch den Menschen oder er fürchtet Gott. Versteht man unter „Furcht" nicht etwas Kriecherisches, Unterwürfiges, sondern eher Respekt oder Anerkennung, dann wird klar, dass wir diese beiden Grundentscheidungen treffen können.

Burkhard Rottmann

Des Menschen Furcht vor Mensch und Gott

Wir haben Angst vor Menschen. Wir fürchten uns vor jenen, die uns durch ihre Größe oder Macht oder durch die Autorität, die sie ausüben, einschüchtern. Besonders besorgniserregend ist es, wenn diese Einschüchterung uns dazu bringt, über unseren Glauben zu schweigen. Jesus sagt, dass Furcht uns nicht zum Schweigen bringen darf, vielmehr sollen wir sein Wort mutig „auf den Dächern verkünden" (Mt 10,27). Dann sagt er uns, wer wirklich die allumfassende Macht hat. Und obwohl Gott Leib und Seele des Menschen beherrscht, brauchen wir keine Angst zu haben, weil wir für ihn sehr wertvoll sind und er über uns wacht.

Werfen wir einen Blick auf das Alte Testament, das Jesus von Kindheit an vertraut war (Lk 2,41ff). Dort lesen wir in Psalm 118: „Der Herr ist bei mir, ich fürchte mich nicht. Was können Menschen mir antun?" Und bei Jesaja heißt es: „Ich bin es, ja ich, der euch tröstet. Was hast du, dass du dich fürchtest vor sterblichen Menschen, vor Menschen, die dahinschwinden wie Gras?" (Jes 51,12). Die drei jungen Männer im Feuerofen vertrauten Gott, obwohl ihr Leben an einem seidenen Faden hing und eine Rettung aussichtslos schien. Sie hatten keine Angst vor dem Tyrannen, der die Autorität hatte, sie zu töten, vielmehr fürchteten sie einzig Gott – und der hat sie gerettet (Dan 3,1–97).

Wenn wir Prüfungen und Schwierigkeiten auferlegt bekommen, spüren wir oft lähmende Angst. Wenn es um finanzielle Probleme geht, ängstigen wir uns, wir könnten die Rechnungen nicht bezahlen. Wenn es sich um gesundheitliche Probleme handelt, haben wir Angst, dass unsere Kräfte schwinden und wir nicht mehr gesund werden. Wie oft aber haben wir die Erfahrung gemacht – wenn auch manchmal im letzten Moment –, dass Gott für uns da ist. Wir sollten uns an diese rettenden Momente erinnern und lernen, zu vertrauen, wenn die nächste Krise kommt. Es kann beängstigend sein, wenn wir das Gefühl haben, Gott hat uns verlassen und handelt nicht (in unserem Sinne). Es wird immer Situationen geben, in denen wir selber Hand anlegen müssen. Die Macht dazu kommt von Gott, aber handeln müssen wir selber. Gott hat so manche Schlacht für uns geschlagen und wird es auch künftig tun, doch gibt es nicht wenige Kämpfe, auf die er uns durch hartes Training vorbereitet hat und die wir selber ausfechten müssen. Es gilt, „den guten Kampf zu kämpfen" (2 Tim 4,7f), in seiner Rüstung zu stehen und Widerstand zu leisten. Nur so werden wir wachsen, weniger ängstlich werden und unseren Glauben stärken. „Warum zweifelst du an der Kraft, die in dir wirkt? Warum lässt du dich von äußeren Umständen überwältigen?", fragt Jesus. Werden wir jemals ein angstfreies Leben führen? Offensichtlich kommt es darauf an, die persönlichen Ängste zu überwinden, die mit großem Leid oder Versagen verbunden sind, ehe wir zu dem werden, der wir in Wahrheit sind.

Athanasius Wedon

Adam und Christus

Mit Wörtern ist es fast so wie mit Menschen: Sie haben ihre Geschichte, sie können an Bedeutung zu- oder auch abnehmen, sie sind vielfältigen Wandlungsprozessen unterworfen. Und manche geraten auch geradezu in Vergessenheit. Das Wort „Sünde" ist nun ein Begriff, der in früheren Zeiten sehr wichtig war, heutzutage aber bewusst oder unbewusst gemieden wird. Im Gebrauch ist es allenfalls noch in einem verharmlosenden Zusammenhang. Man spricht von einer Sünde, wenn man die laut Diätplan vorgeschriebene Kalorienzahl mal wieder überschritten hat. Kaum jemand denkt dabei noch an eine schwerwiegende Verfehlung, die sehr ernste Konsequenzen haben kann. Ist die Sünde heute aus der Welt gekommen, war das nur eine Einbildung verklemmter und ängstlicher Menschen? Nun, wenn es das, was mit diesem Begriff gemeint ist, tatsächlich nicht gäbe, dann sähe es um unsere Welt wohl besser aus. Die Existenz von Schuld und Sünde lässt sich nicht wegleugnen, und es ist gut, sich an die Briefe des Apostels Paulus zu erinnern. In seinem theologischen Denken spielt der heute so unpopuläre Begriff der Sünde eine zentrale Rolle – aber auch der Gedanke der Erlösung davon.

DIE REALITÄT DER SÜNDE

So ist es auch in der Lesung des heutigen Tages. Wenn Paulus sich hier auf die Sünde des Adam bezieht, so müssen wir heutzutage anmerken, dass mit Adam kein wirklich historischer Mensch gemeint ist, sondern dass es hier um den Menschen schlechthin geht. Durch Adam kommt die Sünde in die Welt, und sie ist dadurch eher ein Grundzustand als eine einzige, eben fehlerhafte Tat. Dieser Zustand entsteht dadurch, dass der Mensch nicht damit zufrieden ist, ein Geschöpf Gottes zu sein. Nein, er will selbst sein wie Gott. Er sondert sich ab von Gott und von seinem Willen. Dieser Ausdruck „absondern" ist übrigens etymologisch verwandt mit dem Begriff der Sünde. Immer wieder will der Mensch Sonderwege gehen, die ihn wegführen von Gott. Nur Gott kann etwas aus dem Nichts erschaffen; in der Sünde tut der Mensch in seiner Überheblichkeit so, als könne er das auch. Das lässt sich am Beispiel der Lüge am besten verdeutlichen. Lügen ist der Versuch, eine falsche Realität zu schaffen. Das kann nicht gelingen, der Mensch baut hier auf ein Nichts und schafft auch nur ein Nichts. Wenn er sich aber so sehr auf das Nichts einlässt, dann fällt der Mensch der Vernichtung anheim, d. h., er handelt sich den Tod ein. Paulus sieht diesen Zusammenhang in aller Schärfe. Und damit ist er wohl eher nüchterner Realist als finsterer, Welt und Mensch verneinender Pessimist.

JESUS CHRISTUS, DER NEUE ADAM

Aber Paulus sieht auch noch etwas ganz anderes. Hinter dem sündhaften Aufbegehren Adams, hinter diesem Wie-Gott-Sein-Wollen versteckt sich eben auch der Wunsch des Menschen nach Freiheit und Selbstbestimmung. Interessanterweise nennt der Apostel den Adam auch ein „Urbild des Kommenden". Zeichnet sich im sündigen Menschen doch schon Christus, der neue Adam, der Erlöser ab? Das Überschreiten der von Gott gesetzten Grenzen hat natürlich auch etwas mit dem Freiheitsdrang des Menschen zu tun, und ohne die Möglichkeit, sich eben auch für das Böse zu entscheiden, gibt es keine Freiheit. Die Menschen wären wieder vor Gott gerechtfertigt und von den Folgen ihrer Sündhaftigkeit erlöst, wenn es einen gäbe, der in aller Freiheit dem Willen Gottes voll und ganz folgt. Jesus Christus ist dieser Mensch, der ganz dem Willen Gottes entspricht und der sich durch nichts davon abbringen lässt, auch nicht, als ihn die Bosheit der Menschen ans Kreuz bringt. In Christus genießen wir wieder Gottes Ansehen, wir sind nicht mehr abgesondert von ihm. So verbirgt sich im Aufbegehren des Adam doch etwas Positives. Gott antwortet auf den Freiheitsdrang des Menschen mit dem ersten wirklich freien Menschen, dem Erlöser Jesus Christus. Seine Freiheit gleicht der eines Tänzers: Er hört den Rhythmus der Musik, er achtet auf die Mittanzenden und deren Schritte – und fühlt sich dabei dennoch vollkommen frei. Dank des Erlösers ist die Sehnsucht des alten Adam nach Freiheit bei Gott gut aufgehoben. Und die kühnen Worte des Osterlobs, in dem von der „heilbringenden Sünde des Adam" und von „glücklicher Schuld" die Rede ist, die haben hier ihre Grundlage und Berechtigung.

DIE FREIGELASSENEN DER SCHÖPFUNG

Wie schon erwähnt, sieht Paulus ganz klar den Zusammenhang zwischen Sünde und Tod. In der Sünde versucht der Mensch, mit aller Macht das Leben an sich zu reißen. Gerade dabei verliert er es aber. Jesus hat sein Leben hingegeben und er gewann es dabei, ein für alle Mal und in unerschöpflicher Fülle und nicht nur für sich selbst, das neue Leben steht vielmehr allen offen. Wenn es uns nur gelingen würde, uns vollkommen darauf zu verlassen – dann wäre alle Gier und alle Leidenschaft und damit die Quelle aller Sündhaftigkeit überwunden. Aber wir sind schwach in unserem Glauben und fallen immer wieder in das Denk- und Verhaltensmuster des alten Adam zurück. Die Möglichkeit zur Sünde wurde durch die Erlösung in Christus nicht aus der Welt geschafft. Überwunden wurde nur diese endgültige Todesmacht der Sünde; sie wird nicht das letzte Wort haben. Aber einstweilen geraten wir immer wieder in Versuchung, der Kampf gegen das Böse geht mitten durch unser Inneres, und immer wieder erleiden wir dabei auch Niederlagen. Da ist es gut, sich daran zu erinnern, dass wir ja das Leben nicht mit Gewalt und nicht auf Kosten anderer an uns reißen müssen, denn Christus hat das Leben für uns gewonnen. Der alte Adam mit all seinem Aufbegehren, seiner Leidenschaft und seiner Gier, der lebt noch in uns. Und er soll auch nicht vollkommen vernichtet werden, sondern gewandelt werden zu dem ersten wirklich Freigelassenen der Schöpfung.

Norbert Klinger

Das „Glaubensbekenntnis" oder Bekenntnis zum Glauben?

Furcht haben fast alle Menschen, nur geben das die meisten nicht zu; wir verdrängen sie. Wir fürchten den Verlust unserer Habe, unseres Ansehens, lieber Menschen, wir fürchten Schicksalsschläge und Einsamkeit, Krankheiten und Schmerzen, Veränderungen unserer Psyche im Alter und die Verkehrung unserer Gedankenwelt in möglicher Demenz und natürlich den Tod …
Gehört zu allem, was wir insgeheim befürchten, auch, wovor uns das heutige Evangelium gleich viermal die Furcht nehmen möchte: unseren Glauben bekennen zu müssen? … Kein Thema für uns! Dass man für seinen Glauben eventuell mit dem Leben bezahlen muss, daran denkt hierzulande kein noch so entschiedener Christ! Dass die Medien die Schwachstellen und Untaten der Christen aufs Korn nehmen, ist naheliegend und ihr Metier. Man schämt sich als Christ zurecht, fühlt sich schief angesehen, aber dass man deshalb irgendwelche Nachteile erleiden könnte, ist eher unwahrscheinlich … In anderen Regionen unserer Welt sieht das freilich anders aus. Gemessen an der Zahl der betroffenen Christen, machen alle Verfolgungen bis ins 4. Jh. hinein zusammengenommen nur einen Bruchteil der Diskriminierung, Verfolgung und Liquidierung von Christen in der heutigen Welt aus!

CHRISTSEIN BRAUCHT MUT

Allerdings braucht christlicher Glaube in unseren Breiten, in unserer säkularen Gesellschaft, durchaus auch eine Menge Mut. Darum gilt Jesu mehr aufrüttelndes als drohendes Wort auch uns: „Wer sich vor den Menschen zu mir bekennt, zu dem werde auch ich mich vor meinem Vater bekennen."
Glaube dient ja nicht nur der eigenen frommen Anmutung im stillen Kämmerlein, sondern auch den andern, der Sinnfindung anderer, der Gestaltung, dem Gelingen unseres menschlichen Zusammenlebens. Christsein, ob katholischer, evangelischer oder anderer konfessioneller Prägung, heißt doch: die anderen spüren lassen, dass uns Gott etwas für unser Leben bedeutet. Das meint natürlich nicht, dass wir plötzlich alle als Straßenprediger auftreten sollten. Es meint allerdings auch nicht, katholisch oder evangelisch zu sein, mehr oder weniger brav seine Kirchensteuer zu zahlen und es dabei bewenden zu lassen. Christ sein heißt doch, andere durch unsere Art zu leben ein wenig nachdenklich werden zu lassen, etwas von den Jesu Leben gestaltenden Ideen in die eigene und die Welt um uns zu bringen, eine Atmosphäre der Menschlichkeit, des Verstehen-Wollens zu verbreiten, zu zeigen, dass der Mensch nicht des andern Wolf sein muss.
Christsein braucht den Mut, unverbogen, offen, eindeutig zu sein, der mir fremden Überzeugung Respekt und Toleranz entgegenzubringen, ohne einfach gute Miene zum bösen Spiel zu machen; neue, aussichtsreiche Wege zu gehen oder mitzugehen, Phantasie für das Leben zu entwickeln. Und: Christsein sollte spüren lassen, dass wir uns zuerst und zuletzt geborgen wissen in

einer Liebe, die größer ist als alles. Gerade deshalb wird Spaß am Leben für den Christen kein Fremdwort sein. Christen haben Freude am Leben und strahlen sie aus, auch in schwierigen Lebenssituationen. Nietzsche hat den Finger nicht von ungefähr in die Wunde gelegt.

JENSEITS DER STRUKTUR

Die Zukunft der Christengemeinschaft, der Kirche, wird uns dabei gewiss nicht egal sein. Die Zahl der bekennenden Christen wird kleiner. Die Kirche sieht sich gezwungen, sich zu verändern. Die gewohnte, so selbstverständliche Kirche scheint vorbei zu sein. Vielleicht werden wir weniger in unseren Kathedralen sprechen und zu sprechen haben als in Hütten, Wohnzimmern und Küchen. Wir müssen wieder lernen, dass sich Kirche nicht aus Geld und Strukturen, nicht aus Häusern, Domen und Gehältern zusammensetzt, sondern aus Bekenntnissen. Kirche ist dort, wo das Evangelium gelebt wird, ganz gleich unter welchen Strukturen. Kirche ist lebendiges Bekenntnis zum Herrn – und dies unter allen Umständen, auch beim Verlust von Liebgewonnenem. Kirche ist dort, wo lebendig wird, was die Welt dringend braucht: Glaube und Hoffnung, den Geist der Liebe und Zuversicht. Das Vertrauen in Gott ist darum das A und O!

Wenn Jesus auf die allgemeine menschliche Erfahrung aufmerksam macht: „Nichts ist verhüllt, was nicht enthüllt wird, und nichts ist verborgen, was nicht bekannt wird", dann heißt das doch: Nichts bleibt geheim und verdeckt! Einmal bringt es die Sonne an den Tag! Spätestens am Ende! Was jetzt auch noch so unscheinbar und verborgen erscheint, wird offenbar werden und sich als Wahrheit erweisen. Wir gehen mit unserem Glauben keiner Täuschung auf den Leim.

„Er allein ist der Herr der Furcht, sie kennt ihn als ihren Herrn, ihm allein weicht sie. Darum seht auf ihn in eurer Furcht, denkt an ihn, stellt ihn euch vor Augen, ruft ihn, betet zu ihm, glaubt, dass er jetzt bei euch ist und hilft. Dann wird die Furcht verblassen und weichen und ihr werdet frei sein im Glauben an den starken und lebendigen Heiland Jesus Christus." (Dietrich Bonhoeffer)

Heinz Geist

Gott hilft mir, wenn ich das Gute will

Lesung: Jer 20,10–13 *(später verkündigen)*

Ist jemand von euch Klassensprecherin oder Klassensprecher? (–) Was sind deine Aufgaben als Klassensprecher/in? (–) Braucht man als Klassenspre-cher/in viel Mut? (–) Ich denke auch. Viele wollen so etwas überhaupt nicht machen. Sie haben Angst davor. Ich kann das verstehen. Als Klassenspre-cher/in muss man manchmal sehr unangenehme Dinge machen. Ich denke etwa daran, wenn eine Lehrerin oder ein Lehrer jemanden ungerecht behan-delt – dann muss man sich als Klassensprecher/in einmischen und sich für die Mitschülerin oder den Mitschüler einsetzen. Da kann man in Schwierigkeiten kommen. Noch schlimmer ist es, wenn es in der Klasse viele Streitigkeiten gibt. Es kann sein, dass es eine „Bande" in der Klasse gibt, die einzelne Mitschü-ler/innen ungerecht behandelt: Da gehen gleich mehrere gegen einen vor, ver-spotten ihn, nehmen ihm Sachen weg – und manchmal gibt es Schläge und Prü-gel. Traust du dich da, dazwischenzugehen? Hilfst du jemandem, der von einer Gruppe Stärkerer gequält wird? Das sind schwierige Situationen.
(Lesung jetzt verkündigen)

JEREMIA UND DIE ERWACHSENENSTREITIGKEITEN

Leider enden diese Probleme nie. Bei Erwachsenen ist es oft noch viel schlim-mer. Wir haben gerade eine Lesung aus dem Buch Jeremia gehört, das viel über den Propheten Jeremia erzählt. Eigentlich ist das nichts für Kinder. Es geht hier um Erwachsenenstreitigkeiten. Jeremia beklagt, dass er von den Leuten um ihn herum beschuldigt und angezeigt wird, obwohl er nichts Böses getan hat. Die Leute wollen Jeremia loswerden. Warum? Weil sich Jeremia überall einmischt, wo er Unrecht und Ungerechtigkeiten sieht. Wie so ein Super-Klas-sensprecher. Jeremia sieht viel Ungerechtes. Dann nimmt er allen Mut zu-sammen und spricht offen und ehrlich aus, was alles nicht in Ordnung ist. Das passt vielen nicht. Jeremia macht es öffentlich bekannt, wenn arme Leute un-gerecht behandelt und ausgebeutet werden. Jeremia ermahnt die Reichen, den Armen mehr zu helfen, statt ihnen den letzten Cent aus der Tasche zu ziehen. Das gefällt den Reichen natürlich nicht. Sie verfolgen Jeremia, sie wollen sich an ihm rächen. Wie eine böse Bande tun sie sich zusammen. Sie wollen Jeremia fertigmachen. Das sind Streitigkeiten unter Erwachsenen.

UND WIE IST DAS BEI KINDERN?

Könnt ihr Kinder damit etwas anfangen? Irgendwie kennt ihr das doch auch: Einer sagt, dass dies und das nicht in Ordnung ist, dass das ungerecht ist. Es gibt dann aber welche, die diese Ungerechtigkeit voll gut finden, weil sie einen Nutzen davon haben. Und dann gibt es Knatsch und Stress. Wenn die, die ungerecht sind und andere verspotten, betrügen, ihnen Sachen wegnehmen oder sie verprügeln, in der Überzahl sind – dann geht es den anderen schlecht. Wer sich da für Gerechtigkeit einsetzt oder für die Schwachen – der braucht viel Mut, der muss vielleicht auch Schläge einstecken. Das ist bei Kindern also leider nicht anders als bei Erwachsenen. Niemand soll sagen, das bei den Kindern sei weniger wichtig – für euch Kinder ist es sehr wichtig, dass es gerecht und fair zugeht. Viele von euch leiden darunter, wenn in der Klasse eine fiese Stimmung ist, wenn einzelne Stärkere oder so eine „Bande" die anderen runterziehen, unterdrücken, fertigmachen.

Ich weiß nicht, ob es euch Kindern hilft, wenn ich sage, dass es dem Jeremia vor 2500 Jahren auch schon so übel erging. Aber vielleicht können wir uns von Jeremia etwas abschauen. Jeremia gibt nämlich nicht auf, sondern er wendet sich an Gott. Jeremia vertraut auf Gott – und er hofft, dass Gott sich für ihn einsetzt. „Dir habe ich meinen Rechtsstreit anvertraut", sagt Jeremia, und er meint damit, dass er seine Sache, alle seine Probleme und Nöte, Gott anvertraut hat. Jeremia weiß, dass Gott, der HERR der Heerscharen, wie er in der Lesung heißt, alles kennt und weiß – Gott sieht „Nieren und Herz", also das Innerste eines Menschen. Wir sagen manchmal: In einen Menschen kann man nicht reinschauen, und wir meinen damit, dass man nicht voraussehen kann, was ein Mensch denkt und plant. Stimmt. Aber Gott kann das. Und Gott weiß genau, wer gerecht handelt und wer ungerecht. Das ist doch gut, oder? Manchmal geht es bei uns so schlimm zu, dass wir gar nicht mehr wissen, was wir tun sollen, was gut und richtig ist. Gott aber weiß es. Hier lernen wir von Jeremia, dass wir uns mit diesen Problemen Gott anvertrauen können: Gott „rettet das Leben des Armen aus der Hand der Übeltäter".

WENN ICH DAS GUTE WILL, HILFT MIR GOTT

Manchmal müssen wir allen Mut zusammennehmen, wenn wir uns für das Gerechte und das Gute einsetzen wollen. Manchmal brauchen wir viel Mut und Kraft, dass wir uns den Fieslingen und den brutalen Rechthabern entgegenstellen. Mit Jeremia wissen wir nun: Wir dürfen auch auf Gott vertrauen. Gott weiß genau, was gut und gerecht ist. Und wenn wir uns für das Gute und Gerechte einsetzen, wenn wir den Schwachen helfen und den Ausgestoßenen beistehen, dann ist Gott auf unserer Seite. Vielleicht merken wir es nicht sofort, vielleicht müssen wir manches Schlimme einstecken – das musste auch Jeremia, ihm erging es wahrhaftig schlimm. Aber am Ende, so hofft Jeremia, so hoffen auch wir, wird die Gerechtigkeit siegen, mit Gottes Hilfe. Gott rettet – und deswegen will ich Gott meine Probleme anvertrauen. Gott rettet – und daher bekomme ich auch den Mut, dass ich für die Gerechtigkeit eintrete und meinen Mund aufmache, wenn es ungerecht zugeht. Ich wünsche euch Kindern, dass ihr möglichst oft die Erfahrung macht: „Wenn ich für das Gute und die Gerechtigkeit eintrete, dann hilft mir Gott."

Thomas Hieke

Dreizehnter Sonntag (A)

LIEDVORSCHLÄGE

Gesänge zur Eucharistiefeier
Eröffnungsgesang: Gott liebt diese Welt (GL 464); *Antwortgesang:* Herr, du hast Worte ewigen Lebens (GL 584,4) mit den Psalmversen; *Ruf vor dem Evangelium:* Halleluja (GL 174,4) mit dem Vers; *zur Gabenbereitung:* Lass uns in deinem Namen, Herr (GL 446); *Danklied:* Ich lobe meinen Gott, der aus der Tiefe mich holt (GL 383); *zur Entlassung:* Komm, Herr, segne uns, dass wir uns nicht trennen (GL 451).

Gesänge zur Wort-Gottes-Feier
Eröffnungsgesang: Herr, gib uns Mut zum Hören (GL 448); *Antwortgesang:* Gottes Wort ist wie Licht (GL 450); *Ruf vor dem Evangelium:* Halleluja ... Ihr seid das Volk (GL 483); *zur Entlassung:* Bewahre uns, Gott, behüte uns, Gott (GL 453).

ERÖFFNUNG

Liturgischer Gruß
Die Liebe Gottes und seine helfende Unterstützung sei mit euch / ist mit uns allen.

Einführung
Die Nachfolge Jesu bedeutet für uns Christen nicht nur Wohlgefühl, sondern ist oft mit einem Anecken an den Meinungen und Gewohnheiten unserer Mitmenschen verbunden, auch viel Unverständnis. Nachfolge Jesus bedeutet daher auch immer wieder Entscheidung. Was ist unser Maßstab dabei? Was ist das Wichtige und Wesentliche?

Kyrie-Litanei
Herr Jesus Christus, du rufst uns zu Boten deiner Liebe. Kyrie, eleison.
Herr Jesus Christus, du schenkst uns Hoffnung. Christe, eleison.
Herr Jesus Christus, du bist das Licht der Welt. Kyrie, eleison.

Tagesgebet der Eucharistiefeier
Gott, unser Vater, du hast uns in der Taufe
zu Kindern des Lichtes gemacht.
Lass nicht zu,
dass die Finsternis des Irrtums
über uns Macht gewinnt,
sondern hilf uns,
im Licht deiner Wahrheit zu bleiben.
Darum bitten wir durch Jesus Christus.

Perikopengebet der Wort-Gottes-Feier
Gerechter und guter Gott,
dein Sohn spricht zu uns:
„Wer nicht sein Kreuz auf sich nimmt,
ist meiner nicht würdig."
Gib uns die Kraft,
unseren Alltag zu bestehen,
und schenke uns einst die Herrlichkeit,
die uns verheißen ist,
durch ihn, Jesus Christus, unseren Herrn,
der mit dir und dem Heiligen Geist
lebt in alle Herrlichkeit.

ZU DEN SCHRIFTLESUNGEN

1. Lesung: 2 Kön 4,8–11.14–16a
In der Lesung macht der Prophet Elischa die Erfahrung, in der Fremde eine
Heimat zu finden. Ein positives Beispiel für die Begegnung zweier Menschen.

2. Lesung: Röm 6,3–4.8–11
Der alte Mensch ist für Paulus ein Sklave der Sünde. Der neue Mensch wird
durch die Taufe von Jesus Christus zur Gottes- und Nächstenliebe befreit.
Diese Freiheit ruft uns im Alltag immer wieder zur Entscheidung.

Evangelium: Mt 10,37–42
Hilfreich ist es für das Evangelium zu wissen: Das griechische Wort, was gleich
mit würdig übersetzt wird, meint gleichgewichtig oder gleichwertig. Würdig
nicht in einer moralischen Bewertung als schlecht oder nicht verdient, sondern dass etwas gleichwertig ist und deshalb zueinander passt.

FÜRBITTEN

Gott ergreift Partei für die Armen und Kleinen. Darum bitten wir:

- Für unsere Kirche und für alle Christen, die auf dem Weg zur Einheit sind.
  V.: Christus, höre uns. *A.:* Christus, erhöre uns.
- Für Menschen, die einer besonderen Belastung ausgesetzt sind ...
- Für Menschen, die schwere Entscheidungen für sich und für Andere zu tref-
  fen haben ...
- Für Menschen, die Jesus nachfolgen ...
- Wir beten auch für unsere Toten. Und für die Menschen, an die jetzt jede
  und jeder von uns besonders denkt. (*Kurze Stille*)

Gott, in deinem Sohn Jesus Christus verheißt du uns deine Gerechtigkeit.
Darum bitten wir dich und danken dir in Jesus Christus, unseren Bruder und
Herrn.

Zum Vaterunser

In den sozialen Medien gibt es unendlich viele gute, kluge und inspirierende Bilder und Worte. Viele kommen und gehen. Nur die Guten bestehen. So wie das Vaterunser, das seit Generationen nicht vergeht. Beten wir gemeinsam:

Kommunionvers

In diesem Brot begegnet uns Christus, er ist die Speise für die Ewigkeit.

ELEMENTE FÜR DIE WORT-GOTTES-FEIER

Zum Friedenszeichen

Wir leben in einer Zeit, in der Ideologien und moralisches Besserwissen die Debatten für unsere Zukunft bestimmen. Daher ist ein achtsames und liebevolles Miteinander wichtiger denn je. Gemeinsam und solidarisch könnte für uns Christen als Markenzeichen stehen. Als Stärkung untereinander reichen wir einander die Hand und lassen uns durch unsere Glaubensschwester oder unseren Glaubensbruder den Frieden des Herrn zusagen und geben ihn selber weiter.

Daniel Bidinger

Sich für den Weg mit Jesus entscheiden

„Du kannst dir nicht ein Leben lang die Türen alle offen halten ...", so beginnt ein Text von Paul Roth. Wer Gutes tun und in seinem Leben viel leisten will, muss sich deshalb vor Verzettelung hüten. Es kommt deshalb darauf an, dass ich alle Kräfte auf das vor mir liegende Ziel ausrichte und alle anderen Interessen diesem Ziel unterordne.

Das gilt für alle Lebensbereiche und damit auch für den religiösen Weg eines Menschen. Auch die Bedeutung der Gemeinschaft ist für das Erreichen eines Zieles nicht zu unterschätzen. Der heilige Vinzenz Pallotti bemerkte einmal: "Das Gute, das vereinzelt getan wird, ist für gewöhnlich spärlich, unsicher und von kurzer Dauer, und selbst die hochherzigsten Bemühungen Einzelner führen zu nichts Großem, (...) wenn sie nicht vereint und auf ein gemeinsames Ziel hingeordnet sind." Das sollte uns mit dem Blick auf die kirchliche Gemeinschaft, die sicher nicht perfekt ist, doch zu denken geben. Ist die Entscheidung für einen Kirchenaustritt wirklich der Weisheit letzter Schluss?

Eltern, die ihr Kind erst einmal nicht taufen lassen möchten, begründen dies gern mit einer Offenheit des religiösen Weges für ihr Kind. Dass diese Entscheidung aber eher die Gleichgültigkeit fördert, wird leider oft übersehen. Denn sich wirklich für oder gegen etwas entscheiden kann einer nur, wenn er die Sache, um die es sich dreht, gut kennt. Bis zu einer wirklich begründeten Entscheidung für den Glauben ist deshalb von einem längeren Weg auszugehen.

Auch für Heilige gilt das "Gesetz des Weges". Der Blick auf ihr Leben beweist es: Sie mussten sich oft genug gegen die eigene Familie oder ihre Umgebung durchsetzen. Denken wir nur an die heilige Elisabeth von Thüringen oder Franz von Assisi, die sich gegen den Willen ihrer engsten Verwandten für den Weg mit Jesus entschieden haben.

Jesus wollte die Menschen zu einer Glaubensentscheidung führen. Seine Worte und sein Anspruch sind sicher manchmal hart und kompromisslos. Aber sie dürfen auch nicht mit irgendwelchen Ausflüchten oder Relativismen abgeschwächt werden.

Andererseits vollzieht sich die Nachfolge Jesu nicht allein in außergewöhnlichen Situationen und Lebensumständen, sondern eben im Alltag. Und dieser Alltag weist mir beispielsweise eben nicht jeden Tag ein neues und großes Kreuz zum Tragen zu. Im Alltag stehe ich nicht jeden Tag vor der Entscheidung, entweder Jesus oder Vater und Mutter, Sohn und Tochter mehr zu lieben. Im Alltag habe ich eher die kleinen und unscheinbaren Kreuze zu tragen – das ist sicher oft schwer genug. Ja, im Alltag sind die kleinen Entscheidungen häufiger als die großen familien- und weltbewegenden Entscheidungen. Sich „in allem" (Ignatius von Loyola) für den Weg Jesu und damit für Gott zu entscheiden – das ist Tag für Tag im Leben wichtig.

Siegfried Modenbach

In der Wirklichkeit des neuen Lebens wandeln

Im Leben des Apostels Paulus gibt es zwei Abschnitte, die sich radikal unterscheiden: sein Leben vor seinem Bekehrungserlebnis vor Damaskus und die Zeit danach. Natürlich beobachten wir auch Züge der Kontinuität bei ihm. Seine Art, wie er manchmal in seinen Briefen Argumentationsketten entwickelt wie z. B. in 1 Kor 15 über die Auferstehung Jesu und unsere Auferstehung, das weist uns hin auf seine Ausbildung als Pharisäer. Die wenigsten von uns haben ein solches radikales Bekehrungserlebnis hinter sich. Die meisten sind in einer katholischen Familie aufgewachsen, haben den schulischen Religionsunterricht genossen oder erlitten, sich in christlichen Jugendgruppen engagiert, und der Sonntagsgottesdienst und die Mitfeier der kirchlichen Hochfeste gehörten irgendwie zum unhinterfragten Lebensstil dazu.

Angesichts einer solchen Biographie fällt es einem schwer, sich in einen Menschen einzufühlen, der einen solchen radikalen Bruch in seiner Biographie erlebt hat wie Paulus. Und doch lohnt sich die Mühe, denn wenn Gott bewiesen hat, dass er aus einem Christenverfolger einen Apostel machen kann, dann dürfen wir selber die Grenze nicht zu eng ziehen, wenn wir auf unsere nichtgläubigen Mitmenschen blicken. Bei aller Wertschätzung der Toleranz und bei aller Ehrfurcht vor den jeweiligen Überzeugungen unserer Mitmenschen ist es doch eine legitime Sicht, in jedem einen potentiellen Christen zu sehen. Schließlich ist der Missionsauftrag Jesu universal: „Geht hinaus in die ganze Welt und verkündet das Evangelium der ganzen Schöpfung!" (Mk 16,15). Da werden wir nicht in irgendwelche Kuschelecken geschickt oder zu Minderheiten, die sich als spirituelle Elite fühlen, sondern zu allen.

DIE BOTSCHAFT VERSTÄNDLICH NAHE BRINGEN

Und es hat über die Jahrhunderte immer wieder Christen gegeben, die aus dieser Motivation heraus Fremdsprachen gelernt oder sogar Schriftzeichen für die gesprochenen Sprachen entwickelt haben. Denken wir nur an die Slawenapostel Kyrill und Methodius. Noch heute werden die Buchstaben, denen wir in Bulgarien, Serbien oder der Ukraine begegnen, als kyrillisch bezeichnet. Oder viele Missionare, die liturgische und katechetische Bücher in die Stammesmessprachen übersetzt haben.

Doch nicht nur die Länder der südlichen Hemisphäre sind ein Feld für Missionare; Deutschland selber ist ein Missionsland geworden. Inzwischen gibt es in unserem Land mehr Einwohner, die beim Fragebogen das „ohne Bekenntnis" ankreuzen, als Christen. Und innerhalb der deutschen Sprache gibt es auch noch einmal erhebliche Unterschiede. Der Pfarrer und Sozialpädagoge Martin Dreyer, der mit Jugendlichen in einem Kölner Jugendzentrum arbeitet, begann einige Bibeltexte in die Alltagssprache der Jugendlichen zu übertragen. Im Laufe des Jahres 2004 wurde daraus die „Volxbibel". Im Auftrag des BDKJ erschien 2020 „Wir erzählen die Bibel", der Verein Bible for the nations brachte eine Street-Bible heraus, außerdem eine Trucker-Bibel, eine Biker-Bibel, ein Soldaten-NT. Es gibt also viele Initiativen, um in der Sprache von heute den verschiedenen Zielgruppen das Wort Gottes näher zu bringen.

SEELISCHES WACHSTUM

Sprache ist das eine, Lebensvorgänge sind das andere. Als mir einmal ein über 60-jähriger Priester, der schon 30 Jahre im Dienst war, sagte, dass er erst seit einer Woche richtig beten würde, da war ich überrascht. Was hatte er all die Jahre vorher gemacht, wenn er sich zum Gebet zurückzog? Das war doch sicher auch ehrlich gemeint. Es gibt im seelisch-geistigen Wachstum häufig das kontinuierliche stille, fast unmerkliche Wachstum, wie auch Bäume wachsen, und dann gibt es Wachstumssprünge, wo man sich gleichsam auf einer neuen Ebene wiederfindet. Der auch schon vorher fromme Philosoph und Mathematiker Blaise Pascal erlebt als 32-Jähriger völlig überraschend zu Hause im Wohnzimmer ein Gotteserlebnis, das ihn umwirft. Abends wird ihm für zwei Stunden das Erlebnis von Gottes Größe und Liebe in einer Intensität geschenkt, dass wir zu Recht von Ekstase reden können. Später schreibt er die Erinnerung an diese zwei Stunden am 23.11.1654 auf ein Pergament und näht dieses Pergament in jede neue Jacke auf der linken Seite, also in Herznähe, ein, um die Erinnerung daran nicht zu vergessen. Es gab keine Änderung in der Lebenseinstellung, aber es gab ein neues Niveau der Gottesverbundenheit, das er so vorher nicht kannte.
Der Psychologe Abraham Maslow hat in einem Aufsatz Religionen nicht so sehr nach ihren Inhalten untersucht, sondern ob sie die Menschen zu Gipfelerlebnissen führen wollen oder sich begnügen mit der Erfüllung von Geboten und dem Einschärfen von Verboten. Erstere nannte er Peaker-Religionen, die anderen Non-Peaker nach dem englischen Wort „Peak" für Gipfel.
Wenn wir – sensibilisiert durch solche Erfahrungen von Christen – uns dem Zeugnis des Paulus, das er uns in der heutigen Lesung gibt, nähern, dann gibt es drastische Unterschiede zwischen dem Vorher und Nachher. Da ist zunächst die Analogie zwischen dem Christusschicksal und dem Leben des Apostels: mit ihm begraben – mit ihm auferweckt, damit wir in der Wirklichkeit des neuen Lebens wandeln; unser alter Mensch wurde mitgekreuzigt – so begreift auch ihr euch als Menschen, die für die Sünde tot sind, aber für Gott leben. Und dieses neue Lebensgefühl ist verbunden mit einem neuen Gefühl von Freiheit. Diese Schlüsselerfahrung einer neuen Freiheit wird uns auch in den Lesungen der nächsten Sonntage immer wieder begegnen. Ein kleines Gedankenexperiment zum Schluss: Wenn Sie auf die Frage, was Sie als Christen von einem Atheisten unterscheidet, antworten und Ihre Sätze beginnen mit „Als Christ muss ich ..." oder „Als Christ darf ich nicht ...", dann zeigt das, dass Sie ein ausgesprochenes Preisbewusstsein haben, was Sie das Christsein kostet, aber noch nicht genügend den Mehrwert des Christseins zu genießen gelernt haben. Vielleicht wäre das einmal ein anregendes Tischgespräch heute Mittag, wenn Sie im Kreis der Familie sich darüber austauschen, worin für Sie persönlich der Mehrwert des Christseins besteht.

Elmar Busse

Mein passendes Kreuz

Jesu Liebe zu seinem Vater und zu uns gipfelt in seiner liebenden Hingabe für uns am Kreuz: „Eine größere Liebe hat niemand, als dass einer sein Leben hingibt" (Joh 15,13). Jesus stirbt aus Liebe zu uns am Kreuz. Das Kreuz ist die logische Konsequenz seines Lebens. Der hl. Franz von Sales (1567–1622) sieht im Kreuz die Quelle der Kraft für das geistliche Leben. Das Kreuz ist nach Franz von Sales insofern verehrungswürdig, als Jesus aus Liebe zu uns Menschen am Kreuz sein Blut und Leben hingegeben hat. „Es ist nicht der Stein oder das Holz, was der Katholik anbetet, sondern der König, gestorben am Kreuz, der mit seinem Blut das Kreuz ehrt." (Franz von Sales)

DAS KREUZ ALS REALITÄT UNSERER WELT

Jesus fordert uns heute im Evangelium auf, das eigene Kreuz auf uns zu nehmen. „Und wer nicht sein Kreuz auf sich nimmt und mir nachfolgt, ist meiner nicht würdig" (Mt 10,38). Wie kann man diesen Satz verstehen? Ist und bleibt er nicht ein Rätsel, das in dieser Welt nicht aufgelöst werden kann? Werden mit diesem Satz das Kreuz und alles, was damit zusammenhängt (Leid, Schmerzen, Tod usw.) nicht verherrlicht und verharmlost? Um es kurz zu machen: Ich glaube das nicht. Aber das Kreuz ist und bleibt eine Realität in unserer Welt. Auch wenn unser Kreuz nicht aus zwei vertikal und horizontal ausgerichteten Holzbalken besteht, so hat doch jeder sein Kreuz zu tragen, und das kann viele Namen haben: Tod, Schmerzen, Krankheit, Streitigkeiten, Unfriede, Ängste, Sorgen, Armut etc. In diesem Zusammenhang ist es nur allzu menschlich, wenn wir meinen, dass die anderen ein kleineres Kreuz zu tragen haben. Aber es bleibt dabei: Jeder hat sein Kreuz, das heißt, eines, das genau zu ihm passt, weil es seiner Eigenart sorgfältig angemessen ist, zu tragen. Es gibt eine alte Legende, die uns dies veranschaulichen kann. Sie erzählt von einem Mann, der sich bei Gott über sein Kreuz beklagte. Da führte ihn Gott in einen großen Raum, in dem alle Kreuze der Menschen versammelt waren, und ließ ihn wählen. Jener machte sich auf die Suche. Hier erblickte er ein dünnes, aber dafür war es länger als die anderen; dort stieß er auf ein kleines, doch es war schwer wie Blei. Dann stand er vor einem, das ihm zusagte; aber genau an dieser Stelle, wo es auf der Schulter auflag, zeigte es eine scharfe Spitze, die wie ein Dorn aussah. Er brauchte ziemlich lange, bis er schließlich eines entdeckte, an dem er fast vorbeigelaufen wäre. „Das ist genau das Richtige", sagte er zu sich selbst, „genau das, was du tragen kannst!" Doch kaum hatte er das gesagt, da traute er seinen Augen nicht; denn es war jenes Kreuz, das er bislang getragen hatte.

Was sagt uns diese Legende? Es ist gerade das eigene Kreuz, das wir oft am wenigsten verstehen. Deshalb wehren wir uns dagegen. Entweder werfen wir es ab; doch wer sein Kreuz abwirft, findet sicher ein anderes, das unter Umständen noch unbequemer ist. Oder wir tragen es widerwillig; wer aber sein

Kreuz nur widerwillig trägt, macht es nur noch schwerer. Nur wer sein Kreuz gern annimmt und mit ihm in Freundschaft lebt, wird erfahren, dass sein Kreuz ihn selber trägt. Der heilige Franz von Sales hat einmal geschrieben: „Gottes ewige Weisheit hat von Ewigkeit her das Kreuz ersehen, das er dir als ein kostbares Geschenk aus seinem Herzen gibt. Er hat dieses Kreuz, bevor er es dir schickte, mit seinen allwissenden Augen betrachtet, es durchdacht mit seinem göttlichen Verstand, es geprüft mit seiner weisen Gerechtigkeit, mit liebenden Armen es durchwärmt, es gewogen mit seinen beiden Händen, ob es nicht einen Millimeter zu groß und ein Milligramm zu schwer sei. Und er hat es gesegnet in seinem allheiligen Namen, mit seiner Gnade es durchsalbt und mit seinem Troste es durchduftet. Und dann noch einmal auf dich und deinen Mut geblickt – und so kommt es schließlich aus dem Himmel zu dir als ein Gruß Gottes an dich, als ein Almosen der allbarmherzigen Liebe."

DAS KREUZ ALS PROVOKATION

Und trotzdem! Auch wenn dies sich alles so schön und fast poetisch anhört, das Kreuz ist und bleibt ein Zeichen der Provokation, des Protestes und des Widerspruchs. Ja, es ist ein Zeichen des Todes und es bleibt anstößig! Wir können das Kreuz aus Gerichtssälen und Klassenzimmern verbannen, in unseren Häusern und Wohnungen abhängen – aber aus unserem Leben können wir es nicht verdrängen. Das Kreuz gehört zum Leben, so wie es im Leben Jesu dazugehört hat. Das Kreuz als Zeichen der Zumutung betrachtet bedeutet: Ich lasse mich durch dieses anstößige Zeichen immer wieder anstoßen, nach Gott und Jesus zu fragen. Das Kreuz als Zeichen des Todes betrachtet bedeutet: Ich werde mit dem Tod Jesu konfrontiert – und mit meinem Glauben, der keine Erlösung vom Tod verspricht, sondern Erlösung im Tod. Das Kreuz als Zeichen des Protestes betrachtet bedeutet: Wenn ich wirklich erlöst und befreit bin, dann brauche ich mich nicht mit der Wirklichkeit abzufinden, wie sie jetzt ist. Ich werde provoziert zu einem Kreuzweg gegen Ungerechtigkeit, gegen Not und Elend, das nicht hingenommen werden muss. Ich versuche mich im Namen des Gekreuzigten vor die zu stellen, die heute geschunden und aufs Kreuz gelegt werden. Ein Seelsorger berichtet, der regelmäßig eine alte Dame besucht hat, die bettlägerig war. Sie wohnte alleine in ihrem Haus. Er hat ihr jeden Monat die Kommunion gebracht. Als er an ihrem Bett stand, sagte sie: „Wissen Sie, wenn es mir mal ganz schlecht geht, dann schaue ich auf die Wand auf der anderen Seite des Zimmers." An dieser Wand hing ein Kreuz mit einem großen Corpus. Und weiter sagte die alte Frau: „Wenn ich diesen Jesus am Kreuz betrachte, dann kann er mir meine Schmerzen zwar nicht nehmen, aber er weiß um sie, weil er noch größere Schmerzen hatte, und der Blick auf ihn am Kreuz tröstet mich ein wenig."

Auch wenn das Wort vom Kreuz uns oft ein Rätsel bleibt, wenn uns dieses „Kreuzworträtsel" ein Leben lang begleiten wird und auch wenn wir die Herausforderung des Kreuzes nur bruchstückhaft einlösen – ich glaube, wir können es trotzdem spüren und ahnen, dass dieses Kreuz das große Pluszeichen in unserem Leben ist, weil es das Scheitern nicht verschweigt und trotzdem darüber hinausblicken lässt.

Hans-Werner Günther

In der Nachfolge Jesu entscheiden wir uns für die Liebe

ZUR ERÖFFNUNG

Ich darf euch alle zu unserem Gottesdienst begrüßen. Wir sind Freundinnen und Freunde Jesu. Er ruft uns in seine Nachfolge. Er will, dass wir zu ihm gehören und nach seiner guten Botschaft als Menschen leben. Deshalb sind wir hier. Wir hören wieder auf sein Wort und lassen uns neu von ihm aussenden. Er ist immer mit uns auf dem Weg. Im Kyrie begrüßen wir ihn in unserer Mitte.

ZUR VERKÜNDIGUNG

Evangelium: Mt 10,37–42 *(später verkündigen)*

Wir kennen Jesus aus den vielen Erzählungen in der Bibel. Wir erleben ihn, wie er Menschen sucht, die sich ihm anschließen und die ihm helfen, seine gute Botschaft von Gottes Liebe bekannt zu machen. Jesus ruft die Menschen zusammen. Er wählt sie aus. Er sendet sie. Und dabei ist Jesus immer für Überraschungen gut und manchmal auch nicht zimperlich. Denn er hat klare Vorstellungen, was seine Jüngerinnen und Jünger mitbringen sollen. Sie müssen bestimmte Voraussetzungen erfüllen, um den Weg mit ihm gehen zu können. Hören wir die Aussendungsrede Jesu und auf das, was Jesus von seinen Gefährtinnen und Gefährten erwartet. *(Evangelium jetzt verkündigen)*

WER VATER UND MUTTER MEHR LIEBT

Jesus ist in einer Familie aufgewachsen. Wir alle wachsen in Familien auf. Unsere Familien sind wichtig für unsere Entwicklung. Nur in einer guten Gemeinschaft können wir den Weg ins Leben finden. Jesus weiß das. Und doch sieht er die Gefahr, dass uns unsere Familien im Weg stehen können, die gute Botschaft von Gottes Liebe in die Welt zu tragen.
Mit dem Satz: „Wer Vater oder Mutter mehr liebt als mich, ist meiner nicht wert, und wer Sohn oder Tochter mehr liebt als mich, ist meiner nicht wert", möchte Jesus darauf aufmerksam machen. Das klingt hart und lieblos. Jesus stellt damit die Bedeutung seiner Botschaft heraus. Sie ist so wichtig, dass auch die Beziehungen zu Eltern und Kinder hinterfragt werden müssen. Die Sorge um die Familie könnte uns von der Nachfolge Jesu abhalten. Das macht Jesus deutlich.

WER SEIN KREUZ NICHT AUF SICH NIMMT

Wir wissen alle, dass in unserem Leben nicht immer alles rund läuft. Es gibt Höhen und Tiefen, es gibt die schönen und die schweren Erlebnisse, Freud und

Leid gehören zusammen. Manchmal wollen wir diesen Herausforderungen ausweichen. Sie sind nicht schön, wir wollen sie verdrängen. Mit dem Satz: „Und wer nicht sein Kreuz auf sich nimmt und mir nachfolgt, ist meiner nicht wert", ermutigt uns Jesus, diesen Herausforderungen nicht aus dem Weg zu gehen. Wir sollen auch das Schwere im Leben annehmen. Es gehört dazu, und es gehört zur Nachfolge Jesu. Wenn wir uns den Widrigkeiten des Lebens stellen, treten wir ein in die Freundschaft mit Jesus. Er ist Leid und Tod nicht ausgewichen. Und er sagt uns zu, dass er uns in den Stürmen unseres Lebens zur Seite stehen wird. Darauf dürfen wir vertrauen.

WER DAS LEBEN FINDEN WILL

Wir alle wollen ein gutes Leben führen. Manchmal streben wir hoch hinaus, machen Pläne und setzen uns Ziele, suchen den großen Erfolg. Das ist gut und wichtig. Und doch mahnt Jesus auch hier zur Vorsicht: „Wer das Leben findet, wird es verlieren; wer aber das Leben um meinetwillen verliert, wird es finden." Bei allem Einsatz für unser Leben, bei allem Denken und Tun sollen wir seine gute Botschaft nicht aus den Augen verlieren. Wenn wir mit ihm auf dem Weg sein wollen, dann sind andere Werte und Ziele wichtig. Da geht es nicht um den großen Erfolg oder darum, im Rampenlicht zu stehen. Mit seinem Leben hat Jesus gezeigt, was für ihn wichtig ist. Er hat sich um arme und kranke Menschen gekümmert. Er war ganz für die anderen Menschen da, um Gottes Liebe zu verkünden. Er ermutigt auch uns, diesen Weg zu gehen, um so das wahre Leben zu finden. Das ist seine Verheißung: Wer mit mir geht, wird das Leben finden. Wer mit vertraut, bekommt ein gutes Leben.

ENTSCHEIDUNG FÜR JESUS – ENTSCHEIDUNG FÜR DIE LIEBE

Wenn wir uns das so anhören, was Jesus von seinen Jüngerinnen und Jüngern verlangt, von denen, die er in seine Nachfolge ruft, dann kann es einem schon angst und bange werden. Manches klingt wirklich sehr hart und lieblos. Können wir dem entsprechen? Aber Jesus geht es um die Entscheidung für ihn. Er will Klarheit und Entschiedenheit. Er will sich auf seine Freundinnen und Freunde verlassen können. Und deshalb sagt er klar und deutlich, was er erwartet.
Jesus wirbt um unser Vertrauen, auch wenn seine Ansprüche hoch sind. Er ermutigt uns, uns ganz auf ihn einzulassen, seiner Botschaft zu vertrauen. Und es ist eine Botschaft der Liebe, die er zu uns bringt: Gottes große Liebe zu allen Menschen. Wenn wir uns für ihn entscheiden, dann entscheiden wir uns für die Liebe. Und sie übertrifft alles, was wir uns nur vorstellen können. Nur sie führt ins Leben.
Weil es um die Liebe geht, können wir diesen Weg nicht gehen ohne seinen Beistand und seine Kraft. Jesus muss uns unterstützen. Wenn wir heute hier versammelt sind, bitten wir ihn um seinen Beistand. Wir sprechen uns gegenseitig Mut zu, mit ihm zu gehen. Denn wir sind überzeugt: Es ist ein guter Weg. Es geht um die Liebe. Und in der Nachfolge Jesu entscheiden wir uns für die Liebe.

Steffen Knapp

Vierzehnter Sonntag (A)

LIEDVORSCHLÄGE

Gesänge zur Eucharistiefeier
Eröffnungsgesang: Wohin soll ich mich wenden (GL 145); *Antwortgesang:* Mein Herz ist bereit, o Gott (GL 649,5) mit den Psalmversen; *Ruf vor dem Evangelium:* Halleluja (GL 174,5) mit dem Vers; *Danklied:* O heilige Seelenspeise (GL 213); *zur Entlassung:* Befiehl du deine Wege (GL 418).

Gesänge zur Wort-Gottes-Feier
Eröffnungsgesang: Komm her, freu dich mit uns, tritt ein (GL 148); *Predigtlied:* Nun singt ein neues Lied dem Herren (GL 551,1+3); *Danklied:* Gott loben in der Stille (GL 399).

ERÖFFNUNG

Liturgischer Gruß
Unser Herr Jesus Christus, der Heiland der Armen und Schwachen, er sei mit euch / ist mit uns allen.

Einführung
Mitten in der Sommerzeit, die ja für die meisten immer auch eine Urlaubs- und Ferienzeit ist, hören wir heute im Evangelium die Einladung Jesu: „Kommt alle zu mir, die ihr mühselig und beladen seid! Ich will euch erquicken". Dieser Einladung sind wir heute gefolgt. Wir sind gemeinsam zu Jesus gekommen, um uns von ihm in der Eucharistie stärken zu lassen.

Kyrie-Litanei
Herr Jesus, du rufst uns zu dir.
Du schenkst uns immer wieder neue Kraft.
Bei dir finden wir Ruhe.

Tagesgebet der Eucharistiefeier
Barmherziger Gott, durch die Erniedrigung deines Sohnes
hast du die gefallene Menschheit
wieder aufgerichtet
und aus der Knechtschaft der Sünde befreit.
Erfülle uns mit Freude über die Erlösung
und führe uns zur ewigen Seligkeit.
Darum bitten wir durch Jesus Christus.

Perikopengebet der Wort-Gottes-Feier
Gott und Vater, Herr des Himmels und der Erde!
Wir kommen zu dir mit unseren Lasten –
um Ruhe zu finden für unsere Seele.
Schenke uns in dieser Feier deinen Geist,
damit wir den Weg zur ewigen Heimat finden
mit Jesus Christus, deinem Sohn,
der mit dir und dem Heiligen Geist
lebt in Ewigkeit.

ZU DEN SCHRIFTLESUNGEN

1. Lesung: Sach 9,9–10
In der Lesung aus dem Buch Sacharja hören wir von einem ganz besonderen König, der anders ist also so viele Machthaber in der Geschichte der Menschheit.

2. Lesung: Röm 8,9.11–13
„Geist" und „Fleisch" – das sind für Paulus die beiden großen Alternativen im Leben eines jeden Menschen. Vor diese beiden Alternativen gestellt, muss sich der Mensch immer wieder entscheiden.

Evangelium: Mt 11,25–30
Jesus ist der Sohn Gottes, nur durch ihn gelangen wir zur Erkenntnis des Vaters. Durch diese einzigartige Beziehung ist Jesus auch der Heiland der Menschen: wer sich an ihn hält, der wird Ruhe und Vertrauen finden.

FÜRBITTEN

In unserem Leben sind wir oft mit Sorgen und Ängsten belastet. Manchmal werden wir regelrecht von ihnen erdrückt. Vertrauen wir Jesus Christus, unserem Heiland, die Nöte dieser Welt an:

- Wir beten für Papst Franziskus und für alle, die Verantwortung tragen in unserer Kirche: dass sie deine frohe und erleichternde Botschaft mit Weisheit und Mut verkündigen.
- Wir beten für alle Verantwortlichen in Politik und Gesellschaft: dass sie Wege zum Frieden und zur Verständigung suchen.
- Wir beten für alle Menschen, die schwer unter des Last des Lebens zu leiden haben: dass sie Stärkung erfahren im Glauben.
- Wir beten für unsere Verstorbenen: dass du ihnen die ewige Ruhe bei dir schenkst.

Herr Jesus Christus, in den Sorgen und Nöten unseres Lebens schenkst du uns Geborgenheit und Vertrauen. Dafür sei dir Lob und Dank in alle Ewigkeit.

Zum Vaterunser

„Niemand kennt den Vater, nur der Sohn und der, dem es der Sohn offenbaren will" – so haben wir es heute im Evangelium gehört. Jesus hat uns seinen Vater offenbart, sodass wir ihn voll Vertrauen als Vater ansprechen können. Und so beten wir mit den Worten Jesu:

Kommunionvers

Kommt alle zu mir,
die ihr euch plagt und unter Lasten stöhnt!
Ich will euch Ruhe verschaffen – so spricht der Herr.

ELEMENTE FÜR DIE WORT-GOTTES-FEIER 📖

Zum Friedenszeichen

„Er wird den Nationen Frieden verkünden" – so heißt es heute in der alttestamentlichen Lesung über den Messias-König Israels. Als Jünger Jesu Christi sind auch wir dem Frieden verpflichtet. Geben wir einander also ein Zeichen des Friedens und der Versöhnung.

Zur Besinnung

„Im heutigen Evangelium richtet Jesus erneut jene Worte an uns, die wir so gut kennen, die uns aber dennoch stets von neuem bewegen: ‚Kommt alle zu mir, die ihr euch plagt und schwere Lasten zu tragen habt. Ich werde euch Ruhe verschaffen [...]‘ Als Jesus durch die Straßen von Galiläa zog, das Reich Gottes verkündete und viele Kranke heilte, verspürte er Mitleid mit den vielen Menschen, ‚denn sie waren müde und erschöpft wie Schafe, die keinen Hirten haben.‘ Jener Blick Jesu scheint sich bis ins Heute zu erstrecken, bis in unsere Welt. Auch heute ruht er auf so vielen Menschen, die von schwierigen Lebensumständen bedrängt, aber auch ohne bewährte Bezugspunkte sind, um einen Sinn und ein Ziel für das Leben zu finden. Erschöpfte Menschenmengen finden sich in den ärmsten Ländern, die von Not und Elend getroffen sind; und auch in den reicheren Ländern gibt es viele Männer und Frauen, die unzufrieden und sogar an Depression erkrankt sind. [...] Jesus verspricht, allen ‚Ruhe‘ zu verschaffen, doch er stellt eine Bedingung: ‚Nehmt mein Joch auf euch und lernt von mir; denn ich bin gütig und von Herzen demütig.‘ Was ist dieses ‚Joch‘, das statt zu drücken leichter macht, das, statt zu erdrücken, entlastet? Das Joch Christi ist das Gesetz der Liebe, es ist sein Gebot, das er seinen Jüngern hinterlassen hat. Das wahre Heilmittel für die Wunden der Menschheit, seien diese materieller Art wie der Hunger und die Ungerechtigkeiten oder psychologischer oder moralischer Natur und verursacht von einem falschen Wohlstand, ist eine Lebensregel, die in der brüderlichen Liebe gründet, die ihre Quelle in der Liebe Gottes hat."
Papst Benedikt XVI .

Sebastian Büning

„Ihr werdet leben!"

Das ist nicht nur ein guter Wunsch in Ferienzeiten, sondern das ist wohl unser aller Sehnsucht: Wir wollen leben! Jede Zeit hat ihre eigenen Beschwernisse, deswegen brauchen wir die augenblicklichen Krisenherde der Welt hier nicht eigens noch einmal aufzuzählen. Sie werden uns jeden Tag über Presse, Rundfunk und Fernsehen ins Haus geliefert und treffen uns bisweilen mitten ins Herz. Ja, da sind kleine und große Ängste, die den einen mehr, die andere weniger bedrücken, menschengemachte Katastrophen und zerstörerische Naturgewalten, die uns niemand letztlich erklären kann, sogenannte Schicksalsschläge genauso wie die eine oder andere kleine Dummheit von uns selbst, die mit etwas Bedacht und Vorsicht hätte vermieden werden können.

Letztlich wollen wir alle leben, am liebsten in Frieden und Harmonie, von den anderen akzeptiert. Zum Leben-Wollen gehört der Wunsch nach Geborgenheit und Liebe. Und wer sich die Gabe bewahrt hat, festzustellen, dass er sich beim Streben nach Glück manchmal selbst im Wege steht, scheint schon einen Schritt weiter zu sein als der, der für alles große und kleine Elend immer die anderen verantwortlich macht. Er kann seine eigene Situation durch eigenes Handeln beeinflussen. Biblisch heißt das Umkehr. Ich nehme Fehler und Schwächen an mir selbst wahr und arbeite an ihnen. Im Sakrament der Beichte finden – bedauerlicherweise immer weniger – Menschen zurück zu ihrem guten Kern, weil sie ihre Sünden bekennen und dem allgütigen Gott begegnen dürfen, der ihnen die selbst festgestellten Fehler durch das ehrliche Bekenntnis hindurch im Dienst der Priester vergibt, also Heil(ung) schenkt, und damit einen neuen Anfang, das Gute in ihrem Leben neu zu versuchen. – Aus dem Römerbrief des hl. Paulus haben wir heute einen kleinen Abschnitt als Lesung gehört. Er erinnert uns an den Geist, der in uns wohnt. Paulus sagt dazu, dieser Geist stamme von Gott. Es sei der Geist Christi. Weil wir ihn haben, gehören wir zu Christus. Wir wurschteln also nicht alleine vor uns hin, sondern der Geist Gottes, der Jesus von den Toten auferweckt hat, ist in uns und schenkt uns Leben; Paulus sagt anschaulich: „(...) der macht unsere sterblichen Leiber lebendig durch seinen Geist, der in uns wohnt." Wenn Paulus hier und woanders etwas abschätzig vom „Fleisch" spricht, dann meint er damit nicht primär die sogenannten Sünden des Fleisches, also das, was sich um das sechste Gebot dreht, die Sexualität also und die Verlockungen, die wir alle nur zu gut kennen und manchmal schlecht zu beherrschen vermögen. „Fleischlich leben" und „dem Fleisch verpflichtet zu sein" bedeutet nach Paulus, verschlossen zu bleiben gegenüber der göttlichen Berufung, den Geist Gottes in uns nicht zu erkennen. Dem Fleisch allein nach müssen wir nämlich, so sagt Paulus, sterben. Durch den Geist in uns vermögen wir unseren Horizont zu weiten. Wir dürfen Gottes Geist in uns erkennen und in seiner Kraft unsere sündige Neigung quasi übersteigen und können „die sündigen Taten des Leibes töten". Dann werden wir leben, und wie! Ist das nicht letztlich unser aller Sehnsucht?

Robert Jauch

Dein König kommt – er verkündet den Frieden

Wer häufig die Lesungen der sonntäglichen Gottesdienste aufmerksam hört, weiß recht genau, dass die erste, die alttestamentliche Lesung thematisch genau auf das Evangelium abgestimmt ist. Auf diese Weise gelingt es, die Themen des Gottesdienstes nicht zu einer bunten Vielfalt ausufern zu lassen; vielmehr konzentrieren sich gleich zwei Texte der Heiligen Schrift zu einer aussagekräftigen Stoßrichtung. Gleichzeitig gelingt es, die Einheit zwischen Altem und Neuem Testament zu betonen. Die beruhigende Einladung heute „Kommt alle zu mir, die Ihr Euch plagt und schwere Lasten zu tragen habt" findet eine wohltuende Ergänzung in dem Prophetenwort „Juble laut! Dein König kommt zu dir. Er verkündet den Völkern Frieden."

Lassen wir heute den Propheten Sacharja zu uns sprechen. Die Zerstörung Jerusalems im Jahre 586 v. Chr. war eine traumatische Erfahrung der Bewohner Jerusalems. Der Boden wurde ihnen unter den Füßen weggezogen. Der Tempel brannte. Der Ort der Gegenwart Gottes war zerstört. Zahlreiche Bewohner wurden zusammengetrieben und Tausende Kilometer weit deportiert. Fortgetrieben wurden sie, aus der Heimat in die Gefangenschaft, aus Palästina in das Zweistromland, in das babylonische Exil. Wie sollte es weitergehen? Gab es überhaupt eine Zukunft?

Nach wenigen Jahrzehnten des Exils erlaubte der Perserkönig Kyrus den Gefangenen, in ihre Heimat, nach Jerusalem, zurückzukehren. Ausführlich lesen und hören wir von dieser Rückkehr in der Adventszeit. Im 35. Kapitel im Prophetenbuch des Jesaia werden uns Herzen und Ohren geöffnet: „Seht, hier ist euer Gott! Die vom Herrn Befreiten kehren zurück und kommen voll Jubel nach Zion." Die Rückkehrer fingen sofort an, eilig den Tempel und die Stadtmauern wieder aufzubauen. Die jungen Leute jubelten über den geschafften Neuaufbau. Die älteren Leute jedoch weinten; sie hatten den prachtvollen Tempel vor der Zerstörung in Erinnerung. Selbstkritisch beurteilte man die provisorische Aufbauarbeit: „Hoffentlich springt in der Nacht kein Fuchs über die restaurierten Mauern. Sie würden zusammenbrechen" (vgl. Neh 3,35).

JERUSALEM – DIE „HEILIGE STADT" FÜR JUDEN UND CHRISTEN

Für unsere älteren Geschwister im Glauben, für die Juden, ist die Bedeutung Jerusalems nicht hoch genug einzuschätzen. Seit den Tagen Davids ist die Geschichte des jüdischen Volkes untrennbar mit Jerusalem verbunden. Im Exil, in der babylonischen Gefangenschaft, hatten die Juden mit aller Leidenschaft gebetet: „Wenn ich Dich je vergesse, Jerusalem, dann soll mir die rechte Hand verdorren. Dann soll mir die Zunge am Gaumen kleben bleiben" (Ps 137,5). „Juble, Tochter Jerusalem! Jauchze! Dein König kommt!" Als großer Sehnsuchtsort steht Jerusalem ihnen vor Augen. Der gegenwärtige Gott ist gerecht. Er hilft. Sein Wirken besteht darin, alle Kriegswerkzeuge zu vernichten: die Streitwagen, die Kriegsbogen. Alles, was Menschen verletzt, den Körper quält und den Geist demütigt, soll keinen Platz mehr haben, wo Gott gegenwärtig ist. Er verkündet für die Völker den Frieden. Er ist gerecht und hilft. Demütig kommt er. Auf keinen Fall „hoch zu Ross". So denken auch alle Christinnen und Christen: Jesus zieht, in aller Bescheidenheit auf einem Esel sitzend, vom Ölberg kommend durch das Kidrontal in die Stadt Jerusalem hinein. Hier besiegelt er sein Wirken und seine Verkündigung. „Gekreuzigt und begraben" erfahren ihn seine Jünger und Anhänger als den Auferstandenen. Für Juden und Christen ist Jerusalem eine heilige Stadt.

JERUSALEM – SEHNSUCHTSORT DER MUSLIME

Als drittheiligsten Ort – nach Mekka und Medina – verehren auch die muslimischen Völker Jerusalem. Im Jahr 622 nach Christus – kurz vor der Flucht von Mekka nach Medina, vor dem Beginn der muslimischen Zeitrechnung – wird der Prophet Mohammed in einer „nächtlichen Reise" nach Jerusalem entrückt. – Sein Pferd trägt ihn mit einem kraftvollen Sprung in diese Stadt. Mohammed begegnet in dieser mystischen Himmelfahrt Abraham, Moses und Jesus. Mit ihnen zusammen betet er. Zahlreiche Loblieder auf Jerusalem kennen die Muslime. Sie sehnen sich danach, in Frieden zur Heiligen Stadt pilgern zu dürfen.
Sacharja entfaltet uns in der ersten Lesung eine Vision. Juden, Christen und Muslime pflegen diese Vision gleichermaßen. Werden wir es noch erleben, dass hässliche Krawalle und vergiftete Zankereien uns nicht in Schrecken versetzen? Ist es eine lächerliche Utopie, dass wir gemeinsam auf dem Tempelberg den einen Gott gemeinsam verehren? Wird es in absehbarer Zeit schlichte Realität, dass von dieser Stadt weltweiter Friede ausgeht?
„So spricht der Herr: Juble, jauchze! Er verkündet für die Völker Frieden; seine Herrschaft reicht von Meer zu Meer und vom Euphrat bis zu den Enden der Erde."

Konrad Schmidt

Unruhig ist unser Herz

Wenn man Menschen fragt, was ihnen im Alltag zu schaffen macht, dann wird gewiss nicht selten der volle Terminkalender erwähnt. In immer kürzeren Abständen gilt es immer mehr Verpflichtungen zu erledigen, die Zeit wird in immer kleinere Einheiten zerteilt – ein wenig so wie eine Salami, die in immer dünnere Scheiben geschnitten wird, bis diese hauchdünnen Scheiben ihren Geschmack verlieren. Der Zeitdruck hindert uns daran, etwas richtig auszukosten. Aber irgendwie wollen wir das so. Ein völlig leerer Kalender wäre wohl auch nicht das Wahre. Wir brauchen ja etwas, womit wir unsere Zeit füllen, und sei es mit Zeitvertreib. Das ist also die eine Seite. Wir wollen aktiv sein, auf keinen Fall etwas versäumen und bloß keine Langeweile aufkommen lassen. Auf der anderen Seite die eben so tiefe Sehnsucht nach Ruhe und Entspannung, kein Stress eben. Wir träumen von unverplanter Zeit, Stunden, die eben nicht in Minuten und Sekunden zerschnitten werden, bis alles fade schmeckt und den inneren Zusammenhalt verliert. Wie sollen und können wir mit diesem Dilemma umgehen?

EIN SANFTES JOCH?

Als Christinnen und Christen erhoffen wir uns natürlich in allem Anregungen aus der Heiligen Schrift; sie verkündet ja oft auch eine durchaus weltliche Weisheit. Wer da jetzt so etwas wie eine himmlische Ruhe bei den Gestalten des Alten wie des Neuen Testaments erwartet, der sieht sich mit Sicherheit enttäuscht. Nein, der tiefenentspannte, allein der Meditation und Versenkung hingegebene Typ, der kommt in der Bibel wohl kaum vor. Es sind aktive, durchaus weltzugewandte und unglaublich vielen Herausforderungen ausgesetzte Frauen und Männer, die uns hier begegnen. Und am allermeisten trifft das wohl auf Jesus selbst zu. Praktisch von Geburt an ist sein Leben gekennzeichnet durch Unruhe, Unsicherheit, durch erzwungene Flucht und freiwillige Pilgerschaft. Und darüber hinaus entsteht auch um ihn herum oft genug ein gewisser Stress: Man denke nur daran, wie schon der zwölfjährige, im Tempel verweilende Jesus seine Umgebung in besorgte Aufregung versetzt. Und da sagt also eben dieser unruhige Jesus – wir haben es vorhin im Evangelium gehört –, durch ihn sollten die Menschen Ruhe finden für ihre Seele. Während die Menschen sich oft genug, und zwar damals wie heute, wie Arbeitstiere vorkommen, sei sein Joch sanft und seine Last leicht. Wie kann er so etwas sagen?

BEFREIT VOM JOCH DER FREMDBESTIMMUNG

Das Bild vom Joch, das Jesus hier gebraucht, stammt natürlich aus einer von der Agrarwirtschaft geprägten Gesellschaft. Die Zugtiere wurden ins Joch gespannt und mussten schwere Arbeit leisten für ihre menschlichen Besitzer und Antreiber. Sie waren vollkommen fremdbestimmt. Genauso fühlen auch wir uns oft genug, eingespannt in die Zwänge des Arbeitsprozesses. Subtiler sind gewisse gesellschaftliche Zwänge: Von uns wird gefordert, jung und dynamisch, leistungsfähig und immer auf dem neuesten Wissensstand zu sein. Um all diesen Anforderungen Genüge zu tun, legen wir uns auch selbst ein schweres Joch auf. Und doch werden wir niemals, weder im Arbeits- noch im Privatleben, allen Anforderungen gerecht werden können. Und das macht unzufrieden. Das kann zu einem Teufelskreis führen. Das Verlangen, immer noch mehr zu tun und zu leisten, wächst, in der falschen Hoffnung, dann endlich innere Zufriedenheit und Ruhe zu erlangen. Es muss hier einen anderen Weg geben, und genau hier kommen wir zu dem, was Jesus mit seinem sanften Joch meint. Wir sind so oft fremdbestimmt und auch die heute so populäre „Selbstverwirklichung" ist stark durch gnadenlose gesellschaftliche Normen geprägt. Es gibt wohl keinen Menschen, der in einem höheren Maße selbstbestimmt ist als Jesus von Nazaret. Natürlich bedeutete das alles andere als ein willkürliches, sinnfreies Handeln. Jesus war im Einklang mit sich, weil er im Einklang mit seinem himmlischen Vater war. So konnte er in innerer Ruhe und in seelischem Frieden ein äußerst bewegtes und bewegendes Leben führen. Wenn wir seine Nähe suchen, dann wird etwas davon auch auf uns übergehen. Vor allem das Gefühl, dass wir angenommen sind und uns nicht dauernd durch Leistung vor uns selbst, vor den anderen und womöglich vor Gott rechtfertigen müssen.

IN GOTTES FRIEDEN

Es gilt auch für uns: Wer innerlich Ruhe, Frieden und Geborgenheit empfindet, der kann sich viel äußere Unruhe und Hektik erlauben. Aber wir sind und bleiben in einer unheilen Welt, in der die Erlösung zwar schon geschehen, aber noch verborgen ist. Und das bedeutet, wir werden immer nur ansatzweise und vorläufig etwas von dem Frieden erfahren, der allein Gott uns zu geben vermag. Deshalb ist auch ein zeitweiliger Rückzug aus dem Weltgetriebe in den Gottesdienst, in Gebet und Meditation nicht nur legitim, sondern sogar notwendig. Es gilt, sich der Verheißung zu vergewissern, dass hinter dieser Welt der Frieden Gottes auf uns wartet – ein Friede, in dem der so unlösbare Gegensatz zwischen dem Wunsch nach einem aktiven Leben und der Sehnsucht nach Ruhe endlich aufgehoben sein wird. Dazu gehört auch, dass wir das, was wir aus unserem oft so zerrissenen, unfreien und in Schuld verstrickten Leben mitbringen, von Gott gewandelt wird. Und das ist sicher keine Friedhofsruhe, sondern das Leben in ungeahnter Fülle. Bis dahin aber gilt das, was der heilige Augustinus in einem berühmten Satz ausdrückte: Unruhig ist unser Herz, bis es ruht in dir.

Norbert Klinger

Seht, euer König kommt zu euch!

Vorbereitung: Der Verkündigungstext Sach 9,9–10 wird aus einer Kinder- oder Grundschulbibel oder, falls dort nicht verfügbar, aus der Bibelübersetzung „Hoffnung für alle" vorgelesen. Die von Sprachwissenschaftlern der STH Basel begleitete Bibelübersetzung „Hoffnung für alle" (HFA) legt besonderen Wert auf inhaltliche Verständlichkeit und ist im Internet frei zugänglich.[1]

Lesung: Sach 9,9–10

Ein König kommt nach Jerusalem. Die Menschen freuen sich. Lange haben sie auf die Ankunft des Königs gewartet! Nun säumen sie die Straßen und jubeln ihm zu, als er in die Stadt einzieht.

Das können wir uns gut vorstellen. Es gibt ja auch heute noch Könige. Manchmal gehen sie auf Staatsbesuch. In dem Land, das sie besuchen, werden sie schon am Flughaften mit großem Trara empfangen. Ein roter Teppich wird für den Staatsgast ausgerollt. Eine Musikkapelle spielt. Wenn der König oder die Königin oder das Königspaar dann in einem Autokonvoi durch die Straßen fährt, stehen viele Menschen am Straßenrand und winken mit Fähnchen. Vielleicht habt ihr am Fernsehen miterlebt, wie der neue britische König zu seiner Krönung gefahren wurde. Ja, wenn ein König kommt, dann ist das etwas ganz Besonderes! Viele Menschen wollen dabei sein und es hautnah miterleben.

ER REITET AUF EINEM ESEL UND VERNICHTET ALLES KRIEGSGERÄT

Aber halt – die Geschichte, die wir gehört haben, ist irgendwie anders. Da stimmt etwas nicht. Da fehlt etwas.

Ist euch das auch aufgefallen? Was ist anders, als man erwarten könnte? (–)

Die jubelnde Menschenmenge – die ist da. Wahrscheinlich werden auch Fähnchen oder grüne Zweige geschwenkt. Vielleicht wird Musik gespielt. Alles so, wie man es kennt. Nur der König, der fällt aus dem Rahmen.

Denn einen König erkennt man an bestimmten äußeren Zeichen. Er trägt königliche Kleidung – zu besonderen Anlässen eine Krone und einen Königsmantel. In alten Zeiten ritt der König auf einem prächtigen Pferd; heute fährt er in einer Luxuskarosse. Aber der König, der nach Jerusalem kam, ritt auf einem Esel, dem Lasttier der kleinen Leute. Wenn wir das auf heute übertragen würden, käme er nicht in einem dicken Auto, sondern auf einem Fahrrad. Ein solcher König kann ja nichts Besonderes sein!

Aber das, was dann über diesen König gesagt wird, das, was er tut, das ist besonders. Das ist sogar ganz fantastisch. Wer hat es behalten, wer von euch kann es noch einmal sagen? (–)

Dieser König bringt Gerechtigkeit und Frieden. Im ganzen Land beseitigt er alle Waffen und Geräte, die dem Krieg dienen. Damals zog man mit Streitwagen und Pferden in die Schlacht – heute mit Panzern – und das alles wird nun abgeschafft, damit überall Frieden einkehrt, auf der ganzen Erde.

Besser geht es wohl nicht mehr!

JESUS – EIN KÖNIG, DER ALLES MIT DEN MENSCHEN TEILT

Deshalb begrüßen die Menschen ihn als ihren Retter. Dieser König bringt die Erfüllung ihrer tiefsten Wünsche und Hoffnungen. Wie toll wäre es doch, wenn heute ein solcher König in die Welt käme und den vielen Kriegen ein Ende machten würde!

Als Jesus auf der Erde erschien, da haben viele Menschen gesagt: Das ist er doch, der Retter, den wir herbeigesehnt haben! Das ist der wahre König, der alle Ungerechtigkeit in der Welt beendet und wirklich Frieden schafft. Ein König, der nicht stolz daherkommt, sondern auf einem Esel reitet; der keine kostbaren Gewänder trägt und keinen Palast bewohnt. Er ist im Gegenteil ganz arm! Deshalb kann er die Sorgen der Menschen so gut verstehen. Alles, was er besitzt, teilt er mit ihnen. Er will einer von ihnen sein, er hört ihnen zu und lässt sie spüren, dass er sie aufrichtig liebt.

Ist dieser Jesus ein Retter, ein König auch für unsere Welt, für die Zeit, in der wir leben?

JESUS BRAUCHT UNS, UM SEIN WERK IN DER WELT ZU TUN

Wenn wir ehrlich sind, dann hat sich seit der Zeit Jesu nicht viel zum Besseren verändert in der Welt. Es gibt immer noch Armut, Gewalt und Unterdrückung. Es gibt Reiche und Mächtige, die sich nicht darum kümmern, dass andere Menschen nicht einmal das Lebensnotwendige haben. In rund 30 Ländern der Erde herrscht Krieg. Flucht, Vertreibung und Hunger sind die Folge.

Also hat Jesus gar nichts bewirkt? Haben die Menschen sich geirrt, als sie ihn als König und Retter bejubelt haben?

Ich glaube nicht! Jesus war und ist der König der Gerechtigkeit und des Friedens. Aber allein kann er nichts ausrichten in der Welt. Ohne uns kann er nichts ausrichten – ohne dich, ohne mich! Es gibt ein ganz altes Gebet, das das wunderbar zum Ausdruck bringt: „Christus hat keine Hände, nur unsere Hände, um seine Arbeit heute zu tun. Er hat keine Füße, nur unsere Füße, um seine Liebe in die Welt zu tragen. Er hat keinen Mund, nur unseren Mund, um von Gott zu erzählen." Wir können seinem Beispiel folgen und miteinander teilen: Dann muss niemand mehr Not leiden. Wir können uns miteinander versöhnen, statt zu streiten – statt immer recht haben zu wollen und um jeden Preis unseren Kopf durchzusetzen. Wir können uns für Schwächere einsetzen, wir können Menschen helfen, die Hilfe nötig haben.

Mit einem Schlag alle Ungerechtigkeit und allen Unfrieden zu beenden – das ist uns sicher nicht möglich. Aber jede und jeder von uns kann einen Beitrag leisten und andere mitziehen. Jesus braucht uns, um die Welt nachhaltig zu verändern!

Petra Gaidetzka

[1] www.bibleserver.com/HFA/Sacharja9

Fünfzehnter Sonntag (A)

LIEDVORSCHLÄGE   ⚥ ▯

Gesänge zur Eucharistiefeier
Eröffnungsgesang: Dein Lob, Herr, ruft der Himmel aus (GL 381,1–3); *Antwortgesang:* Selig der Mensch, der seine Freude hat (GL 31,1) mit den Psalmversen; *Ruf vor dem Evangelium:* Halleluja (GL 174,5) mit dem Vers; *zur Gabenbereitung:* Solang es Menschen gibt auf Erden (GL 425,1–2,4); *Danklied:* Wenn wir das Leben teilen (GL 474,1–3); *zur Entlassung:* Herr, deine Güt ist unbegrenzt (GL 427,1–2).

Gesänge zur Wort-Gottes-Feier
Zum Taufgedächtnis: Manchmal feiern wir mitten am Tag (GL 472,1–4).

ERÖFFNUNG   ⚥ ▯

Liturgischer Gruß
Die Gnade unseres Herrn Jesus Christus, der das Wort des Lebens zu uns spricht, sei allezeit mit euch / ist mit uns allen.

Einführung
Augen und Ohren erkunden die Welt. Sind sie zu schwach, haben wir gute Hilfsmittel entwickelt. Die inneren Sinne erspüren, was über die Welt hinausgeht. In Herz und Verstand will Gottes Wort wirken. Wir kommen als Gemeinde zusammen, um zu hören, was er uns sagt, um seine Gegenwart in unserer Mitte zu feiern. Lasst uns zu ihm rufen.

Kyrie-Litanei
Herr Jesus, du sprichst zu uns von der Liebe des Vaters. Herr, erbarme dich.
Du gibst den Geist, der uns zur Antwort befähigt. Christus, erbarme dich.
Du bist der Grund unserer Hoffnung auf Leben in Fülle. Herr, erbarme dich.

Tagesgebet der Eucharistiefeier   ⚥
Gott, du bist unser Ziel,
du zeigst den Irrenden das Licht der Wahrheit
und führst sie auf den rechten Weg zurück.
Gib allen, die sich Christen nennen, die Kraft,
zu meiden, was diesem Namen widerspricht,
und zu tun, was unserem Glauben entspricht.
Darum bitten wir durch Jesus Christus,
deinen Sohn, unseren Herrn und Gott,
der in der Einheit des Heiligen Geistes
mit dir lebt und herrscht in alle Ewigkeit.

Perikopengebet der Wort-Gottes-Feier

Gott, unser Schöpfer, du hast dein Wort in unser Herz gelegt.
Gib, dass wir es hören und verstehen,
danach handeln und reiche Frucht bringen.
Darum bitten wir durch Jesus Christus, deinen Sohn,
der mit dir und dem Heiligen Geist
lebt in Ewigkeit.

ZU DEN SCHRIFTLESUNGEN

1. Lesung: Jes 55,10–11

Das zweite Jesajabuch macht den Juden im babylonischen Exil Hoffnung auf
die Rückkehr in ihr Land. Am Ende spricht Gott: Ihr könnt euch auf mein Wort
verlassen, so wie ihr euch auf eure Erfahrungen mit der Natur verlasst. Ein
Gleichniswort, wie es Jesus in seiner Verkündigung verwenden wird. Immer
gilt die Einladung: Schenkt dem Wort Glauben.

2. Lesung: Röm 8,18–23

Die ganze Schöpfung – Natur – Umwelt ist der Raum, in dem sich unser Leben
und die Geschichte Gottes mit den Menschen ereignet. Erlösung und Vollendung ist ohne unsere Mitwelt nicht zu denken. Was folgt daraus?

Evangelium: Mt 13,1–23

Wer wird in das Himmelreich eingesammelt werden? Obwohl das Gleichnis
aus der Erfahrungswelt der Zuhörenden erzählt, verstehen nicht alle. Hören
und sehen, zur Einsicht kommen, sich bekehren – das ist der gute Boden, auf
dem das Wort Jesu Frucht bringen kann in den Herzen der Menschen.

FÜRBITTEN

Gott, unser Vater, hat Jesus, seinen Sohn, gesandt, um uns bereit zu machen,
sein Wort zu hören und mit unserem Leben für die Menschen und die Welt
gute Früchte zu bringen. Höre unsere Bitten. *V:* Treuer Gott. – *A:* Erbarme dich.

- Für die Männer und Frauen, die in unseren Tagen das Evangelium verkün-
  digen.
- Für die Mitarbeitenden in den Verwaltungen, die für Flüchtlinge Möglich-
  keiten suchen, in den Städten und Gemeinden Fuß zu fassen.
- Für die in therapeutischen Berufen Engagierten in ihrem Mühen, Menschen
  zum Leben zu helfen.
- Für die Inhaftierten in den Strafanstalten.
- Für von Suchtmitteln Abhängige.

Vielfältig sind die Nöte der Menschen. Gott, du gibst Hoffnung und wirkst das
Gute in der Welt. Sei gelobt durch Jesus Christus, deinen Sohn, der mit dir lebt
und wirkt in Ewigkeit.

Zum Vaterunser

Jesus hat seinen Jüngern im Vaterunser Worte geschenkt, die uns im Vertrauen auf Gottes Liebe und Güte bestärken. Lasst uns beten, wie er uns gelehrt hat.

Zum Friedensgebet

Die Frucht des Geistes ist Liebe, Freude, Friede. Wir bitten um den Frieden Jesu, der die Welt verwandeln kann.

Kommunionvers

So spricht der Herr: Selig, die das Wort Gottes hören und es befolgen.

ELEMENTE FÜR DIE WORT-GOTTES-FEIER

Zum Taufgedächtnis

L: Durch die Taufe sind wir mit dem Geist Gottes beschenkt. Er schenkt uns die Freude, als Kinder Gottes zu leben.
Lasset uns beten:
Gott, du Ursprung alles Guten,
in der Taufe hast du uns Augen und Ohren geöffnet, damit wir die Wunder deiner Schöpfung sehen und dein Wort in unsere Herzen aufnehmen können. Lass uns heute neu anfangen, dir zu vertrauen, damit deine Gnade in uns reiche Frucht bringen kann.
Darum bitten wir durch Christus, unseren Herrn.
A: Amen.

Nach dem Gebet wird das Wasser über die Gläubigen ausgesprengt. Es folgt das Lied (s. o.).

Zum Friedenszeichen

Gott sät in den Menschen die Saat des Friedens. Er wartet in Geduld, dass wir gute Frucht bringen. Er gibt uns Mut, Schritte des Friedens zu gehen, Distanz und Vorbehalte zu überwinden. Mit dem Zeichen des Friedens verbinden wir den Wunsch nach Frieden für uns und für die ganze Welt:

Ruth Lazar

Gottes Wort hören und wachsen lassen

Jesus hat seine Aufgabe darin gesehen, den Menschen das Reich Gottes zu verkünden. Das ist nicht einfach, das spüren wir immer noch. Welche Bilder und Worte braucht man dafür? Die Leute, die damals zu Jesus kamen, sprachen nicht nur verschiedene Sprachen. Sie hatten auch unterschiedliche Traditionen und Kulturen. Aber eines war ihnen allen gemeinsam und darauf spricht Jesus sie an: Wer Ohren hat, der höre. Aber da ist noch etwas Wichtiges, was den Leuten das Verstehen der Worte erleichtern soll. Jesus redet zu ihnen in Gleichnissen. Gleichnisse sind nicht für alle gleich. Man könnte sagen, da hört jeder und jede anders und muss das dann in das eigene Leben übersetzen. Was da gesagt wird, muss in mir so verwandelt werden, dass es mir gleicht, zu mir passt, meine Bedürfnisse oder Erwartungen trifft.

Vom Wort, das Jesus spricht, heißt es einfach und klar: Es ist wie ein Samenkorn, das ausgesät wird. Schauen wir doch mal in unseren Alltag. Was erleben wir mit dem Wort oder den Wörtern? Die ersten Worte eines Kindes sind ein großes Glückserlebnis. Da entsteht eine ganz neue Brücke der Verständigung. In den zunehmenden Kontakten des Lebens können Worte Freude und Leid auslösen. In unserer Gesellschaft erleben wir leider auch oft genug, wie Worte zu Waffen werden, zu Hassbotschaften. Und da sind wir dann bei dem Boden, auf den die Worte wie Samenkörner fallen. Damit eine Frucht daraus wird, braucht es mehr als oberflächliche Begeisterung. Es braucht den ganz soliden, gewachsenen Boden. Es hat natürlich auch hier den Anschein, als wäre der Same des Wortes verloren, aber er wird nur unsichtbar, sinkt für eine Zeit in die Tiefe und Dunkelheit oder auch ins Vergessen. Der Samen überlässt sich den Kräften der Erde, die auf ihn wirken, und zwar so, wie es in einem Kirchenlied heißt: Das Samenkorn muss sterben, sonst bleibt es ja allein. Das ist oberflächlich betrachtet eigentlich nicht unsere Vorstellung. Da denkt man doch eher: Wer stirbt, lässt die anderen allein. Aber hier steckt im Sterben des Samenkorns die Verheißung von Lebendigkeit und Gemeinschaft.

Ich bin etwas neugierig, wie das aussieht, wenn wir diesen Gedanken auch auf unsere Worte anwenden. Legen wir unsere Worte auch in ein Erdreich und haben dann Hoffnung und Geduld, dass da etwas wirkt und fruchtet? Manchmal ist es ja so, dass wir unser Wort gar nicht so richtig aus der Hand geben wie ein Samenkorn. Wir bleiben manchmal an unserem Wort hängen und möchten sofort die Frucht einsammeln. Aber so hektisch arbeitet die Natur nicht. Zum Wachsen einer Frucht gehört Zeit. Diese Zeit braucht auch das Wort Gottes, und wir sollten auch unseren Worten manchmal mehr Zeit lassen.

Jürgen Jagelki

Die Sorge für das gemeinsame Haus

Vom Schreibtisch aus schaue ich durchs Fenster. Auf dem Schulhof stehen zwei Mädchen am Tor. Eine etwa Zwölfjährige hört der Kleineren zu. Die, offenbar traurig, hat den Kopf gesenkt. Das ältere Mädchen neigt sich dem jüngeren zu, ganz Auge, ganz Ohr fürs Gefühlte und Gesagte. Dann antwortet das größere Mädchen kurz, offenbar etwas Erfreuliches. Denn gleich stellt sich ein schönes Einvernehmen ein. Beide begrüßen es mit einem Lächeln und einer Umarmung. Dann laufen sie los. Weitergehen, das ist jetzt möglich.

„Ich gebe dir mein Wort!" Ist es nicht ein Wunder Gottes, dass wir Menschen dies zueinander sagen können – und auch darauf vertrauen dürfen, das Versprochene einzulösen? Bei Hochzeitsfeiern beeindruckt mich immer noch die Autorität des Wortes, das die Hauptrolle spielt, ebenso kraftvoll wie kurz. Nicht nur im Deutschen braucht es nur eine einzige Silbe: ja! Jeder Mensch blüht auf, wenn solch ein Ja ihn oder sie annimmt, in wahrhaftiger Liebe. Das eröffnet Zukunft.

Letztlich ist es doch ein Geschenk Gottes, wenn Menschen einander unbedingte Treue versprechen, für gute und böse Tage, in Armut und Reichtum, in Krankheit und Gesundheit. Ihr ganzes Leben einander lieben und achten – das ist nicht nur bedeutungsvoll für das jeweilige Paar. Das kommt der ganzen Gesellschaft zugute, bereichert und stärkt die Gemeinschaft, auch in Kirchen.

Nicht alle Partnerinnen und Partner feiern den Bund ihres Lebens in der Kirche. Sie begehen den Beginn ihres gemeinsamen Weges auf andere Weise. Auf solchen Festen lassen Eltern, Geschwister, Freundinnen, Freunde, Groß und Klein ebenfalls die beiden hochleben, die gerade ein Paar geworden sind. Auch dabei fehlt die Glaubensgemeinschaft unserer Kirche nicht. Sie ist gegenwärtig, ist vertreten in den Glückwünschen derer, die getauft und gefirmt sind.

Glückwünsche von Menschen, die glauben, sind nämlich immer Segenswünsche. In ihnen schwingt ja das Vertrauen auf die Allmacht mit, die uns ins Leben ruft. Sie ist nicht an Grenzziehungen gebunden, die wir Menschen vornehmen. Ihr kann niemand verbieten, ihre Sonne aufgehen zu lassen über Bösen und Guten, regnen zu lassen über Gerechte und Ungerechte (Mt 5,45).

SIE JAUCHZEN, JA, SIE SINGEN

Menschen, die in der Liebe über sich hinauswachsen – der Glaube erkennt darin die Hand des Schöpfers, den Herzschlag seiner Liebe. „Ich gebe dir mein Wort!" – wirklich vorbehaltlos und unwiderruflich kann das nur Gott sagen. So allmächtig ist Gott, dass er die Wahl, zu lieben oder nicht zu lieben, nicht braucht. Auch da fehlt ihm nichts.

Gottes völlige Hingabe – darüber freut sich der Prophet Jesaja. In natürlichen Erscheinungen und Vorgängen findet der Prophet Hinweise auf die bedingungslose Geistesgegenwart des Schöpfers. Gottes Großzügigkeit erkennt Jesaja im Regen und im Schnee. Die können auch nicht anders, die wollen nichts lieber als dies: Die Erde tränken, sie fruchtbar machen, dem Sämann den Samen geben und das Brot dem, der essen muss. All dies, erkennt der Prophet, sind Gottesgaben. Darüber wundert sich auch ein dichterisches Gebet, es ist der Psalm dieses Sonntags. Da wird Gott so angesprochen: „Du hast für das Land gesorgt, es getränkt, es überschüttet mit Reichtum. Der Bach Gottes ist voller Wasser, gedeihen lässt du ihnen das Korn, so lässt du das Land gedeihen. Du hast seine Furchen getränkt, seine Schollen geebnet, du machst es weich durch Regen, segnest seine Gewächse. Du hast das Jahr mit deiner Güte gekrönt, von Fett triefen deine Spuren. In der Steppe prangen Auen, es gürten sich die Höhen mit Jubel. Die Weiden bekleiden sich mit Herden, es hüllen sich die Täler in Korn. Sie jauchzen, ja, sie singen" (Ps 65,10–14).

DIE MENSCHHEIT MÜSSTE SICH NEU ERFINDEN

Gedeihen soll die Erde, sich vervollkommnen – sie kann das auch und sie will es, sozusagen aus ganzem Herzen. Diese Begabung hat Gott in sie hineingelegt. Wie widersinnig ist es da, wenn wir Menschen unsere Erde beschädigen, krank machen! Landstriche, die „jauchzen, ja singen" – mittlerweile nehmen wir häufig das Gegenteil wahr. Immer bedrohlicher macht sich der Klimawandel bemerkbar, mit Dürren und Überflutungen. Weit schlimmere Katastrophen kündigen sich darin an.

Immer schon waren wir Menschen die schlimmste Bedrohung füreinander. Jetzt müssen wir erkennen – zögernd, widerwillig: Wir sind sogar zu einer großen Gefahr für unsere ganze Erde geworden, stellen diesen wunderbaren Lebensraum insgesamt infrage. Eine neue universale Solidarität müsste entstehen. Nur dann wird die Menschheit ihrer Sorge für das gemeinsame Haus gerecht werden können, mit ganzem Einsatz, ohne Wenn und Aber. In Wort und Tat der Schöpfung dienen, und das Entstehen, die Geburt der neuen Schöpfung fördern: Dazu ist der Menschensohn in die Welt gekommen: Jesus.

„Ich gebe dir mein Wort": Dieses Gottesversprechen ist in Jesus Christus Fleisch geworden. Das Zeugnis seines Lebens und Sterbens ist nicht untergegangen – obwohl es doch auf felsigen Boden fiel, wo die Saat mangels Wurzeln verdorrt, unter Dornen erstickt.

Dieses Unglück, diesen Untergang braucht nur Gottes Allmacht nicht zu fürchten. Nur Gott kann sich in seiner Liebe, wie Jesus es tut, in Schwäche verlieren, kann sich mit den Armen und Kleinen vereinen, ihre Ohnmacht teilen. Gerade bei ihnen fällt die Saat auf guten Boden, dort kann sie Frucht bringen. Hier wächst die Ernte heran, die für alle bestimmt ist, die alle sättigt.

Heinz-Georg Surmund

„Wir können Hoffnung haben"

Das ist die Botschaft des heutigen Evangeliums: „Selbst wenn noch so viel Saat keine Frucht bringt, selbst wenn noch so viel Mühe vergeblich ist – wir dürfen die Hoffnung auf Erfolg haben." Jesus will seine Jünger ermutigen. Diese Ermutigung können wir auch in unseren Zeiten gut gebrauchen.

Denn manche fragen sich sorgenvoll: „Wie soll es mit der Kirche weitergehen?". Erinnern wir uns: Das Wort „Kirche" kommt vom griechischen „Kyrios" = der Herr = Gott bzw. Jesus. Zunächst eine Umschreibung des Begriffes „Kirche": Das Wort bedeutet hier nicht ein Kirchengebäude oder eine Institution, die verwaltet wird. Für uns im Rahmen dieser Predigt bezeichnet „Kirche" die Gemeinschaft derer, die sich um den auferweckten und lebendigen Jesus Christus scharen und ihm nachfolgen wollen, in Verbundenheit mit den anderen Gemeinden und dem Bischof von Rom. Wie kann nun die lebendige Gemeinschaft wieder wachsen?

Dazu eine schlichte Feststellung: Der Rasen wächst wieder von der Wurzel her. Er wächst nicht dadurch, dass man Rasenstücke abteilt und über die passende Größe und Qualität der Teilstücke diskutiert oder darüber streitet, wer nun für das Abteilen der Rasenstücke zuständig oder am besten geeignet ist. Er gedeiht nicht dadurch, dass man auf Nachbars Rasen schaut und den viel besser findet. Es hilft ihm auch nicht, wenn dauernd darauf herumgetrampelt wird. Der Rasen der Kirche muss wieder von der Wurzel her wachsen. Nun einige Vorschläge, wie der Rasen, der die Kirche ist, heute wieder von der Basis her wachsen könnte; wie Christen in der Nachfolge Jesu heute Kirche sein können:

SICH IM NAMEN JESU TREFFEN

Zunächst geht es darum, sich überhaupt im Namen Jesu zu treffen. Dabei geht es nicht um Familientreffen, um das Pflegen von Beziehungen mit der Nachbarschaft, Vereinsmeierei oder den Aufbau eines für den eigenen Vorteil nützlichen Netzwerkes. Es geht vielmehr darum, sich bewusst im Namen Jesu zu treffen. So hat es auch die frühe Kirche gehalten. Der Apostel Paulus ist da ganz eindeutig: „Einen anderen Grund kann niemand legen, als den, der gelegt ist: Jesus Christus" (1 Kor 3,11). Ein Hinweis: Lasst euch nicht unterwandern von denen, die schon verschiedentlich gut begonnene Bewegungen (z. B. Amnesty International) unterwandert und ihren Zielen dienstbar gemacht haben. Sie geben zunächst vor, euer Anliegen zu unterstützen und euch beistehen zu wollen, bringen dann aber unter der Hand ihre eigenen Ziele zum Tragen. Das Bekenntnis zu Jesus als dem Auferweckten und Retter ist das unterscheidende Kennzeichen (vgl. Röm 10,9).

Gemeinsames Beten gehört wesentlich zur Kirche. Genau das unterscheidet sie ja von den Aktivitäten irgendwelcher Vereine. Ein Teil der gegenwärtigen Katastrophe besteht darin, dass viele Getaufte anscheinend das Beten verlernt haben, sei es im familiären Bereich, sei es bei offiziellen Treffen.

Jesus selbst hat immer wieder den Kontakt zum Vater gesucht und gepflegt. Deshalb hat er manchmal nächtelang gebetet (vgl. Mk 6,46). Er hat seine Jünger das Beten gelehrt. Entsprechend versammelten sich nach Jesu Himmelfahrt seine Anhänger und beteten (Apg 1,14). Paulus denkt betend an seine Gemeinden (1 Kor 1,4 u. ä.). Er hat mit seiner Gemeinde in Korinth das Sprachengebet gepflegt (1 Kor 12–14). Damit wurde das Tor aufgestoßen, durch das der Hl. Geist weitere Gaben schenken konnte, die zum Teil ganz konkrete Hilfen für das Leben der Menschen waren (vgl. 1 Kor 12,4–11.28–31).

Und Mutter Teresa von Kalkutta ist nur eines der berühmten Beispiele dafür, dass Gebet die Kraft zum heroischen Einsatz für die Menschen vermittelt.

Kirche ist entweder betende Kirche – oder sie ist keine Kirche mehr. Eine Versammlung ohne Gebet kann alles sein, kann auch nett und hilfsbereit sein, aber eine solche Versammlung ist keine Kirche – keine Gemeinde Jesu.

Die Form des Betens ist dabei zweitrangig. Sie kann vom persönlichen freien Beten reichen bis hin zu geprägten Formen wie dem Rosenkranz, kann gesprochen oder gesungen sein.

MITEINANDER MAHL HALTEN

Das gemeinsame Mahl gehört von Anfang an zur Gemeinschaft der Glaubenden. Jeder getaufte Christ kann die Speisen segnen im Namen des Vaters und des Sohnes und des Heiligen Geistes. Auch wenn das keine im kirchenrechtlichen Sinne gültige Eucharistiefeier ist, so ist es doch Gemeinschaft im Sinne Jesu. Er hat ja seine Gegenwart versprochen (Mt 18,20). Kirche wächst, wenn die Gläubigen miteinander Mahl halten und sich dabei über Jesus und übereinander freuen (vgl. Phil 4,4–5).

Auch das gehört von Beginn an zur Gemeinschaft der Glaubenden. Jeder darf seine leibliche oder seelische Not sagen. Alle schauen, wie man ihr abhelfen kann. Wenn in der Versammlung keine Not herrscht, lautet die Frage: Wer braucht unsere Hilfe?

AUF DEN HEILIGEN GEIST VERTRAUEN

Jesus hat seinen Heiligen Geist versprochen und dass er seine Kirche leiten wird (Joh 14,15–17.26; 16,13). Er wird in seiner Kirche auch das Bewusstsein für zwei grundlegende Gegebenheiten lebendig erhalten: a) dass die Feier des Herrenmahles (Eucharistie) denen anvertraut ist, die von der Kirche dazu beauftragt sind; und b) dass die an Jesus Glaubenden als Gemeinschaft Leib Christi sind; sie sind es gemeinsam mit allen anderen Gemeinden und mit dem Bischof in Verbindung mit dem Bischof von Rom. Die Botschaft des heutigen Evangeliums macht deutlich, dass viel Mühe vergeblich sein kann, dass sich mannigfache Hindernisse für das Aufgehen der Saat und die Entwicklung der Frucht auftun können. Es erinnert daran, dass auch Kirche im Tiefsten ein Geheimnis ist: das Geheimnis der Anwesenheit des Auferweckten bei den Seinen. Nicht jeder kann das verstehen, nicht jeder will sich dafür entscheiden. Aber Jesu Verheißung gilt auch heute noch: „Eure Augen aber sind selig, weil sie sehen, und eure Ohren, weil sie hören."   *Martin Birk*

Hört doch mal richtig zu

ZUR ERÖFFNUNG

Bestimmt habt ihr alle schon einmal Samenkörner eingepflanzt, um Kresse oder Tomaten ernten zu können. Vielleicht habt ihr auch schon Samen für eine bunte Blumenwiese für Bienen, Hummeln und Schmetterlinge ausgesät. Dann wisst ihr bestimmt, worauf man beim Aussäen achten muss. (–) Wasser, gute Erde, den richtigen Ort, Licht und Sonne. Mit dem Säen allein ist es nicht getan. Man muss Kräuter und Tomaten regelmäßig pflegen, damit man sie ernten und genießen kann. Manchmal ist das leichter gesagt als getan.
So ging es auch dem Sämann im Evangelium, der Samen aussäte, der auf unterschiedlich gute Böden fiel, die nicht alle Früchte hervorbrachten.
So ähnlich ist es auch mit den Menschen: Eltern geben sich Mühe, ihre Kinder zu guten Menschen zu erziehen; Lehrerinnen und Lehrer wollen ihren Schülerinnen und Schülern schreiben, lesen, rechnen und vieles mehr beibringen. Aber nicht immer sind sie erfolgreich, denn Kinder, genau wie Erwachsene, haben ihren eigenen Kopf, hören oft nicht gut zu und haben nicht immer Lust, zu tun, was ihre Aufgabe wäre. Denken wie einen Augenblick still darüber nach.

Kyrie-Litanei

Jesus Christus, du hast dir viel Zeit genommen, den Menschen von Gott zu erzählen, damit sie ihn besser kennenlernen. Herr, erbarme dich.
Du hast ihnen in Bildern und Beispielen zu erklären versucht, wie sie nach Gottes Plan leben sollen. Christus, erbarme dich.
Du appellierst an die Menschen, gut zuzuhören, was Gott ihnen sagen möchte. Herr, erbarme dich.

ZUR VERKÜNDIGUNG

Evangelium: Mt 13,1–9 *(Kurzfassung)*

WIE GEHT ZUHÖREN?

Der letzte Satz Jesu hat es in sich. Wer kann den Satz noch einmal wiederholen? (–) Wer Ohren hat, der höre. Ist doch klar, was das bedeutet. Jeder Mensch hat Ohren. Bei Kindern und Jugendlichen ist das Gehör meistens besonders gut ausgebildet, bei älteren Menschen lässt die Hörfähigkeit manchmal leider nach. Das wollte Jesus uns sicher nicht sagen. Aber was kann er damit gemeint haben? (–) Gut zuhören bedeutet nicht nur still und konzentriert zuzuhören, sondern es meint auch, dass man über das Gehörte nachdenkt, vielleicht mit anderen darüber spricht oder auch nachfragt, was die Worte Jesu denn für uns bedeuten können.

Vielleicht bringen uns zwei Beispiele aus dem Alltag auf die Spur:
(Drei/vier) Kinder spielen uns dazu zwei kleine Szenen vor.

Spielszene 1
Mutter: Bitte deck den Tisch, denn Oma und Opa kommen gleich.
Kind: Ja, mach ich, wenn ich das Spiel zu Ende gespielt habe.
Sprecher: Auf einmal klingelt es an der Tür.
Kind: Oh je! Da sind bestimmt Oma und Opa. Ich wollte doch den Tisch decken. Mama wird bestimmt sauer auf mich sein, weil ich nicht Wort gehalten habe.

Spielszene 2
Lehrer: Wer von euch hat Lust, ein Plakat für das Schulfest zu gestalten? Es muss nächste Woche Montag fertig sein.
Sprecher: Zwei Kinder sind Feuer und Flamme.
Kinder: Wir beide machen das! Wir haben schon gute Ideen!
Sprecher: Am Montag der nächsten Woche.
Lehrer: So, dann zeigt mal euer Plakat.
Die Kinder blicken zu Boden.
Kinder: Wir haben es ganz vergessen, am Wochenende war so tolles Wetter.

Mit dem Zuhören und Wort halten haben Kinder und auch Erwachsene oft Probleme: Wir wollen gerne helfen oder sind Feuer und Flamme, wenn es eine interessante Aufgabe zu erledigen gibt. Der gute Wille ist da, aber nur kurze Zeit. Wir werden abgelenkt, denken an etwas anderes und vergessen, was wir zugesagt haben. So enttäuschen wir andere und auch uns selbst. Aber was können wir anders machen?

WIE KÖNNEN WIR GUTER BODEN SEIN?

Jesus gibt uns mit dem Gleichnis vom Sämann Hinweise: Der Sämann ist Jesus selber. Er redet über das Reich Gottes, das in keiner Landkarte eingezeichnet ist, weil es unsichtbar ist. Das ist schwer zu verstehen. Sichtbar kann es nur werden, wenn wir an Gott glauben, sein Wort hören und uns anstiften lassen, Gutes zu tun, friedlich zu sein und seine Liebe weiterzugeben. Das ist die Botschaft Jesu, sozusagen der Samen, den er in uns aussäen möchte. Wenn wir uns davon begeistern lassen, gute Ideen für ein friedliches, schönes Zusammenleben in der Familie und in der Schule haben und die Ideen auch umsetzen, haben die Worte Jesu in uns Wurzeln geschlagen. Dann werden bald auch die Früchte sichtbar werden.

Lied zum Abschluss: Kleines Senfkorn Hoffnung, mir umsonst geschenkt.

Katrin Kayenburg

Sechzehnter Sonntag (A)

LIEDVORSCHLÄGE

Gesänge zur Eucharistiefeier

Eröffnungsgesang: Gott liebt diese Welt (GL 464,1+4–7); *Antwortgesang:* Der Herr vergibt die Schuld (GL 517) mit den Psalmversen; *Ruf vor dem Evangelium:* Halleluja (GL 176,1) mit dem Vers; *zur Gabenbereitung:* Wenn ich, o Schöpfer, deine Macht (GL 463,1+5–6); *Danklied:* O Jesu, all mein Leben bist du (GL 377,1–2); *zur Entlassung:* Nun saget Dank und lobt den Herren (GL 385,1+3–4).

Gesänge zur Wort-Gottesfeier

Predigtlied: Ein Danklied sei dem Herrn (GL 382,1–5).

ERÖFFNUNG

Liturgischer Gruß

Unser Herr Jesus Christus hat uns Kunde gebracht von der Liebe Gottes. Seine Gnade sei allezeit mit euch / ist mit uns allen.

Einführung

Gut und Böse – immer im Kampf, das ist die Realität in unserer Welt, in unserer Kirche. Wir müssen aushalten. Wir können die Entscheidung nicht herbeiführen. Gott hat das letzte Wort. Er wartet, wartet, wartet. Einem kleinen Senfkörnchen gibt er Zeit zu wachsen, sich zu entfalten. Einem unscheinbaren Stück Sauerteig gibt er die Kraft, gutes Brot hervorzubringen. Der Sohn Gottes ist gekommen, damit wir von der unerschütterlichen Treue Gottes erfahren. Lasst uns rufen:

Kyrie-Litanei

Herr Jesus, du sprichst das Wort des Lebens in unsere Herzen.
Herr, erbarme dich.
Du bist den Sündern nachgegangen und hast vielen die Umkehr ermöglicht.
Christus, erbarme dich.
Du wirst wiederkommen und dein Reich vollenden. Herr, erbarme dich.

Tagesgebet der Eucharistiefeier

Herr, unser Gott, sieh gnädig auf alle, die du in deinen Dienst gerufen hast.
Mach uns stark im Glauben,
in der Hoffnung und in der Liebe,
damit wir immer wachsam sind
und auf dem Weg deiner Gebote bleiben.
Darum bitten wir durch Jesus Christus.

Perikopengebet der Wort-Gottes-Feier

Gott, zu deinem Lob sind wir versammelt,
Frauen und Männer, Junge und Alte.
Jedem von uns hast du deinen Geist eingepflanzt.
Lass den Samen deines Wortes
in uns aufgehen, damit wir reiche Frucht bringen.
Darum bitten wir durch Jesus Christus,
der mit dir lebt in der Einheit des Heiligen Geistes,
Gott von Ewigkeit zu Ewigkeit.

ZU DEN SCHRIFTLESUNGEN

1. Lesung: Weish 12,13.16–19

Weil du über Stärke verfügst, richtest du in Milde. Gott kann es sich leisten,
gut zu sein, denn er steht über allem und allen. Das gibt uns Grund zur Hoffnung für uns selbst und für die Welt.

2. Lesung: Röm 8,26–27

Im Gebet drückt sich der Glaube aus. Beim Versuch zum Beten zeigt sich oft,
dass uns die richtigen Worte fehlen. Paulus erinnert daran: Der Geist, der uns
geschenkt ist, übernimmt es, vor Gott für uns einzutreten.

Evangelium: Mt 13,24–43

Jesus erzählt Gleichnisse vom Himmelreich: So ist Gott. So handelt er in der
Welt für die Menschen. Er hat unendliche Geduld. Was er klein anfangen lässt,
hat die Kraft in sich, groß zu werden. Was er uns in die Hand gibt, können wir
mit unserer Arbeit zur Entfaltung bringen.

FÜRBITTEN

Gott hat die Welt erschaffen und sich mit uns, seinen Geschöpfen, verbunden.
Zu allen Zeiten haben Menschen seine Güte und Hilfe erfahren. Wir glauben,
dass er auch in unserem Leben wirkt. Lasst uns zu ihm rufen. *V:* Treuer Gott.
A: Erbarme dich.

- Für die Frauen und Männer, die sich in den Dienst der Verkündigung gestellt haben.
- Für alle, die gegen Ungerechtigkeit und Korruption aufstehen.
- Für Eltern, die zu ihren Kindern halten, auch wenn diese auf gefährlichen Wegen gehen.
- Für Strafentlassene, die in ihrem Bemühen um Neuanfang Hilfe brauchen.
- Für die vielen Menschen, die durch andere Gewalt erleiden.

Dir vertrauen wir, Herr, unser Gott. Du hast die Kraft, alles zum Guten zu wenden. Nimm unseren Dank an und sei gelobt durch Jesus Christus, deinen Sohn,
in Ewigkeit.

Zum Vaterunser

Im Gebet stehen wir vereint vor Gott. Jesus, der Herr, hat uns gelehrt, wie wir beten sollen. Wir sprechen:

Zum Friedensgebet

Warten können, Geduld bewahren, nicht aufgeben. Damit kann Frieden wachsen. Der Herr lädt uns ein, Maß zu nehmen an dem, was er selbst für uns tut. Bitten wir um den Frieden, der erwächst, wenn wir uns dem Wirken seines Geistes öffnen:

Kommunionvers

Mein Gott bist du, dir will ich danken. Mein Gott bist du, dich will ich erheben (Ps 118,28).

ELEMENTE FÜR DIE WORT-GOTTES-FEIER

Zum Predigtlied

Die Frohe Botschaft des Sonntags ist: Gott wartet. Er wartet auf uns, bis wir bereit sind, gute Frucht zu bringen. Lasst uns im Lied für seine Treue und Liebe danken und froh werden, weil wir von ihm angesprochen und eingeladen sind. *Es folgt das Predigtlied (s. o.)*

Segensbitte

L: Gott hat die Welt geschaffen und erhält sie in seinem machtvollen Wirken. Er segne uns zu allem guten Tun in der Woche, die vor uns liegt.
A: Amen.
L: Unser Herr Jesus Christus lehrt uns in seinem Wort, die Spuren Gottes zu entdecken. Seine Gnade helfe uns, wach zu bleiben und sein Kommen zu erwarten.
A: Amen.
L: Der Heilige Geist ist uns gegeben, damit wir immer tiefer in die Nachfolge des Herrn hineinwachsen können. Er mache uns lebendig und froh im Dienst an den Menschen, zu denen wir gesandt sind.
A: Amen.

Ruth Lazar

Das Gute wächst in der Bedrängnis

Wenn ich im Sommer durch die Felder gehe, komme ich an Äckern vorbei, die dicht bewachsen sind mit dem, was man wohl Unkraut nennen würde. Aber da steht dann ein Schild: „Hier tun wir etwas für die Bienen." Das finde ich nett. An die Bienen haben wir wahrscheinlich nicht immer gedacht, wenn von Unkraut die Rede war. Beim Acker denken wir meist an Nahrung für den Menschen, und da muss Ordnung herrschen, da hat das Unkraut oder auch Kraut nichts zu suchen.

Wenn Jesus im heutigen Evangelium von Weizen und Unkraut spricht, dann ist er kein Berater für den Bauernverband. Sein Spezialgebiet ist der Mensch und die Welt, in der das Leben stattfindet. Und wie das alles ineinandergreift, scheint das Leben durchaus kompliziert zu machen. Und damit man nur ein bisschen davon begreifen kann, wählt Jesus das Gleichnis vom Acker, von guter Frucht und von Unkraut. Es ist ihm wichtig, dass den Leuten etwas klar wird, denn, wie es heißt, geht es um das Himmelreich. Das ist kein Paradies auf Erden, sondern das Ziel jedes Menschen. Und was da einmal die Ernte des Lebens sein soll, wächst auf dieser Erde. Aber es wächst nicht in Frieden vor sich hin. Da wächst auf demselben Boden etwas, wovon es im Evangelium heißt: Da steckt ein Feind dahinter. Der guten Frucht soll das Leben schwer gemacht werden. Da wäre es gut, wenn beizeiten klare Verhältnisse geschaffen werden: also Unkraut ausreißen. Aber es ist erstaunlich, mit welcher Gelassenheit der Mensch reagiert, der den guten Weizen gesät hat. Im Zusammenwachsen von Weizen und Unkraut scheint er keine Gefahr zu sehen. Das scheint eher selbstverständlich zu sein. Weniger sinnvoll scheint das Ausreißen des Unkrauts. Und warum das? Weil bei der Flurbereinigung mindestens zwei Fehler gemacht werden. Man glaubt, Gut und Böse immer genau unterscheiden zu können. Und der zweite Fehler ist die Vorstellung, dass das Gute nur ohne Anfeindung in der Welt gedeihen kann. Jesus warnt vor dem schnellen Eingreifen. Das Gleichnis von Weizen und Unkraut spricht von der Menschenkenntnis und der Barmherzigkeit Gottes. Im Bild von Weizen und Unkraut möchte Jesus uns sagen: Schaut auf euch selbst und verliert trotzdem nicht den Mut, auch wenn da manches im Leben mitwächst, was euch selbst unerklärlich oder auch beängstigend erscheint. Überlasst Gott selbst das Urteil. Er wird dafür sorgen, dass nichts vom Guten in eurem Leben verloren geht. Auch wenn das Korn durch viel Bedrängnis hindurch reifen muss, es wird eine gute Ernte geben. So ist das im Reich Gottes, in dem alles Leben zu einem guten Ende kommt, wenn wir unser Vertrauen auf Gott setzen.

Am Ende ein Kalenderspruch: Wir sprechen von Unkraut, so lange wir nicht wissen, wofür etwas gut ist. Wenn wir es wissen, dann heißt es auf einmal Kraut, oder sogar Heilkraut.

Jürgen Jagelki

Die Macht des Guten

Die Lesungen des heutigen Sonntags beschäftigen sich mit dem Gericht und mit der Macht, die Gott im Gericht zeigen wird. Welche Gerechtigkeit werden wir Menschen von ihm erfahren, mit welcher Macht wird er uns richten? Der Blick in unsere Welt verrät uns leider nur bedingt, auf welche Gerechtigkeit wir da vertrauen können.

ZWEIFEL AM GÜTIGEN GOTT

So hat diese scheinbar unbegrenzte Macht Gottes dem menschlichen Denken immer schon Schwierigkeiten bereitet. Vielleicht kennen Sie den Begriff der Theodizee. Er bezeichnet die berechtigte Frage, wie Gott allmächtig und allgütig in einem sein kann. Diese Frage ergibt sich daraus, dass wir ja grundsätzlich vom christlichen Gott behaupten, dass er allmächtig ist, dass er also grundsätzlich alles kann und vermag. Gleichzeitig aber glauben wir Christinnen und Christen, dass Gott gut ist und das Gute für die Welt will. Und als Drittes kommt noch dazu, dass es ohne Zweifel Leiden in der Welt gibt, also nicht alle immer das Gute erleben, vielmehr sogar das Böse, Schlimme, Schlechte. Das Leiden ist also offensichtlich nicht zu leugnen und angesichts der Krisen unserer Zeit nur allzu deutlich.

Gott will aber doch für uns alle nur das Beste. Wie lässt sich das nun in Übereinstimmung bringen? Wieso macht Gott nicht einfach alles gut?

Die Texte des heutigen Sonntags geben uns ein wenig Aufklärung. Im ersten Lesungstext aus dem Buch der Weisheit heißt es nämlich sinngemäß, dass es außer Gott niemanden gibt, der sich um alles sorgt, und dass nur durch ihn Gerechtigkeit kommt. Beim Blick auf die Welt fällt das oft schwer zu glauben. Da erscheint längst nicht alles gerecht. Aber der Text aus dem Buch der Weisheit fährt ja fort. Gottes Macht, Gottes Kraft – so heißt es da – ist die Wurzel aller Gerechtigkeit. Und weil Gott alles vermag, kann er auch alles verschonen. Und so sei Gottes oberste Richtlinie auch, dass Gerechtigkeit immer menschenfreundlich sei. Auch bei Sünde und Schuld gebe es immer eine Möglichkeit der Umkehr.

Dieser Text aus dem Buch der Weisheit lässt sich also so lesen, dass Gott weiß, dass der Mensch das Gute will, es aber oft nicht leisten kann. Der Mensch tut oft in bester Absicht falsche Dinge, weil – so legt es das Evangelium des Sonntags nah – er verführt wird, weil er den falschen Weg geht.

DER MENSCH – IM GRUNDE GUT

Ähnlich formuliert es Rutger Bregman in seinem Buch „Im Grunde gut“. Es gibt für ihn kein Menschenbild, das davon geleitet ist, dass der Mensch anderen das Böse will, wenn man ihn nur genug unter Druck und Stress stellt. Der Mensch hat keine gute Fassade, hinter der ein böses Ich nur darauf wartet, loszulegen zu können. Der Mensch ist – so Bregmans These – einfach gut. Natürlich übersieht er auch nicht die dunklen Kapitel in der Menschheitsgeschichte, liest sie aber ganz anders, sodass am Ende eher die bösen Verirrungen des Menschen die Ausnahme bilden als sein Streben nach dem Guten. Und Bregman kommt dabei auch auf Jesus zu sprechen. Der habe ganz in dem Sinne gehandelt und sei da Vorbild gewesen, indem er immer die Beziehung gesucht und auf eigenes Machtstreben verzichtet habe. Nicht zurückzuschlagen, sondern lieber die andere Seite hinzuhalten, sei da eine ganz konsequente Herangehensweise an – auch körperliche – Konflikte gewesen.

Im Zweifelsfall ist Jesus also immer vom Guten ausgegangen. Und weil wir Jesus als Mensch gewordenen Gott betrachten, dann müssen wir auch davon ausgehen, dass Gott im Zweifelsfall immer vom Guten ausgeht. Nachrichten und persönliche Erzählungen wissen zwar viel über das Schlechte in der Welt zu berichten. Aber: Bei Licht betrachtet kommt das Gute weitaus häufiger vor. Deshalb sollten – besser: können – wir auch immer vom Guten ausgehen und das Gute in den anderen sehen. Die logische Konsequenz ist es dann eben auch, auf andere zuzugehen. Das kann natürlich auch schon mal schiefgehen, man könnte an „die Falschen" geraten, weitaus häufiger aber wird man Dankbarkeit ernten. Bregman zitiert auch die Bibel mit ihrem „Du sollst deinen Nächsten lieben wie dich selbst", allerdings ein bisschen gegen den landläufig universalen Anspruch, eben alle Menschen lieben zu müssen. Sein Vorschlag ist, doch erst einmal mit denen anzufangen, die einem wirklich am nächsten sind, selbst wenn diese einem sehr ähnlich sind, die eigenen Ansichten teilen oder um die Ecke wohnen. Dann kann man sich als Nächstes ins Bewusstsein rufen, dass Menschen, die ganz anders sind, eben trotzdem auch von anderen Menschen geliebt werden, die ihnen wiederum nahe sind. „Liebe deine Nächsten" wird dann zu einem ersten Anstoß der Liebe, die niemanden grundsätzlich ausschließen muss. Letztendlich kann eine solche Haltung darin münden, dem größten Feind die Hand hinzustrecken.

Bregman fordert auf, die Welt endlich realistisch zu sehen, nicht zu denken, dass alle Menschen böse sind, sondern eben das Gute zu sehen und selbst zu wollen.

REALISTEN SIND BARMHERZIG

Jesus war Mensch. Und er war Realist. Er wusste, dass Menschen eigentlich und unbedingt das Gute wollen, das Gute brauchen. Und so hat er allen gezeigt, wie Gott ist. Gott ist allmächtig. Und Gott ist sicherlich auch gerecht. Aber in seiner Schöpfung ist es so, dass der Mensch, den er geschaffen hat, grundsätzlich gut ist. Und so beruht Gottes Gerechtigkeit nicht auf Härte, sondern auf Milde. Gott will den Menschen mit seiner Milde den Weg weisen. Der Mensch ist frei und er will das Gute. Das sind die weltlichen Vorgaben, die Gottes Allmacht hat. Und über die geht Gottes Allmacht auch nicht hinweg. Insofern schränkt Gott seine eigene Allmacht ein, um die Menschen nicht zu übergehen. Und wenn Gottes Handeln eines lehrt, ist es, dass wir Menschen in unserem Handeln ebenfalls von diesen Vorgaben ausgehen sollen.

Christoph Buysch

Erlösung begrenzt das Böse

Warum lässt Gott das Böse zu? Diese Frage werden wir angesichts von Leid und Gewalt in der Welt immer wieder stellen. Es ist die Frage der Theodizee, eine Frage, die unser Leben fortwährend begleitet. Wenn Gott wirklich die Not der Menschen kennt, wenn er uns sieht, wenn er uns liebt, warum kommt er uns dann nicht zu Hilfe? Warum lässt er es zu, dass das Böse in seine Schöpfung eindringt und ungehindert die Menschheit quält? Scheinbar kann sich das Böse permanent fortsetzen.

Als Johannes Paul II. in seinem Buch „Erinnerung und Identität", das kurz vor seinem Tod erschienen ist, über diese Fragen nachdenkt, gelangt er angesichts des Gleichnisses vom Unkraut unter dem Weizen zu einer hoffnungsvollen Antwort: Es ist die Geschichte der Erlösung, die sich mitten in der Welt vollzieht und dem Bösen eine Grenze setzt. Deshalb kann die Welt nicht völlig scheitern und untergehen.

ENTSCHEIDUNG GOTTES FÜR DIE FREIHEIT DES MENSCHEN

Aber es gilt zu beachten: Gott wählt mit dem Weg der Erlösung einen anderen Weg, als wir Menschen uns ihn vorstellen. Das macht das erste Gleichnis der Rede Jesu (Mt 13,24–30) im heutigen Evangelium deutlich. Es erzählt davon, dass die Arbeiter des Gutsherrn das Unkraut beseitigen wollen, das ein Feind unter den Weizen gesät hat. Menschlich gesehen ist das auch das Naheliegende. Aber es wird den Knechten nicht erlaubt. Das Unkraut darf weiterwuchern. Damit wird deutlich, dass der Gutsherr der Handelnde bleibt. Er kennt seinen Feind, er weiß, dass er ihm schaden will, und er lässt es dennoch zu.

Es ist leicht zu erahnen, wen Jesus im Gleichnis mit dem Bild des Gutsherrn beschreibt. Es ist Gott selbst. Und die Aussage, die mit dem Bild gegeben ist, ist für die Hörer damals und auch für uns heute von enormer Sprengkraft: Gott will seine Herrschaft nicht mit Zwang durchsetzen. Gott hat die Welt nicht geschaffen, um sie zu versklaven. Im Gegenteil: Er wollte freie Wesen, die selbstbestimmt wählen können, wie sie leben möchten. Damit lässt Gott zwar das Böse zu, aber er hat es nicht gemacht. Wenn Gott das Böse in der Welt einfach vernichten würde, dann gäbe es keine Umkehr und damit auch keine Freiheit. Die Freiheit, in der der Mensch wählen kann, zu Gott ja zu sagen oder nein, ist das große Gut des christlichen Glaubens. Das Gleichnis vom Unkraut unter dem Weizen bezeugt daher in erster Linie die Entscheidung Gottes für die Freiheit des Menschen.

DIE ERINNERUNG GOTTES AN DAS GUTE IM MENSCHEN

Natürlich liegt darin ein Risiko, das Gott eingeht. Aber Gott weiß auch um das Gute, das er in den Menschen hineingelegt hat. Darauf weist das zweite Gleichnis des heutigen Evangeliums hin (vgl. Mt 13,31–32). Da ist ein winziges Senfkorn, und doch wird daraus einmal ein Baum werden, in dessen Zweigen die Vögel nisten können (vgl. Mt 13,32). Das Gute, das im Menschen liegt und das von Gott kommt, mag klein und verborgen sein, so wie ein Senfkorn, aber es hat eine enorme Lebenskraft. Der Sinn des Lebens des Menschen liegt daher darin, diesen heilen Anfang reifen zu lassen. Und konkret könnte das heißen, mir die Frage zu stellen: Kann ich trotz allem Leid und Elend in der Welt und auch in den Zweideutigkeiten und Bruchsituationen meiner eigenen Lebensgeschichte in die Eindeutigkeit Gottes vertrauen, dass er das Gute geschaffen hat und will, dass es sich durchsetzt?

DIE WIRKKRAFT DES GUTEN

Von der Wirkkraft des Guten erzählt dann das dritte Gleichnis im Evangelium (vgl. Mt 13,33). Der Sauerteig, den man zum Brotbacken verwendet und der in das Mehl gemengt wird, ist ein Bild für das Gute. Die kleine Menge des Sauerteigs durchsäuert eine große Menge Mehl, so dass alles durchlockert und mit Geschmack versehen wird. Ebenso soll das Gute, das Gott in den Menschen gelegt hat, den Menschen durchformen, so dass durch ihn auch seine Umwelt mit dem Guten in Berührung kommt.

Genau das ist die Antwort Gottes auf das Böse in der Welt: Nicht mit Gewalt tritt er den Gewalttätigen entgegen, sondern mit dem Angebot des Guten. Darin liegt die Alternative Gottes. Gewalt entsteht aus einem Mangel an Hoffnung. Dann versucht man, alles selbst in die Hand zu nehmen. Gott tritt jedoch für den Menschen ein, wo er sich nicht in großen Worten und in eigener Tat darstellt, sondern im Seufzen Ausdruck seiner Sehnsucht nach Gott gibt. Hier tritt Gott für den Menschen ein. Und Gott hat einen langen Atem. Er lässt auch das Schlechte zu, und zwar immer in der Hoffnung, dass sich das Böse zum Guten hinkehrt. Allein darin liegt die Begrenzung des Bösen.

Insofern ist der Glaube kein passives Warten auf bessere Zeiten, in denen es kein Leid und keine Gewalt gibt. Glauben bedeutet vielmehr, mit Gott und in seinem Sinne, eine Welt des Lichts, der Freude und des Glücks zu schaffen. Um das Böse an der Wurzel zu packen, müssen wir damit aufhören, uns zu weigern, die Liebe Gottes, d. h. seine Erlösung, anzunehmen.

Wolfgang Hartmann

Der Gerechte muss menschenfreundlich sein

Lesung: Weish 12,13.16–19 *(später verkündigen)*

Ich habe eine Frage an euch: Haben wir hier vielleicht eine Sophia unter uns? Oder kennt ihr vielleicht eine andere Person, die so heißt? Falls ja, woher? (–) Und dann kommt noch eine Frage gleich hinterher: Wisst ihr vielleicht sogar, was der Name „Sophia" bedeutet? (–) Er kommt nämlich aus dem Griechischen – und seine Bedeutung ist „Weisheit". Nun hat Weisheit, auch das wisst ihr vielleicht schon, nichts mit der Farbe „Weiß" zu tun! Es spricht sich auch ein bisschen anders. Am besten hört man es, wenn man es ein wenig umformuliert, zum Beispiel: „In meiner Wohnung habe ich weiße Wände" im Vergleich zu „Diese Frau ist weise." Habt ihr Ideen, was es bedeutet, wenn man jemanden als „weise" bezeichnet? (–)
Ich verrate euch was: Weisheit ist nicht das Gleiche wie „schlau sein" oder „viel wissen". Weisheit ist eigentlich mehr eine Art Lebenskunst. Wer klug und besonnen ist, ein gutes Gespür für Menschen hat und auch Gott in seinem Leben Raum gibt, wer also insgesamt ausgeglichen und zufrieden sein Leben gestaltet, der oder die ist weise. In der Bibel, genauer gesagt im Alten Testament, gibt es sogar einen König, der sprichwörtlich für diese Lebenskunst geworden ist – das ist der König Salomo, der, als er sich von Gott etwas wünschen durfte, um ein weises Herz gebeten hat. Gott hat es ihm geschenkt, und von da an wurde „die Weisheit Salomos" geradezu berühmt und ist es bis heute. Aber der Ursprung der Weisheit ist Gott selbst – und so kann man die Weisheit als eine der Eigenschaften Gottes bezeichnen, wie es auch viele Gebetstexte tun. Ja, die Weisheit ist so bedeutsam, dass eine ganze Reihe von Büchern der Bibel ihr gewidmet sind – so auch das, aus dem die heutige Lesung stammt. Hören wir also Worte aus dem Buch der Weisheit: *(Lesung jetzt verkündigen)*

GOTTES GERECHTIGKEIT IST WEISE

Sicher habt ihr es beim Hören gleich bemerkt: In diesem Text wird die Weisheit gar nicht extra genannt! Aber es fallen ganz viele Begriffe, die das Handeln Gottes beschreiben. Wer von euch hat denn einen davon mitbekommen? (–) Genau: Mehrfach fällt der Begriff „Stärke", und auch von „Gerechtigkeit" ist ein paarmal die Rede. Und dann kommen auch noch „Milde" und „Macht" vor. Du liebe Güte, das sind ziemlich viele Begriffe! Lasst sie uns einmal genauer betrachten. Gott ist stark und gerecht, das können wir schon einmal festhalten. Der Text bezieht das auf Situationen, in denen Gott wohl das Handeln der Menschen zu beurteilen hat – wie ein Richter, der ein Urteil fällt. Aber soll ich euch sagen, was ich glaube? Ich glaube, alle diese Begriffe und Vorstellungen von Gott, die hier beschrieben werden, sind eigentlich eine Umschreibung für einen einzigen Begriff – und wenn ihr am Anfang gut zugehört habt oder noch wisst, aus welchem Buch der heutige biblische Text stammt, könnt ihr ihn auch leicht erraten! Was meint ihr? (–) Richtig: Es geht natürlich um die Weisheit! All die Begriffe, mit denen Gott hier umschrieben wird, laufen im Grunde darauf hinaus: Gott ist so weise, dass er seine Macht gegenüber den Menschen gar nicht ausspielen muss! Er könnte das natürlich, denn er hat alle Macht, aber gerade, weil das so ist, hat er es gar nicht nötig, Menschen zu strafen, sondern fällt weise und milde Urteile. Wenn das mal keine wundervolle Vorstellung von Gerechtigkeit ist!

GOTT LEHRT SEIN VOLK DURCH SEIN VORBILD

Dann gibt es noch einen Vers, auf den ich besonders hinweisen möchte. Er steht am Schluss des heutigen Textes und schlägt die Brücke zwischen Gott und den Menschen, denn er sagt: „Durch solches Handeln hast du dein Volk gelehrt, dass der Gerechte menschenfreundlich sein muss" (12,19a). Eigentlich ist das ja klar: Wenn wir die Geschöpfe Gottes sind, sollen wir in all unserem Handeln, so gut wir können, Gott nachahmen. Niemand von uns wird es jemals schaffen, an Gottes Gerechtigkeit und Weisheit heranzukommen, aber Gott traut uns eine Menge zu! Nicht umsonst spricht die Bibel gleich in ihrem allerersten Kapitel davon, dass wir Menschen als Gottes Abbild geschaffen sind! D. h.: Grundsätzlich ist es unsere Aufgabe, von Gott zu lernen, wie die Fähigkeiten und Eigenschaften, die er uns geschenkt hat, am besten zum Einsatz gebracht werden können. Im heutigen Beispiel aus dem Buch der Weisheit steckt also auch eine Botschaft, wie Menschen sein sollen, wenn sie gerecht handeln wollen: nämlich menschenfreundlich! Nicht um jeden Preis auf sein Recht bestehen, sondern weise entscheiden – das ist es, was die heutige Lesung uns aufträgt.

KÖNNEN KINDER DAS AUCH?

Das klingt ja alles gut und recht, oder besser gesagt, gerecht, aber vielleicht müssten wir zum Schluss noch gemeinsam überlegen, wie das, was da gefordert wird, auch ganz konkret gelebt werden kann! Gerecht und weise urteilen, wie macht man das als Kind? Schließlich seid ihr alle keine Richter – wer weiß, vielleicht wird es der eine oder die andere später einmal? Aber jetzt und hier? Nun, ich glaube, es gibt durchaus einige Möglichkeiten. Ich sage euch ein Beispiel: Es soll ja mal vorkommen, dass es selbst unter den besten Freundinnen oder Freunden so richtig Streit gibt. Oder auch unter Geschwistern. Manchmal ist es dann so, dass beide sich im Recht fühlen und ganz sicher sind, dass sie nicht angefangen haben! Warum sollten sie dann also den ersten Schritt zur Versöhnung machen? Nein! Gerecht wäre es, wenn das der andere tun würde! Nur: Was, wenn der genauso denkt? So kommen beide keinen Schritt weiter und verbringen vielleicht viel Zeit mit Sauersein und Motzen – dabei könnten sie sich schon längst wieder vertragen und die Zeit mit etwas Schönem verbringen, das beiden Spaß macht und den Streit vergessen lässt. Ich glaube, das würde Gott gefallen. Denn es ist menschenfreundlich – und weise!

Agnes Molzberger

Siebzehnter Sonntag (A)

LIEDVORSCHLÄGE

Gesänge

Eröffnungsgesang: Gott ruft sein Volk zusammen (GL 477,1–3); *Gloria*: Preis und Ehre (GL 171); *Antwortgesang:* Herr, du hast Worte ewigen Lebens (GL 312,7) mit den Psalmversen; *Ruf vor dem Evangelium:* Halleluja (GL 174,6) mit dem Vers; *zur Gabenbereitung*: Herr, du bist mein Leben (GL 456,1–4); *Sanctus*: Heilig ist Gott in Herrlichkeit (GL 199); *Danklied*: Selig seid ihr, wenn ihr Wunden heilt (GL 459,1–4); *zur Entlassung:* Bewahre uns Gott (GL 453,1+2).

ERÖFFNUNG

Liturgischer Gruß

Gnade und Friede von Gott, unserem Vater, dem Quell aller Weisheit, und seinem Sohn Jesus Christus sei mit euch / ist mit uns allen.

Einführung

Heute, an diesem 17. Sonntag im Jahreskreis, begehen wir auch den zweiten Welttag der Großeltern und Senioren. Papst Franziskus lag die Schaffung dieses Tages besonders am Herzen, weil er wusste, wie wichtig auch gerade der Dienst der Großeltern und der älteren Menschen in der Kirche und in der Gesellschaft ist. Lebenserfahrung bedeutet oft auch Lebensweisheit. Das Voneinander-Lernen der Generationen bleibt dabei eine Herausforderung. Rufen wir zu Jesus Christus, der uns heute zusammengerufen hat:

Kyrie-Litanei

Herr Jesus Christus, du rufst uns auf, dein Reich auszubreiten.
Herr, erbarme dich unser.
Herr Jesus Christus, du willst uns Kraft und Weisheit schenken.
Christus erbarme dich unser.
Herr Jesus Christus, du gehst alle Wege mit uns. Herr, erbarme dich unser.

Tagesgebet der Eucharistiefeier

Gott, du Beschützer aller, die auf dich hoffen,
ohne dich ist nichts
gesund und nichts heilig.
Führe uns in deinem Erbarmen den rechten Weg
und hilf uns,
die vergänglichen Güter so zu gebrauchen,
dass wir die ewigen nicht verlieren.
Darum bitten wir durch Jesus Christus.

Perikopengebet der Wort-Gottes-Feier

Gott, vieles treibt uns um und bewegt uns.
Gib uns ein weises und verständiges Herz,
dass wir im Vielen dich, den Einen, nicht verlieren.
Darum bitten wir dich, Gott und Vater, durch Christus, deinen Sohn,
mit dem du im Heiligen Geist lebst als der eine Gott in Ewigkeit.

ZU DEN SCHRIFTLESUNGEN

1. Lesung: 1 Kön 3,5.7–12

Eine Bitte gewährt Gott dem König Salomo. Um vieles könnte er bitten: Gesundheit, Erfolg, Schutz, Antworten auf so viele Fragen. Aber er erbittet sich etwas anderes, von dem er spürt, dass es tiefer geht. Er erbittet sich Weisheit.

2. Lesung: Röm 8,28–30

Indem Gott in Jesus Christus Mensch geworden ist, hat er uns Menschen Anteil an ihm gegeben. Das ist ein Geschenk der Liebe. Unsere Berufung ist es, diese Liebe zu leben, um so wahrhaft seine Kinder zu sein.

Evangelium: Mt 13,44–52

Das Reich Gottes ist die zentrale Botschaft von Jesu Predigt. Für alle, die Jesus wirklich nachfolgen wollen, lohnt es sich, für dieses Reich Gottes alles aufzugeben. Hierin liegt der Schlüssel zu einem erfüllten Leben nach dem Willen Gottes.

FÜRBITTEN

Wir beten zu Gott, unserem Vater, dem Quell aller Weisheit:

- Wir beten für alle, die in der Kirche Verantwortung tragen, für unseren Papst, für die Bischöfe und für alle, die dein Wort verkünden, um Weisheit und ein hörendes Herz. Gott, unser Vater. *A:* Wir bitten dich, erhöre uns.
- Wir beten für alle, die unsere Staaten lenken und in Politik und Gesellschaft wichtige Entscheidungen treffen müssen, um deinen Geist des Rates und der Erkenntnis. …
- Wir beten für alle Großeltern und Senioren, um Gesundheit und Kraft für den Alltag und um den Mut, jungen Menschen ein Vorbild im Glauben zu sein. …
- Wir beten für alle, die sich in diesen Tagen erholen und Urlaub machen, um Erneuerung an Körper, Geist und Seele. …
- Wir beten für alle, die in diesen Tagen unter Krieg, Angst und Verfolgung leiden, um Frieden und Versöhnung. …
- Wir beten für unsere Verstorbenen, um die Aufnahme in dein Reich. …

Guter Vater, du schenkst uns Tag für Tag deine Liebe. Erhöre unser Gebet, durch Christus, unseren Bruder und Herrn.

Zum Vaterunser

Salomo hat Gott um Weisheit gebeten. Wir wissen oft nicht wirklich wie und um was wir beten sollen. Gottes Reich beginnt dort, wo wir uns seinem Willen überlassen. Beten wir mit den Worten, die Jesus uns zu beten gelehrt hat:

Kommunionvers

Selig, die barmherzig sind; denn sie werden Erbarmen finden.
Selig, die ein reines Herz haben; denn sie werden Gott schauen.

Zur Besinnung

Was würde ich Gott bitten, wenn ich nur eine Bitte an ihn richten dürfte?
Was würde ich Gott fragen, wenn ich ihm eine Frage stellen könnte?
Was würde ich Gott sagen, wenn ich ihm nur ein Wort sagen dürfte?
Und was würde Gott mir wohl antworten, wenn ich bereit wäre, ihm nachzufolgen?

ELEMENTE FÜR DIE WORT-GOTTES-FEIER

Zum Schuldbekenntnis

L: Gottes Wort Gottes zeigt uns, was wirklich wichtig ist in unserem Leben. Allzu oft geben wir uns mit weniger zufrieden und weniger Anstrengungen. Bekennen wir unsere Trägheit und unser Versagen und bitten Gott um sein Erbarmen: Erbarme dich, Herr, unser Gott, erbarme dich.
A: Denn wir haben vor dir gesündigt.
L: Erweise uns, Herr, deine Huld.
A: Und gewähre uns dein Heil.
L: Nachlass, Vergebung und Verzeihung unserer Sünden gewähre uns der allmächtige und barmherzige Herr.
A: Amen.

Zum Friedenszeichen

Alle Menschen sollen Gottes Heil erfahren. Wir machen oft Unterschiede untereinander, grenzen aus, wehren ab. Geben wir einander nun ein Zeichen des Friedens und der Einheit und erfahren unsere Gemeinschaft vor Gott.

André Kulla

Unterscheiden können

Unter den Regierenden unseres Landes und anderer Nationen gibt es eine nicht geringe Zahl gläubiger Menschen, die in verschiedenen Weltreligionen beheimatet sind. Es ist nicht üblich, über die persönliche Gebetspraxis öffentlich zu sprechen. Deshalb kann niemand wissen, wie viele davon um Klugheit für die Praxis der Regierung bitten. So handhabe es jedenfalls der jüdische König Salomon, der gleich nach seinem Regierungsantritt um das betete, was er am nötigsten brauchte: um Weisheit. Sein Gebet ist uns im Buch der Könige überliefert: „Verleih deinem Diener ein hörendes Herz, damit er dein Volk zu regieren und das Gute vom Bösen zu unterscheiden versteht." Als Bürgerinnen und Bürger, die wir die Auswirkungen aller Regierungsentscheidungen zu tragen haben, können wir nur hoffen, dass möglichst viele, die an den Hebeln der Macht sitzen, sich ihrer eigenen Grenzen bewusst sind, und Gott um Unterstützung ihrer Erkenntnis bitten.

Die Gabe der rechten Unterscheidung und Entscheidung ist aber nicht nur für Regierende wichtig. Jeder Mensch braucht diese Fähigkeit innerhalb der eigenen Lebensbezüge. Am Arbeitsplatz, in einer Partnerschaft, in der Familie, im persönlichen wie gesellschaftlichen Umfeld sind ständig Entscheidungen zu treffen. Mit wem möchte ich mein Leben teilen? Wovon möchte ich mich lösen? Wie kann ich meine Fähigkeiten am besten in einem Beruf einbringen? Wofür möchte ich mich engagieren? Das sind nur einige Fragen, die Menschen spätestens ab dem Jugendalter bewegen. Von der Art der Antwort hängt viel ab, nicht nur für die Person selbst, sondern auch für ihr näheres Umfeld. Wenn wir in größeren Zusammenhängen denken, dann hat so manche Entscheidung eines Einzelnen auch Auswirkungen auf den ganzen Planeten. Von Greta Thunberg, jener bekannten schwedischen Klimaschutzaktivistin, die mit ihrem Schulstreik fürs Klima die weltweite Bewegung „Fridays for Future" begründet hat, stammt diese Aussage: „Ich habe gelernt, dass man nie zu klein dafür ist, einen Unterschied zu machen."

Nein, eine Frage des Alters ist es nicht unbedingt, ob jemand gute Entscheidungen trifft und klug handelt. Weise ist jener Mensch, dem bewusst ist, dass er wichtig ist mit seiner Stimme und mit seinen Begabungen, aber sich nicht selbst für den alleinigen Mittelpunkt der Welt hält. Wie unheilvoll es sich auswirkt, wenn jemand nur seiner egoistischen Machtgier folgt, wenn politische und religiöse Führer die eigene Nation oder Institution über alles andere stellen, das haben schon zu viele schmerzhaft zu spüren bekommen hier bei uns und anderswo. König Salomo verstand sich als Knecht Gottes. Ein Begriff, der so gar nicht in unsere Zeit passt. Letztendlich geht es darum, Gott im eigenen Leben Raum zu geben, sich Gott anzuvertrauen mit seinen Fragen und Bitten. Dann wird auch die innere Wachheit zunehmen, die Stimmen anderer Mitgeschöpfe und das Seufzen der Erde zu hören. Unsere Chance, als Mensch zu wahrer Größe zu reifen, liegt genau da.

Brigitte Schmidt

Von Anfang an auserwählt und bestimmt

„Gott wird alles zum Guten führen." Was für ein Wort. Ein Wort, das es in sich hat. Es bedeutet Hoffnung für alle, die nicht mehr zu hoffen wagen, die keinen Weg mehr erkennen können, deren Schicksal sie derart niedergestreckt hat, dass sie von selbst nicht mehr auf die Beine kommen können.

WENN DAS LEBEN INFRAGE STEHT

Kennen Sie solche Momente? Erinnern Sie sich noch an sie? Das sind sehr oft Momente, in denen alles in Frage steht: das Leben, die Aussicht darauf, nicht zuletzt auch die Beziehung zu Gott, die sich gerade dann zu bewähren hat. Konnten Sie sich in diesen Augenblicken Ihre Hoffnung bewahren? Konnten Sie der Herausforderung standhalten, nicht zu verzweifeln? Was hat Ihnen dabei geholfen, Ihren Glauben zu bewahren und am Leben und an Gott nicht in die Irre zu gehen?

GRENZT GOTT AUS?

Paulus spricht von der Liebe. Er meint, dass Gott bei denen, die ihn lieben, alles zum Guten führen wird. Und was ist mit den vielen anderen, die Gott nicht lieben, zumindest nicht bewusst? Führt er bei denen ihre Sache nicht zum Guten? Ich will das nicht glauben. Was ist das für ein Gott, der so verfährt? Was ist das für ein Gott, der ausgrenzt und seine Hilfe davon abhängig macht, ob man ihn liebt oder nicht? Es heißt, Gottes Liebe sei bedingungslos. Seine Hilfe etwa nicht? Misst Gott da möglichweise mit zweierlei Maß? Nein, das will ich nicht annehmen. Den Widerspruch kann nur Gott selbst auflösen. Menschliches Denken bleibt darin gefangen und in der Annahme, dass nur der den Lohn empfängt, der zuvor berufen, erkannt, bestimmt wurde, teilzuhaben an Gottes Herrlichkeit.

Von Lothar Zenetti stammt der folgende Gedanke:

Am Ende die Rechnung

Einmal wird uns gewiss
die Rechnung präsentiert
für den Sonnenschein und
das Rauschen der Blätter,
die sanften Maiglöckchen
und die dunklen Tannen,
für den Schnee und den Wind,
den Vogelflug und das Gras
und die Schmetterlinge,
für die Luft, die wir

geatmet haben, und den
Blick auf die Sterne
und für alle die Tage,
die Abende und die Nächte.

Einmal wird es Zeit,
dass wir aufbrechen und
bezahlen;
bitte die Rechnung.
Doch wir haben sie
ohne den Wirt gemacht:
Ich habe euch eingeladen,
sagt der und lacht,
so weit die Erde reicht:
es war mir ein Vergnügen![1]

Meinen Sie nicht auch, dass man Gott dafür lieben muss, unbedingt, weil er so ganz anders ist, so unberechenbar, so unvorhersehbar? Ich spüre, wie sich der anfängliche Widerspruch auflöst und meine Fragen zu Beginn langsam verstummen. Wenn es Gott ein Vergnügen sein sollte, uns all das zu schenken, was uns Leben bedeutet, dann wird alles gut! Keine Frage. Und wir können ihn dafür nur lieben. Darin aber besteht unsere Rettung: Ihn mit ganzem Herzen zu lieben, damit er vollenden kann, wozu wir berufen sind.

Thomas Diener

* Aus: Lothar Zenetti: Auf seiner Spur. Texte gläubiger Zuversicht © Matthias Grünewald Verlag. Verlagsgruppe Patmos in der Schwabenverlag AG, Ostfildern 2011. www.verlagsgruppe-patmos.de

Größter Schatz – wirklich?

Sicher kennen viele die Fernsehserie „Bares für Rares". Menschen bringen etwas, oft einen Fund auf dem Speicher, das sie zu Geld machen wollen. Es wird vorgeprüft, ob das für den Unterhaltungswert der Sendung taugt, dann wird taxiert, geschätzt – und die Menschen sind nach der weiteren Schätzung durch die Händlerinnen und Händler entweder froh, gar überrascht über den Preis, den sie erzielen konnten – oder enttäuscht.

Im heutigen Evangelium setzt einer alles dran, um ganz legal einen überraschenden, sensationellen Fund behalten zu können. Ein anderer ist auf der Suche, als Kaufmann ist es sein Job, Wertvolles zu finden und mit Gewinn weiterzuverkaufen. Beide freuen sich, der eine über die Überraschung, der andere über ein gesuchtes Traumobjekt.

Diese Freude will Jesus mit den beiden Gleichnissen herausstellen. Hier will Jesus zeigen: Das Himmelreich ist ein Anlass zu großer, ja größter Freude, ist ein Traum, ein Lebensziel.

Können wir, können Sie dem zustimmen?

IST DAS HIMMELREICH SO ATTRAKTIV?

In einer Missionswoche Ende der 50er Jahre lernten Kinder den Vers: „Eins hab' ich mir vorgenommen: In den Himmel muss ich kommen. Mag es kosten, was es will, für den Himmel ist mir nichts zu viel."

Wirklich? Ob das die Kinder von damals heute noch sagen würden? Oder eher: „Lieber Gott, mach mich fromm, dass ich in den Himmel komm – aber nicht so schnell!" Wir wünschen einander doch ein langes Leben! Es gibt viele Witze, die aus dem Himmel eine Karikatur machen, mit Petrus am Himmelstor, oder die Satire, in der ein Münchner im Himmel froh ist, dass der von seiner himmlischen Wolke wieder ins Hofbräuhaus zurückkehren kann.

Vielleicht sind das auch Zeichen einer Verlegenheit: Wir wissen nichts Konkretes, das Nichtwissen wird dann ernsthaft oder spöttisch ausgemalt. Auch berühmte Theologen werden da sehr bescheiden bei ihren Annäherungsversuchen.

Trauen wir Gott zu, dass er für uns eine Zukunft bereithält, die sich mit einem wertvollen Schatz vergleichen lässt, einem unvergleichlichen Schatz wie die schönste Perle, für die ein Kaufmann alles andere hergibt? Etwas, das niemand gesehen, gehört oder gefühlt hat?

BELOHNUNG ODER GESCHENK?

Wenn wir den Himmel nur als Belohnung für ein moralisch perfektes Leben kennen – wer verdient so einen Himmel schon? Wurde nicht Jahrhunderte mit der Furcht, dieses Ziel zu verfehlen, Druck gemacht, damit die Christen ein gottgefälliges Leben führen? Ein verbreiteter Spruch sagt: Wenn wir in den

Himmel kommen, werden wir uns wundern, wer alles da ist, wer nicht da ist und vor allem, dass wir selber da sind! Das ist ja auch eine wichtige Aussage des Gleichnisses: Die gefundenen Schätze sind eben gefunden, entdeckt, nicht gemacht, produziert. Darum ist auch die Freude so groß!

Noch einmal: Trauen wir Gott in seiner unendlichen Größe und Schöpferkraft zu, vertrauen wir darauf, dass er uns so froh machen will, wie wir es uns nicht vorstellen können?

Der erste Mann im Gleichnis hat sicher oft auf einem Acker gegraben. In der alltäglichen und harten Routine dann diese Entdeckung! Der Kaufmann hat jeden Tag Perlen in der Hand, und dann stößt er auf die Traumperle! Will uns Jesus mit diesem Gleichnis vielleicht auch sagen: Schau mal in deinen Alltag, in deine Routine, in deine Geschäfte und Geschäftigkeit. Bist du noch offen für unerwartete Entdeckungen, Überraschungen – die sich unter dem alltäglichen Ablauf verbergen?

SPUREN UND AHNUNGEN VOM HIMMELREICH

Damit soll das Himmelreich nicht aufgelöst werden in Zustände und Ereignisse, die wir uns vorstellen können, und es soll auch nicht einem kitschig-romantischen „Himmel auf Erden" das Wort geredet werden. Aber vielleicht können wir etwas mehr ahnen von dem „...Große(n), was Gott denen bereitet hat, die ihn lieben" (1 Kor 2,9).

Das Himmelreich ist nicht etwas, sondern jemand. Das Christentum ist eine Beziehungs-Religion. Das sagt uns Paulus mit dem Wort: Was Gott denen bereitet hat, die ihn lieben. Und diese Liebe, zu Gott, dem Nächsten und uns selbst, ist nicht auf das Jenseits verschoben. In dieser Liebe können wir einander froh machen. Gerade dann, wenn wir jemandem begegnen, der es gerade schwer hat. So finden wir in unserem Alltag und miteinander immer wieder Perlen und Schätze und ahnen etwas vom Himmelreich. Auch dann, wenn der Wolkenhimmel düster ist.

Diese Freude, die Jesus anspricht, ist mehr als die Freude bei „Bares für Rares", mehr als Nachrechnen, einen Wert einschätzen, hartnäckig und erfolgreich mit den Händlern handeln. Es ist die Freude, der Schatz, die Perle, die wir einander schenken können: die Wertschätzung des anderen. Ich schätze nicht seinen oder ihren Wert ab, sondern wir zeigen einander, dass wir uns schätzen, so wie wir sind. Da ist mancher auch ein Acker, in dem man dafür eine Weile graben muss, aber wir werden in jedem etwas Schätzenswertes finden. Der Schatz im Acker hat auch nicht gleich geglänzt!

Klaus Heizmann

Ein Herz mit Ohren

Vorbemerkung: Man kann sich im Internet (unter Bildersuche „Ohr") eine Ohr-Vorlage suchen und zwei Ohren so nachzeichnen, dass sie sich zu einem Herz zusammenfügen lassen. Das Ohren-Herz kann man auf buntes Papier drucken (evtl. mit dem Text „Verleih mir, Gott, ein hörendes Herz"), ausschneiden und den Kindern mit nach Hause geben.

Lesung: 1 Kön 3,5.7–12

„Dafür bist du noch zu klein" – ihr alle kennt sicher diesen Satz, oder? (*Kinder nicken*) Eltern sagen das oder ältere Geschwister – und dann darf man etwas nicht tun oder anschauen, oder man darf bei einem Spiel nicht mitmachen. „Dafür bist du noch zu klein" – wenn man den Satz zu oft hört, glaubt man es auch. Dann fühlt man sich ein Leben lang klein und dumm. Manche Erwachsene haben diesen Satz so tief in sich drin, dass sie sich nichts zutrauen, keinen Mut haben und sich immer ausgeschlossen fühlen. Das muss nicht sein. Irgendwann ist man doch auch mal groß und kann alles machen. Naja, fast alles. – Ein anderes Problem ist, wenn man sich für das klügste Wesen auf Erden überhaupt hält. Kennst du solche Leute? Erwachsene oder Kinder? Das sind Leute, die auf alles und immer eine Antwort wissen, kluge Reden von sich geben und alles bestimmen wollen. Es gibt bei den Erwachsenen ein hartes Wort dafür: „Klugscheißer" nennt man solche Leute, oder „Besserwisser". Sie hören nie zu, reden sofort los, meinen die Lösung aller Probleme zu kennen – und lassen alle anderen klein und dumm aussehen.

KÖNIG SALOMOS PROBLEM

Das wollen wir eigentlich beides nicht sein: Wir wollen uns nicht dauernd klein und dumm fühlen, aber wir wollen auch keine lästigen Besserwisser sein, die nicht zuhören und schon alles besser wissen. Gibt es einen Mittelweg? Wir treffen heute in der Lesung König Salomo. Salomo war der Sohn des berühmten und großen Königs David. Salomo war noch recht jung, als er König wurde. Wenn er daran denkt, dass er nun das Volk Israel regieren soll, bekommt er Angst: Wie soll ich das schaffen? Ich bin doch noch klein und dumm? (Vielleicht hat seine Mutter ihm das zu oft gesagt, aber das nur nebenbei … *Augenzwinkern.*) Die Lesung aus dem ersten Buch der Könige erzählt, dass Salomo nachts einen Traum hat und ihm darin Gott begegnet. Gott möchte dem jungen Salomo einen Wunsch erfüllen. Wow, toll, einen Wunsch frei! Ich frage euch jetzt absichtlich nicht, was ihr euch da wünschen würdet – da wären wir lange beschäftigt. Ich könnte auch viel erzählen, was ich mir wünschen würde, wenn ich einen Wunsch frei hätte. Es gibt viele Geschichten, die davon erzählen, dass jemand einen Wunsch (oder mehrere) frei hat. Meistens passiert das genau in dem Moment, wenn die Figur, von der erzählt wird, ein großes Problem hat. Dann löst die gute Fee oder das Sams mit seinen Wunschpunkten dieses dringende, aktuelle Problem. Auch bei unserer Geschichte ist das der Fall. Salomo hat das Problem, dass er sich für zu klein und dumm hält, das Volk Israel zu regieren. Da kommt Gottes Angebot mit dem Wunsch gerade recht: „Sprich eine Bitte aus, die ich dir gewähren soll."

Spannend ist nun, worum Salomo bittet. Er bittet nicht um großen Reichtum und viel Geld und nicht um langes Leben und Erfolg gegenüber Feinden. Das wäre alles denkbar und vielleicht auch sinnvoll, aber auch ein bisschen langweilig. Salomo bittet aber auch nicht darum, dass er wie ein Besserwisser auf alles eine passende Antwort und für jedes Problem sofort eine Lösung hat. Vielmehr bittet Salomo um – ein „hörendes Herz". Oh, was bedeutet das? Ein Ohren-Herz? Ein Herz mit Ohren? (*Hier kann man evtl. schon ein Ohren-Herz aus Papier zeigen.*) Um das zu verstehen, muss man etwas wissen: Was die Menschen zur Zeit der Entstehung der Bibel mit „Herz" meinten, bezeichnen wir heute eher mit „Gehirn" oder „Verstand". Für die Menschen der Bibel war das Herz der Ort, wo man denkt, plant, entscheidet. Der Verstand, das, was wir (hoffentlich) im Kopf haben (*Geste: auf den Kopf deuten*), das, so glaubten die Leute damals, sitzt hier (*Geste: sich ans Herz fassen*). Wenn aber „Herz" eigentlich „Hirn" bedeutet, dann ist ein „hörendes Herz" ein waches, aufmerksames „Hirn", ein hörender Verstand, ein Denken, das nicht sofort losprudelt wie ein Besserwisser, sondern erstmal hinhört.

DAS PASST AUCH IN UNSEREN ALLTAG

Ich denke, dass wir da viel vom jungen König Salomo und seinem „hörenden Herzen" lernen können. Be-*herz*-igt doch mal in den nächsten Tagen diesen Tipp aus der Bibel: Bittet Gott um ein „hörendes Herz" und handelt dann so, wie jemand, der ein „hörendes Herz" hat. Das kann so aussehen: Wenn da ein Problem ist, stürmt man nicht sofort los, sondern schaut erst mal genau hin, vor allem: Man hört genau hin. Was ist denn Sache, worum geht es genau? Wer braucht was? Dann bittet Gott um Hilfe – das bedeutet schon mal eine Pause. Da kannst du den Kopf heben, dich umschauen, dich umhören: Was ist jetzt dran? Dann – so bin ich sicher – wird dir auch das Richtige einfallen. Und wenn wir mit Salomo auf Gottes Hilfe vertrauen, werden wir auch das Richtige tun. Die Erwachsenen kennen vielleicht den Dreischritt „sehen" – „urteilen" – „handeln". Darum geht es hier, das können auch die Kinder schon lernen und be-*herz*-igen: genau hinschauen, genau hinhören, wirklich *wahr*-nehmen, worum es geht. Dann nachdenken (im „Hirn", mit „Verstand", oder eben, in biblischer Sprache: mit dem Herzen denken). Und dann handeln, das Richtige tun. König Salomo hat das geschafft, er war ein sehr guter König, er hat sogar den Tempel für Gott gebaut. So große Dinge müssen wir nicht tun, aber ein „hörendes Herz" kann uns im Alltag doch helfen. Gott, schenke uns ein hörendes Herz, damit wir aufmerksam hinhören, mit wachem Verstand nachdenken und mit deiner Hilfe uns richtig entscheiden und das Richtige tun.

Thomas Hieke

Verklärung des Herrn (A)

LIEDVORSCHLÄGE

Gesänge zur Eucharistiefeier
Eröffnungsgesang: Herr, nimm auch uns zum Tabor mit (GL 363); *Antwortgesang:* Herr, du bist König über alle Welt (GL 52,1) mit den Psalmversen; *Ruf vor dem Evangelium:* Halleluja (GL 176,1) mit dem Vers; *zur Gabenbereitung:* Morgenstern der finstern Nacht (GL 372); *Danklied:* Herr, du bist mein Leben (GL 456).

Gesänge zur Wort-Gottes-Feier
Predigtlied: Wie schön leuchtet der Morgenstern (GL 357,1+2).

ERÖFFNUNG

Liturgischer Gruß
Der auferstandene Herr, der geliebte Sohn des Vaters, er sei/ist mit uns allen.

Einführung
Manchmal wüssten wir gerne, wie es in Gottes Ostern aussieht. Dann und wann fragen wir uns: Leben in Fülle – was dürfen wir uns darunter vorstellen? Im Dunkel von Problemen, Sorgen, Krankheit und Leid – wo geht es hin?
Die Antwort des heutigen Festes lautet: Es geht ins Licht! Es geht in eine gute Zukunft! Der Wegweiser ist die Frohe Botschaft. Wir dürfen darauf vertrauen, dass wir alle Gottes geliebte Kinder sind. Seine Geistkraft ermutigt, tröstet und nimmt uns an der Hand. Keinesfalls wird irgendjemand allein gelassen. Rufen wir zu Jesus Christus, der uns ins Leben führt.

Kyrie-Litanei
Herr Jesus Christus,
dein Licht strahlt uns an und Hoffnung keimt auf. Kyrie, eleison.
Du zeigst uns: Kein Dunkel hat je das letzte Wort. Christe...
Du bist der geliebte Sohn des Vaters. Deine Liebe gilt allen Menschen. Kyrie...

Tagesgebet
Allmächtiger Gott, bei der Verklärung deines eingeborenen Sohnes
hast du durch das Zeugnis der Väter
die Geheimnisse unseres Glaubens bekräftigt.
Du hast uns gezeigt, was wir erhoffen dürfen,
wenn unsere Annahme an Kindes statt sich einmal vollendet.
Hilf uns, auf das Wort deines Sohnes zu hören,
damit wir Anteil erhalten an seiner Herrlichkeit.
Darum bitten wir durch Jesus Christus.

1. Lesung: Dan 7,9–10.13–14

Unsere Lesung lässt uns an einer nächtlichen Vision des Propheten Daniel teilhaben. Was er berichtet, hat das Gottesbild unzähliger Menschen nachhaltig geprägt.

2. Lesung: 2 Petr 1,16–19

Der Verfasser unserer zweiten Lesung erinnert daran, dass die Botschaft der Stimme vom Himmel Gültigkeit besitzt, bis heute und in unsere Lebenssituationen hinein.

Evangelium: Mt 17,1–9

Der Evangelist Matthäus nimmt uns mit auf den Berg. Er lässt uns dabei sein, wenn Ostern aufleuchtet und die Einladung ergeht, auf Gottes geliebten Sohn zu hören.

FÜRBITTEN

Wir sind unterwegs und manches liegt uns auf dem Herzen. Wir wenden uns an Jesus Christus, der Kraftquelle und Zielpunkt unseres Lebens ist:

- Wir beten für alle, die die Frohe Botschaft verkünden, Hoffnung schenken und mit dem Beispiel ihres persönlichen Glaubenszeugnisses zum Gottvertrauen einladen.
- Wir bitten für jene, die sich in unserer Welt nach Frieden sehnen, für ein Ende von Kriegen, Terror und Gewaltakten arbeiten und trotz allem Scheitern nicht aufgeben.
- Wir beten für die Menschen, die auf der Flucht sind, ihre Heimat verlassen haben, in Lagern oder bei Verwandten leben und noch keine Ahnung haben, wie es für sie weitergehen wird.
- Wir denken an unsere Schwerkranken und Sterbenden, an alle, die ihnen beistehen, sie versorgen und begleiten, ihren Ängsten und Fragen, dem Wirrwarr ihrer Gefühle nicht ausweichen.
- Wir beten für alle, deren Leben sich nur um Macht, Besitz, Geld und Erfolg dreht, die sich von Konsummöglichkeiten blenden lassen und kaum Gedanken an das Warum, Wozu und Wohin ihres Lebens verschwenden.
- Wir legen dir all die Bitten, Anliegen, Gedanken und Fragen ans Herz, die liebe Menschen uns zu diesem Gottesdienst mitgegeben haben mit dem Wort: Denk bitte an mich!

Gott, dein sind wir im Leben und im Tod. Deine Liebe trägt und hält uns. Sei gepriesen in Ewigkeit.

Zum Vaterunser

Auf dem Berg offenbart Gott Jesus als seinen geliebten Sohn. Durch die Taufe sind auch wir berufen, Kinder Gottes zu sein. Als seine Söhne und Töchter dürfen wir ihn Vater nennen:

Kommunionvers

Wenn der Herr offenbar wird, werden wir ihm ähnlich sein, denn wir werden ihn sehen, wie er ist.

Zur Besinnung

Es sind so viele Dinge, die uns ablenken …
Es ist so Vieles zu erledigen …
Selbst im Urlaub erleben wir selbstgemachten Stress …
Wir finden kaum Zeit für uns selber …
Wichtige Fragen vertagen wir gerne auf später …
Vergessen wir in alledem nicht:
Wir sind geliebte Kinder Gottes –
auf ihn sollen wir hören.

ELEMENTE FÜR DIE WORT-GOTTES-FEIER

Zum Friedenszeichen

Schenken wir einander einen freundlichen Blick, ein Lächeln, eine Geste der Zuneigung … ein Wort des guten Willens und des Friedens …

Albert L. Miorin

Ein Morgenstern im Herzen

Worauf kann man sich verlassen?

Diese Frage beschäftigt viele Menschen in diesen unsicheren Zeiten. Da treten Politiker/-innen mit Wahlversprechen auf und halten sich nicht daran. Da predigen Theologen/-innen Wasser und trinken Wein. Da brechen Ehen auseinander, obwohl sich die Partner das Sakrament der Liebe und Treue gespendet haben. Da werden Fake News in den sozialen Medien gepostet und Verletzungen von Menschen bewusst provoziert. Ob in Politik, Kirche, Medien oder Familie: Dass Worte oft nur Hülsen sind, lässt sich überall beobachten. Ignatius von Antiochien hat dies treffend kritisiert: „Besser ist schweigen und etwas sein, als reden und nichts sein. Gut ist das Lehren, wenn man tut, was man sagt."

Von der Verlässlichkeit und Wirksamkeit des Wortes Gottes ist heute in der Lesung aus dem 2. Petrusbrief die Rede. Er zeigt einen anderen Weg im Umgang mit dem Wort auf:

Ganz entschieden macht der Verfasser deutlich, dass die biblischen Geschichten über Jesus keine menschlichen Erfindungen sind. Es sind keine leeren Worthülsen. Woran kann man das erkennen? Jesus ist bevollmächtigt durch Gott, seinen Vater. Seine Autorität stammt nicht aus einer irdischen Karriere, auch nicht aus einer von Menschen verliehenen Position. Der einzige Grund für seine Autorität ist die Offenbarung der Liebe seines Vaters für ihn, den geliebten Sohn. Seine Macht ist nicht erarbeitet, nicht erkauft, nicht erschlichen, nicht im neidvollen Konkurrenzkampf erkämpft. Es ist vielmehr reines Geschenk der Liebe Gottes. Sie hat damit eine ganz andere Qualität. Eine solche Macht kann nicht destruktiv sein, sondern nur aufbauend und heilend. Jedes Wort und jede Tat des geliebten Sohnes sind verlässlich.

Worauf kann man sich verlassen? Die Lesung bietet einen Gegenentwurf zu unserer Welt, der aus dem tiefen Nachdenken über Gottes Heilsgeschichte und seinem Wort erwachsen ist. Der Autor spricht von der Sicherheit und Verlässlichkeit der Prophetenworte. Seine eigene Wortwahl (βέβαιος) ist dabei sorgfältig und überlegt. Auf Gottes Wort ist Verlass, da es sich immer wieder wiederholt: Er spricht die gleichen Worte zu den Propheten wie zu seinem Sohn. Er ist sich und seiner Botschaft treu und erweist sich als ein Fels in der Brandung in allen Krisenzeiten. Er nimmt sein Wort nicht zurück, er spricht es nicht unüberlegt aus, sondern erneuert und bekräftigt seine liebevolle Zusage immer wieder.

Der Autor unserer Lesung gebraucht ein Bild, um die Bedeutung dieses Wortes zu beschreiben: Es ist wie ein Morgenstern, der in den Herzen aufgeht, wie ein Licht, das an einem finsteren Ort scheint und wartet, bis der Tag anbricht. Wenn etwas verlässlich ist in unserer Welt, dann das Wort Gottes. An Gottes Weise, verlässliche Worte zu sprechen, sollten wir unsere Worte messen. Oder aber: „Besser ist schweigen und etwas sein, als reden und nichts sein."

Beate Kowalski

Menschlich verklärt

Das Evangelium von der Verklärung wird am heutigen Sonntag flankiert von der Lesung aus dem 2. Petrusbrief, der genau über diese Verklärung spricht, und der Lesung einer Vision aus dem Buch Daniel. Der Prophet Daniel beschreibt hier ein unglaubliches Szenario, bei dem ein Hochbetagter auf einem Thron im Himmel Platz nimmt, um ihn herum ein atemberaubendes Schauspiel aus Feuer und unzählbare viele, die ihn verehren. Es ist die Beschreibung eines Schauspiels, wie man es an den prachtvollsten Decken italienischer Kirchen finden könnte. Unser heutiges Gottesbild wird dieses Schauspiel wohl nicht mehr so ganz treffen. Insofern wird es interessanter, wenn in dieser Vision Daniels der Menschensohn hinzutritt. Die Frage, die sich dann allerdings anschließt, ist: Wer ist denn überhaupt der Menschensohn? Um diese Frage zu klären, wird es nötig sein, zu verstehen, wovon das Buch Daniel überhaupt handelt und welchen Zweck es verfolgt.

DANIEL SETZT AUF GOTTVERTRAUEN

Die Vorstellung vom Propheten Daniel ist vor allem von folgendem Bild geprägt: der Prophet, der in der Löwengrube sitzt. Vielleicht ist auch noch die Szene bekannt, in der er mit seinen Freunden im Feuerofen sitzt. Aus beiden Notlagen kommt er heil heraus, weil er eben auf Gott vertraut. Auch seine Visionen von Ungeheuern, die dem Meer entsteigen, sind weitgehend bekannt. Liest man die biblische Erzählung historisch, dann war Daniel ein junger Mann aus der gebildeten Oberschicht Israels, der nach der Eroberung Israels durch die Babylonier im 6. Jahrhundert v. Chr. mit drei Freunden nach Babylon deportiert wurde. Wegen ihrer Weisheit und ihres guten Aussehens sollten sie für höhere Ämter und Verwaltungsaufgaben ausgebildet werden. Die Vier blieben aber ihrer religiösen und kulturellen Herkunft verbunden, beteten weiter zu ihrem einen Gott und folgten seinen Geboten – was sie über kurz oder lang in Schwierigkeiten mit der babylonischen Obrigkeit brachte. Sie wollten eben nicht den babylonischen Herrscher verehren und auch nicht den dortigen Speisegeboten folgen. So werden Daniel und seine Freunde einerseits wegen ihrer Fähigkeiten, Träume zu deuten und weise Ratschläge zu geben, bewundert, andererseits wird ihnen aber auch wegen dieser Fähigkeiten misstraut.

GOTTES GERECHTIGKEIT SETZT SICH DURCH

Vieles im Danielbuch deutet allerdings darauf hin, dass wir es hier mit keiner historischen Erzählung aus der Exilszeit zu tun haben. Der weise Daniel ist vielmehr eine Idealgestalt. Die märchenhaften Geschichten, die sich um ihn ranken, sollen keine Reportage des Zeitgeschehens sein. Wahrscheinlich sind diese Geschichten um die 400 Jahre später zur Zeit der griechischen Vorherrschaft in Palästina entstanden. Vor allem Antiochus IV. Epiphanes, der auch den Tempel in Jerusalem entweihte, unterdrückte die freie Religionsausübung der Israeliten, sodass Daniel mit seiner Standhaftigkeit und seiner Weisheit den Israeliten dieser Zeit Mut machen sollte, weiterhin ihrer eigenen Religion treu zu bleiben. So wie Daniel am babylonischen Hof gegen alle Widerstände seinem Gott und dessen Geboten treu geblieben war, so sollten es nun auch die Israeliten dieser Zeit tun. Daniel zeigt seine Überlegenheit eben nicht nur darin, dass er unbeschadet wieder aus der Löwengrube steigt, sondern vor allem darin, dass er in seinen Visionen der Zukunft und des Himmels bereits den Untergang der momentanen Unterdrücker vorhersieht. Die Gerechtigkeit Gottes wird sich wieder Bahn brechen.

GOTT WIRD MENSCH

Eine dieser Prophezeiungen Daniels ist die der heutigen Lesung. In ihr kommt der Menschensohn auf den Wolken des Himmels daher. Dieser Titel meint im Danielbuch zunächst eine Art Messias oder menschlichen Anführer. Jedoch wird sie im Neuen Testament auf Jesus übertragen und hat Daniel für die Kirche zu einem Propheten gemacht, der schon vor Jesus das Reich Gottes auf Erden verkündet hat. Das Besondere dieser Vision aus dem Lesungstext des heutigen Sonntags ist, dass es einerseits ein Gottesbild zeigt, was sehr archaisch, sehr mächtig, sehr gewaltig erscheint: ein alter weißer Mann im Himmel – genau das Gottesbild, das heute eher belächelt wird. Es ähnelt eher der Vorstellung eines griechischen Zeus, als dass es irgendetwas mit dem christlichen Gottesbild zu tun hätte.

Auf der anderen Seite überträgt dieser thronende Gott in Daniels Vision seine Herrschaft auf einen Menschen. Ein sehr fernes, distanziertes Gottesbild wird hier auf ein sehr menschliches übertragen. Kein Wunder also, dass diese Visionen das Christentum beeinflusst haben. Es ist doch ein deutlicher Hinweis darauf, dass Gott den Menschen nahe sein will, ja sogar selbst menschlich vorkommt.

So lässt sich auch die Verklärung Jesu verstehen, wo ebenfalls aus dem Himmel heraus besiegelt wird, dass Jesus eben der ist, der das Göttliche auf die Erde bringt, der mit seinem Evangelium deutlich macht, wie Gottes Wille auf dieser Erde zu verstehen ist. Christlich ist, dass es eben nicht um eine ferne Macht geht, die aus dem Himmel heraus dirigiert, sondern es geht um Menschen, die nahe sind, und um den einen Menschen, der Gottes Liebe gezeigt und Gottes Willen deutlich gemacht hat. Christlich ist es, zu glauben, dass Gott im Menschlichen uns nahe ist – und nicht weit entfernt im Himmel thront.

Christoph Buysch

Verklärung Jesu

Jeder Märchenerzähler weiß, wie weit Märchen von aller Realität entfernt sind. Keine Prinzessin wird beispielsweise einen Frosch küssen und kein Frosch kann sich in einen Prinzen verwandeln. Und doch wird in der Regel in jedem Märchen eine wichtige Lebensweisheit vermittelt. In allen Vorgängen des menschlichen Lebens, in allen Ereignissen und Begebenheiten, in allen Dingen der Schöpfung – und mögen sie hässlich sein wie ein Frosch – steckt eine tiefere, kostbare Wirklichkeit. Der Dichter Josef von Eichendorff hat von ihr gesagt: „Schläft ein Lied in allen Dingen." Man muss den Mut zum Kuss, die Augen zum Sehen und die Ohren zum Hören haben, um diese Entdeckung zu machen. Der Berg ist mehr als eine Anhäufung von Felsbrocken, die Wellen am Strand sind mehr als eine Grenzlinie zwischen Wasser und Land. Alle geschaffenen Dinge sind trotz ihrer Vergänglichkeit ein Gleichnis, sie weisen über sich hinaus, sie sind Hinweise auf eine tiefere, unsichtbare Kostbarkeit. Die Berge sprechen von der Größe und Erhabenheit der Natur, aber auch von der Winzigkeit des Menschen. Und die Wellen am Strand erzählen in ihrem Rauschen von der Ewigkeit, aber auch von der verschlingenden Gewalt des Meeres und von dessen Zähmung. Es ist mehr in den Dingen, als wir sehen können. Sie sind wie ein Gleichnis, das über sich hinausweist auf etwas Größeres. „Wir essen das Brot, aber wir leben vom Glanz", sagt Hilde Domin, und Gertrud von le Fort sagt: „Alles Sichtbare ist nur die äußere Gestalt, in die sich ein Unsichtbares hüllt."

Diese Überlegungen führen uns zu dem Geheimnis von der Verklärung Jesu, das die Kirche heute feiert. Der Evangelist Matthäus berichtet: „Jesus wurde vor ihren Augen verwandelt; sein Gesicht leuchtete wie die Sonne und seine Kleider wurden blendend weiß wie das Licht" (Mt 17,2). Drei Jüngern gestattete er, einen kurzen Augenblick in sein Inneres zu schauen und die Herrlichkeit Gottes zu sehen. Warum hat uns der Evangelist dieses geheimnisvolle Ereignis aufgeschrieben und überliefert? Was wollte er uns mit auf unseren Lebensweg geben?

DAS HEILIGE ENTDECKEN

Das Erste, was er uns vermitteln wollte, ist die Erkenntnis, dass wir das Geheimnis des Menschen nicht erfassen, wenn wir nur auf das Äußere schauen. So werden wir das Lied in uns nicht erkennen. Der Mensch ist mehr als das, was wir sehen können, er ist mehr als seine Leiblichkeit. In jedem Menschen schläft etwas Erhabenes, etwas Heiliges, etwas Göttliches. Nie erkennen wir seine Würde, über die alle Welt spricht, wenn wir nicht das Licht ahnen, das in uns leuchtet. Nur so verstehen wir die Stimme aus der Wolke: „Du bist mein geliebter Sohn, du bist meine geliebte Tochter" (17,5). Dieses Wort gilt jedem von uns. Es spricht von der Größe des Menschen.

Der Evangelist wollte uns aber noch mehr sagen. Er wollte uns erklären, wie wichtig auf unserem Lebensweg Ziele sind. Wir müssen wissen, worauf wir zugehen. Natürlich gibt es Zwischenziele, berufliche Ziele, politische Ziele, partnerschaftliche und familiäre Ziele. Aber das eine große Lebensziel bleibt: Wo geht es hin? Die Verklärung Jesu gibt die Antwort: Die Fülle des Lebens vollendet sich im Offenbarwerden der eigenen Herrlichkeit. Wenn das göttliche Lied in uns seine Stimme erhebt, wenn das Unsichtbare in uns sichtbare Gestalt gewinnt, dann haben wir unser Lebensziel erreicht.

ERMUTIGUNG AM TABOR

Aber bis dahin ist eine lange Wegstrecke zu bewältigen. Es geht – wie im Evangelium berichtet – bergauf und bergab. Jeder Mensch muss diese Erfahrung machen. Der Weg kann so mühsam sein und mutlos machen, dass man manchmal aufgeben oder Irrwege gehen möchte. Wir können auf dem Lebensweg blind werden oder uns von fragwürdigen Angeboten den Weg verbauen lassen, wir können das Lebensziel anzweifeln oder gar verfehlen. Die eigentliche Definition von Sünde heißt ja: sein Lebensziel verfehlen. Darum brauchen wir wie die drei Jünger Taborerfahrungen, in denen das Göttliche aufleuchtet. Wir brauchen Lichtblicke wie die Kinder, die abends im Bett ihre Eltern bitten, die Tür zu ihrem Zimmer einen Spalt aufzulassen. Der kleine Lichtstrahl garantiert die Nähe der Eltern und schenkt das Gefühl der Geborgenheit.
Darum will uns der Evangelist erklären, wie wichtig Taborerfahrungen in unserem Leben sind; sie sind Ermutigungen zum Weitergehen. Wer niemals Erfolg hatte – im Beruf, in der Freundschaft, in der Liebe –, der verliert die Lust am Leben. Taborerfahrungen sind Motivationen; sie schenken neue Hoffnung und die Gewissheit, dass nichts verloren ist. Sie sind Glücksmomente in der Lebensgeschichte eines Menschen. Sie sind in der Regel nicht von Dauer, aber sie öffnen neu den Blick auf das Lebensziel und laden ein zum Weitergehen.

Paul Jakobi

Manche Erlebnisse sind ein wahrer Schatz

Vorbemerkung: Für die Verkündigung Fotoapparat und Smartphone bereithalten, außerdem eine schöne Bibelausgabe.

EINFÜHRUNG

Manch Schönes in unserem Leben können wir nur erfahren, wenn wir uns zuvor anstrengen. Das großartige Panorama vom Südturm des Kölner Doms über den Rhein bis hin zum Siebengebirge zum Beispiel genießen wir erst, wenn es uns gelungen ist, mehrere Hundert Treppenstufen durch den schmalen Turm emporzusteigen. Und an dem wunderbaren Bergpanorama der Alpen wird sich auch nur jemand erfreuen können, der zuvor einen der Gipfel erklettert hat. Heute erzählt uns das Evangelium von einem besonderen Seh-Erlebnis der Jünger, die mit Jesus auf einen Berg gestiegen waren.

ZUR VERKÜNDIGUNG

Evangelium: Mt 17,1–9

Wenn wir heutzutage irgendwo eine tolle Aussicht genießen oder etwas besonders Beeindruckendes sehen, dann machen wir sofort ein Foto davon *(Fotoapparat zeigen)*. Ein Klick: Motiv festgehalten. Auf diese Weise gewinnen wir etwas, das bleibt, wir können uns das Foto jederzeit wieder anschauen, uns an das besondere Erlebnis erinnern. Auch andere, die gar nicht dabei waren, können wir teilhaben lassen: Schnell wird das Foto weitergeschickt, ihr, liebe Kinder, kennt das *(Smartphone zeigen)*. Was passiert dann? Meistens gibt es sofort eine Reaktion, jemand schreibt zurück: Super! oder schickt ein Smiley. Zur Zeit Jesu kannte man weder Fotoapparate noch mobile Telefone, mit denen man so vieles machen kann, auch fotografieren. Aber ich bin mir auch nicht ganz sicher, ob Petrus, Jakobus und Johannes, die drei Jünger, die damals mit Jesus auf einen hohen Berg gestiegen waren, das, was sie gesehen haben, in einem Foto hätten festhalten können.

KEIN FOTO, ABER EINE ERINNERUNG

Es gab und gibt kein für die Augen sichtbares Erinnerungsstück an dieses Erlebnis auf dem Berg Tabor in Israel. Auf dem Berg der Verklärung Jesu, so wird der Berg Tabor auch genannt, haben die Jünger ihren Freund Jesus völlig anders und neu sehen gelernt. Er erschien ihnen in einem hellen Licht, das vom Himmel her auf ihn fiel. Ja, in ihm wurde auf wunderbare Weise die Verbindung von Himmel und Erde deutlich. Die Stimme, die sie dann aus einer Wolke hörten: „Dieser ist mein geliebter Sohn", bestätigte ihnen, dass Jesus, dieser Wanderprediger, dem sie sich angeschlossen hatten, wirklich von Gott in diese Welt geschickt worden war. Was den Jüngern Jesu damals widerfahren ist, haben sie in ihrem Herzen bewahrt.

Wir hörten es am Ende des Evangeliums: Jesus hat ihnen ausdrücklich aufgetragen, niemandem etwas davon zu sagen, was sie gesehen hatten. Nun ja, zumindest im Kreis der anderen Jünger und Jüngerinnen, die mit Jesus unterwegs waren, haben die drei wohl doch davon gesprochen, spätestens nach Jesu Tod und Auferstehung. Wenn diese Begebenheit auf dem Berg Tabor nicht mündlich weitererzählt worden wäre, dann hätte sie ja später gar nicht aufgeschrieben werden können und zum Teil unserer Bibel werden können.

KOSTBARE ERINNERUNGEN SIND EIN SCHATZ

Wie gut, dass wir solche kostbaren Erinnerungen an Jesus in unserer Bibel immer greifbar haben, all diese Erzählungen über ihn und die Geschichten und Gleichnisse, die er erzählt hat: Das ist unser Bibelschatz! (*Bibel zeigen*) Manchmal erleben Menschen eine Situation, die in ihnen die Erinnerung an ein Wort der Bibel auslöst, dann wird diese Erfahrung zu einem sehr persönlichen Schatz. Mir ist es vor kurzem im Begegnungscafé unserer Gemeinde so ergangen. Was ist Besonderes geschehen? Ins Café kommen regelmäßig einige ältere Männer und jüngere Frauen mit ihren Kindern, die aus der Ukraine stammen, vor dem Krieg in ihrer Heimat geflohen sind. Außerdem zahlreiche syrische Frauen mit ihren Kindern, die schon vor einigen Jahren ihr Land, in dem ein zerstörerischer Krieg geführt wird, verlassen haben und auf gefährlichen Wegen schließlich nach Deutschland gelangt sind. Für diesen Nachmittag hatten die syrischen Frauen sehr leckere Speisen aus ihrer Heimat zubereitet und alle waren eingeladen, davon zu probieren. Dann kam Svetlana aus der Ukraine mit ihren beiden Töchtern. Sie hatten ganz frisch einen Mohnkuchen gebacken, der rasch in Scheiben geschnitten wurde, damit viele auch davon kosten konnten. Es war so ein schönes Miteinander an diesem Tag, die Kinder aus verschiedenen Ländern spielten miteinander, die Erwachsenen vergaßen einmal für eine Stunde ihre Sorgen um die Lieben, die sie in der Heimat zurücklassen mussten und lernten etwas Nahrhaftes aus einem ihnen fremden Kulturkreis kennen.

Jesus hat oft vom Gastmahl im Reich Gottes gesprochen, wo Menschen aus aller Welt von Norden und von Süden, von Osten und Westen zusammenkommen und gemeinsam zu Tisch sitzen. Mir war es so, als ob alle, die dabei waren an jenem Nachmittag in unserem Begegnungscafé, einen kleinen Vorgeschmack auf den Himmel erlebt haben. Ich jedenfalls fühlte mich reich beschenkt, ein neuer Schatz, den ich in meinem Innern weitertrage.

Ja, manchmal können wir Spuren des Himmels auf der Erde entdecken. Lasst uns alle aufmerksam sein und bleiben für solche und andere wunderbare Begegnungen. Wir können nicht alle Ungerechtigkeiten beseitigen und keinen Krieg beenden, aber wir können viel dafür tun, dass Menschen nicht ihre Zuversicht und Hoffnung auf bessere Zeiten verlieren. Dazu lädt Jesus alle ein, die auf seinen Namen getauft sind. Lasst uns Boten und Botinnen seines Lichts sein!

Brigitte Schmidt

Neunzehnter Sonntag (A)

LIEDVORSCHLÄGE

Gesänge zur Eucharistiefeier
Eröffnungsgesang: Herr, deine Güt ist unbegrenzt (GL 427); *Gloria:* Ehre sei Gott in der Höhe (GL 166); *Antwortgesang:* Um deines Namens willen (GL 623,2) mit den Psalmversen; *Ruf vor dem Evangelium:* Halleluja (GL175,4) mit dem Vers; *zur Gabenbereitung:* Nimm, o Gott, die Gaben (GL 188); *Danklied:* Herr, du bist mein Leben (GL 456); *Mariengruß:* Alle Tage sing und sage (GL 526).

Gesänge zur Wort-Gottes-Feier
Predigtlied: Von guten Mächten (GL 430).

ERÖFFNUNG

Liturgischer Gruß
Jesus Christus, unser Herr, der uns entgegenkommt und uns einlädt, ihm zu vertrauen, er sei mit euch / ist mit uns allen.

Einführung
Es tut gut, wenn man in schwierigen Situationen auf Menschen trifft, denen man vertrauen kann. Vertrauen setzt eine gewisse Vertrautheit voraus. Manche Menschen genießen dies von Berufs wegen, Rettungskräfte beispielsweise oder Polizisten. Andere haben unser Vertrauen erworben, weil wir sie als zuverlässig erlebt haben. Im Evangelium lädt Jesus seine Jünger ein, ihm zu glauben und zu vertrauen, zunächst erlebt er aber Kleinglauben.

Kyrie-Litanei
Herr, Jesus Christus,
du bittest uns, dir ohne Vorbehalt zu vertrauen. Kyrie, eleison.
Unser Kleinglauben hindert uns oft, ganz mit dir zu gehen. Christe, eleison.
Nimm unsere Angst und mache uns offen für dein Wirken. Kyrie, eleision.

Tagesgebet der Eucharistiefeier
Allmächtiger Gott,
wir dürfen dich Vater nennen,
denn du hast uns an Kindes statt angenommen
und uns den Geist deines Sohnes gesandt.
Gib, dass wir in diesem Geist wachsen
und einst das verheißene Erbe empfangen.
Darum bitten wir durch Jesus Christus.

Perikopengebet der Wort-Gottes-Feier ⬡

Gott, wir kommen voll Vertrauen zu dir,
denn du hast uns beim Namen gerufen.
Gib dich zu erkennen im Wort der Frohen Botschaft
und hilf unserem schwachen Glauben auf.
Darum bitten wir dich
in der Gemeinschaft des Heiligen Geistes
durch Jesus Christus, deinen Sohn,
der mit dir lebt jetzt und in Ewigkeit.

ZU DEN SCHRIFTLESUNGEN ⬡⬡

1. Lesung: 1 Kön 19,9a.11–13a
Gott erfährt man nicht nur in kraftvollen Ereignissen, Gott beherrscht auch die stillen Töne. Elija begegnet ihm in einem leisen Säuseln.

2. Lesung: Röm 9,1–5
Paulus ist voller Trauer über die Israeliten. Sie sind das auserwählte Volk Gottes, aber haben Christus noch nicht erkannt.

Evangelium: Mt 14,22–33
Jesus begegnet den Jüngern auf dem See. Er fordert ihr Vertrauen ein und Petrus verlässt das Boot.

FÜRBITTEN ⬡⬡

Jesus fordert von seinen Jüngern Glauben und Vertrauen. Auch wir dürfen darauf hoffen, dass er sich uns zuwenden wird, wenn wir ihm jetzt unsere Bitten vortragen:

- Für den Papst und die Bischöfe und für alle, die Verantwortung in der Kirche tragen: um die Fähigkeit, den Willen Gottes auch in leisen Tönen zu erkennen.
- Für die Priester und Ordensleute, für haupt- und ehrenamtlich in der Verkündigung Tätige: um den Eifer, die Menschen mit Christus bekannt zu machen.
- Für unsere Gemeinde und alle Getauften: um einen starken Glauben und festes Gottvertrauen.
- Für die Opfer von Terror, Krieg und Katastrophen: um den Beistand hilfsbereiter Menschen.
- Für alle, die in diesen Wochen Urlaub machen: um eine erholsame Zeit für Seele und Leib.

Gott und Vater unseres Herrn Jesus Christus, bei dir sind wir geborgen und trauen deiner Hilfe. Höre und erhöre uns durch Christus, unseren Bruder und Herrn.

Zum Vaterunser

Im Evangelium fordert Jesus von seinen Jüngern Glauben und Vertrauen. Gemeinsam sprechen wir nun das große Gebet des Vertrauens, wenn wir darum bitten, dass Gottes Wille geschehe und sein Reich komme. So lasst uns beten:

Kommunionvers

Gott drängt sich nicht auf, er bietet sich an, einfach, demütig und bescheiden wie dieses Stückchen Brot. Wer ihn im Glauben aufnimmt, wird leben.

Zur Besinnung

Mit der Eucharistie heilt der Herr die Negativität, die oft in unserem Herzen aufsteigt. Ein Erinnern, das immer die Dinge hochkommen lässt, die nicht laufen, und in unseren Köpfen die traurige Vorstellung hinterlässt, dass wir zu nichts gut sind, dass wir nur Fehler machen, dass etwas mit uns „nicht stimmt". Jesus kommt, um uns zu sagen, dass dem nicht so ist. Er freut sich, uns ganz nahe zu kommen, und jedes Mal, wenn wir ihn empfangen, erinnert er uns daran, dass wir kostbar sind. Wir sind die geladenen Gäste, die er zu seinem Festmahl erwartet, die Tischgenossen, die er sich wünscht. Und das nicht nur, weil er großzügig ist, sondern weil er uns wirklich liebt.
Papst Franziskus

ELEMENTE FÜR DIE WORT-GOTTES-FEIER

Zum Predigtlied

Dietrich Bonhoeffer, der am 9. April 1945 von den Nationalsozialisten hingerichtet wurde, hat mit seinem Gedicht „Von guten Mächten", das Teil seines letzten Briefes war, den er an seine Verlobte geschrieben hat, ein berührendes Zeugnis für Glauben und Gottvertrauen gegeben. Wir wollen es nun gemeinsam singen.
Es folgt das Predigtlied (s. o.)

Zum Friedenszeichen

Wo Vertrauen fehlt, wird Zusammenleben schwierig. Wo Vertrauen fehlt, ist Frieden unmöglich. Schenken wir einander Vertrauen und wünschen uns den Frieden.

Christoph Heinemann

Habt Vertrauen!

Ich möchte gerne über das Evangelium noch ein wenig mit Ihnen nachdenken, das Bild mit Ihnen noch einmal anschauen, das Matthäus hier gleichsam malt. In diesem Bild mögen wir die Kirche erkennen. Sie ist das Schiff. In diesem Bild mögen wir auch unsere eigenen Situationen erkennen, in denen wir leben. Jesus selbst ist es, der seine Jünger losschickt. Ohne ihn sollen sie über den See fahren. Zeit vergeht. Die Jünger sind schon weit vom festen, sicheren Land entfernt, von den Wellen hin und her geworfen. Sie haben Gegenwind und es ist Nacht. Eine bedrohliche Situation. Das aufgewühlte Wasser ist ein Symbol für alles, was unser Leben bedroht, als Einzelne, als Kirche. Die Gemeinde des Matthäus hat sich in diesem Bild erkannt. Den Gegenwind der Verfolgung hat sie schon erfahren. Und heute? Gibt es nicht auch heute heftigen Gegenwind für Kirche und Glaube? 1. Innerhalb der letzten Jahre ging der Gottesdienstbesuch auf nur noch x Prozent zurück.* 2. Der christliche Glaube wird in unserer pluralen, vielgestaltigen Welt zu einem Angebot unter vielen. Erstmals sank die Zahl der evangelischen und katholischen Christen unter 50 Prozent der Gesamtbevölkerung.
3. Die gesellschaftsprägende Kraft der christlichen Kultur geht verloren. Viele Veranstaltungen beginnen heute schon am Sonntagmorgen. Wer soll da noch zum Gottesdienst gehen? 4. Manche fragen sich: Für wen renovieren wir unsere Kirchen? Als Arbeitsbeschaffungsmaßnahmen für Firmen und Handwerker sind diese Renovierungen ja nicht gedacht. Angesichts dieser Situation: resignieren und untergehen? Das Überraschende: Mitten in der Nacht, in dieser bedrohlichen Lage kommt Jesus auf seine Kirche zu. Wo sie sich verlassen wähnt, ist Jesus unerwartet da. So unerwartet, dass die Jünger ihn gar nicht erkennen. Jesus hatte seine Jünger, seine Kirche, auf den See, in die Nacht, in den Gegenwind geschickt. So bedrohlich kann dann alles Widerwärtige doch nicht sein. Es kann vielmehr zum Ort werden, an dem Jesus uns und seiner Kirche begegnet. Vielleicht hat Gott uns in der gegenwärtigen Lage der Kirche und unseren Gemeinden etwas zu sagen? Jesus beruhigt seine Jünger mit dem schon oft gehörten Wort: Habt Vertrauen, ich bin es, fürchtet euch nicht. Fürchtet euch nicht! Erstaunlich: Petrus stellt Jesus auf die Probe. Ist der Fremde, der sagt, er sei Jesus, wirklich Jesus? Dann soll er rufen. Petrus stellt aber auch sich selbst auf die Probe: Wenn der Fremde ruft, dann muss er aus dem halbwegs sicheren Boot aussteigen mitten auf das Wasser. Petrus wagt alles: Eben noch voller Angst, traut er dem Fremden und steigt aus dem Boot aufs Wasser. Was trägt ihn? Der Ruf Jesu: Komm! Das eigene Vertrauen: Er ist es. Er kann sogar Wasser tragen machen. Im Blick auf Jesus und im Wagnis des Vertrauens trägt sogar das, was eben noch so bedrohlich war. Im Blick auf Jesus kann die Kirche nicht untergehen. So weiß es Matthäus.

Hermann Kast

---

* Aktuelle Zahlen einfügen!

Mit Gott die Welt verändern

Voller Einsatz wird belohnt. Wer sich mit ganzer Kraft einsetzt, der kann mehr erreichen, als man sich zunächst vorstellt. Im Fußball oder auch bei anderen Sportarten kann man das immer wieder erleben: Da geht eine Mannschaft als klarer Favorit ins Rennen, weil sie deutlich stärker ist als der Gegner. Der Bundesligaverein hat im DFB-Pokal ja doch meist die Nase vorn, wenn er gegen eine Mannschaft aus der vierten oder fünften Liga antreten muss.

Und doch gewinnt nicht immer der Favorit. Gerade wenn eine Mannschaft, die als schwächer eingeschätzt wird, mit ganzer Kraft kämpft und sich einsetzt und wirklich „alles" gibt, dann kommt es immer wieder vor, dass ein Bundesligaverein ausscheidet. Manche dieser sogenannten Underdogs schaffen es sogar recht weit in einem Turnier.

ÜBERRASCHENDER ERFOLG – UND DOCH VERLOREN?!

Elija macht eine ähnliche und doch ganz andere Erfahrung. Bei ihm geht es nicht um Sport, sondern um seine Glaubensüberzeugung. Der Prophet muss erleben, dass die Könige von Israel und mit ihnen auch viele Menschen im Volk sich von Gott immer weiter abgewandt und entfernt hatten. Der Höhepunkt wird erreicht, als König Ahab gemeinsam mit seiner Frau Isebel den Baalskult in Israel einführt.

Elija kämpft mit ganzer Kraft dagegen an, immer im Vertrauen, dass Gott auf seiner Seite steht, obwohl er ganz klar der Außenseiter ist, der Underdog, der eigentlich keine Chance haben sollte, sich durchzusetzen. Schließlich kommt es zum Showdown auf dem Berg Karmel. Elija steht mehreren hundert Propheten des Baal gegenüber. Zwei Holzstapel für ein Tieropfer werden aufgeschichtet und der Wettkampf beginnt: Allein durch Gebet soll der jeweilige Holzstapel in Brand gesetzt werden. Die Propheten des Baal tun, was sie können – aber bleiben erfolglos. Elija treibt es auf die Spitze, indem er das Holz noch mit Wasser übergießen lässt, und Gott sendet tatsächlich das Zeichen und steckt das Holz in Brand.

Ein glorreicher Triumph für Elija und seinen Glauben – so könnte man an dieser Stelle meinen. Der Underdog hat alles gegeben und gesiegt.

Doch weit gefehlt: Er wird für diesen Erfolg nicht gefeiert, jetzt ist nicht der Zeitpunkt, an dem sich die Geschichte wendet und alles gut wird. Isebel gerät derart in Wut, dass sie Elija den sofortigen Tod androht. Dieser gerät in Angst und flieht in die Wüste. Er gibt auf, sieht nun endgültig keine Erfolgschancen mehr und wünscht sich von Gott sogar den Tod.

ERFAHRUNG VON GOTTES NÄHE

In dieser für ihn aussichtslosen und ausweglosen Situation erlebt Elija allerdings auch Gottes Nähe. Brot und Wasser erscheinen auf wunderbare Weise, der Engel des Herrn ermutigt ihn, zu essen und weiterzugehen. So ermutigt und gestärkt geht Elija weiter zum Gottesberg, dem Horeb. Und dort, mit dieser Geschichte, in dieser Stimmung, mit diesem Hintergrund, erlebt Elija, was in der Lesung erzählt wurde: Gott begegnet ihm.

Sturm, Erdbeben und Feuer werden genannt. Es sind klassische Zeichen und Bilder für die Gegenwart des allmächtigen Gottes – und doch gerade nicht das, was seine Nähe in diesem Moment am besten beschreibt. Im leisen Säuseln, im Windhauch, in der Stille begegnet Elija Gott.

Er macht die Erfahrung, dass Gott in der Stille zu ihm kommt, dass es wichtig ist, sich zurückzuziehen an einen Ort der besonderen Nähe Gottes, und nicht im Trubel, im Getümmel, im Wirbel seine Stimme zu suchen, sondern mit offenem Herzen und offenen Ohren dort hinzuhören, wo es ganz leise wird.

Eine Ermutigung auch für uns, die Stille zu suchen, die Ablenkung auch mal auszuschalten und Ohren und Herzen für die Stimme Gottes zu schärfen, die oft sehr leise ist.

Aber in dieser Erfahrung des Elija steckt noch einiges mehr. Es ist eben auch die Erkenntnis, dass Gottes Nähe nicht von den Umständen abhängt und nicht durch meinen Blick auf die Umstände bestimmt werden kann.

Elija hat seine Außenseiterrolle erlebt, hat trotzdem alles gegeben, hatte den Triumph vor Augen und war doch erfolglos, ja, seine Situation wurde sogar noch schlimmer. Aber nichts davon bedeutet, dass Gott ihm nicht nahe und nicht an seiner Seite gewesen wäre.

Im Gegenteil: Gerade in der größten Not, im Moment der Todesangst und dem Augenblick, in dem Elija aufgeben will, erlebt er Stärkung und Ermutigung. Das führt zu noch intensiverer Begegnung am Horeb, gerade in der Stille und der Zurückgezogenheit.

Und nun hört Elija von Gott, klar und deutlich, dass er noch eine Aufgabe hat, dass sein Weg längst nicht zu Ende ist, sondern weiterführt und dass er auf diesem Weg immer noch etwas tun kann, um für das Volk Israel den Weg in die Zukunft vorzubereiten.

GOTT SETZT AUF UNS

Eine der Eigenarten des Gottes, den wir in der Bibel kennenlernen, ist es, dass er die Welt nicht in seiner Allmacht und mit seiner Kraft verändert und gestaltet, sondern uns Menschen diese Veränderung überlässt – aber nicht ohne uns dabei zu unterstützen. Dazu braucht er nicht nur die Starken, die Gebildeten, die Reichen, die Mächtigen, sondern jede*n mit seiner*ihrer Begabung und den je eigenen Talenten und Fähigkeiten.

Ob ich mich in der Situation des Favoriten oder in der des Außenseiters sehe, ob ich mit dem, was ich bisher schon versucht und getan hatte, erfolgreich war oder nicht, ist nicht entscheidend. Entscheidend ist die Überzeugung, dass Gott da ist, mich stärkt, ermutigt und begleitet, das Wissen darum und die Übung darin, seine Stimme, gerade auch in der Stille und den leisen Momenten, zu hören und den Mut, darauf zu vertrauen, dass mit Gott gemeinsam Veränderung möglich ist und er dabei auf mich setzt.

Jens Watteroth

Der Gegenwind bleibt

„Das Boot der Jünger wurde von den Wellen hin- und hergeworfen; denn sie hatten Gegenwind". Es herrscht also kein Unwetter. Es ist kein Sturm aufgezogen. Es herrscht einfach nur Gegenwind.
Die meisten von uns werden sich mit dem Segeln nicht auskennen. Jede und jeder von uns weiß aber, was es heißt, wenn einem der Wind ins Gesicht bläst. Wenn Gegenwind herrscht, kommt man in jeder Hinsicht schlecht voran. Ganz real kennen wir das eigentlich nur noch vom Fahrradfahren. Bildlich aber erleben wir das oft. Wenn im Beruf oder in der Partnerschaft Gegenwind herrscht, stehen die Zeichen auf Sturm. Man kommt nicht sofort oder eben gar nicht ans Ziel. Überall, wo ich mir Ziele stecke, muss ich also mit Gegenwind rechnen.

DIE ZIELVORGABE JESU

Es war Jesus, der die Jünger „drängte (...) ins Boot zu steigen und an das andere Ufer" des Sees Gennesaret „vorauszufahren". Eben hatten die Jünger die Speisung der Fünftausend (Mt 14,13–21) erlebt. Ihr nächstes Ziel würden Heilungen in Gennesaret (Mt 14,34–35) sein. In der Schule Jesu, dessen göttliche Seite die Jünger erst anfanghaft erahnten, ging es von einem Wunder zum anderen.
Zwischen den beiden Wundern aber liegt die stürmische Erfahrung auf dem See Gennesaret, dem sogenannten Galiläischen Meer. Nicht nur der Wind bereitet hier Gegenwind. Es sind die Gefühle, die die Jünger aufwühlen. Es ist das Übernatürliche, das ihnen den festen Boden menschlicher Erfahrung unter den Füßen entzieht. Die Erfahrung mit Jesus führt irgendwann unerbittlich in den emotionalen Gegenwind. Soll das alles wahr sein? Und es ist Jesus selbst, der diese Zielvorgabe macht.

BEGEGNUNG MIT DEM GÖTTLICHEN ZULASSEN

In der Krise des äußeren und inneren Gegenwinds kommt Jesus seinen Jüngern entgegen. Er kommt auf dem Wasser. Nun hilft alles nichts, ihr Sprecher, der Älteste, muss ran. Überwältigt vom Ruf „Komm!" lässt sich Petrus gegen alle Vernunft auf das Unmögliche ein. Und tatsächlich, er kann auf dem Wasser gehen. Dann aber holen ihn die berechtigten Zweifel ein und er geht unter. Erst hat der geistliche Ruf Jesu ihm Aufwind gegeben. Dann aber siegt der Gegenwind menschlicher Gewohnheit. Der eigene Glaube reicht nicht. Petrus, den Jesus nur wenig später als den „Felsen" identifiziert und auf dem er seine unerschütterliche „Kirche bauen" (Mt 16,18) will, scheitert an Selbstüberschätzung. Er geht in seiner Kleingläubigkeit unter. Es geht hier nicht um Versagen. Es geht hier immer noch um einen Lernprozess, in dem die Jünger mit ihrem Meister stehen. Petrus muss lernen, dass es nicht reicht, Jesus für sich allein zu haben. Der Weg mit Jesus, der Weg des Glaubens, führt zurück ins Boot, in die wankende Sicherheit, in der sich die Jünger um ihren Herrn scharen. Gemeinschaft mit dem Herrn ist somit Teil der Zielvorgabe Jesu.

DAS BERGENDE BOOT DER KIRCHE

Die Kirche steht in der Tradition dieser anfänglichen Jesusbewegung. Es darf uns also nicht verwundern, dass die Kirche somit von Anfang an eine Gemeinschaft war, die in den Stürmen der Zeit wenig Ruhe fand. Das hat sich bis heute nicht geändert. Der dauernde Gegenwind aber ist zu meistern. Die Gemeinschaft mit dem Herrn gab den Jüngern im bergenden Boot auf unruhigem Wasser die nötige Gelassenheit. Eine Gelassenheit, die wir in unserer Jüngerschaft immer wieder lernen müssen. Und das Beispiel des Petrus mahnt uns, dass Alleingänge unzulässig sind.

Lehrhaft schließt das heutige Evangelium mit dem Bekenntnis der durchgeschüttelten Jünger, angeführt vom noch nassen Petrus. Nachdem sein Hilferuf „Herr, rette mich!" Gehör gefunden hatte und im Schutze Jesu der Gegenwind erträglich geworden war, bekannte die Jüngerschar einstimmig: „Wahrhaftig, du bist Gottes Sohn".

IM GEGENWIND ZUR RUHE KOMMEN

Ich sehe im Bild des heutigen Evangeliums sehr deutlich eine Herausforderung für die Kirche in unseren Breiten. Gegenwind kommt nach wie vor von außen. Neu ist die Unruhe an Bord. Sie wirf das Boot der Kirche gefährlich hin und her: Falsche Selbstsicherheiten der Vergangenheit hinterfragen unsere Zielvorgaben. Zu viele im Boot fühlen sich berufen, in ganz verschiedene Richtungen zu weisen. Dazu kommen die vielen Alleingänge in Theologie, Verkündigung und Seelsorge, die viele verunsichern. Zudem scheinen die kritischen Stimmen von außerhalb vielen glaubwürdiger als die Stimmen der von Gott berufenen Hirten. Aus ganz verschiedenen Gründen sind nicht wenige bereits von Bord gegangen.

Wenn der Gegenwind von Anfang an das Normale war und die Kirche damit mehr ein seetüchtiges Boot als ein sicherer Hafen ist, geht es primär, trotz aller berechtigten Fragen, trotz aller sich offenbarenden Krisen und trotz aller möglichen Veränderungswünsche um unsere Haltung: Ist uns klar, dass wir immer noch auf dem Weg zu neuen Ufern sind? Ist uns bewusst, dass wir in Gottes Namen das Boot der Kirche, das Jesus uns selbst zugewiesen hat, nicht verlassen dürfen? Und haben wir schließlich verinnerlicht, dass man im Gegenwind nur gelassen vorankommt, wenn man innerlich trotz aller Unterschiede geschlossen zusammensteht und sich um Jesus Christus als Herrn und Meister sammelt?

Thomas Klosterkamp

Ein Freund für alle Fälle

Evangelium: Mt 14,22–33

Jetzt ist Hochsommer, die Sommerferien gehen vorüber und wir erinnern uns vielleicht an den ein oder anderen schönen oder besonderen Tag. Ich kann mich noch gut an meine Schulzeit erinnern. Da machten wir Wanderausflüge mit Rucksack, Wanderschuhen, kurzen Hosen, Sonnenkappe, manche Mädels mit Sonnenhut und natürlich auch mit einer Regenjacke. Wir kannten diese Momente, wo die Sonne vom Himmel herunterbrannte und im nächsten Moment zog nicht nur ein Sturm auf, auch Regen ergoss sich aus den Wolken, die plötzlich über uns waren.

Seestürme, von denen die Bibel immer wieder berichtet, erleben wir hier nicht. Diese Stürme kommen durch Fallwinde zwischen den Bergen zustande und sind lebensgefährlich. Je nach Jahreszeit wehen dort am See verschiedene Winde. Am Nachmittag und am Abend bläst in der Sommerzeit meistens der Westwind. Er kühlt die Hitze ab. Im Winter und im Frühjahr kann der Ostwind sehr gefährlich werden, denn er kann sich plötzlich zu einem heftigen Sturm entwickeln. Die zwölf engsten Freunde von Jesus erlebten auf dem See Genezaret im Norden Israels ein solches Unwetter. Heute sind wir eingeladen, auch in dieses Boot, von dem das Evangelium berichtet, zu steigen.

KOMM INS BOOT

Mit dem Boot von einem Ufer des Sees zum anderen zu fahren, war für die Jünger ganz normaler Alltag und kein Urlaubsausflug. Einige von ihnen waren Fischer, sie kannten den See. Er ist ca. 21 mal 12 Kilometer groß und der am tiefsten gelegene Süßwassersee der Welt. Jesus hielt sich oft an Orten in der Nähe dieses Sees auf. Die Fischer benutzten damals verschiedene Arten von Netzen für ihre Arbeit, am häufigsten runde Wurfnetze, die am Rand mit Gewichten beschwert waren. Hauptsächlich wurde hier der Petersfisch (Tilapia) gefangen. Wasser- und Sturmwände können von einem Augenblick auf den anderen aufkommen. Was können wir in diesen Momenten tun?

Uns wie gelähmt auf den Boden legen? Manchmal meinen wir, wenn wir uns nicht bewegen, wird mit der Zeit alles wieder gut. Mehr als nass werden können wir ja nicht. Nur dumm, wenn das Wasser uns wegspülen könnte. Wegrennen könnten wir. Die Jünger saßen in einem Boot, sie konnten nicht weg, aber schnell ans Ruder greifen und wegrudern. Doch wohin? Wo gibt es einen Ausweg? Von den Jüngern wissen wir nicht, ob sie wie gelähmt auf dem Boden des Bootes lagen oder panisch ruderten. Doch müssen sie ein unschönes Gefühl im Bauch gehabt haben. Was meint ihr? Mitten auf einem See, der Sturm rollt an und große Wellen schwemmen Wasser ins Boot. Kein schöner Gedanke, kein schönes Gefühl. Jesus war nicht bei ihnen. Er war zurückgeblieben, um mit Gott alleine zu sein. Und nun waren sie auch allein. Aber sie waren in Gefahr, in großer Gefahr. Warum ist Jesus jetzt in aller Ruhe weit entfernt von ihnen? Doch, liebe Kinder, ihr wisst es bestimmt auch. Jesus lässt seine Leute nicht allein. Er kommt ihnen sogar auf dem Wasser entgegen.

HAB KEINE ANGST! ICH BIN DA

Er hört das Schreien in der Not, er spürt die Angst seiner Freunde. Er spricht ihnen zu: „Hab keine Angst! Ich bin da." Obwohl der Sturm anhält, lässt er sie nicht allein. Jesus kommt auf sie zu und das ist eine wunderbare Botschaft. Wir lesen, dass Jesus über das Wasser geht. Es bedeutet für mich, dass ich nie weiß, wie mir Jesus entgegenkommt. In jedem Fall jedoch auf besondere Weise. Jesus sucht Wege zu uns, die wir selber nicht erahnen, die wir nicht finden können. Doch Jesus kommt auf mich zu. Wo ich auch bin, egal wie groß meine Angst ist, egal ob ich mich selber in eine gefährliche Situation gebracht habe oder durch ein Unglück in einer schlimmen Lage bin; die Jünger haben es erlebt. Jesus findet einen Weg zu dir. Manchmal auf wundersame Weise. Immer um dir Angst zu nehmen, dich zu trösten, dir seine Wärme und Geborgenheit zu schenken. Elf Jünger bleiben im Boot und warten ab. Sie verlassen sich darauf, dass Jesus den Sturm zum Stillstand bringt. Petrus macht etwas anderes. Er läuft nicht blind los, sondern wartet auf Jesu Ruf: „Komm!" Und Jesus ruft Petrus. Er fordert ihn auf, den ersten Schritt aus dem Boot zu machen. Nennen wir es Abenteuerlust? Mut? Gottvertrauen? Ungeduld? Vielleicht von allem etwas. Liebe Kinder, liebe Gemeinde, wer von uns ist mutig und wer eher ängstlich, neugierig und abenteuerlustig? Jesus und der Sturm auf dem See ist ein Mut-mach-Bericht. Jesus ist unerwartet für uns da, er findet immer den Weg zu uns und er hilft uns aufzustehen, wenn wir alleine nicht weiterkommen. Jesus ist dein Freund in guten und in schlechten Zeiten. Jesus ist dein Freund, ein Freund für alle Fälle.

Brigitte Goßmann

Mariä Aufnahme in den Himmel

LIEDVORSCHLÄGE

Gesänge zur Eucharistiefeier
Eröffnungsgesang: Gegrüßet seist du, Königin (GL 536,1+3+5); *Kyrie-Litanei:* Herr Jesus, Sohn des lebendigen Gottes (GL 163,8); *Antwortgesang:* Maria aufgenommen ist, Halleluja (GL 522,1+2); *Ruf vor dem Evangelium:* Halleluja (GL 175,4) mit dem Vers; *zur Gabenbereitung:* Was Gott tut, das ist wohlgetan (GL 416,1+3); *Danklied:* Den Herren will ich loben (GL 395,1+3); *Mariengruß:* Alle Tage sing und sage (GL 526,1+4).

Gesänge zur Wort-Gottes-Feier
Eröffnungsgesang: Maria, dich lieben ist allzeit mein Sinn (GL 521,3+6).

ERÖFFNUNG

Liturgischer Gruß
Die Gnade unseres Herrn Jesus Christus, der uns seine Mutter als mächtige Fürsprecherin schenkt, sei mit euch / ist mit uns allen.

Einführung
Gibt es in Ihrem persönlichen Umfeld einen Menschen, auf den Sie stolz sind? Jemanden, der Sie immer wieder erfreut, und zwar dadurch, dass er da ist? – Es wäre für jede Familie, Dorfgemeinschaft, Stadt, für jedes Land gut, solche Menschen zu haben. Auch die Kirche sagt mit dem heutigen Fest: Wir haben so jemanden! Maria. Sie ist uns allen als Zeichen der Hoffnung und des Trostes geschenkt. Kein Mensch vor ihr und keiner nach ihr hat so in Gott, mit Gott und für Gott gelebt wie sie. Doch was sie auf Erden verborgen lebte, blieb nicht exklusiv, abgesondert oder fern. Gott schenkt uns Maria, damit wir auf eine mütterliche Weise hineingenommen werden in den Reichtum und das Geheimnis wahren menschlichen und göttlichen Lebens.

Tagesgebet
Allmächtiger, ewiger Gott,
du hast die selige Jungfrau Maria,
die uns Christus geboren hat,
vor aller Sünde bewahrt und sie mit Leib und Seele
zur Herrlichkeit des Himmels erhoben.
Gib, dass wir auf dieses Zeichen der Hoffnung und des Trostes schauen
und auf dem Weg bleiben, der hinführt zu deiner Herrlichkeit.
Darum bitten wir durch Jesus Christus.

1. Lesung: Offb 11,19a;12,1–6a.10ab
Das große Drama der Weltgeschichte: der Kampf derer, die zu Gott gehören und die ihn ablehnen. Er endet mit dem rettenden Sieg Gottes.

2. Lesung: 1 Kor 15,20–27a
In Christus werden alle lebendig gemacht. Erster ist Christus selber, dann alle, die zu ihm gehören. Wer wollte da die Mutter vom Sohn trennen?

Evangelium: Lk 1,39–56
Maria ist mit ihrer unvorstellbar großen Berufung allein. Elisabet bestätigt Gottes Wirken in und an Maria. So kann das Ja des Herzens sich im Jubel kundtun: Magnifikat.

FÜRBITTEN   8 ⬠

Am Fest der Aufnahme Mariä in den Himmel lasst uns beten zu ihrem Sohn, unserem Herrn Jesus Christus: Christus, höre uns. Christus, erhöre uns.

- Für die ganze Kirche: Lass sie im Aufblick zu deiner Mutter Maria Hoffnung, Trost und Freude erfahren. Christus, höre uns. ...
- Für alle Gläubigen, die Schweres tragen: Gib, dass sie sich dem Beistand der himmlischen Mutter öffnen können. ...
- Für unsere Schöpfung: Segne die Wälder, Felder, die Früchte und Ernten der Erde und unseren Umgang damit. ...
- Für die Menschen, die in reiner Diesseitigkeit eingeschlossen sind: Berühre ihr Leben durch Marias vollkommenes Menschsein. ...
- Für unsere Verstorbenen: Nimm sie auf in dein Reich und lass sie teilhaben an der Freude des Himmels. ...

Herr Jesus Christus, du schenkst zu deiner Zeit Gedeihen, Wachstum und Vollendung. Wir danken dir für deine Güte und Treue, heute und in Ewigkeit.

ELEMENTE FÜR DIE EUCHARISTIEFEIER   8

Zum Vaterunser
Maria hat in ihrem Leben „Ja" zum Plan Gottes gesagt. Sie ist das Urbild des Glaubens. Immer wenn wir das Vaterunser beten, bitten wir darum, dass sein Wille geschehe. Wir können dies tun, weil wir glauben, dass er uns gut will und wie ein Vater liebt. So beten wir:

Kommunionvers
Von nun an preisen mich selig alle Geschlechter. Denn der Mächtige hat Großes an mir getan (Lk 1,48f).

Schlusssegen nach der Kräutersegnung

Maria hat die Größe Gottes in ihrem Leben besungen.
Ihrem Beispiel folgend, wollen auch wir Tag um Tag unseren Schöpfer lobpreisen.
A: Amen.

Gott hat Maria in den Himmel aufgenommen und über alle Geschöpfe erhoben. Er erhalte seine Schöpfung und schenke uns Menschen durch diese Heilkräuter und Blumen Gesundheit und Freude.
A: Amen.

Die Schönheit der Natur erinnert uns an Gottes Herrlichkeit. Er zeige uns dereinst sein vollkommenes Licht.
A: Amen.

Das gewähre euch der dreieinige Gott, † der Vater und der Sohn und der Heilige Geist.
A: Amen.

ELEMENTE FÜR DIE WORT-GOTTES-FEIER

Zum Friedenszeichen

Wie eine gute Mutter ist Maria um den Frieden unter ihren Kindern bemüht. So führt sie uns unermüdlich zu ihrem Sohn Jesus. Er, der Friedefürst, lehrt und schenkt uns den wahren Frieden.

Zur Kräutersegnung

Sie ist mit dem Schlusssegen der heiligen Messe oder zum Abschluss der Wort-Gottes-Feier vorgesehen (vgl. Benedictionale S. 63ff).

Marienlob

Wo eine Kräuterweihe nicht stattfinden kann, ist vielleicht ein kleines Marienlob möglich. Es bezieht sich auf den Vers aus dem Lobgesang Marias:
Siehe, von nun an preisen mich selig alle Geschlechter.
Dieser Vers wird als Kehrvers gesprochen.
Dann folgt ein Gegrüßet seist du Maria in Deutsch.
Kv: Siehe, von nun an preisen mich selig alle Geschlechter.
Ein weiteres Gegrüßet seist du Maria in einer anderen Sprache.
Kv: Siehe, von nun an preisen mich selig alle Geschlechter.
Ein weiteres Gegrüßet seist du Maria in ...
solange bis alle anwesenden Sprachen sich einbringen konnten.
Zum Abschluss singen alle (s. o.).

Burkhard Rottmann

Der eigenen Hoffnung entgegen

Angesicht von Krieg und Terror, tödlichen Unfällen, unheilbaren Krankheiten und Naturkatastrophen ist das heutige Fest der Himmelfahrt Mariens durchaus eine Herausforderung. Der so positive Blick auf das Lebensende der Gottesmutter scheint auf den ersten Blick nur schwer mit den oft tragischen Todesfällen vereinbaren zu sein, mit denen wir konfrontiert werden.

Maria ist der erste Mensch, der vollkommen bei Gott angekommen ist. Mit Leib und Seele ist sie heimgekehrt zu ihrem Sohn, den sie schmerzerfüllt am Karfreitag in Händen hielt. Wie sehr sehnen wir Menschen uns nach dieser Vollkommenheit schon in diesem irdischen Leben. Gesund zu sein, heil zu sein an Leib und Seele. Wie sehr spüren wir immer wieder, im Leben anderer Menschen oder in unserem eigenen Leben, dass diese Vollkommenheit immer an ihre Grenzen kommt.

Der Blick auf das Leben Mariens gibt mir Hoffnung und lädt uns alle ein, Hoffnung zu schöpfen. Auch wir dürfen ihre Vollkommenheit erfahren, wenn wir im Tod selbst einmal in die Gegenwart Gottes eintauchen werden. „Wenn auch unser äußerer Mensch aufgerieben wird, der innere wird Tag für Tag erneuert" (2 Kor 4,16).

Die Verklärung Mariens in der durchstrahlten Herrlichkeit Gottes macht uns heute Mut, dass die Brüchigkeit unseres Lebens, unseres Leibes und unserer Seele Heilung erfahren wird. Gott schafft es, dass wir am Beginn des ewigen Lebens wirklich und wahrhaftig aufleben dürfen, ganz durchdrungen von Gottes Liebe und Lebendigkeit.

An diesem Festtag preisen wir „die überschwängliche Größe der ewigen, alles überbietenden Herrlichkeit, die uns zuteilwerden soll, und in ihrem Preis die Größe jedes Menschen, wie sie das Erbarmen der Gnade Gottes erdacht hat"[1]. Im Blick auf Maria dürfen wir froh und dankbar unserer eigenen Hoffnung entgegenschauen. Was für schöne hoffnungsvolle Aussichten werden uns heute geschenkt, dass wir einmal vollkommen in Gottes Gegenwart sein dürfen.

Dominik Schmitt

---

[1] Karl Rahner, Maria. Mutter des Herrn, © 2004 Verlag Herder GmbH, Freiburg i.Br.

Wie Jesus den Himmel überbietet

Wer in Jerusalem von der Altstadt Richtung Ölberg geht, dem bietet sich ein beeindruckender Anblick: Die Westseite des Ölbergs ist beherrscht von einem riesigen jüdischen Friedhof. Zehntausende Steinplatten reihen sich dicht aneinander, den ganzen Hang hinauf. Fromme Juden zahlen viel Geld dafür, dort liegen zu dürfen.

Dieses Phänomen hängt mit dem Messiasglauben vieler Juden zusammen: Demnach wird der Messias vom Tempelberg aus das Jüngste Gericht einläuten. Dann werden die Toten auferweckt, ihre wieder lebendigen Körper steigen aus ihren Gräbern. Wer nahe am Tempelberg liegt, der hat es zum Messias dann nicht weit. Das zeigt: Das heutige rabbinische Judentum versteht Auferstehung nicht abstrakt, sondern konkret und leiblich. Ein Glaube, den im Prinzip auch das Christentum teilt.

LEIB UND SEELE, GETRENNT?

Freilich: Immer weniger Christen glauben an die leibliche Auferstehung. Das muss uns nicht wundern. Denn dieser Glaube ist ein komplexer, voraussetzungsreicher Glaube, der dem intuitiven Denken der Menschen widerspricht. Wir sind laut den Anthropologen van Schaik und Michel „natürliche Dualisten": Körper und Geist werden intuitiv für etwas Getrenntes gehalten. Der Geist überlebt den Körper; davon gehen im Grunde die meisten Religionen aus, ob als Geister der Ahnen bei vielen Naturvölkern oder als Schatten im Styx der Griechen.

GOTT EROBERT DIE UNTERWELT

Wie ist das in der Bibel? Die meisten Texte des Alten Testamentes gehen auf das Danach nach dem Sterben nicht ein. Abraham stirbt und wird begraben, Mose stirbt und wird begraben. Fertig. Was passierte danach mit ihnen? Darüber schweigen sich die fünf Bücher Mose aus. Machen wir uns bewusst, dass die hebräische Bibel eine vielschichtige Textsammlung ist. Der Monotheismus Israels ist erst nach und nach entstanden; das Material, aus dem die hebräische Bibel besteht, enthält nicht durchgehend das rein monotheistische JHWH-Bild des Judentums um die Zeitenwende. So weisen einige Psalmen darauf hin, dass die Zuständigkeit JHWHs einmal mit dem Tod endete: „Denn im Tod gibt es kein Gedenken an dich. Wer wird dich in der Totenwelt preisen?" (Psalm 6,6). Die Religionsgeschichte rätselt bis heute, wann JHWH die Unterwelt eroberte. Sicher ist: Danach stellten die Gläubigen an JHWH die Frage nach der Gerechtigkeit im Totenreich. Eine Antwort hierauf war das Bild des Jüngsten Gerichts, mit dem diese Gerechtigkeit verwirklicht wird. Wir findet es erstmals im Buch Daniel (12,1f.), dessen abschließende Form im zweiten vorchristlichen Jahrhundert entstanden ist. Die dort präsentierte Vorstellung der Auferstehung kann schon als eine leibliche Auferstehung gedeutet werden, muss aber nicht. Diese Idee wird in den nächsten Jahrhunderten theologisch von einigen jüdischen Gruppen soweit ausgebaut, dass die Sadduzäer Jesus damit ins Strauchlen bringen wollen: Wenn eine Frau mehrere Männer hintereinander geheiratet hat, wessen Frau wird sie dann nach der Auferstehung sein (Mk 12,18-27)? Der Apostel Paulus, ein pharisäisch ausgebildeter Jude, schreibt schließlich in der heutigen Lesung: „Wenn sich aber dieses Verwesliche mit Unverweslichkeit bekleidet und dieses Sterbliche mit Unsterblichkeit, dann erfüllt sich das Wort der Schrift: Verschlungen ist der Tod vom Sieg" (1 Kor 15,54).

DAS ENDE EINES DEFIZITS

Überblicken wir, wie sich die Vorstellung von der leiblichen Auferstehung durch die Jahrhunderte entwickelt hat, so stellt sich die Frage: Worin liegt deren Mehrwert, da sie den intuitiven Vorstellungen der Menschen widerspricht?
Zum Ersten liegt er in der Ausdehnung der Gerechtigkeit von den Lebenden auf die Toten. Gott ist ein Gott der Gerechtigkeit, aber im Leben kommt es häufig genug vor, dass nicht jene belohnt werden, die sich moralisch einwandfrei verhalten. Ein Gericht nach dem Tod kann eine späte Gerechtigkeit schaffen. Zum Zweiten denkt sich der Mensch als soziales Wesen. Ein individuelles Fortleben nach dem Tod, das Identität bewahrt, ermöglicht es auch, Beziehungen für die Zeit nach dem Sterben zu verlängern. Somit ist die Frage der Sadduzäer an Jesus naheliegend und entspricht dem intuitiven Wunsch vieler Menschen, die nach dem Tod „ihre Lieben wiedersehen" wollen. Drittens: Die Vorstellung einer leiblichen Auferstehung bereinigt die existenzielle Verlusterfahrung des Todes. Denn die Seele bleibt zwar nach dem Sterben existent, hier sind sich die meisten Religionen einig; aber sie ist ohne den Körper unvollständig. Der Mensch erfährt sich im Leben als Seele und Leib. Entsprechend stellten sich etwa die alten Griechen die Geister der Toten ursprünglich als freudlose Schatten vor, die über den Verlust ihres Körpers nicht hinwegkommen. Dieses Defizit wird mit der leiblichen Auferstehung bereinigt.
Kehren wir noch einmal nach Jerusalem zurück: Wandern wir von der Altstadt zum Ölberg, dann gehen wir auch am Grab einer prominenten Jüdin vorbei, das für das Jüngste Gericht günstig ganz in der Nähe des Tempelberges liegt. Sie wäre ganz vorne mit dabei, wenn der Messias kommt. Dabei hat sie es nach dem Glauben vieler Christen gar nicht mehr nötig: Denn das Grab Marias von Nazaret ist leer. Maria ist, hierin unterscheidet sie sich von den übrigen Heiligen, nicht nur als Geistwesen im Himmel. Sondern sie ist von ihrem Sohn schon mit „Unverweslichkeit bekleidet", wie Paulus schreibt. Die Himmelfahrt Mariens erinnert uns daher daran, dass Jesus uns nicht nur eine Fortexistenz als Geistwesen bietet, sondern uns als ganzen Menschen erwecken will.

Maximilian Röll

In Gottes Liebe gefangen

Es ist leicht, sich das Tohuwabohu vorzustellen, das ein Orchester veranstalten würde, in dem jede Musikerin und jeder Musiker den eigenen Tempoempfindungen folgen würde, ohne sich einem gemeinsamen Takt zu unterwerfen. Es braucht die einfache Geste einer lenkenden Hand des Dirigenten, um den Tumult in geordnete Bahnen zu führen. Dadurch wird auch das Aufeinander-Hören möglich, das sich fortan in jedem einzelnen Ton niederschlägt. Dieser Einklang dringt tief in die Hörenden ein. Die Noten, die vorher schon da waren, sind es auch jetzt noch. Aber durch die gestaltete Ordnung und durch die Bereitschaft des Hörens wird das, was sonst nur Lärm wäre, zu einer harmonischen Melodie.

SELIG, DIE HÖREN

Dies Bild kann uns helfen, uns eine Vorstellung über das Wirken Gottes in der Welt zu machen und auch das Festgeheimnis des heutigen Tages näher in den Blick zu nehmen.

Denn der Grund, dass eine Frau in der Menge den Lobpreis auf Maria ausruft, liegt nicht allein in der leiblichen Mutterschaft Mariens, sondern in der Tatsache, dass sich Maria in das Wirken des Geistes Gottes gestellt hat. Maria hat sich von der lenkenden Hand Gottes führen lassen. Sie war bereit, auf sein Wort zu hören (vgl. Lk 11,28), so dass ihr Leben einen eindeutigen Klang bekam. „Alles ist durch das Wort geworden und ohne das Wort wurde nichts, was geworden ist" (Joh 1,3a), so sagt es der Evangelist Johannes. Der Ursprung aller Dinge ruht in einem Gedanken Gottes, der darauf ausgerichtet ist, sich zu verschenken. Und alles im menschlichen Leben dreht sich darum, sich vom Gedanken Gottes beschenken zu lassen. Das ist das höchste Glück des Menschen: von Gott geliebt zu werden. Nicht mit einer abstrakten Liebe, sondern mit einer Liebe, die mich ganz persönlich meint. Ist es nicht manchmal solch ein Gefühl, das einer Intuition gleichkommt, sich ganz Gott nähern zu können, weil seine Nähe als eine Erfahrung des Heiligen geahnt wird? Für Maria hat sich das alles in ihrem Leben ereignet. Deshalb ist sie glücklich zu preisen.

BLEIBEN IN GOTT

Das Glück im Blick auf Maria beschreibt aber nicht nur einen Augenblick in ihrem irdischen Leben. Denn wen Gott liebt, der bleibt unsterblich im Gedanken des Ewigen. Das ist der Himmel, die ewige leibliche Nähe bei Gott. Dass sich das für Maria ereignet hat, feiern wir am Fest Maria Himmelfahrt. Alles, was sie in ihrem Leben erfahren und getan hat, ist nicht ein zufälliger Augenblick vergangener Zeiten, sondern gehört zur einmaligen Geschichte dieser Frau und bildet ihre unverwechselbare Lebensmelodie. Das heißt aber auch, dass alles im Leben eine Bedeutung für die Ewigkeit hat.

Dieser Gedanke kann sehr tröstlich sein. Denn das bedeutet, dass selbst in den Augenblicken, in denen der Mensch in der Melancholie und Verzweiflung über die scheinbare Nutzlosigkeit des Lebens gefangen ist, ein Ausweg aus der eigenen Qual gegeben ist. Maria ist insofern ein Hoffnungszeichen, das uns an diesem Tag geschenkt wird. Im Blick auf ihr Leben wird das immer wieder deutlich. Weil sie bereit war, in den Dialog mit Gott einzutreten, konnte sie aus seinem Wort leben, und zwar auch in manch schwierigen und persönlich herausfordernden Situationen ihres Lebens.

Da ist der Augenblick in Nazareth in dem sie mit dem Plan Gottes in Berührung kommt. Weil sie sich für Gott öffnet, ist sie bereit, sich auf ihn in ihrem Leben einzulassen. Auf Golgota erfährt sie schließlich, dass Gott sie auch in der Stunde größten Leids nicht verlässt. Und so kann Maria auch in der wartenden Pfingstgemeinde bleiben und auf den bleibenden Beistand Gottes, den Heiligen Geist, hoffen.

In all dem erfährt Maria, dass auch die dunkelste Nacht das Licht nicht zunichtemachen kann. Gott ist da und hört nicht auf, Leben zu spenden. Seine Nähe ist die durchtragende Melodie im Leben Mariens. Das Fest ihrer Himmelfahrt ist von dieser Wirklichkeit geprägt. Weil sie voll der Gnade ist, kann sie aus der Liebe Gottes nicht herausfallen. Im Blick auf diese erlöste Frau haben auch wir eine Hoffnung für uns, die das Wort des Dichters Paul Claudel wunderbar beschreibt: „Das Einzige, was im Gericht freispricht, ist: ein Gefangener der Liebe zu sein!"

Wolfgang Hartmann

Zwanzigster Sonntag (A)

LIEDVORSCHLÄGE

Gesänge

Eröffnungsgesang: Ein Haus voll Glorie schauet (GL 478,1+4+5); *Gloria*: Gloria, gloria in excelsis Deo (GL 173); *Antwortgesang*: Lass dein Angesicht über uns leuchten, o Herr (GL 46,1) mit den Psalmversen; *Ruf vor dem Evangelium:* Halleluja (GL 176,1) mit dem Vers; *zum Glaubensbekenntnis:* Credo in unum Deum (GL 177,1+2); *zur Gabenbereitung*: Gott wohnt in einem Lichte (GL 429,1+2+4); *Sanctus*: Sanctus (GL 106); *Danklied*: Lass uns in deinem Namen, Herr (GL 446); *Mariengruß:* Maria aufgenommen ist (GL 522).

ERÖFFNUNG

Liturgischer Gruß

Die Gnade unseres Herrn Jesus Christus, der seine Kirche liebt und führt, sei alle Zeit mit euch / ist mit uns allen.

Einführung

„Sein wandernd Volk will leiten der Herr in dieser Zeit". So haben wir es gerade gesungen. Sonntag für Sonntag versammeln wir uns zum gemeinsamen Gottesdienst, weil wir darauf vertrauen, dass Gott uns führt, dass er derjenige ist, der die Kirche leitet, gerade auch in schwierigen Zeiten.

Kyrie-Litanei

Gott, du Beschützer und Lenker deiner Kirche. Kyrie, eleison.
Jesus Christus, du Heiland aller Menschen. Christe, eleison.
Heiliger Geist, du Kraft in unseren Herzen. Kyrie, eleison.

Tagesgebet der Eucharistiefeier

Barmherziger Gott, was kein Auge geschaut und kein Ohr gehört hat,
das hast du denen bereitet, die dich lieben.
Gib uns ein Herz, das dich in allem und über alles liebt,
damit wir den Reichtum deiner Verheißungen erlangen,
der alles übersteigt, was wir ersehnen.
Darum bitten wir durch Jesus Christus.

Perikopengebet der Wort-Gottes-Feier

Aus allen Nationen, Herr, unser Gott, sammelst du dir ein Volk.
Mach uns bereit, Mauern einzureißen, die Menschen trennen,
und schenke uns deine Liebe, die alle eint.
Darum bitten wir durch Jesus Christus, deinen Sohn,
der mit dir und dem Heiligen Geist lebt und herrscht jetzt und in Ewigkeit.

1. Lesung: Jes 56,1.6–7
Der Prophet Jesaja mahnt das Gottesvolk, sich an Recht und Gerechtigkeit zu halten und den Sabbat zu heiligen. Die Treue zu Gottes Gebot ist nicht etwas Banales. Und doch ist Gott größer als alle Gesetze. Gott will allen Menschen Freude schenken. Allen Menschen streckt er seine Hand entgegen.

2. Lesung: Röm 11,13–15.29–32
Paulus weiß sich als Apostel zu den Heiden gesandt. Und doch ist ihm sein eigenes Volk, das Volk Israel, nicht einfach gleichgültig. Er spürt, dass Gott allen Menschen Heil schenken will. Sein Erbarmen hört niemals auf.

Evangelium: Mt 15,21–28
Ist der Menschensohn nur zum auserwählten Volk Israel gesandt oder möchte er allen Menschen, unabhängig von ihrer Zugehörigkeit zu einem bestimmten Volk, Heil schenken? Diese Frage wird im heutigen Evangelium virulent. Jesus macht deutlich, was die Kraft des Glaubens zu tun vermag.

FÜRBITTEN

Der Herr, Jesus Christus, hat die Tochter der kanaanäischen Frau geheilt, weil sie sich voll Glauben und Vertrauen an ihn gewandt hat. Auch wir kommen im Glauben mit unseren Bitten zu ihm:

- Stärke alle Verkünderinnen und Verkünder des Glaubens mit deinem Geist und mache sie zu Zeugen deines unendlichen Erbarmens. Christus, höre uns.
- Heile alle, die krank sind an Körper, Geist und Seele, und stehe allen bei, die sich aufopferungsvoll um kranke Menschen kümmern. ...
- Lenke die Herzen der Regierenden, dass sie Frieden schaffen und Wege der Gerechtigkeit suchen, wo Menschen unter Ungerechtigkeit leiden. ...
- Schenke den jungen Menschen in unseren Gemeinden Freude am Glauben und den Mut, sich auf dich und deine Botschaft einzulassen. ...
- Führe unsere Verstorbenen in dein himmlisches Reich, wo sie dich von Angesicht zu Angesicht schauen dürfen. ...

Herr Jesus Christus, du bist unser Bruder und unser Freund. Wir danken dir für deine Nähe und wir bitten dich, erhöre heute unser Gebet und führe uns einmal in deine Ewigkeit.

ELEMENTE FÜR DIE EUCHARISTIEFEIER

Zum Vaterunser
„Frau, dein Glaube ist groß." So hat der Herr im Evangelium das unerschütterliche Vertrauen der kanaanitischen Frau gelobt. So wollen auch wir uns voll Vertrauen an Gott wenden und als seine geliebten Kinder zu ihm beten:

Kommunionvers
So spricht der Herr:
Ich bin das lebendige Brot, das vom Himmel herabgekommen ist.
Wer von diesem Brote isst, wird leben in Ewigkeit.

Zur Besinnung
Herr Jesus Christus,
ich habe dich empfangen im Sakrament der heiligen Kommunion.
Du lebst in mir, weil du mich unendlich liebst.
Schenke mir einen tiefen und unerschütterlichen Glauben.
Lege in mein Herz eine neue Hoffnung.
Hilf mir, deine Liebe in diese Welt zu tragen.
Bleibe bei mir mit deinem Segen.

ELEMENTE FÜR DIE WORT-GOTTES-FEIER

Zur Verehrung des Wortes Gottes
Nach der Verkündigung des Wortes Gottes kann das Evangeliar oder das Lektionar herumgereicht werden und alle können nacheinander das Wort Gottes verehren, indem sie das Buch küssen, es eine Weile in den Händen halten oder eine Verneigung machen. Dazu kann der Kanon „Gottes Wort ist wie Licht in der Nacht" (GL 450) gesungen werden.

André Kulla

Ein Krümel Segen – das genügt!

Betrachten wir zunächst den Schauplatz unserer Geschichte: Jesus hat Galiläa, ein überwiegend nichtjüdisches Gebiet, verlassen und ist nach Tyrus und Sidon gereist. Tyrus und Sidon sind noch heidnischer als Galiläa. Vermutlich hat Jesus sich in diese Gegend zurückgezogen, um den Nachstellungen seiner Feinde auszuweichen. Dass irgendwelche Pharisäer aus Jerusalem in diese Gegend kommen werden, um Jesus anzuklagen, ist eher unwahrscheinlich.

Eine kanaanäische Frau, deren Tochter von einem Dämon besessen ist, nähert sich Jesus. Für den gläubigen Juden sind die Kanaaniter Heiden. Im Deuteronomium befahl Gott den Israeliten, die Kanaaniter zu vernichten, damit sich ihr sündiger Götzendienst nicht auf Israel ausbreitete. Folglich betrachteten die Juden die Kanaaniter als Feinde. Wenn wir damals dabei gewesen wären, hätten wir uns nicht gewundert, dass Jesus und seine Jünger so ablehnend reagieren. Aber wir haben verschiedentlich gesehen, dass Jesus nicht als der typische Lehrer Israels auftritt. Er hat sich niemandem verweigert, der in seiner Not um Hilfe flehte. Die Jünger bemerken, wie Jesus schweigt und sind irritiert. Wir können uns vorstellen, dass jemand, der ständig um Hilfe ruft, Unbehagen auslöst und eine Szene provoziert.

Die Worte, die aus Jesu Mund kommen, erklären seine Mission. Er gibt mit drastischen Worten zu verstehen, dass die Zeit für die Heiden noch nicht gekommen ist. Sein Hauptaugenmerk gilt dem auserwählten Volk, den Juden. Dann erst wird er sich den Heiden zuwenden. Es steht zu erwarten, dass die Frau nun aufgibt. Doch ihr zweiter Versuch, Jesu Hilfe zu erlangen, ist noch beeindruckender als der erste. Beim ersten Versuch war sie bereit, sich demütigen zu lassen, indem sie als Kanaaniterin den Juden Jesus um Hilfe rief. Sie nannte ihn sogar Sohn Davids. Beim zweiten Versuch ist ihre Antwort unbezahlbar. Sie argumentiert nicht mit den Wahrheiten Jesu. Sie sagt nicht: "Wir sind doch alle Kinder Gottes." Sie sagt auch nicht: "Wie kannst du es wagen, mich einen Hund zu nennen!" Sie lässt sich nicht beleidigen. Stattdessen greift sie das Bild vom Hund auf. Sie sagt: „Ja, Herr! Aber selbst die kleinen Hunde essen von den Brotkrumen, die vom Tisch ihrer Herren fallen" (Mt 15,27). Jesus spricht es laut aus, wie groß der Glaube der Frau ist, so dass es alle hören können. Dann heilt er ihre Tochter. Sie bekommt die Krümel des Segens, um die sie bittet. Damit erweist sich Jesus einmal mehr als der barmherzige Messias, den Matthäus in seinem Evangelium durchgehend verkündet.

Athanasius Wedon

Gott wird sich unser erbarmen

Die Menschwerdung Gottes in Jesus Christus geschah im Kontext von Zeit und Ort, von Kultur und Religion. Die Wissenschaft datiert heute die Geburt und den Kreuzestod recht genau. Wir wissen ebenso genau, dass Jesus die vorderasiatische Kulturlandschaft an der Ostküste des Mittelmeers nie verlassen hat. Das Gebiet des heutigen Israel gilt zuerst als Wiege der Juden. In dieser Tradition wuchs Jesus auf. Seine menschliche Familie, seine Bekannten und Freunde, alle seine Jünger und Anhänger gehörten zum auserwählten Volk, mit dem Gott einen ersten Bund geschlossen hatte (Gen 9,8–17; 15,7–21; Ex 19,5–8; Jes 55,3–5).

JUDEN WERDEN CHRISTEN

In der traditionellen Sicht bezeichnet der biblische Begriff „Israel" im Alten Testament die zwölf Stämme Israels, die auf die zwölf Söhne des Stammvaters Jakob, den Gott „Israel" (Gen 33,29) nannte, zurückgehen. Im 8. Jh. v. Chr. kam es zu großen politischen Umwälzungen. Nur ein Stamm überlebte. Aus ihm ging das Königreich Juda hervor, das 520 v. Chr. an die Perser fiel. Um 100 v. Chr. wurde das Gebiet zur römischen Provinz Judäa. Von „Judäa" leitet sich die Bezeichnung „Juden" ab, die zur Zeit Jesu nur von Nicht-Juden verwendet wurde.

Im Neuen Testament ist von „Israel" dann nur noch als Volk Gottes die Rede. Jeder Jude hoffte damals, dass Gottes Heilshandeln durch einen Messias am Ende der Zeiten dieses Volk vollständig wiederherstellen würde. Der Glaube an einen Messias wurde somit zur Erfüllung aller Hoffnungen. Die ersten Christen waren also allesamt Juden, die in Jesus Christus ihre messianischen Erwartungen und einen neuen Bund mit Gott erfüllt sahen. Man nannte diese ursprüngliche Gruppe von Christen später „Judenchristen". Aus ihnen gingen mit den Aposteln die ersten christlichen Missionare hervor.

HEIDEN WERDEN CHRISTEN

Unmittelbar nach der Auferstehung Jesu kommen Menschen zum christlichen Glauben, die nie Juden waren. Sie stammten aus anderen Völkern. Man nannte sie auf Lateinisch „gentes", was nichts anders als „Völker" heißt. Im deutschen Sprachgebrauch setzte sich das Wort „Heide" durch, vom altdeutschen „heimr", was so viel wie „Welt" oder „Heimat" bedeutete. Der Wortgebrauch kam erst im Zuge der Germanenmission im 5. Jh. auf und beschrieb einfach Nichtchristen als solche, die immer noch zur „heimischen" Kultgemeinde gehören. Seit dem Mittelalter war der Begriff „Heide" dann negativ besetzt. Er beschrieb die Gottesleugner. Trotzdem sprechen wir heute von den ersten Christen, die ursprünglich keine Juden mehr waren, als „Heidenchristen".

Die zweite Lesung des heutigen Sonntags richtet sich an eben diese Heiden-christen. Der Apostel Paulus unterweist darin eine Gruppe von Heidenchris-ten, die in der frühen Gemeinde von Rom wahrscheinlich die Mehrheit bilde-ten.

WIE KIRCHE GEWORDEN IST

Paulus, selbst Judenchrist, lässt keinen Zweifel daran, dass Israel „unwider-ruflich" das auserwählte Volk ist. Das Christentum, das im Judentum wurzelt, ist für ihn die Konsequenz der Erwählung. Israel wurde somit aufgrund der „Berufung Gottes" ein Segen für alle Völker, also auch für die Heidenchristen. Damit bindet Paulus die Heidenchristen in die ursprüngliche Heilsgeschichte des auserwählten Volkes ein, das nun nicht mehr allein Israel ist, sondern aus dem judenchristlichen Israel heraus mit den Heidenchristen zur Kirche wird. Paulus versichert den Heidenchristen also, dass das Jude-sein keine Voraus-setzung für den Glauben ist. Er weiß sich damit theologisch auf sicherem Boden. Das soeben gehörte Evangelium (Mt 1,21–28) vom „großen Glauben" einer heidnischen Frau unterstreicht ja geradezu Jesu Heilswirken über die Grenzen Israels hinaus. Der „Ungehorsam" der Juden, die sich der christlichen Botschaft verschließen, und der Ungehorsam der Heiden, die Gott erst spät er-kannten, unterliegt laut Paulus dem „Erbarmen" Gottes.
Paulus war also in der Lage, durch sein klares heilsgeschichtliches Denken und Fühlen die Gruppen von Juden- und Heidenchristen zusammenzuführen. Er war überzeugt, dass das Erbarmen Gottes jeden Konflikt überwinden würde. So konnte aus einer jüdischen Splittergruppe Kirche werden.

KIRCHE IST IMMER NOCH IM WERDEN

Und was hat das alles mit uns zu tun? Die Antwort ist einfach: Wir erleben heute, dass Kirche immer noch im Werden ist. Aus diesem Gefühl heraus drängt es aktuell viele zur Veränderung. Man spürt irgendwie Aufbruchs-stimmung. Aber wohin soll die Reise gehen? Es herrscht eine eigenartige At-mosphäre, die sich nicht mehr einfach in Worte fassen lässt. Nun, es gilt zwei-fellos, sich gegen so manchen Schatten der Vergangenheit zur Wehr zu setzen. Aber sonst? Neues war immer schon angesagt. Experimente und Versuche wer-den seit Jahrzehnten auf verschiedenen Ebenen kirchlichen Lebens gemacht. Wie viele Strohfeuer haben wir gesehen? Wie viele notwendige Diskussionen, die im Kern wenig zu sagen hatten, liegen hinter uns. So sprachlos wir schei-nen, es gibt immer noch viel zu sagen. Und doch: Bewährtes bleibt! Gutes setzt sich durch! Vieles bleibt noch ungewiss!
Nur geistlich kann man die Sache der Kirche immer noch ganz gut auf den Punkt bringen: Gott war und ist kontinuierlich dabei, sich aus allen Völkern ein Volk zu erwählen. Kirche kommt immer dort zum Sein, wo das Volk Gottes ganz und gar aus tiefer Verbundenheit mit seinem Gott lebt. Jedes Reform-vorhaben der Kirche muss sich das erst immer wieder in Erinnerung rufen. Der Rest ist dem Erbarmen Gottes anheimgestellt.

Thomas Klosterkamp

Jesus und seine Lehrerin

Vielleicht haben manche von Ihnen gezuckt, als sie das Evangelium heute gehört haben. Jesus, der Heiland und Gottessohn: Er tritt ganz schön unfreundlich und fast schon beleidigend auf: „Es ist nicht recht, das Brot den Kindern wegzunehmen und es den Hunden vorzuwerfen." So sagt er zu der Frau, die mit ihren Sorgen um ihre kranke Tochter zu ihm kommt. Nicht sehr empathisch und liebevoll. Jesus nennt sie praktisch eine Hündin, weil sie nicht zu seinem jüdischen Volk gehört. Und wir können uns dabei durchaus ein bisschen mitgemeint fühlen: Wir sind schließlich auch keine Jüdinnen und Juden. Wenn Jesus bei seiner Überzeugung geblieben wäre, „ich bin nur zu den verlorenen Schafen des Hauses Israel gesandt": Wer weiß, ob es uns als Christinnen und Christen überhaupt gäbe. Wir können dieser namenlosen Frau damals also dankbar sein. Sie hat sich von diesem unfreundlichen Jesus nicht einfach abgewandt, sondern sich hartnäckig mit ihm auseinandergesetzt. Und ist dadurch zu einer Art Lehrerin für ihn geworden.

NEU: DIE ZUWENDUNG ZU DEN HEIDINNEN UND HEIDEN

Jesus musste dazulernen. Und das auch noch von einer Frau. So erzählt es das Evangelium. Das ist bis heute eine ungewohnte und ungewöhnliche Geschichte. Und eine, die schon für die ersten Hörerinnen und Hörer herausfordernd war. „Wir sind nur zum Hause Israel gesandt", so dachten viele auch in den frühen christlichen Gemeinden. Sie wollten sich mit ihrer neuen Botschaft von Jesus Christus nur an Jüdinnen und Juden wenden, nicht auch noch an Angehörige fremder Völker in Galiläa oder Syrophönizien, den nicht-jüdischen Küstengebieten von Tyrus und Sidon. Aber dann gab es eben auch die anderen, wie zum Beispiel Paulus, der durch die halbe damals bekannte Welt reiste, um Christus zu verkünden. Sie sprachen auch diejenigen an, die nicht ursprünglich jüdisch waren. So genannte „Heidenchristen" wurden aus ihnen, im Gegensatz zu den „Judenchristen". Ohne diese Zuwendung zu den „Heiden" hätten auch wir in Europa niemals Christinnen und Christen werden können.

EINE HARTNÄCKIGE FRAU BEKEHRT JESUS

Die ersten christlichen Gemeinden haben damals erst lernen müssen: Wir sind auch zu den Nichtjüdinnen und Nichtjuden gesandt! Und die Bibel erzählt: Auch Jesus selbst hat es lernen müssen. Er hat seine Meinung in dieser Sache geändert, hat sich eines Besseren belehren lassen. Und der Mensch, der ihn bekehrt hat, war: eine Frau. Eine kanaanäische Frau. Doppelt ungeeignet also eigentlich dafür, Lehrerin für einen jüdischen Prediger zu sein. Als Nichtjüdin und Fremde. Und als Frau, die nicht viel zu sagen hatte, kaum Rechte hatte, mit der ein jüdischer Mann nicht reden zu brauchte und sollte. Aber gerade die Frauen scheinen in den Evangelien erwählt und berufen zu sein, wenn es darum geht, hartnäckig für das Richtige zu kämpfen.

Die kanaanäische Frau lässt sich nicht abwimmeln von Jesus und seinen Jüngern. Immer wieder bittet sie um Hilfe, greift schließlich Jesu Ablehnung auf und macht daraus klug eine Hinwendung: „Selbst die kleinen Hunde essen von den Brotkrumen, die vom Tisch ihrer Herren fallen." Und Jesus lässt sich von ihr überzeugen und lobt sogar ihren Glauben: „Frau, dein Glaube ist groß! Was du willst, soll geschehen." Ihre Tochter ist geheilt. Und Jesus hat dazugelernt. Ähnlich hartnäckig geht zum Beispiel in einem Gleichnis die Witwe vor, die so oft beim Richter vorstellig wird, bis sie ihr Recht erhält (vgl. Lk 18,1–8). Jesus stellt sie dar als Vorbild für hartnäckiges Gebet und großen Glauben. An einer anderen Stelle der Bibel wendet sich Jesus einer Frau zu, die sich wider alle Regeln zu ihm vordrängelt und von ihm geheilt wird: „Meine Tochter, dein Glaube hat dich gerettet!", sagt er zu ihr (Mk 5,34). Und als er mit der Frau aus Samarien am Jakobsbrunnen gesprochen hat, heißt es über sie: „Viele Samariter aus jenem Ort kamen zum Glauben an Jesus auf das Wort der Frau hin ..." (Joh 4,39). Ungewöhnlich oft sind es die Frauen, auch die nichtjüdischen Frauen, die Jesus für ihren Glauben lobt, die mit Jesus ins Gespräch kommen über den Glauben und sogar den Glauben an ihn weitertragen.

FRAUEN ALS LEHRERINNEN EINES GEWEITETEN GLAUBENS

Frauen sorgen mit Hartnäckigkeit und Klugheit dafür, dass Glaubens-Überzeugungen sich verändern und weiten. Sie werden für Jesus und für die ersten Christinnen und Christen zu Lehrerinnen eines Glaubens, der bisherige Grenzen überschreitet. In den Evangelien nach Markus und Matthäus sogar ganz konkret: Da reist Jesus nach der Begegnung mit der kanaanäischen Frau in heidnische Gebiete weiter und vollbringt dort das Wunder einer Brotvermehrung, zum zweiten Mal. Beim ersten Mal waren zwölf Körbe mit Brot übriggeblieben, zwölf wie die Stämme Israels. Diesmal, im heidnischen Gebiet, bleiben sieben Körbe Brot übrig. Vermutlich steht die Sieben für die sieben Völker, die Gott beim Einzug Israels ins Gelobte Land vertrieben hat (Dtn 7,1). Jetzt hält Gott Mahl auch mit den Menschen aus diesen Völkern und will das Heil allen Menschen schenken.

GOTT GIBT SEIN BROT AN ALLE

Gott teilt das Brot, das Mittel zu Heil und Leben, über das Volk Israel hinaus an alle aus. Gott ist freigebiger und weiter, als wir vielleicht meinen. Das ist etwas, was Jesus und seine Jünger in dieser Begegnung mit der kanaanäischen Frau lernen. Und das können auch wir bis heute von dieser Frau im Evangelium lernen. Als Kirche und als Gemeinden stehen wir in der Gefahr, Gottes Heil, Gottes Segen und Gottes Brot zu begrenzen. Und ja: Es sind bis heute nicht zuletzt in unserer katholischen Kirche die Männer, die Grenzen aufzeigen. Wir hören zu wenig auf die Frauen, die die Grenzen in Frage stellen und überschreiten wollen. Wir sehen zu wenig den Glauben der Frauen, die Neues fordern. Ohne ihren Glauben und ihre Hartnäckigkeit aber kommen wir nicht weiter. Jesu Lehrerin ist auch unsere Lehrerin.

Beate Hirt

Gott will für alle Menschen Heilung

Vorbereitung: ein entsprechendes Lied aussuchen zum Thema, dass Gott alle Menschen liebt – entweder zum Anhören oder als Video, z. B. auf Youtube „Gott hat alle Kinder lieb" (Lyric Video) oder „Gottes Liebe ist so wunderbar"; den Text kopieren zum Mitlesen.

ZUR VERKÜNDIGUNG

Evangelium: Mt 15,21–28 *(später verkündigen)*

Manche Menschen lieben Hunde und behandeln sie wie Freunde. Sicher sind hier unter euch Kinder, die zu Hause einen Hund haben, den sie sehr gern haben. (–)

Über Hunde gibt es viele Sprüche, die wir im Alltag verwenden. So sagen wir zum Beispiel: „Der ist auf den Hund gekommen" – und meinen: Er lässt sich gehen, er sieht verlottert aus oder er hat seinen Beruf so schlecht ausgeübt, dass er ihn verloren hat.

Oder wir sagen: Dass das oder jenes passiert, „ist ein dicker Hund" – und meinen damit: Das ist unglaublich, ungeheuerlich, eine Unverschämtheit.

Oder wir sagen: Da habe ich eine gute Idee „den Hunden vorgeworfen" – und meinen: Die Idee ist eigentlich so wichtig und wertvoll, dass man sie nicht einfach Leuten verrät, die damit nichts anfangen können. Das wäre, als wenn man die Idee sozusagen den Hunden zum Fressen vorwerfen möchte.

Im heutigen Evangelium wird ein solches Wort über Hunde verwendet. Hört bitte genau zu, was dabei gemeint ist. *(Evangelium verkündigen)*

JESUS WILL ZUERST NICHT HELFEN

Da kommt eine Frau zu Jesus, eine kanaanäische Frau, also eine Frau, die nicht zum Volk Israel gehört. Sie ist verzweifelt, weil ihre Tochter krank ist. Die Bibel sagt öfter, dass ein Dämon, ein böser Geist, an einer Krankheit schuld ist. So sagt auch diese Frau: „Meine Tochter wird von einem Dämon gequält." Sie bittet Jesus darum, ihre Tochter zu heilen. Die Jünger unterstützen die Frau. Jesus möge die Tochter heilen, sonst schreie die Frau hinter Jesus und seinen Jüngern her. Und das wäre sehr unangenehm.

Da sagt Jesus etwas, was wir als sonderbar empfinden: „Ich bin nur zu den Schafen Israels gesandt." Jesus meint damit, er dürfe die Frau nicht heilen, weil sie nicht zum Volk Israel gehört.

DIE FRAU, DIE SICH MIT EINEM HUND VERGLEICHT

Doch die Frau lässt nicht locker. Sie bedrängt Jesus. Sie wirft sich vor ihm auf die Knie und bettelt: „Herr, hilf mir!" Da vergleicht Jesus die Menschen, die nicht zum Volk Israel gehören, mit Hunden: Das Brot, das für die Kinder Israels bestimmt ist, darf man nicht den Hunden vorwerfen. Die nicht zum Volk Israel gehören, sollen nichts von dem Brot des Wortes Gottes bekommen. Sie sollen nichts von dem Brot erhalten, das die Liebe und Zuwendung Gottes meint. Denn Gott wendet sich nur dem Volk der Juden zu, um Menschen zu heilen.

Da greift die Frau in ihrer Verzweiflung diesen Vergleich mit dem Brot auf: Ja, sie sagt, Jesus habe recht. Nur die Kinder Israels sollen von dem Brot bekommen. Nur die, die zum Volk Israel gehören, sollen Gottes Wort hören und seine Hilfe erfahren. Doch dann wendet die Frau ein: Beim Essen des Brotes fällt den Kindern doch ab und zu ein Krümel, ein Brotrest auf den Boden. Das dürfen dann die Hunde fressen. (–) So will sie auch von der Liebe und Zuwendung Gottes einen Krümel für ihre Tochter. Jesus soll darum ihre Tochter heilen.

JESUS LERNT DAZU

Jesus ist so überrascht, ja überwältigt von dem Glauben der Frau, dass er ihren Wunsch erfüllt. Er sagt zu ihr: „Was du willst, soll geschehen."

Das ist etwas Besonderes, ein ganz besonderes Ereignis im Leben Jesu. (–) Jesus war bisher der Meinung, dass er von Gott, seinem Vater, nur zu den Menschen aus dem Volk Israel gesandt ist. Jetzt muss er aber erkennen, dass andere Menschen, die keine Juden sind, auch an ihn glauben. Ja, er erlebt, dass ihr Glaube besonders groß ist, sogar größer als der Glaube, den er bei seinem eigenen Volk Israel erlebt hat. Dort gibt es viele, die ihn ablehnen, etwa Schriftgelehrte und Pharisäer, viele Anführer des Volkes.

Wir können also sagen: Jesus lernt dazu. Er lernt in der Schule des Lebens und seiner Verkündigung: Gott will nicht nur Heilung und Heil für das Volk Israel, sondern für alle Menschen. Alle Menschen sollen das Wort Gottes hören. Alle Menschen sollen von bösen Geistern befreit und geheilt werden. Alle Menschen sollen spüren und erfahren: Gott liebt alle Menschen, gleich zu welchem Volk sie gehören.

An dieser Stelle kann ein Video eingespielt und der Text auf Blättern ausgeteilt werden.

FÜRBITTEN

- Für alle, die sich dafür einsetzen, dass Vorurteile gegen Menschen überwunden werden.
- Für alle, die unter einer Krankheit leiden und Gott um Hilfe bitten.
- Für alle, die auf andere Menschen zugehen, um ihnen Freude und Freundschaft zu schenken.
- Für alle Menschen, dass sie Vertrauen in das Gute haben, das Gott schenkt.

Hubertus Brantzen

Einundzwanzigster Sonntag (A)

LIEDVORSCHLÄGE

Gesänge zur Eucharistiefeier
Eröffnungsgesang: Die Kirche steht gegründet (GL 482); *Gloria:* Gloria, gloria in excelsis Deo (GL 173,1+2); *Antwortgesang:* Danket dem Herrn, denn ewig währt seine Liebe (GL 444) mit den Psalmversen; *Ruf vor dem Evangelium:* Halleluja (GL 174,6) mit dem Vers; *zur Gabenbereitung:* Dir Vater Lobpreis werde (GL 183); *Sanctus:* Sanctus (GL 110); *Danklied:* Nun saget Dank und lobt den Herren (GL 385,1–2+4).

Gesänge zur Wort-Gottes-Feier
Eröffnungsgesang: Eine große Stadt ersteht (GL 479); *Antwortgesang:* Herr, gib uns Mut zum Hören (GL 448); *Predigtlied:* Herr, du bist mein Leben (GL 456,1–3).

ERÖFFNUNG

Liturgischer Gruß
Jesus Christus, der uns jetzt hier als seine Kirche versammelt, sei mit euch / ist mit uns allen.

Einführung
Jede Eucharistie / jeder Wortgottesdienst ist eine Einladung, unsere Beziehung zu Jesus Christus zu erneuern und unser Vertrauen auf ihn zu stärken. Wer ist aber Jesus Christus für mich? Kann ich mich auf ihn einlassen? Diese für uns Christinnen und Christen fundamentalen Fragen stellt das heutige Evangelium. Es sind Fragen, bei denen nur eine ganz persönliche Antwort zählt. Suchen wir sie jetzt in der Tiefe unseres eigenen Herzens in einem Augenblick der Stille.

Kyrie-Litanei
Herr Jesus, du bist der Christus, der Sohn Gottes. Kyrie, eleison.
Du hast deine Kirche auf Petrus – dem Felsen – gebaut. Christe, eleison.
Im Vertrauen auf dich bauen wir unser Leben. Kyrie, eleison.

Tagesgebet der Eucharistiefeier
Gott, unser Herr, du verbindest alle, die an dich glauben,
zum gemeinsamen Streben.
Gib, dass wir lieben, was du befiehlst,
und ersehnen, was du uns verheißen hast,
damit in der Unbeständigkeit dieses Lebens
unsere Herzen dort verankert seien, wo die wahren Freuden sind.
Darum bitten wir durch Jesus Christus.

Perikopengebet der Wort-Gottes-Feier

Lebendiger Gott,
du hast uns zusammengerufen als deine Gemeinde.
Wir begegnen deinem Sohn in seinem Wort
und feiern seine Gegenwart.
Öffne uns für die Frohe Botschaft
und schenke uns Gemeinschaft mit dir.
Darum bitten wir durch ihn,
Jesus Christus, deinen Sohn,
der mit dir und dem Heiligen Geist
lebt in Ewigkeit.

ZU DEN SCHRIFTLESUNGEN

1. Lesung: Jes 22,19–23
Gott setzt Schebna, den Palastvorsteher, ab. Eljakim wird sein Nachfolger, dem die Schlüsselgewalt und die Vollmacht übertragen werden.

2. Lesung: Röm 11,33–36
Paulus preist in seinem Hymnus die unerforschlichen Wege Gottes und seine Weisheit. Gott ist der Ursprung und das Ziel der ganzen Schöpfung.

Evangelium: Mt 16,13–20
Jesus fragt seine Jünger, für wen sie ihn halten. Er überträgt Petrus die Schlüsselgewalt und macht ihn zum Felsen-Fundament seiner Kirche.

FÜRBITTEN

Als Kirche Jesu Christi, die er auf dem Fundament der Apostel erbaut hat, kommen wir zu ihm mit Sorgen, Bitten und Anliegen und beten:

- Für Papst Franziskus, den Petrus unserer Zeit. Begleite seinen Dienst mit der Kraft des Heiligen Geistes und hilf ihm, die Kirche nach deinem Willen zu leiten. *V:* Christus, du Sohn des lebendigen Gottes. *A:* Erhöre unser Gebet.
- Für die Bischöfe, Priester, Diakone und alle, die in der Kirche ein Amt innehaben. Mache sie zu glaubwürdigen Zeugen deines Evangeliums. ...
- Für alle, die von der Kirche enttäuscht sind. Lass sie auf ihren Lebenswegen Christen begegnen, die deine Liebe vergegenwärtigen. ...
- Für alle Armen, Unterdrückten und Notleidenden. Schenke ihnen Menschen, die ein weites und offenes Herz haben, das bereit ist, zu helfen. ...
- Für die Verstorbenen, die im Glauben an dich von uns gegangen sind. Sei du die Erfüllung ihrer Sehnsucht und das endgültige Ziel ihres Lebens. ...

Du hast uns in deine Kirche berufen, in der du gegenwärtig und uns nahe bist.
Erhöre alle unsere Bitten, die wir vor dich bringen.
Dir sei Ehre in alle Ewigkeit.

Zum Vaterunser
Simon Petrus erkannte in Jesus Christus den verheißenen Messias. Er hat uns Gott als unseren Vater offenbart und so uns zu beten gelehrt:

Kommunionvers
So spricht der Herr: „Wer mein Fleisch isst und mein Blut trinkt, hat das ewige Leben, und ich werde ihn auferwecken am letzten Tag" (Joh 6,54).

Zur Besinnung
„Heute hören wir die Frage Jesu, die an jeden von uns gerichtet ist: „Und ihr, für wen haltet ihr mich?" An jeden von uns. Und jeder von uns muss eine Antwort geben, die nicht theoretisch ist, sondern den Glauben, also das Leben, mit einbezieht, denn der Glaube ist Leben! „Für mich bist du ...", und das Bekenntnis zu Jesus sprechen. Eine Antwort, die auch von uns verlangt, wie von den ersten Jüngern, innerlich auf die Stimme des Vaters zu hören und im Einklang mit dem zu sein, was die Kirche, um Petrus versammelt, weiterhin verkündet. [...] Eine Antwort, die wir jeden Tag geben müssen."
(Papst Franziskus, Angelus am 23. August 2020)

ELEMENTE FÜR DIE WORT-GOTTES-FEIER

Hinführung zum Predigtlied
„Für wen haltet ihr mich?" – fragt Jesus seine Jünger im heutigen Evangelium. „Du bist der Christus, der Sohn des lebendigen Gottes!" – bekennt der Apostel Petrus. Diesen Glauben an Jesus Christus, unseren Herrn, der unser Leben begleitet und ihm den Sinn gibt, wollen auch wir zum Ausdruck bringen. Das tun wir, indem wir nun gemeinsam singen.
Es folgt das Predigtlied (s. o.)

Zum Schuldbekenntnis
Wenn Jesu fragt: „Für wen haltet ihr mich?" Erwartet er eine Antwort, die nicht nur aus Worten besteht. Wer sich zu ihm bekennt, soll das auch durch Taten zeigen. Weil uns das nicht immer gelingt, wollen wir uns besinnen und unsere Schuld bekennen: Ich bekenne ...

Robert Solis

Schlüssel-Verantwortung

Der Schlüssel ist ein starkes Symbol. Er begegnet uns in Märchen, aber auch der Film greift dieses Motiv auf. 2020 wurde auf dem Streaming-Portal Netflix eine Fantasy-Serie ausgestrahlt, die sich Locke und Key nennt. Es geht darin um eine Familie namens Locke, was übersetzt Schloss heißt, die nach dem gewaltsamen Tod des Vaters in das alte Landhaus zieht, in dem der Vater einst aufgewachsen ist. Die drei Kinder entdecken Folge für Folge „keys", also Schlüssel, die auf verschiedene Weise Türen in ganz neue Welten öffnen. Da ist zum Beispiel der Überall-Schlüssel, der in jede Tür passt und der einen an jeden bekannten Ort bringen kann, wenn man ihn benutzt. Oder auch der Kopf-Schlüssel, der es ermöglicht, in die Gedanken und Erinnerungen eines Menschen einzusteigen. Und wie das in Märchen so ist, geht es darum, dass das Gute über das Böse siegt. Weil in der Serie in der Regel nur die Kinder noch einen Zugang zur Magie haben, liegt bei ihnen auch die Verantwortung für die Schlüssel und sie müssen auf allen Wegen verhindern, dass diese mächtigen Schlüssel in die falschen Hände geraten.

Auch in den biblischen Texten des heutigen Tages begegnet uns der Schlüssel im Zusammenhang mit Verantwortung. Im Evangelium hören wir von dem Gespräch zwischen Petrus und Jesus. Hier bekennt sich einerseits Petrus zu Jesus als Messias, als dem Christus. Andererseits übergibt Jesus Petrus mit dem Symbolwort von den Schlüsseln des Himmelreiches eine große Verantwortung für die Kirche. Petrus erhält die Macht und zugleich auch die ungeheure Verantwortung, nicht nur für den Moment, sondern für die Zukunft bindende Entscheidungen für die Kirche zu treffen.

Heute verbinden wir mit diesem Text die Begründung des Papstamtes, wenngleich das wohl weder der Evangelist Matthäus noch Jesus selbst bereits im Sinn hatten. Auch unter dem Begriff der Kirche war zu biblischer Zeit noch etwas anderes gemeint, als wenn wir heute von Kirche sprechen. Matthäus erlebt, dass sich Menschen in der Jesus-Nachfolge versammeln, so wie die Menschen, die sich schon zu Lebzeiten um Jesus geschart haben, wenn er predigte, wenn er Wunder tat, wenn er den Menschen begegnete. Die Frühform der Kirche als eine Versammlung von Menschen, die auf der Suche sind nach Halt, nach Orientierung. Dafür braucht es eine ganz besondere Verantwortung.

Und eine Verantwortung, die so schwer wiegt – da ist es gut, wenn sie nicht einer alleine tragen muss. Petrus kommt zwar eine besondere und letzte Verantwortung zu, aber auch er ist darauf angewiesen, dass jede und jeder mit den Fähigkeiten, die uns gegeben sind, an dieser Aufgabe mitwirkt. Den Menschen, die Christus nachfolgen, Halt und Orientierung aus dem Glauben zu geben, den Menschen zugewandt zu begegnen und so Zeugnis von der Güte und Nähe Gottes zu geben, das ist die Aufgabe für alle, die getauft und gefirmt sind und somit Teil der Kirche sind.

Stephanie Rieth

Der Generalschlüssel zu den Herzen der Menschen

Sowohl im Evangelium wie auch in der alttestamentlichen Lesung ist von einer Schlüsselübergabe die Rede. Die symbolische Übergabe des Schlüssels zur Kirche gehört fast überall auch zum Ritus der Einführung eines Pfarrers. Nun kann man ernsthaft fragen, ob dieser an sich schöne Ritus heute noch stimmig ist. Denn welcher Pfarrer hat denn heute nur eine Kirche zu verwalten? Und dann sind da ja auch noch die Schlüssel für Pfarrhaus, die verschiedenen Gemeindezentren und so fort. Ich habe seit Jahren das Problem, dass meine Haushälterin alle paar Monate meine Hosentasche wieder flicken muss, weil das Riesenbündel der Schlüssel Löcher reingescheuert hat. Als ich das Evangelium dieses Sonntags gelesen habe, habe ich mich im Stillen gefragt, ob Jesus dem Petrus auch einen ganzen Bund Schlüssel überreichen musste? Oder ob für es für den Himmel einen Generalschlüssel gibt: einen Schlüssel, der für alle Türen passt?

SIND DIE GÖTTLICHEN VOLLMACHTEN AUSGESTORBEN?

Die symbolische Überreichung des Schlüssels bei der Pfarrereinführung ist mit einer Bitte verbunden: „Möge Gott dir gewähren, dass du auch einen Schlüssel zu den Herzen der Menschen findest!" In Zeiten, in denen die Menschen scharenweise der Kirche den Rücken kehren, ist das in der Tat eine große Herausforderung, nicht nur für den Pfarrer, sondern für die ganze Kirche: Wie gelingt es uns, einen Zugang zu den Herzen der Menschen zu finden? Die Erwartungen der Menschen sind heute sehr unterschiedlich und oft sehr hoch, entsprechend groß auch die Enttäuschung. Um wieder im Bild zu sprechen: Bräuchte es nicht im Grunde für jedes einzelne Herz einen ganz eigenen, passgenauen Schlüssel? Und was ist, wenn ich nicht überall den richtigen Schlüssel finde? Die alttestamentliche Lesung des heutigen Sonntags kann da richtig Angst machen. Denn da wird deutlich: Schlüsselgewalt bedeutet eben auch eine enorme Verantwortung - vor den Menschen und vor Gott. Der Palastvorsteher Schebna, von dem dort die Rede ist, ist dieser Verantwortung nicht gerecht geworden. Und die Konsequenzen sind erschütternd: „Ich verjage dich aus deinem Amt, ich vertreibe dich von deinem Posten!" spricht Gott durch den Mund des Propheten Jesaja zu ihm. „Gefeuert!" Da kann einem als Pfarrer schon mulmig werden. Was ist, wenn ich eben nicht zu jedem Herzen den passenden Schlüssel finde, wenn ich nicht allen Erwartungen gerecht werde? Werde ich dann am Ende auch in Schimpf und Schande weggejagt, und einem anderen der Schlüssel anvertraut? Und ist es nicht genau das, was viele Menschen heute auf ihre Weise tun, wenn sie aus der Kirche austreten?

DAS LEID WAHRNEHMEN – DAMIT FÄNGT HEILUNG AN

Natürlich wollen wir als Kirche einen Zugang zu den Herzen möglichst aller Menschen finden. Aber der Auftrag der Kirche ist es ja nicht, sich bei den Menschen einfach beliebt zu machen. Es geht vielmehr darum, das Evangelium unverkürzt zu verkünden, die Frohe Botschaft von Jesus Christus, der, wie wir es im Evangelium gehört haben, mehr ist als nur ein tolles Vorbild, mehr noch als ein prophetischer Mensch. Unser Auftrag, unsere Berufung ist es, Menschen mit Jesus Christus, dem Messias, dem Sohn des lebendigen Gottes bekannt zu machen. Da kann, ja da muss man sich gelegentlich vielleicht auch einmal unbeliebt machen, denn das Evangelium ist nicht einfach nur bequem. Gott sagt uns ja nicht nur das, was wir Menschen gerne hören wollen, sondern das, was uns guttut; und das sind manchmal auch unbequeme Wahrheiten. Der Schlüssel als Symbol enthält übrigens beides, denn mit einem Schlüssel kann ich öffnen und schließen. Beides gehört zum Auftrag Gottes.

Das Öffnen: Wir sollen eine offene, einladende Kirche sein. Es geht darum, die Menschen einzuladen, in unserer Gemeinschaft dem lebendigen und menschenfreundlichen Gott zu begegnen. Dazu dürfen wir uns nicht gleichsam in unseren Kirchen einschließen, sondern wir müssen immer wieder hinausgehen, auf die Menschen zugehen, das ökumenische Miteinander suchen, auf neu Zugezogene zugehen, ja auch auf Menschen, die den Kontakt zu ihrer Gemeinde, zur Kirche, zum Glauben abgebrochen haben oder die vielleicht noch nie von Jesus Christus gehört haben.

Aber auch das Schließen ist manchmal wichtig: Grenzen ziehen und den Mut haben, wo es notwendig ist, jemandem auch in aller Liebe einmal sagen: „Das geht so nicht!" Dabei geht es nicht darum, Menschen zu verletzen oder auszuschließen. Meine feste Überzeugung ist, dass das Evangelium, auch dort, wo es manchmal unbequem ist, am Ende genau das ist, was uns Menschen guttut. Deshalb ist es ein Gebot der Liebe zu den Menschen, wo es notwendig ist auch für unbequeme Wahrheiten einzustehen. Mit der Schlüsselgewalt ist uns die Verantwortung zum Öffnen und Schließen anvertraut – ihr müssen wir gerecht werden, wenn wir nicht wie Schebna scheitern wollen.

LIEBE IST DIE KRAFT, DIE ALLES HEILEN KANN

Und damit bin ich noch einmal bei der Frage, wie viele Schlüssel es denn braucht, um in den Herzen der Menschen einen Zugang für diesen Gott zu öffnen. Es braucht in der Tat nur einen Schlüssel, nicht mehr. Und dieser Schlüssel ist Jesus Christus. Das ist es, was Petrus in diesem großartigen Bekenntnis zum Ausdruck bringt: „Du bist der Messias, der Sohn des lebendigen Gottes!" Er ist der Schlüssel zum Himmelreich; und er ist gleichsam der Generalschlüssel Gottes, der die Herzen der Menschen aufschließt für diese Liebe, die uns leben lässt, ja die uns sogar ewiges Leben schenken kann. Jesus Christus ist tatsächlich der Generalschlüssel Gottes. Und dieser Schlüssel ist nicht exklusiv dem Pfarrer anvertraut worden, oder dem Papst als Nachfolger des Petrus oder den Bischöfen, sondern der ganzen Kirche. Das ist unsere gemeinsame Aufgabe, unsere Berufung als Christen: die Menschen unserer Tage mit diesem Jesus Christus und damit mit der Liebe Gottes in Berührung zu bringen. Tun wir alles, um dieser großen Verantwortung gerecht zu werden.

Tobias Schäfer

Schlüsselgewalt

Für viele Zeitgenossen ist diese Art, sein Haus abzuschließen, skurril und „very british"! Welche Bedeutung Schlüsseln beigemessen wird, zeigt ein uraltes Ritual, das auf das 14. Jahrhundert zurückgehen soll. Jeden Abend wird im Londoner Tower eine Schlüsselzeremonie abgehalten, bevor die Tore zur Nacht verschlossen werden.

Die Wachsoldaten salutieren vor den Schlüsseln der Königin. Der Wachtposten fordert die Schlüsselwärter auf, sich auszuweisen: „Halt! Wer kommt dort?" – „Die Schlüssel." – „Wessen Schlüssel?" – „Die Schlüssel der Königin." „Lasst die Schlüssel der Königin passieren. Alles ist in Ordnung." – „Gott schütze die Königin." Mit der Antwort „Amen" schlägt die Glocke exakt 22 Uhr, Zeit zum Zapfenstreich.

Auch wenn die Königin nicht im Tower wohnt, sondern nur ihre Kronjuwelen dort verwahrt werden, die kürzeste Militärparade der Welt, „The Ceremony of the Keys", bleibt beeindruckend. Die Palastschlüssel sind ein Symbol der königlichen Macht und Autorität, so wie das Zepter hinweist auf Regierungsgewalt und Hoheitsrecht. Die Schlüsselgewalt muss verantwortlich wahrgenommen werden.

AMTSMISSBRAUCH

Im Falle eines Amtsmissbrauchs wie etwa beim Palastvorsteher und Schlüsselträger Schebna zur Zeit des Propheten Jesaja folgen dem politischen Skandal ein Amtsenthebungsverfahren und die peinliche Entlassung.

Schebna – wie viele andere Amtsträger nach ihm bis in unsere Zeit – nutzte seine Position aus zur persönlichen Bereicherung bis zum Bau einer pompösen Grabstätte, um sich einen bleibenden Ruhm über den Tod hinaus zu sichern. Und das zu einer politisch und ökonomisch schwierigen Zeit, als nicht einmal die Jerusalemer Königsgräber weitergebaut werden konnten. Kein Wunder, dass er aus dem Amt gejagt wurde.

Sein Ersatz wurde Eljakim, er sollte für das Volk wie ein Vater sein und für dessen Wohlergehen sorgen. Er sollte wie ein fest eingerammter Pflock für Beständigkeit und Sicherheit sorgen. Allerdings scheiterte später auch Eljakim, da seine Sippe nur von den Privilegien seiner Macht profitierte, aber seine Verantwortung nicht mittrug. Sämtliche menschlichen Schlüsselträger und Führungspersonen bleiben eben fehlbar. Wer jedoch sein Amt missbraucht, handelt gegen die Menschen und gegen Gott.

SCHLÜSSELPOSITION

Das Evangelium liegt ganz auf dieser Linie. Ausgerechnet einen wankenden, schwankenden, gefallenen Mann wie Petrus hat sich Jesus als ersten Felsen ausgesucht und seine Schlüsselposition gefestigt. Darin liegen ein großer

Trost und eine starke Ermutigung; den perfekten Menschen gibt es nicht, so baute Jesus aus defizitären Menschen seine Kirche, aus brüchigen lebendigen Steinen sein Haus.

Wenn Simon Petrus das höchste Leitungsamt in der Kirche verliehen wurde, geht es nicht um Herrschaftsansprüche. Die Dienstübertragung kann angesichts seiner menschlichen Schwächen nur in der eigenen Logik der Liebe Gottes begründet sein. Er soll wie all seine Nachfolger den Menschen den Himmel erschließen und nicht wie die Pharisäer und Schriftgelehrten den Zugang dazu versperren und ihnen den Schlüssel zur Erkenntnis wegnehmen. Der eigentliche Schlüsselträger bleibt immer Jesus Christus selbst. Nur ihm, dem Messias, steht es letztlich zu, das Tor des Gottesreiches zu öffnen oder zu schließen.

DIE SCHLÜSSELFIGUR

Im adventlichen Bilderreigen der O-Antiphonen wird Christus angerufen als „Schlüssel Davids". Der Erlöser trägt Schlüssel und Zepter, die traditionellen Symbole antiker Herrschergewalt und königlicher Macht, oberster Aufsicht und Autorität. Er hat nicht bloß die Schlüssel Davids, sondern verkörpert selbst die Schlüsselfigur. Er hat die Schlüsselposition inne und wird angerufen, die Menschen aus Finsternis und Todesschatten zu befreien. Es verwundert nicht, dass die weltliche Herrschaftsvorstellung ins Religiöse übertragen wurde.

Gott ist es, der den Himmel öffnet oder verschließt (Dtn 11,17). Er verlieh nach der Auferstehung den „Schlüssel Davids", alle Macht und Autorität, an Jesus, der seinerseits die „Schlüssel des Himmelreiches" Petrus übergab. Das Prophetenwort wird von Jesus auf Petrus gemünzt: „Ich werde dir die Schlüssel des Himmelreiches geben; was du auf Erden binden wirst, wird auch im Himmel gebunden sein, und was du auf Erden lösen wirst, das wird auch im Himmel gelöst sein" (Mt 16,19). Er vertraut die Gewalt, „zu binden und zu lösen", Petrus und den Dienern der Kirche an.

NICHT ZUSPERREN, SONDERN ÖFFNEN

Die Schlüsselgewalt dient zur Befreiung aus Gefangenschaft. Alles kann zum Kerker werden, wenn die drei göttlichen Tugenden Glaube, Hoffnung und Liebe fehlen.

Unglaube, Gottlosigkeit und Sünde verschließen das Herz, werden zum Dunkel eines Kerkers. Wenn nicht ein Gott in Verzeihung und Gnade naht, bleibt das Herz verschlossen, kalt und tot für immer.

Schlüssel-Stellen aus der „Bibliothek" der Bibel mögen uns eine Ermutigung sein, mit dem zu wirken, was wir sind und was wir haben, auch wenn uns die eigene Kraft noch so gering erscheinen mag. Wir haben alle eine Schlüsselposition. Zudem kann Gott uns mehr Türen mit seinen Schlüsseln eröffnen, als wir Menschen es selbst könnten.

Erlösung ist nicht bloß Befreiung „von" etwas, sondern immer auch Befreiung „zu" etwas: zu sich selbst, zum anderen, zu Gott. Möglich wird Befreiung dadurch, dass Gott selbst die Türen aufschließt und die Fesseln löst.

Daniel Hörnemann

Schlüssel zum Himmelreich

Lesung; Jes 22,20–22 *(später verkündigen)*
Evangelium: Mt 16,13–20 *(später verkündigen)*

ZUR ERÖFFNUNG

Einführung

Was vor allem Erwachsene immer und immer wieder benutzen, sind Schlüssel. Davon gibt es unzählige für alles, was man schützen möchte, angefangen bei der Wohnung bis hin zum Auto. Wenn wir jetzt Gottesdienst feiern, dann hat Gott für jeden und jede von uns einen passenden Schlüssel, damit wir für ihn offen werden. Aber er macht das nur, wenn wir dazu auch bereit sind. Dafür bitten wir ihn jetzt um sein Erbarmen.

Kyrie-Litanei

Herr Jesus Christus, lass uns dein Wort verstehen. Herr, erbarme dich.
Lass uns dich in unserem Leben entdecken. Christus, erbarme dich.
Sei bei uns auf den unterschiedlichen Wegen unseres Lebens.
Herr, erbarme dich.

ZUR VERKÜNDIGUNG

Am heutigen Sonntag hören wir eine uralte Geschichte aus der Bibel. Das Ereignis selbst geschah vor über 2700 Jahren. Jesaja war ein Prophet. Propheten sagen nicht, wie man heute manchmal meint, die Zukunft voraus. Vielmehr weisen sie laut und deutlich auf das hin, was falsch und ungerecht ist. Und bei dem Vorsteher des königlichen Palastes in Israel war vieles nicht in Ordnung. Deshalb beauftragt Gott den Propheten Jesaja: Geh zu diesem Verwalter da! (V 15). Nicht einmal sein Name wird genannt, also so ungefähr: Geh zu diesem Typ da! Und dann wird es richtig böse. Jesaja soll sagen: Wie einen Ball werfe ich dich weit weg, dich und deine Prachtwagen, du Schande für das Haus deines Herrn (V 18). Stattdessen soll Jesaja einen neuen Verwalter mit Namen Eljakim benennen. *(Lesung jetzt verkünden, evtl. auch frei nacherzählen)*

... DER EINEN SCHLÜSSEL ERHÄLT

Interessant ist: Es ist nicht der König, der den neuen Verwalter beruft. Vielleicht ist der sogar ganz zufrieden mit ihm oder sieht die Probleme nicht. Gott beruft ihn, und Jesaja muss diesen Auftrag ausführen. Ob das Ärger gegeben hat oder nicht, das wird nicht erzählt, wohl aber, was der neue Verwalter Eljakim erhält: nicht nur die passende Kleidung, sondern etwas viel Wichtigeres: einen Schlüssel für das Haus David.

Schlüssel, das wisst ihr, sind etwas Besonderes. Ohne einen Schlüssel bleiben Zimmer und Wohnungen und Häuser und Schlösser und Autos und Tresore und was auch immer verschlossen. Bei dem Schlüssel, den Eljakim bekommt, kann man sogar an den ganzen Palast denken. Das bedeutet viel Macht. Eljakim ist der neue Chef. Er allein kann öffnen und schließen. Es fällt auf, dass Eljakim die Schlüssel auf die Schulter gelegt bekommt. An so einem Schlüssel hat man tatsächlich schwer zu tragen. Denn der bedeutet viel Verantwortung. Man muss achtsam damit umgehen. Wenn man ihn verliert, bedeutet das meistens Ärger. Viel Macht bedeutet viel Verantwortung. Das wird oft vergessen.

Schlüssel gibt es für viele Gegenstände. Aber es gibt auch unsichtbare Schlüssel: Ein guter Musiklehrer kann einem die Welt der Musik aufschließen. Jemand, der durch ein Museum führt, öffnet einem die Augen für die Kunstwerke. Ein Reiseführer in einem fremden Land ist wirklich wie ein Schlüssel, weil man ohne ihn oder ohne sie gar nicht weiß, was man am besten besuchen soll. Und Mütter und Väter und hoffentlich auch ältere Geschwister sind solche Menschen, die ihren Kindern bzw. jüngeren Geschwistern allmählich die Welt aufschließen.

SCHLÜSSEL ZUM HIMMELREICH

Das Haus David im Bibeltext ist sicherlich zuerst der Palast des Königs, meint aber auch die Menschen, die darin wohnen. Auch zu diesen hat der neue Verwalter jetzt Zutritt. In Israel glaubte man, dass das Haus David, vor allem der König, in enger Beziehung zu Gott stand, also von ihm eingesetzt und von ihm auch begleitet wurde. Deshalb ist es nur noch ein kleiner Schritt, dass Jesus gleich im Evangelium dem Petrus die Schlüssel zum Himmelreich anvertraut.
(Evangelium jetzt verkündigen)
Aber nicht nur Petrus besitzt die Schlüssel. Jesus hat gesagt, dass das Himmelreich schon verborgen mitten unter uns ist. Deshalb gibt es ganz viele unterschiedliche Schlüssel zum Himmelreich:
da, wo Freundinnen und Freunde sich aufeinander verlassen können,
da, wo Menschen, die ausgegrenzt waren, wieder in die Gemeinschaft zurückgeholt werden,
da, wo Menschen einander verzeihen,
da, wo der eine dem anderen hilft, mehr vom Glauben zu verstehen.
Das Himmelreich ist verborgen mitten unter uns. Wenn wir die passenden Schlüssel benutzen, dann können wir es aufschließen und erleben. Wir müssen es nur tun.

Clemens Kreiss

Zweiundzwanzigster Sonntag (A)

LIEDVORSCHLÄGE

Gesänge

Eröffnungsgesang: Kommt herbei, singt dem Herrn (GL 140,1–3); *Antwortgesang:* Meine Seele dürstet nach dir, mein Gott (GL 420) mit den Psalmversen; *Ruf vor dem Evangelium:* Halleluja (GL 172) mit dem Vers; *zur Gabenbereitung:* Das Weizenkorn muss sterben (GL 210,1–4)*; Danklied:* Ich steh vor dir mit leeren Händen, Herr (GL 422,1–3); *zur Entlassung:* Wer unterm Schutz des Höchsten steht (GL 423,1–3).

ERÖFFNUNG

Liturgischer Gruß

Der Herr, der uns den Weg zum Heil weist, sei mit euch / ist mit uns allen.

Einführung

Zum sonntäglichen Gottesdienst sind wir zusammengekommen, wahrscheinlich aus ganz unterschiedlichen Motiven. Die einen wollen Gott danken für so manches, was sich einfach gut gefügt hat. Andere erhoffen Impulse für ihr Leben, ihren Alltag, ihren Glauben. Und nicht wenige möchten ihr Innerstes vor Gott hinhalten, ihre Sorgen, ihre Not, ihr Leid – und hoffen auf Trost und Kraft.
Die Erfahrung von Leid und persönlicher Gefährdung ist Thema in den biblischen Lesungen des heutigen Tages. Vielleicht kann uns die Art, wie Menschen Leid erleben und davon berichten, wie sie es zu deuten suchen und wie sie damit umgehen, eine Hilfe sein.

Kyrie-Litanei

Herr Jesus, bei dir sind Heilung und Heil. Kyrie, eleison.
Du rufst uns Menschen zum Leben. Christe, eleison.
Du sendest den Geist des Trostes und der Hoffnung. Kyrie, eleison.

Tagesgebet der Eucharistiefeier

Allmächtiger Gott, von dir kommt alles Gute.
Pflanze in unser Herz
die Liebe zu deinem Namen ein.
Binde uns immer mehr an dich,
damit in uns wächst, was gut und heilig ist.
Wache über uns und erhalte, was du gewirkt hast.
Darum bitten wir durch Jesus Christus.

Perikopengebet der Wort-Gottes-Feier

Gott, unser Vater,
wir haben uns versammelt,
um dir in deinem Wort und unserem Gebet zu begegnen.
Erneuere unser Denken und gib uns die Kraft,
den Weg zu gehen, den du uns zeigst
durch Jesus Christus, deinen Sohn,
der mit dir und dem Heiligen Geist
lebt in Ewigkeit.

ZU DEN SCHRIFTLESUNGEN

1. Lesung: Jer 20,7–9
Zu seiner Gewissensüberzeugung und seinem Auftrag zu stehen, das kann
einen Menschen in extreme Not und Verzweiflung bringen.

2. Lesung: Röm 12,1–2
Menschen, die das Erbarmen Gottes erfahren haben, können zu höchstem
Einsatz bereit sein.

Evangelium: Mt 16,21–27
Gegen jeden Versuch, dem Leid aus dem Weg zu gehen oder es zu verdrängen,
schaut Jesus dem Leid ins Auge und eröffnet eine Sinndeutung.

FÜRBITTEN

Zu Gott, der unser Leid sieht und Heilung und Heil schenkt, lasst uns beten:

- Für die Christen, die in ihrem Glauben Halt und Trost suchen, und für all
  jene, die angesichts des Leids in der Welt an Gott zweifeln oder sich von ihm
  losgesagt haben. Gott, unser Vater. – Wir bitten dich, erhöre uns.
- Für Menschen, die in Politik und Gesellschaft zu ihrer Gewissensüberzeugung stehen und dafür benachteiligt, verspottet oder gar verfolgt werden. ...
- Für Menschen, die durch einen persönlichen Schicksalsschlag oder eine Katastrophe in ihrem Umfeld aus ihrer Sicherheit herausgerissen sind und eine
  neue Perspektive entwickeln müssen. ...
- Für alle, die in pflegerischen Berufen, in der Seelsorge und in den unterschiedlichen Beratungsstellen arbeiten, und für die Menschen, die sie betreuen und begleiten. ...
- Für die Schwerstkranken und Sterbenden in ihrem Leid und in ihrer Angst
  vor dem Tod. ...

Gott, sei bei uns in den Höhen und Tiefen unseres Lebens. Gib, dass wir uns in
Krisenzeiten immer wieder nach dir ausrichten und Kraft und Zuversicht
schöpfen. Darum bitten wir durch Jesus Christus, unseren Bruder und Herrn.

Zum Vaterunser

Gottes Wille für uns Menschen ist, dass wir das Leben finden. Was das bedeutet, ist nirgends besser ausgedrückt als in dem Gebet, das er uns durch seinen Sohn geschenkt hat. Darum lasst uns beten: Vater unser ...

Kommunionvers

Gott ist unsere Zuversicht und Stärke, eine Hilfe in den größten Nöten (Ps 46,1).

Zur Besinnung

Gott ist unsere Zuversicht und Stärke,
eine Hilfe in den größten Nöten (Ps 46,1).
Die Worte des Psalmisten möchte ich mitbeten können,
in sie mein ganzes Vertrauen legen –
wenn Leid mich erschüttert,
wenn Verzweiflung quält,
wenn Schmerz aus mir schreit oder in Sprachlosigkeit verstummt.
Und bei allem Klagen, trotz aller Fragen
möchte ich mein Kreuz tragen und das Leben wagen –
hoffend auf den,
der selbst die Härte des Kreuzes erlitten
und uns zum Erlöser geworden ist.

ELEMENTE FÜR DIE WORT-GOTTES-FEIER

Zum Friedenszeichen

Wo Gottes Wort ernstgenommen wird, da geschieht Begegnung und Wandlung, da wird Friede. Sagen wir einander unseren Frieden und den Frieden Gottes zu.

Segensbitte

(Die Gemeinde antwortet nach jeder Bitte mit „Amen")
L: Gott, der Vater, schenke uns Wahrheit und Leben.
A: Amen.
L: Der Sohn eröffne uns den Weg zu Heilung und Heil.
A: Amen.
L: Der Geist gebe uns Trost und Zuversicht in allen Lebenslagen.
A: Amen.
L: Und der Segen des allmächtigen Gottes,
des Vaters, des Sohnes und des Heiligen Geistes,
komme auf uns herab und bleibe bei uns allezeit.
A: Amen.

Marlies Lehnertz-Lütticken

Gebt euch ihm hin – so soll euer Gottesdienst sein

„Erneuert euren Geist und Sinn" – im Blick auf die Worte aus dem Römerbrief kam diese Kurzformel in Erinnerung. Ist das gemeint, wenn Paulus fordert, dass wir Gott wohlgefällig sein sollen, damit unser Gottesdienst vernünftig ist und dem Willen Gottes entspricht?

Paulus macht im Römerbrief deutlich, dass in den Kapiteln 12,1–15,13 der Kern des Christseins liegt. Er ermahnt, er bittet, er ermuntert und tröstet damit, dass der Zuspruch der Nähe Gottes sich erfüllt im Anspruch der Sorge um den Nächsten. In einer für die aufkeimenden christlichen Gemeinden der Urkirche schwierigen Situation benennt Paulus damit, worauf es ankommen wird: das in Jesus Christus errungene neue Leben ergreifen und leben zu können. In der engen Verbindung von Zuspruch und Anspruch, von Heilsverkündigung und Ethik kann nur gelebt werden, was er mit „Erfüllung des Gesetzes" meint, die in der von Gott geschenkten Liebe ermöglicht ist.

Mit den beiden Versen am Anfang dieses Abschnitts wird dieser Anspruch wie eine Präambel, wie ein Vorwort, wie ein mathematisches Vorzeichen allem vorangestellt; es gilt allen Christen in den Gemeinden, dass sie nach dem „Maß des Glaubens" und des ihnen zugeteilten Charismas dem Aufbau der Gemeinden dienen sollen. In seiner grundlegenden Ermahnung geht es darum, sich Gott ganz und gar anzuvertrauen und damit dem Anspruch Gottes gerecht zu werden. Die überlieferten Worte, die Leiber und damit sich selbst darzubringen, erinnert an die von Paulus beschriebenen Konsequenzen aus der Taufe (Röm 6,13). Gott mit der ganzen Existenz zu dienen und sich so als lebendiges Opfer Gott darzubringen, weil ich Gott gehöre und bei ihm Gefallen finden soll.

Das ist das Neue an der christlichen Botschaft vom Reich Gottes. Das erfordert die Abkehr vom Bisherigen, von der alten Welt, da passen die Christinnen und Christen nicht mehr hinein. Das neue Leben in Christus muss in der Gemeinde Gestalt gewinnen. Eine andere Möglichkeit der Übersetzung von „lasst euch verwandeln durch die Erneuerung des Denkens" (Röm 12,2) könnte lauten „formt euch um, wandelt euch" in aktiver Weise. In der eigenen Wandlung und in der Erneuerung des Denkens ereignet sich der zentrale Gestaltwandel, der uns in jeder Situation den Willen Gottes erkennen lässt.

Konkret auf unsere Situation als christliche Gemeinde heute bezogen, die in der großen Herausforderung eines Gestaltwandels steht, die auf der Suche nach der Verkündigung in unserer Zeit ist, können die Ermahnung und der Zuspruch des Paulus Wegweiser sein. Wir werden als Kirche in der Gegenwart nur bestehen können, wenn wir unseren „Geist und Sinn erneuern", uns dem notwendigen Gestaltwandel von Kirche stellen und so zu einem vernünftigen Gottesdienst kommen. Gottesdienst meint hier mehr als nur die Feier der Liturgie, hier geht es auch um den Gottesdienst in der Sorge für die Nächsten, um damit deutlich zu machen, was der Kern der christlichen Botschaft ist: Gott und den Nächsten zu lieben wie mich selbst.

Stefan Barton

Opfer bringen

Es ist die Ermahnung des Petrus aus dem heutigen Evangelium (Mt 16,21–27), die aufhorchen lässt. Jesus tadelt ihn mit den Worten: „Ein Ärgernis bist du mir, denn du hast nicht das im Sinn, was Gott will, sondern was die Menschen wollen." Dabei hat Petrus doch gar nichts Böses getan. Petrus hat lediglich zum Ausdruck gebracht, was er in Bezug auf die Person Jesus tief in sich fühlte und was er sich in Bezug auf das Reich Gottes wünscht.

Bei Gott aber scheinen die Uhren anders zu gehen. Da steht primär nicht zur Debatte, was wir wollen und denken, sondern was der Wille Gottes ist. Diesen göttlichen Willen gilt es ein Leben lang zu ergründen. Nicht umsonst beten wir im Vaterunser immer wieder: „Dein Wille geschehe!" – und zwar nicht erst „im Himmel", sondern schon jetzt, hier „auf Erden". Glauben wir doch, dass wir als gläubige Menschen erst dann dem Leben einen Sinn geben, wenn wir Gottes Willen tun.

Darum ging es auch in der zweiten Lesung aus dem Römerbrief. Dort beschreibt Paulus für eine erste Generation von Christen, die mehrheitlich nicht mehr in der jüdischen Tradition stand und somit keine religiöse Vorbildung hatte, was eine angebrachte christliche Haltung ist. Glaube kann keine Nebensache sein, keine Privatangelegenheit. Der Glaube an Jesus Christus muss das Leben prägen und verändern. Paulus spricht daher explizit von einer „Erneuerung des Denkens".

OPFER BRINGEN IST NICHT EINFACH

Als Christen waren wir immer schon Kinder unserer Zeit. Im Sinn haben, was Gott will, und nicht das, was die Menschen wollen, war noch nie einfach. Das ist bis heute so und wird wohl immer so bleiben. Gewissen Tendenzen des Zeitgeists zu widerstehen, sich gedanklich gegen die Mehrheitsmeinung der Mitmenschen zu stellen, kostet Überwindung. Veränderung bedarf also immer auch der emotionalen Kraft.

Dazu kommt für uns als Christen ja dann auch noch die Einsicht, dass wir als Kinder Gottes nicht nur Teil der göttlichen Heilsgeschichte sind, sondern als Kinder unserer Zeit eben auch, gewollt oder ungewollt, Anteil haben an den vielen Unheilsgeschichten unserer Welt.

Wenn es um Veränderung geht, weiß Paulus nach seiner radikalen Bekehrung sehr gut, wovon er spricht. Er benutzt daher das starke Wort „Opfer". Er fordert ohne Umschweife: Bringt „eure Leiber als lebendiges, heiliges und Gott wohlgefälliges Opfer dar". Es geht also um das ganze Leben, nicht nur um einen gedanklichen Teilaspekt. Gleichzeitig versichert uns Paulus schon in der Einleitung seiner Ermahnung, dass wir bei der Bemühung um Veränderung nicht alleingelassen werden. Er verweist auf die „Kraft der Barmherzigkeit Gottes", mit der uns Gott selbst in unserem Bemühen entgegenkommt.

OPFER BRINGEN MUSS KONKRET SEIN UND SINN MACHEN

Die konkrete Anweisung des Völkerapostels lautet: „Gleicht euch nicht dieser Welt an." Das ist ein großes Opfer. Konkret kann das heißen, dass ich ggf. lernen muss, nein zu sagen. Ich kann möglicherweise nicht mehr überall dabei sein und nicht alles und jedes mitmachen. Nicht auffallen wollen, nicht anders sein wollen, nicht widersprechen wollen usw. verbietet sich, wenn es um die eigenen Überzeugungen des Glaubens geht. Mit wem ich Umgang pflege und mit wem nicht, kann zur Glaubenssache werden. Die Liste dessen, was für einen gläubigen Menschen zu tun oder zu lassen ist, ließe sich zweifelsohne noch lange fortführen.

Im Blick auf den Willen Gottes die Denkweise zu ändern, bedeutet letztlich, den Mut aufzubringen, mich an der Haltung Jesu zu orientieren. Dazu aber muss ich die Haltung Jesu nicht nur genau studieren. Im Sein und Wirken seiner Person muss ich mehr und mehr lernen, Gott zu vertrauen. Auch das ist heute ein Opfer. Kostet es doch Zeit der Nachdenklichkeit, des Gebets und der Besinnung.

Aber Vorsicht! Das „Gleicht euch nicht dieser Welt an" heißt nicht, dass wir vor der Welt fliehen sollen. Christen sind ja gerade zum Heil der Welt bestellt. Der Rückzug in ein katholisches Ghetto wäre fatal. Zum Opfer gehört also auch die Schulung des sozialen Auges. Sehe ich, um welche Menschen sich unsere Gesellschaft nicht mehr genug kümmert? Nehme ich den Hilferuf der Armen wahr, die oft in unserer Gesellschaft gar nicht mehr so einfach zu identifizieren sind? Vermittle ich im Streit? Bin ich barmherzig mit meinem Nächsten, den ich mir in der Regel ja nicht aussuchen kann? Mein Opfer, mich nicht der Welt anzugleichen, steht also in striktem Zusammenhang mit der Hingabe an eben diese Welt. Nur so macht ein christliches Opfer Sinn.

DAS OPFER, DAS WIR FEIERN

Die Hingabe Jesu an die Welt und damit auch in unser ganz persönliches Leben hinein feiern wir sakramental-zeichenhaft in jeder hl. Messe. In der Eucharistiefeier, die wir hin und wieder ja noch Messopfer nennen, bringen wir zunächst Brot und Wein zum Altar. In Erinnerung an Jesu letztes Abendmahl bringt der Priester diese einfachen Gaben Gott dar. In Erinnerung an Gottes Heilstaten betet er dann zu Gottes Heiligem Geist. Durch das Geistwirken wird das gegenwärtig, was damals geschehen ist: Brot und Wein werden zum lebendigen Leib und Blut Christi. In der Kommunion wird Christus dann in uns lebendig. Das Opfer Christi vollzieht sich in uns. Gott gibt sich hin zum Heil der Welt. Sein Opfer wird dann gegenwärtig durch unser Opfer, das Gottes Heilswirken weiterhin in dieser Welt fortführt, ganz persönlich durch dich und mich.

Thomas Klosterkamp

Zumutung und Wagnis

Einfach herrlich, wie die Evangelien uns mit hineinnehmen in die menschlichen Erfahrungen derer, die Jesus nachfolgten und uns ihr Hin- und Hergerissensein nicht vorenthalten. Selbst so eine Autorität wie Petrus wird nicht verschont, seine Sichtweise im Nachhinein nicht geschönt und angepasst. Es menschelt auch im engsten Jüngerkreis, gerade auch angesichts der Herausforderung, mit Jesus unterwegs zu sein und seine Gedanken, seine Botschaft zu erfassen. Die Frage ist: Was löst dies in uns aus? Sind die Erfahrungen des Petrus uns Ansporn, trotz der eigenen Schwächen und Unsicherheiten die Nachfolge dennoch zu wagen? Dazu möchte ich uns im Folgenden ermutigen.

BEKENNTNIS UND MISSVERSTÄNDNIS

Direkt vor der heute geschilderten Begebenheit steht im Matthäusevangelium das Messiasbekenntnis des Petrus. Auf die Frage Jesu: „Für wen haltet ihr mich?" (Mt 16,15) antwortet Petrus: „Du bist der Christus, der Sohn des lebendigen Gottes (V. 16). Ohne viele Worte bringt es Petrus auf den Punkt. Doch Jesus stellt klar, dass sein Bekenntnis im Letzten der Offenbarung durch Gott zu verdanken ist. Jesus redet Klartext. Petrus sollte also verstanden haben, was es heißt, sich auf Jesus einzulassen und sich nicht auf sich selbst zu verlassen.
Nur eine Szene weiter muss sich Petrus die schroffe Zurechtweisung durch Jesus anhören: „Tritt hinter mich, du Satan! Ein Ärgernis bist du mir, denn du hast nicht das im Sinn, was Gott will, sondern was die Menschen wollen" (V. 23). Jesus scheut nicht die klaren Worte und weist dem Petrus, der immer vorne dran ist, seinen Platz hinter sich zu. Jesus rückt zurecht, was bei Petrus aus dem Lot gerät. Er meint genau zu wissen, wer dieser Jesus ist und was für diesen gut ist und dass es unbedingt zu verhindern ist, dass sein Meister den schweren Weg des Leidens geht.
Das passt nicht in das Welt- und Messiasbild des Petrus und schon gar nicht in sein Selbstbild vom beauftragten Anführer der Jüngergruppe. Die von Jesus übertragene Schlüsselgewalt sollte ihn doch mit einer gewissen Machtbefugnis ausstatten, ihm Rang und Ansehen verleihen. Weit gefehlt – das muss Petrus schmerzlich lernen. Der Weg Jesu verläuft anders, als er sich das wünscht und ersehnt. Jesu Selbstverständnis ist für ihn eine Zumutung. Es hat den Anschein, dass Petrus Jesus nicht verstanden hat. Einen leidenden Christus kann sich Petrus nicht vorstellen.
Die anschließende Rede Jesu von der Kreuzesnachfolge durchkreuzt die Vorstellung des Jüngersprechers und verstärkt bei ihm noch dieses Missverständnis. Für alle Jünger steht die Forderung Jesu schwer und bleiern im Raum, es ihm gleichzutun, sich zu verleugnen, das Kreuz auf sich zu nehmen und ihm auf diese Weise nachzufolgen (V. 24).

Ich kann mich gut in Petrus hineinversetzen. Auch ich habe meine ganz eigenen Vorstellungen, wie Glaube geht und wer dieser Jesus ist. Für mich sind die Worte Jesu ein Stachel im Fleisch meines angepassten Christseins, eine Zumutung, die ich gerne der Einfachheit halber abschwäche und relativiere. Auch schiele ich manchmal eher auf das, was den Menschen angenehm erscheint und gut tut, und setze mich nicht immer der Radikalität der Worte Jesu aus. Sie tun weh, brennen in der Seele, weil sie so groß, wuchtig und herausfordernd auf mich wirken. Auch ich weiche manchmal dem Leidvollen aus und suche den bequemen Weg. Mit meinen ganz eigenen Mitteln rücke ich das Kreuz aus meinem Blickfeld, verbanne es auf die Seite und mogele mich an ihm vorbei.

MIT JESUS ÜBER SICH SELBST HINAUSWACHSEN

Dennoch lese ich auch sehr viel Ermutigendes aus diesem Evangelium: Bei all dem Zwiespältigen im Verhalten des Petrus behält er trotzdem seinen Platz im Jüngerkreis. Das lässt mich aufatmen. Das Menschelnde bei seinen engsten Weggefährten hält Jesus aus. Das starke Bekenntnis sowie die ehrlich geäußerten Zweifel stoßen bei all der harschen Kritik auf verständnisvolle Ohren. Die Geduld Jesu wird dabei nicht strapaziert. Er weiß um die Stärken und Schwächen derer, die er in seine Nähe ruft, die er beauftragt und sendet. Er glaubt an sie und daran, dass sie mit seiner Hilfe über sich hinauswachsen. Denn der Weg mit Jesus ist ein Weg, auf dem die Jünger Schritt für Schritt lernen, dieses Paradox auszuhalten und zu leben: „Wer sein Leben retten will, wird es verlieren; wer aber sein Leben um meinetwillen verliert, wird es finden" (V. 25). Jesus macht eine ganz neue Rechnung auf: Sie verblüfft, verstört zuweilen. Seine Lebensbilanz misst sich an anderen Dingen. Unsere Maßstäbe des Urteilens relativiert er. Entscheidend für ihn ist das Ziel, von dem aus er lebt. Die Momentaufnahme hat für ihn kein Gewicht. Wer sich auf Gott einlässt, wer der Bestimmung folgen will, die Welt mit Gott, sowie mit Liebe und Gerechtigkeit zu durchdringen, wer die bestehenden Verhältnisse und Lebensweisen ändern will, kommt am Kreuz nicht vorbei.

Dabei geht es ihm nicht darum, das Kreuz an sich zu verherrlichen. Es ist nicht im Sinne Jesu, „auf Teufel komm raus" das Leid zu suchen. Das Leid gehört mitunter dazu, wenn sich jemand für eine gute Sache, für mehr Menschlichkeit, für Barmherzigkeit und Gerechtigkeit in dieser Welt einsetzt. Das Eintreten gegen Ungerechtigkeit, Ausgrenzung und Unversöhnlichkeit ist in der Konsequenz ein Weg, der vieles abfordert, der auch manches Leid in Form von Nachteilen und Gegenwind mit sich bringt. Auf den ersten Blick erscheint es als Zumutung, auf die lange Strecke eines Menschenlebens gesehen ist es ein Gewinn. Diesem Lernprozess dürfen wir uns stellen. Die Fragen und Zweifel bleiben, die gehören dazu. Die erträgt Jesus mit uns geduldig. Wie Petrus mit seinen Bedenken und eigenen Vorstellungen einen Platz bei Jesus hat, so dürfen auch wir uns Jesus in guter Weise zumuten. Entscheidend ist die Bereitschaft, sich auf das Wagnis einzulassen, sich mit Jesus auf den Weg zu machen, auf einen Lernweg, der das Leiden nicht ausschließt.

Jens Maierhof

Das Kreuz und der Schulranzen

Evangelium: Mt 16,21–27 *(später verkündigen)*

ERÖFFNUNG

Ich freue mich, euch heute zu unserem Gottesdienst begrüßen zu dürfen. Wir sind zusammengekommen, weil Jesus uns eingeladen hat, ihm zu folgen. Gemeinsam wollen wir singen, beten, sein Wort hören und darüber nachdenken. Begrüßen wir Jesus nun in unserer Mitte:

Kyrie-Litanei
Herr Jesus Christus,
in deinem Namen haben wir uns hier versammelt. Herr, erbarme dich.
A: Herr, erbarme dich.
Du lädst uns ein, dir zu folgen. Christus, erbarme dich.
A: Christus, erbarme dich.
Du willst, dass wir deine Freundinnen und Freunde sind. Herr, erbarme dich.
A: Herr, erbarme dich.

ZUR VERKÜNDIGUNG

In der Straße, in der ich wohne, gibt es einige Kinder, die die Grundschule besuchen. Manchmal, wenn ich aus dem Fenster schaue, sehe ich sie mit ihren Schulranzen auf dem Rücken vorbeigehen. Einigen merkt man schon von weitem an, dass die Schultasche viel zu schwer für sie ist. Bei dem Text aus der Bibel, den wir jetzt hören, musste ich an diese Kinder denken. Aber hört gerne selbst.
(Evangelium jetzt verkündigen)

DAS KREUZ ALS ERKENNUNGSZEICHEN

Bei der Forderung Jesu, jeder, der sein Jünger sein wolle, „nehme sein Kreuz auf sich", sind mir die schweren Taschen eingefallen. Natürlich ist das Kreuz, von dem Jesus spricht, und ein Schulranzen nicht das Gleiche, aber wir können einiges daran vergleichen.
Wenn ich ein Kind mit einem Schulranzen sehe, dann weiß ich, das ist eine Schülerin oder ein Schüler. Wenn ich ein Kreuz sehe, dann erfahre ich auch etwas. Sicher wisst ihr, was ich meine (–). Das Kreuz ist ein Hinweis auf Jesus. Und diesen Hinweis finden wir an verschiedenen Stellen. Könnt ihr mir sagen, wo? (–). Manche Menschen tragen Kreuze nur als Schmuck. Für sie ist das kein Hinweis auf Jesus, sie finden es einfach schön. Dabei vergessen sie, dass das Kreuz nichts Schönes ist. Es ist das Zeichen dafür, dass Jesus gestorben ist. Wer ein Kreuz trägt, sollte damit auch zeigen wollen, dass Jesus ihm wichtig ist.

KREUZE IM LEBEN

Wenn wir heute davon sprechen, dass jemand „ein Kreuz zu tragen hat", dann bedeutet das: Er muss etwas Schwieriges oder Unangenehmes aushalten. Was könnte so ein Kreuz in unserem Leben sein? *(Schwere Krankheit, Einsamkeit, Armut)*

Vieles von dem, was ihr genannt habt, ist wirklich sehr belastend und kann einem die Freude und Unbeschwertheit des Lebens nehmen. Wie kann es dann sein, dass Jesus seine Jünger auffordert, das Kreuz auf sich zu nehmen? Jesus ist doch ein Freund der Menschen, der er es gut mit uns meint. Warum soll man dann ein Kreuz tragen, das ist doch nicht schön?

DAS KREUZ UND DER SCHULRANZEN

Ich glaube, mit dem Kreuz ist es wirklich wie mit einer Schultasche. Einige Sachen müssen Schülerinnen und Schüler jeden Tag in ihrer Tasche haben *(Etui, Schreibhefte, Pausenbrot, Trinkflasche),* andere Dingen brauchen sie nur an bestimmten Tagen in der Woche. Immer alles mitzuschleppen wäre nicht schlau und würde die Tasche nur unnötig schwer machen.

Mit dem Kreuz, das wir alle in unserem Leben zu tragen haben, ist es ähnlich. Manches, was uns das Leben schwer macht, können wir nicht einfach verschwinden lassen *(Krankheit, Ängste, Verlust lieber Menschen)*. Anderes, was belastend wirkt, können wir ändern *(Streit beilegen, Probleme ansprechen)*.

Jesus will sicher nicht, dass wir alles Schwere einfach ertragen. Wenn wir etwas ändern können, dann sollen und dürfen wir das tun. Aber einige Dinge, die uns nicht gefallen, lassen sich nicht einfach aus dem Leben entfernen wie ein unnötiges Buch oder ein vollgeschriebenes Schulheft aus der Schultasche. Dann gilt es, diese oft schweren Dinge zu tragen und zu ertragen.

DER WEG JESU

Ein Drittes kommt hinzu. Oft müssen wir vielleicht auf etwas verzichten oder eine Anstrengung auf uns nehmen, um etwas Wichtiges möglich zu machen. Vielleicht würdest du gerne mit Freunden spielen, aber du gehst einen kranken Verwandten besuchen oder du hilfst deiner Mutter, anstelle deine Lieblingsserie zu schauen. Das macht dann vermutlich nicht so viel Spaß, ist aber wichtig und in diesem Moment auch viel nötiger.

Wer ein Freund, eine Freundin Jesu ist, wird deshalb nicht ohne Probleme leben können, aber er sollte mit den Problemen anders umgehen. Wenn ich ändern kann, was mir das Leben schwer macht, dann tue ich das. Was ich nicht ändern kann, versuche ich gelassen zu nehmen und das Beste daraus zu machen. Und wenn ich jemandem helfen kann und dafür vielleicht auch mal auf etwas verzichten muss, dann sollte ich das tun. Wer so lebt, geht auf dem Weg Jesu.

Christoph Heinemann

Dreiundzwanzigster Sonntag (A)

LIEDVORSCHLÄGE

Gesänge
Eröffnungsgesang: Lobet den Herren alle, die ihn ehren (GL 81); *Antwortgesang:* Hört auf die Stimme des Herrn (GL 53,1) mit den Psalmversen; *Ruf vor dem Evangelium:* Halleluja (GL 174,8) mit dem Vers; *zur Gabenbereitung:* Manchmal feiern wir mitten im Tag (GL 472); *Danklied:* Ich lobe meinen Gott von ganzem Herzen (GL 400).

ERÖFFNUNG

Liturgischer Gruß
Gnade und Frieden von Gott, unserem Vater, und seinem Sohn, Jesus Christus, sei mit euch / ist mit uns allen.

Einführung
Jesus Christus wird lebendig erfahrbar, wo Menschen sich in seinem Namen versammeln. An jedem Sonntag versammeln wir uns, um Gottes Wort zu hören und sein heiliges Sakrament zu empfangen. Er ruft uns und wir haben seine Einladung angenommen. So wollen wir unsere Herzen öffnen, für die Begegnung des lebendigen Gottes in unserer Mitte.

Kyrie-Litanei
Jesus, du Haupt deiner Kirche. Kyrie, eleison.
Jesus, du guter Hirte deiner Herde. Christe, eleison.
Jesus, du Mitte unseres Lebens. Kyrie, eleison.

Tagesgebet der Eurcharistiefeier
Gütiger Gott, du hast uns durch deinen Sohn erlöst
und als deine geliebten Kinder angenommen.
Sieh voll Güte auf alle, die an Christus glauben,
und schenke ihnen die wahre Freiheit und das ewige Erbe.
Darum bitten wir durch Jesus Christus.

Perikopengebet der Wort-Gottes-Feier
Gott, wenn wir uns in deinem Namen versammeln,
bist du mitten unter uns.
Zeige uns Wege zur Umkehr
und mache uns fähig zu wahrer Gemeinschaft
mit dir und untereinander.
Darum bitten wir dich durch Jesus Christus, deinen Sohn,
der mit dir und dem Heiligen Geist lebt in Ewigkeit.

1. Lesung: Ez 33,7–9

Dass Menschen füreinander Verantwortung übernehmen sollen, zeigt uns heute das Beispiel des Propheten Ezechiel. Er wird als „Wächter" eingesetzt, nicht, um Macht über andere auszuüben oder um andere zu kontrollieren. Ihm ist die Sorge um Menschen anvertraut. Eine wichtige Aufgabe, die Gott ihm überträgt.

2. Lesung: Röm 13,8–10

Der Apostel Paulus ist ein wahrer Hirte, der sich um seine Gemeinden sorgt. Miteinander Leben und Glauben kann nur gelingen, wenn das größte Gebot erfüllt wird: einander lieben. Manchmal vergessen wir dies, wenn wir über andere abfällig denken und reden, oftmals auch in unseren Gemeinden. Daher ist es die oberste Aufgabe eines Hirten, seine Schafe ohne Wenn und Aber zu lieben.

Evangelium: Mt 18,15–20

Konfliktfähigkeit bringt manche Menschen an ihre persönlichen menschlichen Grenzen. Die Botschaft Jesu setzt Maßstäbe, die Menschen helfen können, das Leben gelingen zu lassen. Dazu gehört, dass man einander verzeiht, auch wenn es manchmal schwerfällt. Der erste Schritt zum Vergeben beginnt im Herzen. Doch das alleine wäre Jesus zu wenig. Ein sichtbares Zeichen ist, wenn Feinde sich die Hände reichen. Manchmal braucht es auch unsere Gemeinden, die dafür beten, dass Kriege sich in Frieden wandeln mögen.

FÜRBITTEN

Im Vertrauen darauf, dass unsere Bitten und Anliegen von Gott gehört werden, beten wir in unseren Anliegen:

- Für die Hirten der Kirche, dass sie erfüllt vom Heiligen Geist ihren Dienst zum Wohle des Volkes Gottes erfüllen. Gott unser Vater: Wir bitten dich, erhöre uns.
- Für die Menschen in den Kriegs- und Krisengebieten, dass sie deine Nähe und Liebe in allem Hass, der sie umgibt, spüren.
- Für alle Menschen, die verfeindet sind, dass sie einander die Hände reichen und Frieden schließen.
- Für unsere verstorbenen Angehörigen, Freunde und Wohltäter, dass sie bei dir Heimat und Liebe finden.

Gott unser Vater, im Namen deines Sohnes versammeln wir uns als Gemeinschaft der Glaubenden und spüren seine Nähe und Gegenwart. Dafür danken wir dir in der Kraft des Heiligen Geistes, heute und alle Tage unseres Lebens.

Kommunionvers
Ps 42 (41), 2–3
Wie der Hirsch lechzt nach frischem Wasser,
so lechzt meine Seele, Gott, nach dir.
Meine Seele dürstet nach Gott, nach dem lebendigen Gott.

Zur Besinnung
Die Liebe ist die Erfüllung des Gesetzes.
Die Liebe ist langmütig und freundlich.
Die Liebe eifert nicht.
Die Liebe treibt nicht Mutwillen.
Die Liebe bläht sich nicht auf.
Die Liebe sucht nicht das Ihre.
Die Liebe lässt sich nicht verbittern.
Die Liebe rechnet das Böse nicht zu.
Die Liebe freut sich nicht an der Ungerechtigkeit.
Die Liebe freut sich an der Wahrheit.
Die Liebe erträgt alles.
Die Liebe glaubt alles.
Die Liebe hofft alles.
Die Liebe hört niemals auf.
Die Liebe ist die Erfüllung des Gesetzes (nach 1 Kor 13).

ELEMENTE FÜR DIE WORT-GOTTES-FEIER

Zum Schuldbekenntnis
Immer wieder versagen Menschen im Leben.
Liebe wird zum Hass.
Hass wird zur Schuld.
Schuld wird zur Last.
Darum beten wir: Ich bekenne Gott, dem Allmächtigen ….

Zum Friedenszeichen
Wer den Frieden bewahrt, der erfüllt das Gebot der Liebe. Deshalb bitten wir:
Herr Jesus Christus, schau nicht auf unsere Sünden.

Dominik Schmitt

Das Wächteramt

Gott überträgt dem Propheten Ezechiel – wenn man so will – ein neues Amt, das Amt des Wächters. Aber dieses Wächteramt ist kein leichtes Amt, ja man könnte sagen: Die Aufgabe ist durchaus heikel. Denn es geht nicht um Bedrohungen von außen, die der Prophet abzuwenden hat, sondern es geht darum, dass es Menschen gibt, die sich selber und anderen Schaden zufügen. Und das soll der Prophet möglichst verhindern. Der Herr spricht von Menschen, die sich schuldig machen. Gemeint ist, dass sie sich nicht an die Gebote, an die Lebensregeln Gottes halten und deshalb ihr Leben aufs Spiel setzen. Das heißt: Sie leben so, dass die Lebendigkeit leidet; dass sie ihr eigenes Wohlergehen aufs Spiel setzen; dass Sinn und Freude verlorenzugehen drohen; dass sie sich so verrennen, dass ihre Zufriedenheit und ihr eigener innerer Friede zerbrechen. Und in dieser Situation wird dem Wächter Ezechiel gesagt: Du musst sie warnen! Du musst für sie wachsam sein! Und wenn du den, der sich schuldig macht, nicht warnst, um ihn von seinem Weg abzubringen, dann wirst du zur Rechenschaft gezogen, weil du nicht achtgegeben hast auf ihn.

Auf diese Weise der Fürsorgepflicht nachzukommen, das ist nicht einfach. Denn wer will sich schon gern in die Angelegenheiten seiner Mitmenschen einmischen. Und so leicht lässt sich ja auch niemand reinreden. „Das ist ganz allein meine Sache! Das geht dich nichts an! Kehr' vor deiner eigenen Tür! Kümmere dich um dich selbst!" – Solche Reaktionen kennen wir. Und deshalb lässt man es lieber bleiben. Keinem steht es gut zu Gesicht, sich als Hüter seiner Schwester oder seines Bruders aufzuspielen, den Aufpasser zu mimen oder die Sittenpolizei zu spielen. Also lassen wir's lieber.

Nur: Ganz so einfach werden wir nicht aus der Verantwortung entlassen. Nur weil wir meinen, jeder könne sein Leben so gestalten, wie er mag, solange er anderen nicht schadet, dürfen wir nicht einfach die Augen verschließen. Es geht ja nicht darum, andere zu kontrollieren und ständig zu kritisieren, sondern es geht darum, für andere wach und aufmerksam zu sein. Denn für sich selbst verantwortlich kann nur der sein, der jemanden hat, der das eigene Selbstbild ergänzt. Natürlich bringt es nichts, andere vor den Kopf zu stoßen und ihnen ungeschminkt die Wahrheit zu sagen – besser gesagt: das, was ich für die Wahrheit halte. Fantasie und freundschaftliche Zuwendung sind gefragt, damit der andere merkt: Da läuft etwas schief in meinem Leben. Ja, manchmal müssen Dinge gesagt werden, die unangenehm sind ...

Nicht Aufpasser, Kontrolleure oder Besserwisser sind gefragt, sondern Wächter – in einem wirklich guten Sinne. Menschen, die wach und aufmerksam sind für ihre Mitmenschen; Menschen, die mit anderen und für andere unterwegs sind; Menschen, die sich umeinander sorgen, damit wir alle – so wie Jesus es sagt – das Leben haben, und damit wir es in Fülle haben.

Siegfried Modenbach

Leidenschaftliche Nächstenliebe

„Seid niemandem etwas schuldig, außer dass ihr euch untereinander liebt; denn wer den andern liebt, der hat das Gesetz erfüllt."

Das ist schnell dahingelesen und es wirkt uns sehr vertraut. Das Liebesgebot, die Nächstenliebe, das haben wir alles schon sehr häufig gehört in diesen Hallen. So vertraut ist es uns geworden, dass die Worte blasser werden, wie der Bezug eines Möbelstückes, das schon sehr lange in unserem Wohnzimmer steht und der beständigen Lichteinstrahlung ausgesetzt ist.

Ich möchte Sie daher einladen, den Satz nochmal in sich nachklingen zu lassen, ihm nachzugehen.

„Seid niemandem etwas schuldig, außer dass ihr euch untereinander liebt; denn wer den andern liebt, der hat das Gesetz erfüllt."

Wie wirkt es auf Sie, das Gebot der Liebe, wenn Sie in sich hineinhorchen?

ALLES FÜR DIE LIEBE

Der Satz, so vertraut, könnte als große Last, als übergriffig verstanden werden. Wie kann ich verpflichtet werden, jemand anderen zu lieben? Gewiss, wenn ich mich an die Straßenverkehrsordnung halten soll, die Eltern ehren soll, grenzt das meinen Handlungsspielraum ein, aber es betrifft immer nur meine Handlungen. Nach meinem Innenleben hingegen wird nicht gefragt. Die Gedanken sind frei und dabei soll es auch bleiben. Da die Liebe aber etwas ist, was uns als ganze Person, in Gedanken, Worten und Werken ergreift, ergreift dieses Gebot mich noch im letzten Teil meiner Persönlichkeit. Und das auch noch in einer Weise, die mich ständig mit Defizit bedroht. Den anderen zu lieben wie mich selbst, das verlangt nach einem ständigen Austarieren und einer beständigen Reflexion, sowohl was meine Bedürfnisse und mein Glück angeht als auch die Bedürfnisse und das Glück der anderen. Der heilige Maximilian Kolbe brachte die Radikalität dieses Liebesgebotes in eine deutliche Formel: „Alles für die Liebe, bis zur Aufopferung meines Lebens." Und so stellt das Liebesgebot laut van Schaik und Michel in ihrem Buch „Das Tagebuch der Menschheit" den Anspruch Gottes auf absoluten Gehorsam dar.

LIEBE ALS PASSION

Wie ist das also mit der Liebe? Sie wird in der Moderne verstanden als Passion. Laut dem Soziologen Niklas Luhmann „liebt man das Lieben und deshalb einen Menschen, den man lieben kann" (Liebe. Eine Übung). In der Folge gehört dazu, „daß ein entsprechendes Gefühl gefühlsmäßig bejaht und gesucht wird; daß man sich als Liebenden und Geliebter liebt und auch den anderen als Liebenden und Geliebten liebt." Beide Partner ermöglichen einander wechselseitig das Lieben. Das ist die Grundlage ihrer Beziehung – „und nicht, weil sie gut sind, oder schön, oder edel oder reich sind", wie Luhmann schreibt.

Die Liebe ist also im Idealfall von Äußerlichkeiten getrennt. Sie ermöglicht eine Offenheit für den anderen, der um dieser gegenseitigen Liebe willen wahrgenommen wird.

Das befreit Liebe von Erwartungen. Es wird nicht mehr erwartet, dass man jemanden liebt, weil man mit ihm verheiratet wurde, weil der Acker des Schwiegervaters günstig neben dem des eigenen Vaters liegt. Stattdessen wird aber erwartet, dass man der Liebe als Passion verfällt, leidenschaftlich aneinander hängt.

In diesem Horizont der Liebe als Passion verbinden sich Selbst- und Nächstenliebe. In diesem Gefühl findet sich laut Luhmann „eine unbedingte Bestätigung des eigenen Selbst, [...] Hier, und vielleicht nur hier, fühlt man sich als der akzeptiert, der man ist."

Die in diesem Sinne verstandene Liebe kann aber nicht als Prinzip einer allgemeinen Gesetzgebung gelten, das auf alle beliebig angewandt wird. Ihr Wesen ist gerade die Exklusivität. Nur so kann Liebe als Passion funktionieren, ohne den Menschen zu überfordern. Verlangt Paulus also etwas Unmögliches?

DER EROS GOTTES

Man könnte geneigt sein zu antworten: nein, denn die Liebe als Passion hat mit der Nächstenliebe nichts zu tun. Eine emotionale Beziehung zu dem, dem ich mich in Nächstenliebe zuwende, ist nicht verlangt. Hier wird ausschließlich nach Handlung gefragt.

Freilich, eine solche Vorstellung von Nächstenliebe ist instrumental. Nächstenliebe degeneriert dann zur lieblosen Handlung, die zwar erfolgreich sein mag; aber der Geist fehlt. Und sie zerreißt die Einheit von Selbst- und Nächstenliebe. Denn sich selbst blickt man ja hoffentlich auch nicht lieblos an und vollzieht nur Handlungen an sich selbst – Hauptsache, der Bauch ist voll.

Das fehlende Glied ist hier die Gottesliebe, wie Thomas von Aquin in seinem Kommentar des Römerbriefs ausführt. Alle drei Aspekte der Liebe hängen untrennbar miteinander zusammen, müssen ineinander gedacht werden, um sich voll auszuschöpfen.

Die Gottesliebe antwortet dabei auf die Liebes Gottes zu uns. Diese Liebe wird in der Bibel mitunter leidenschaftlich beschrieben, im Hohelied der Liebe etwa oder bei den Propheten Ezechiel und Hosea. Benedikt XVI. schreibt in seiner Enzyklika *Deus caritas est* vom „Eros Gottes für den Menschen". Liebe also als Passion. Äußerste Folge dieser Passion ist die Hingabe Jesu, des Sohnes Gottes, in der Menschwerdung und dem Tod am Kreuz.

Der Gläubige antwortet auf diese Liebe Gottes in der Gottesliebe. Diese Liebe Gottes, auf die der Gläubige antwortet, ist aber nicht exklusiv auf mich bezogen. Gottes Passion gilt auch dem Nächsten. In dialogischen Geschehen zwischen dem Gläubigen und Gott „lerne ich, diesen anderen nicht mehr bloß mit meinen Augen und Gefühlen anzusehen, sondern aus der Perspektive Jesu Christi heraus", so Benedikt XVI. Damit öffnet Jesus die Tür zu einer Leidenschaft für den anderen, die sich weitergibt. Eine solche Liebe erfüllt dann das ganze Gesetz.

Maximilian Röll

Von der geschwisterlichen Ermahnung

Die brüderliche (oder schwesterliche) Ermahnung im Sinn des Evangeliums ist eine Kunst, die nicht so leicht zu erlernen ist. Zu schnell spielen wir den Moralapostel und meinen, mit erhobenem Zeigefinger jemanden zurechtweisen zu müssen. Zu oft kränken wir einen Menschen, wenn wir ihm Fehler oder Sünden vorhalten, und nicht selten geht es uns bei der Kritik an anderen nicht um das Evangelium, sondern um eigene Interessen.

Andererseits gilt: Eine christliche Ermahnung kann durchaus hilfreich sein und ist manchmal auch geboten. Streit und Fehlverhalten gibt es immer wieder – und es gab sie auch schon in den ersten Gemeinden. Die Frage ist nur, wie wir damit umgehen. Ziel muss jedenfalls immer sein (wie es auch bei Matthäus der Fall ist), den/die andere/n für die Gemeinde zurückzugewinnen. In der Tradition der Kirche entwickelte sich daraus die sog. correctio fraterna, also eine brüderliche „Korrektur", womit deutlich wurde, dass man einen Mitbruder nicht ganz und gar in Frage stellen und erniedrigen wollte, sondern in einem bestimmten Punkt eine kleine, wenn auch notwendige und klare Kurskorrektur ans Herz legte. Und häufig wurde dies im frühen Mönchtum, wo man die Kunst der brüderlichen Ermahnung in Vollendung beherrschte, in Barmherzigkeit getan, weil dadurch eine Veränderung im Herzen des betreffenden Sünders am wirksamsten in die Wege geleitet werden konnte.

DAS BEISPIEL DES ABTES AMMONAS

Ein wunderschönes Beispiel hierfür ist eine Episode aus dem Leben des Abbas Ammonas, die in den Erzählungen der Wüstenväter berichtet wird. Ihm wurde von aufgebrachten Mönchen zugetragen, dass sich in der Zelle eines Mitbruders eine Frau aufhalte. Als der Abba mitsamt Gefolge eintrat, konnte der Mönch die Frau gerade noch in einem Fass verstecken. Ammonas überblickte sofort die Lage, setzte sich aufs Fass und ordnete eine Untersuchung an. Man fand natürlich nichts. Da sagte Altvater Ammonas zu den Brüdern: „Was ist das? Gott soll euch vergeben." Er ließ ein Gebet verrichten und hieß alle hinausgehen. Dann nahm er den Bruder bei der Hand und ermahnte ihn: „Gib auf dich acht, Bruder!" Nach diesen Worten ging er weg.

Das Verhalten dieses Altvaters zeigt sehr schön, worauf es ankommt, wenn wir aus ehrlichem Gewissen meinen, jemanden ermahnen zu müssen. Denn mit Floskeln wie „Das ist seine Sache" oder „Man soll die Freiheit eines jeden respektieren" ist keinem geholfen, am wenigsten demjenigen, der sich auf einem Weg befindet, der ihn in die Isolation treibt. Natürlich ist die Freiheit eines jeden zu respektieren, doch manchmal kann die Freiheit auch in eine Sackgasse führen. Deshalb sind wir als Christen verpflichtet, einzuschreiten, wenn wir merken, dass jemand auf dem falschen Weg ist.

Eine solche Ermahnung – und damit kommen wir wieder zu der Kunst des Altvaters Ammonas – darf aber nie die Ehre eines anderen verletzen. Die brüderliche Ermahnung darf keine öffentliche Demütigung sein, sondern muss aus dem Geist der Nächstenliebe kommen.

DER DREI-STUFEN-WEG

Matthäus schlägt in seinem Evangelium hierfür einen dreistufigen Weg vor. Zunächst soll das persönliche Gespräch gesucht werden, um durch einen offenen und ehrlichen Dialog unter vier Augen den anderen wiederzugewinnen. Wenn ein Zweiergespräch keine Lösung bringt, soll dann ein wertschätzendes Gespräch in einer Gruppe aus der Gemeinde versucht werden. Schließlich soll die Angelegenheit in die Gemeindeversammlung gebracht werden, wobei hier ausdrücklich nicht die Gemeindeleitung genannt wird, sondern die Gemeinde als ganze. Erst wenn es gar nicht anders geht, entscheidet die Gemeinde (nicht die Leitung!), ob jemand evtl. ausgeschlossen, also zum „Heiden" oder „Zöllner" wird – wobei es tröstlich ist, dass sich Jesus zeit seines Lebens besonders um Heiden und Zöllner kümmerte, es also auch nach einem Ausschluss noch Versuche zur Versöhnung geben kann.

GEMEINSAMES GEBET UND BEREITSCHAFT ZUR VERGEBUNG

Dabei fällt nun noch etwas auf, was wir bei allem gegenseitigen Ermahnen und Zurechtweisen nie vergessen dürfen: das gemeinsame Gebet für- und miteinander. „Was auch immer zwei von euch auf Erden einmütig erbitten, werden sie von meinem himmlischen Vater erhalten" (Mt 18,19). Veränderung bei und an anderen erreichen wir nicht allein durch Kritik und Ermahnung, sondern auch durch die innere Kraft des Gebetes. Denn im Heiligen Geist sind wir alle miteinander verbunden und er ist es, der den schuldig gewordenen Menschen am nachhaltigsten verändern kann, viel nachhaltiger und tiefer, als es alle gutgemeinten Ratschläge können.
Und schließlich gehört zur Kunst der geschwisterlichen Ermahnung auch die Bereitschaft zur Vergebung. Nicht nur derjenige, der etwas falsch gemacht hat, ist gefordert, sondern auch derjenige, der die Ermahnung gibt, denn er/sie muss ehrlich bereit sein, dem Bruder / der Schwester zu vergeben und die Angelegenheit, um die es ging, zu vergessen. Ein Neuanfang, den jemand aus ehrlichem Herzen machen möchte, funktioniert nur mit Vergebung.
Man sieht: Es ist tatsächlich eine Kunst, diese correctio fraterna. Denn wir sind dabei selbst angefragt: Schaffen wir es, anderen in hilfreicher Weise etwas zu sagen, ohne gegen das Gebot der christlichen Nächstenliebe zu verstoßen? Vertrauen wir dabei auch auf das gemeinsame Gebet? Sind wir bereit zur Vergebung? Vielleicht können uns Matthäus und die Weisheit des Altvaters Ammonas dabei leiten.

Cornelius Roth

Jesus ist mitten unter uns – auch wenn wir streiten

Evangelium: Mt 18,15–20

Habt ihr manchmal Streit mit euren Geschwistern? Ich schon. Früher als Kinder haben wir uns oft um Spielsachen gestritten, weil wir zur gleichen Zeit mit denselben Sachen spielen wollten. Heute streiten wir über andere Dinge: was wir unseren Eltern zum Geburtstag schenken zum Beispiel.
Kennt ihr das auch? Worum streitet ihr euch? Und vor allem: Wie löst ihr euren Streit? (–)
Bestimmt streitet ihr euch um ganz verschiedene Dinge und oft sind es Kleinigkeiten. Wenn wir anderen Menschen davon erzählen, merken wir manchmal selbst, dass das eigentlich gar kein Grund für einen Streit war. Wir hätten auch einfach zusammen spielen oder uns abwechseln können. Oft sind die Lösungen ganz einfach, aber wenn wir streiten, sind wir wütend, ärgern uns über unseren Bruder oder unsere Schwester und sehen dabei gar nicht, wie wir den Streit beenden könnten. Dann kann es helfen, mit anderen Menschen darüber zu sprechen, ein bisschen Abstand zu gewinnen und ruhig zu bleiben.

STREIT

Auch Jesus hat was zum Thema Streiten gesagt, wir haben gerade davon gehört. Das ist gar nicht so einfach. Zuerst einmal finde ich es gut, dass dieses Thema auch in der Bibel angesprochen wird. Streit gehört zum Leben dazu. Wir sind uns nicht immer einig. Und das ist auch gut so. Wenn wir streiten, müssen wir uns nämlich mit anderen Meinungen, mit Gefühlen, Gedanken und Wünschen anderer Menschen auseinandersetzen. Das ist nicht immer schön, denn wir halten ja unsere eigene Sichtweise für richtig. Aber wir können dadurch andere Standpunkte kennenlernen. Und wir lernen, dass unser Gegenüber auch recht haben kann.
Manchmal hat ein Streit damit zu tun, dass wir etwas falsch gemacht haben: Wir nehmen unserem Bruder oder unserer Schwester etwas weg, wir machen etwas kaputt – mit oder ohne Absicht. So etwas passiert und meistens ärgern wir uns danach über uns selbst, wir schämen uns und würden alles am liebsten ungeschehen machen. Aber das geht leider nicht, weil wir die Zeit nicht zurückdrehen können. Kennt ihr das auch? Wie fühlt ihr euch, wenn ihr etwas falsch gemacht habt? (–)
Zurück zu dem, was Jesus sagt: Er spricht darüber, dass unser Bruder oder unsere Schwester gegen uns „sündigt“. Das ist ein schwieriges Wort. „Sündigen“ meint hier, dass er oder sie etwas falsch gemacht und uns wehgetan hat. Jesus fordert uns auf, dass wir in einer solchen Situation zuerst mal mit unserem Bruder bzw. unserer Schwester sprechen sollten, nur zu zweit, ohne dass andere Personen dabei sind. Am besten ist es, wenn wir die Angelegenheit so klären können und uns wieder vertragen. Das klappt aber leider nicht immer.

Manchmal ist nämlich das, was unser Gegenüber falsch gemacht hat, so schlimm, dass wir das nicht so schnell verzeihen können. Es kann beispielsweise sein, dass er oder sie uns richtig wehgetan hat – entweder körperlich oder mit Worten. Körperlich – das kann heißen, dass wir geschlagen oder getreten wurden. Man kann aber auch durch Worte verletzt werden, z.B. wenn jemand etwas Böses zu uns sagt. Wahrscheinlich habt ihr so etwas schon mal erlebt. Vielleicht kennt ihr das aus beiden Richtungen: Ihr wurdet schon von anderen Menschen körperlich oder mit Worten verletzt und möglicherweise habt ihr auch schon jemanden geschlagen oder beschimpft. Beides ist schlimm. Wenn wir verletzt werden, egal ob körperlich oder mit Worten, tut das weh. Und wenn wir andere verletzen, fühlen wir uns meistens danach auch schlecht.

UMGANG MIT STREIT

Es ist also klar, dass das kein gutes Verhalten ist. Jesus sieht das genauso. Er zeigt Wege auf, wie wir damit umgehen können, wie wir eine solch schwierige Situation klären können. Wenn das direkte Gespräch zu keiner Lösung führt, dann sollen wir eine oder zwei andere Personen um Hilfe bitten. Das können Eltern oder Freunde sein, aber auch Menschen, die uns nicht nahestehen. Gerade wenn es darum geht, dass jemand geschlagen oder beschimpft wurde, kann es hilfreich sein, mit unbeteiligten und unparteiischen Personen zu sprechen. Also mit Menschen, die wir nicht schon gut kennen und die nicht von Anfang an für oder gegen uns sind. Mit deren Hilfe ist es vielleicht möglich, Wege zur Lösung des Streits zu finden.
Falls das auch nicht gelingt, sollen wir es der Gemeinde sagen – so sagt es Jesus. Wenn wir das auf uns heute übertragen, könnte man es vielleicht so verstehen, dass wir das Problem vor allen offen ansprechen und alle um Rat und Hilfe bitten. In den meisten Fällen kommt man damit zu einem guten Ergebnis. Falls nicht, schließt sich diese Person letztlich selbst aus der Gemeinschaft aus.

JESUS IST BEI UNS – AUCH BEIM STREITEN

Das ist traurig, aber zum Glück können wir die meisten Konflikte im Alltag – vor allem solche mit unserem Bruder oder unserer Schwester – gut allein lösen. Wichtig ist, dass wir nicht einfach zuschauen und abwarten, wenn jemandem wehgetan wird. Wir sollen das Problem angehen – mit der Hilfe von Jesus, der immer bei uns ist, und mit anderen Menschen. Jesus sagt uns zu, dass er auch da ist, wenn wir streiten und es uns schlecht geht. Jesus ist mitten unter uns – jetzt, wo wir uns in seinem Namen versammelt haben, und auch zu Hause, in der Schule, beim Spielen und beim Streiten.

Melina Rohrbach

Vierundzwanzigster Sonntag (A)

LIEDVORSCHLÄGE

Gesänge zur Eucharistiefeier

Eröffnungsgesang: Kommt herbei, singt dem Herrn (GL 140,1+4–6); *Gloria:* Dir Gott im Himmel Preis und Ehr (GL 167); *Antwortgesang:* Dein Erbarmen, o Herr (GL 657,3) mit den Psalmversen *oder* Hoch sei gepriesen unser Gott (GL 384,2–3); *Ruf vor dem Evangelium:* Halleluja (GL 483,1+4); *zur Gabenbereitung:* Selig seid ihr, wenn ihr Wunden heilt (GL 459); *Danklied:* Nun singe Lob, du Christenheit (GL 487,1–3+5); *Mariengruß:* Ave Maria zart (GL 527).

Gesänge zur Wort-Gottes-Feier

Zum Friedenszeichen: Ubi caritas (GL 445); *Hymnus:* Gloria, Ehre sei Gott (GL 169).

ERÖFFNUNG

Liturgischer Gruß

Gott, unser Herr, der stets Geduld mit uns Sündern hat und uns immer wieder neue Vergebung und Gemeinschaft mit ihm schenkt, sei mit euch / ist mit uns allen.

Einführung

„Rache ist süß" – so lautet eine britische Serie, in der vier Schülerinnen dem Mobbing an ihrer Schule entgegenwirken wollen. Die Idee ist lobenswert, aber sie hat Tote zur Folge.
Vergebung statt Rache, Gemeinschaft statt Vereinzelung, Leben statt Tod – das entspricht dem christlichen Glauben und gehört zugleich zu den größten und schwierigsten Aufgaben, denen wir uns täglich stellen müssen.

Kyrie-Litanei

Jesus Christus, du bist ein Gott des Lebens und der Gemeinschaft.
Kyrie, eleison.
Jesus Christus, du vermagst das Trennende zwischen uns zu überwinden.
Christe, eleison.
Jesus Christus, du rufst auch uns auf, einander zu verzeihen. Kyrie, eleison.

Tagesgebet der Eucharistiefeier

Gott,
du Schöpfer und Lenker aller Dinge, sieh gnädig auf uns.
Gib, dass wir dir mit ganzem Herzen dienen
und die Macht deiner Liebe an uns erfahren.
Darum bitten wir durch Jesus Christus.

Perikopengebet der Wort-Gottes-Feier
Gott, du bist groß im Erbarmen
und schenkst Gnade und Vergebung.
Gib auch uns die Kraft zu verzeihen,
wenn Menschen an uns schuldig werden.
Darum bitten wir durch deinen Sohn,
unseren Herrn Jesus Christus,
der mit dir und dem Heiligen Geist
lebt und herrscht in Ewigkeit.

ZU DEN SCHRIFTLESUNGEN

1. Lesung: Sir 27,30–28,7
Ewiges Leben, die Gebote und der Bund mit Gott stehen der Rache entgegen.
Nur wer selbst vergibt, dem gelten Sündenvergebung und göttliche Verhei-
ßung.

2. Lesung: Röm 14,7–9
Im Leben und im Tod eint uns Christus.

Evangelium: Mt 18,21–35
Jesus verlangt, anderen unbegrenzt von Herzen zu vergeben, wie Gott es uns
selbst erfahren lässt.

FÜRBITTEN

Gott erweist sich uns immer wieder als ein Gott der Vergebung, der uns in die
Gemeinschaft mit ihm und untereinander einlädt. Voll Vertrauen bringen wir
ihm unsere Bitten vor:

- Für alle, die den Mut und die Kraft haben, anderen selbstlos zu verzeihen.
- Für alle, die schuldig geworden sind.
- Für alle, die im Kreislauf der Rache gefangen sind.
- Für alle, die darum ringen, Gemeinschaft mit Gott und den Nächsten zu
  haben.
- Für alle, die so sehr verletzt wurden, dass sie ihrem Peiniger nicht aus eige-
  ner Kraft verzeihen können.
- Für alle, die plötzlich aus dem Leben gerissen wurden und keine Möglich-
  keit mehr hatten, selbst zu vergeben oder Vergebung zu erfahren.
- Für alle, die das irdische Leben hinter sich gelassen haben und nun vor dem
  Gott der Liebe stehen.

Du, Gott, vermagst uns einst die ewige Gemeinschaft mit dir zu schenken. Dich
preisen wir, auf dich hoffen wir in Ewigkeit.

Zum Vaterunser
„Vergib uns unsere Schuld, wie auch wir vergeben unseren Schuldigern." So lasst uns Gott, unseren Vater, bitten:

Zum Friedensgebet
Immer wieder verfallen wir der Sünde. Diese Schwäche haftet uns Menschen an. Doch Vergebung ist der einzige Weg heraus aus dem Kreislauf der Rache hin zu Frieden und Gemeinschaft. Deshalb bitten wir:

Kommunionvers
Der Kelch des Segens, über den wir den Segen sprechen, ist Teilhabe am Blut Christi. Das Brot, das wir brechen, ist Teilhabe am Leib Christi.

ELEMENTE FÜR DIE WORT-GOTTES-FEIER

Zum Schuldbekenntnis
Gebraucht wird ein langer Strick.

L: Ich habe hier einen Strick, dessen eines Ende Sie bitte durch die Reihen geben, sodass am Ende alle mit dem Strick verbunden sind. *(L behält selbst ein Ende in der Hand.)*
Dieser Strick in unseren Händen zeigt uns, dass wir alle im wahrsten Sinne des Wortes „verstrickt" sind in die Sünde. Keiner ist davon ausgenommen. Doch wenn wir uns dieser Tatsache bewusst sind, sind wir erst in der Lage, dem anderen vergeben zu können – weil wir nämlich auf uns schauen können, auf unsere Schuld; weil auch wir um Vergebung bitten müssen bei anderen. So stehen wir nun mit unserem Sündenstrick schuldig vor Gott. Er allein kann uns die Sünden nachlassen. Vor ihm und untereinander lasst uns nun unsere Schuld bekennen und um Vergebung bitten:
A: Ich bekenne Gott, dem Allmächtigen ...
L: Der Allmächtige Gott erbarme sich unser. Er lasse uns die Sünde nach und führe uns zum ewigen Leben.
A: Amen.

Zum Friedenszeichen
(Umsetzung der oben genannten Idee mit dem Strick)
L: Jesus ist unser Friede und unsere Versöhnung. Frieden mit ihm ist die Quelle des Friedens unter uns Menschen. So wollen wir nun ein Zeichen des Friedens geben, indem wir den Strick vertrauensvoll zurückgeben, sodass nichts mehr zwischen uns steht.

L. nimmt den Strick entgegen, den die Gläubigen durch die Reihen zurückreichen, und legt ihn vor den Altartisch. Dazu singt die Gemeinde das Friedenslied (s. o.).
Carolin Trostheide

Immer wieder

„Ihm wird nie vergeben." Diese Worte wurden vor vielen Jahren gegen einen Schriftsteller ausgesprochen. Er musste von da an unter Polizeischutz leben, um einem Mordanschlag zu entgehen. Was für ein harter, grausamer Satz! Ganz anders Jesus. Für ihn gehört die Vergebung wesentlich zu seiner Verkündigung und zum Leben seiner Jünger. Was mag Petrus zu der Frage bewogen haben: „Herr, wie oft muss ich meinem Bruder vergeben?" Vielleicht gab es im Jüngerkreis manche Reiberei. Die Erwähnung des Rangstreites der Jünger (Mt 18,1–5) und des Bemühens seiner Apostelkollegen Johannes und Jakobus um die besten Plätze im kommenden Reich (Mt 20,20–28) lässt darauf schließen, dass es auch zwischen den Jüngern nicht nur harmonisch zuging. Dabei mag manche spitze Bemerkung gegen Petrus gefallen sein. Als einen auf Harmonie bedachten Gefühlsmenschen könnte ihn das besonders verletzt haben. Da klingt die Frage sehr verständlich: „Wie oft muss ich meinem Bruder vergeben?" Nach sieben Malen bedeutet: Nach vielen Malen muss doch auch einmal Schluss sein mit der Geduld! Jesus sieht das anders: „bis zu siebzigmal siebenmal" meint rein rechnerisch 490 Mal, gemeint ist: immer wieder. Darin können wir auch einen Hinweis sehen, dass Vergebung womöglich nicht so schnell gelingt. Manche sagen: „Ich kann vergeben, aber nicht vergessen." Zum Glück fordert Jesus auch nicht zum Vergessen auf. Ihm geht es um die Entscheidung: „Ich will vergeben." Er drängt nicht dazu, dass die Gefühle dabei mitspielen. Vergebung kann eine Entwicklung erfordern. Dann ist bei jedem neuen Fühlen der Verletzung die Entscheidung zur Vergebung gefragt, ein um das andere Mal. Dabei kann uns zweierlei helfen: einmal das Wissen darum, dass auch uns alle Schuld von Gott vergeben wurde. Der weitere Text des Gleichnisses mit dem riesengroßen Unterschied der Summen macht das deutlich. Was auch immer wir getan haben: Gott ist bereit, jede Schuld zu vergeben. Wer das verstanden hat, wird dankbar für den Großmut Gottes, wird von daher fähig, auch seinerseits zu vergeben. Zum Zweiten macht uns Jesus auf den Balken im eigenen Auge aufmerksam (Mt 7,1–5). Er hilft damit unserer Selbsterkenntnis nach. Wer um die eigene Unzulänglichkeit und Fehlbarkeit weiß, wird dadurch von seinem hohen Ross des Aburteilens heruntergeholt.
Die Apostelgeschichte und die Paulusbriefe lassen uns erkennen, dass es auch in der frühen Kirche Spannungen und Auseinandersetzungen gab, die die Bereitschaft zu verzeihen erforderten. Daran hat sich bis in unsere Tage nichts geändert. Vergebung hat auch politische Dimensionen. Nach dem 2. Weltkrieg waren es christliche Staatsmänner in Frankreich und Deutschland, die sich dafür entschieden, die „Erbfeindschaft" zwischen beiden Völkern zu beenden und zur Versöhnung zu finden. Diese politische Entscheidung hat uns offene Grenzen in Europa und Jahrzehnte des Friedens ermöglicht. Damit erweist sich das Christentum – bei allem, was leider auch schiefgelaufen ist – als eine Religion des Friedens, erweist sich Vergebung als ein Weg zum Leben.

Martin Birk

Verzeihen als Ausdruck echten Menschseins

Wenn es um das Thema „Nächstenliebe" geht, wird nicht selten das Alte gegen das Neue Testament gestellt. Im Alten Testament, so heißt es, gelte der Grundsatz „Auge um Auge, Zahn um Zahn". Das Neue Testament hingegen sei durch das Gebot Jesu bestimmt, den Nächsten zu lieben, auch und gerade den Feind. Einmal davon abgesehen, dass die Regel „Auge um Auge, Zahn um Zahn" gerade darauf ausgerichtet war, keine unbegrenzte, sondern eine angemessene Reaktion auf erlittenes Unrecht zu zeigen, ist aber eine solche Gegenüberstellung des Alten und des Neuen Testaments auch grundsätzlich nicht gerechtfertigt. Auch der Mensch im Alten Bund kennt aus den Heiligen Schriften Gründe und Aufforderungen, dem Nächsten – und hier vor allem dem eigenen Volksgenossen – zu verzeihen und von einer Reaktion der Rache oder der Vergeltung gänzlich abzusehen.

GÖTTLICHE VERGEBUNG IST ÜBERLEBENSNOTWENDIG

So jedenfalls haben wir es in der (ersten) Lesung aus dem alttestamentlichen Buch Jesus Sirach vernommen: „Denk an das Ende, lass ab von der Feindschaft, denk an Untergang und Tod und bleib den Geboten treu! Denk an die Gebote und grolle dem Nächsten nicht, denk an den Bund des Höchsten und übersieh die Fehler!" Das Buch gehört zu den späten Schriften des Alten Testaments und wurde um das Jahr 185 v. Chr. von seinem Autor – Jesus Sirach oder auch Ben Sira – auf Hebräisch verfasst. Mit diesen Gedanken möchte der Verfasser den Menschen an das Handeln Gottes, an den Bund des Heils erinnern, der in seinem Innern Vergebung bedeutet. Gott will dem Menschen Verzeihung und somit Heil schenken.

Auf diese Weise unterstreicht Jesus Sirach die Notwendigkeit der göttlichen Vergebung für jeden Menschen. Der Mensch kann ohne die geduldige und verzeihende Liebe Gottes nicht überleben. Nur durch die Liebe Gottes als gnadenvolles Handeln kommt der Mensch wieder zu seinem wahren Menschsein zurück, zu jenem Menschsein, an das der Schöpfer dachte, als er den Menschen ins Leben setzte. Die Vergebung Gottes ist somit so etwas wie eine fortdauernde zweite Schöpfung des Menschen. Er führt ihn an seinen Ursprung zurück und erinnert ihn daran, ohne Gott nichts zu sein.

In vollkommener Weise ist uns diese Liebe in Jesus Christus geschenkt worden. In ihm hat Gott den neuen, ewigen Bund mit dem Menschen geschlossen. Seine Liebe ist Erbarmen und kennt keine Begrenzung mehr. Die am Kreuz ausgestreckten Arme lassen das auf beeindruckende Weise sichtbar werden, so wie es Benedikt XVI. in seiner ersten Enzyklika „Deus caritas est" (Gott ist die Liebe) formulierte: „In seinem Tod am Kreuz vollzieht sich jene Wende Gottes gegen sich selbst, in der er sich verschenkt, um den Menschen wieder aufzuheben und zu retten – Liebe in ihrer radikalsten Form" (Nr. 12). In jeder Eucharistiefeier wird diese Hingabe am Kreuz von Neuem gegenwärtig und wir werden in diese lebensverwandelnde Geste der Danksagung Jesu an den Vater, in seine „Eucharistia" (Danksagung) hineingezogen. Auch hier und jetzt!

VERZEIHEN WIRD ZUM AUFTRAG

Wer das erkennt, wird wie von selbst zur Dankbarkeit – zur Eucharistie – im Alltäglichen geführt. Wer Gott so empfängt und an sich handeln lässt, geht in die Haltung der Dankbarkeit gegen Gott über. Aber mehr noch, er wird bereit, die Dankbarkeit im konkreten eigenen Vergeben gegenüber dem Nächsten zu leben. Jesus sagt dem Petrus auf dessen Frage im Evangelium, was das im Blick auf die Bereitschaft zum Verzeihen gegenüber dem Nächsten bedeutet: „Ich sage dir nicht: Bis zu siebenmal, sondern bis zu siebzigmal siebenmal". Kurzum: immer!

Wie schwer das manchmal sein kann, wissen wir alle aus Erfahrung und verdeutlicht das sich daran anschließende Gleichnis vom Knecht, der Vergebung einfordert, aber nicht bereit ist, selbst Vergebung zu schenken. Doch die Konsequenz solchen Fehlverhaltens ist eindeutig: „Ebenso wird mein himmlischer Vater euch behandeln, wenn nicht jeder seinem Bruder (und seiner Schwester) von Herzen vergibt". Es bedarf folglich einer beständigen Einübung des Verzeihens, das den Menschen zu seinem wahren Dasein führt. Verzeihen wird zum Ausdruck echten Menschseins. Wer sich darum in der Einheit mit Gott, im Leben mit seinem Wort und seinen Sakramenten bemüht, der wird schon in diesem Leben nicht nur Versagen erfahren. Nein, er wird immer auch schon erste Früchte dieses Bemühens sehen dürfen.

Damit verbindet sich nun für den gegenwärtigen Augenblick wie von selbst die Frage: Wem muss ich hier und jetzt vergeben? Gegenüber wem fällt es mir schwer? Wo kann ich einen neuen Versuch starten? Wie möchte ich in der kommenden Woche die Haltung des Verzeihens leben, damit auch ich zum wahren Menschsein gelange? Denn nicht irgendwem, sondern mir persönlich gilt der Auftrag Jesu: „Ich sage dir nicht: bis zu siebenmal, sondern bis zu siebzigmal siebenmal".

Vom österreichischen Schriftsteller Karl Heinrich Waggerl stammt das zum Nachdenken anregende und zugleich ermutigende Wort: „Wer seinen Nächsten verurteilt, der kann irren. Wer ihm verzeiht, der irrt nie." Bitten wir den Herrn, dass er uns durch die Erfahrung seiner vergebenden Liebe helfe, selbst zu Vermittlern seines Erbarmens zu werden – eines Erbarmens, das sich nicht begrenzen lässt und bereit ist, stets neu zu beginnen. Und bitten wir ihn heute besonders für jene Menschen, die Verantwortung für Länder und Regionen tragen und sie durch ihre fehlende Bereitschaft zum Verzeihen in Auseinandersetzungen und Kriege führen. Möge er ihr Herz berühren und sie zu Werkzeugen des Friedens machen – eines Friedens, der nicht allein im Schweigen der Waffen besteht, sondern in bekehrten Herzen gründet, die die vergebende Liebe Gottes erfahren haben.

Christoph Ohly

Teilhabe an der Vergebung Gottes

Was für eine traurige Geschichte: Da macht einer die Erfahrung des Erbarmens und der Güte seines Herrn, aber dieses Geschenk kommt bei ihm gar nicht an. Es verändert ihn nicht. Er wird nicht zu einem Menschen, der empfangenes Erbarmen weitergeben kann oder will.

WER ERBARMEN VERWEIGERT, VERWIRKT ERBARMEN

Das Herz des undankbaren Knechtes bleibt hart, unerreichbar für die Not des Nächsten. Das hat der Herr sicher nicht gewollt. Er wollte, dass von seinem Erbarmen etwas ausgeht in die Gemeinschaft seiner Knechte: ein gegenseitiges Erbarmen. Vielleicht verstehen wir so den ernsten Schluss des Evangeliums besser. Der Knecht, der seinem Nächsten das Erbarmen verweigert, verwirkt dadurch das Erbarmen seines Herrn.
Auch wir können die Teilhabe an der Vergebung Gottes verweigern. Und wer sich verweigert, schließt sich aus, der richtet sich selbst. An diese Möglichkeit will Jesus erinnern, damit wir uns retten lassen durch gegenseitiges Erbarmen in das Erbarmen Gottes.

DER WEG GOTTES MIT DEN MENSCHEN

Das ist das Geheimnis des Weges Gottes mit uns Menschen. Wir werden mit diesem Geheimnis nie an ein Ende kommen, können aber anfangen, in dieses Geheimnis hineinzugehen. Abrechnung ist unfähig, Unrecht zu überwinden und eine neue Welt entstehen zu lassen. Eine Welle der Abrechnung endet nirgendwo, sondern hinterlässt überall nur Trauer und Bitterkeit.
Der Gott und Vater unseres Herrn Jesus Christus geht einen anderen Weg mit uns und unserer Geschichte. In seinem Sohn hat Gott eine Welle der Vergebung ausgelöst, die alle und alles erneuern kann und soll. Sie trifft auf Hindernisse und Widerstände. Aber sie ergreift auch immer wieder Menschen und sie wird durch sie weitergetragen, diese Welle der Vergebung.

„KIRCHE HEISST VERGEBUNG"

Im Holländischen Katechismus von 1966 gibt es einen ganz kurzen Satz über die Kirche, er lautet: „Kirche heißt: Vergebung." Wenn wir diese Wahrheit leben würden, wäre schon viel mehr in unserer Geschichte geheilt und gut geworden. Viele von uns werden im Blick auf ihren Lebensweg sagen dürfen, dass sie vor erdrückender Schuld bewahrt geblieben sind.
Trotzdem – selbst, wenn wir nicht schwerste Schuld auf uns geladen haben, haben wir alle Anteil an der Sünde der Welt und ihrer tiefen Lebensfeindlichkeit. Wie oft mangelt es uns an der Bereitschaft, zu verzeihen? „Soll doch der andere, mit dem ich mich gestritten habe, mal auf mich zugehen" oder „die

Freundin, die schlecht über mich redet hat, die muss sich erstmal bei mir ent-
schuldigen, bevor ich mich wieder normal mit ihr unterhalte". Solche und ähnliche Beispiele kennen vermutlich viele von uns. Wie wäre es wohl, wenn Gott
uns nach solchen Maßstäben messen würde? Hätten wir dann noch eine
Chance auf Erbarmen?

DAS GROSSE „TROTZDEM" GOTTES

Wir haben das große Glück, dass Gott anders ist als wir. Die Bibel spricht sehr
deutlich davon. Trotz unserer Schwächen, obwohl wir immer wieder in alte
Muster und schlechte Gewohnheiten zurückfallen, dürfen wir seit unserer
Taufe wissen: Wir müssen uns nicht erst annehmbar machen. Wir sind schon
lange von Gott angenommen. Wir müssen uns nicht liebenswert machen. Wir
sind geliebt. Nie holt uns Gott von hinten mit unserer Schuld ein. Immer ruft
er uns voll Erbarmen zu sich.
„In der göttlichen Haltung ist die Gerechtigkeit von Barmherzigkeit durchdrungen, während die menschliche Haltung auf die Gerechtigkeit beschränkt
ist", so hat es Papst Franziskus einmal gesagt. Jesus lädt uns ein, uns der Kraft
der Vergebung zu öffnen, denn nicht alles kann allein durch Gerechtigkeit gelöst werden, es braucht auch Barmherzigkeit und den Willen zu verzeihen.
Schauen wir nochmal auf die Eingangsfrage des heutigen Evangeliums: „Wie
oft muss ich meinem Bruder vergeben, wenn er gegen mich sündigt? Bis zu siebenmal?". Die Antwort Jesu ist überdeutlich: „bis zu siebzigmal siebenmal"
(Mt 18,21f), in der Sprache der Bibel heißt das: immer wieder.
Ich mag dieses Evangelium sehr, es ist auch überhaupt nicht traurig. Gott
schenkt Vergebung, immer wieder, sonst könnte wohl niemand von uns vor
ihm bestehen.
Auch wir sind eingeladen, immer wieder zu vergeben. Denn wer das achte Mal
Vergebung verweigert, ist wie der hartherzige Knecht und letztlich richtet er
sich dadurch selbst.

Christoph Heinemann

„Wie viel Leid, wie viel Zerrissenheit, wie viele Kriege könnten vermieden
werden, wenn Vergebung und Barmherzigkeit der Stil unseres Lebens wären!
(...) Es ist notwendig, die barmherzige Liebe in allen zwischenmenschlichen
Beziehungen anzuwenden: zwischen Ehepartnern, zwischen Eltern und Kindern, innerhalb unserer Gemeinschaften, in der Kirche und auch in Gesellschaft und Politik."
Papst Franziskus

Vergebung braucht Ausdauer

ERÖFFNUNG

Ganz herzlich begrüße ich euch zum Gottesdienst. Wir haben uns versammelt, um Gott zu loben und ihm zu danken. Wir wollen wieder von Jesus hören, er hat uns in seine Nachfolge gerufen, wir gehören zu seinen Freunden. Wir vertrauen darauf: Er ist in unserer Mitte, wenn wir uns in seinem Namen versammeln. Begrüßen wir ihn jetzt im Kyrie.

ZUR VERKÜNDIGUNG

Evangelium: Mt 18,21–35 *(später verkündigen)*

In unserem Leben kommt es immer mal wieder vor, dass wir uns über andere Menschen ärgern, weil sie uns Böses angetan haben oder schlecht über uns geredet haben. Wir sind meist verletzt und ärgerlich. Manche Menschen gehen uns gehörig auf die Nerven, weil sie Dinge tun, die wir nicht gut finden. Oder sie handeln so ganz anders, als wir es erwarten. Auch wenn es uns schwerfällt: Wir müssen mit diesen Menschen zusammenleben. Wir sollen sie annehmen, wie sie sind. Wenn sie schuldig an uns geworden sind, sollen wir ihnen vergeben. Das ist aber nicht so einfach. Auch Jesus weiß darum, und so geht es heute im Evangelium um das Thema Vergebung. Hört gut zu.
(Evangelium jetzt verkündigen)

NICHT SIEBENMAL, SONDERN SIEBIZGMAL SIEBENMAL

Auch bei Jesu Freunden lief nicht alles rund. Da gab es sicherlich die eine oder andere Meinungsverschiedenheit und wohl auch Streit. Und so will Petrus von Jesus wissen: Wie oft muss ich meinem Bruder verzeihen, wenn er mich geärgert hat oder schuldig an mir geworden ist? Ist es genug, wenn ich ihm siebenmal verzeihe?
Die Antwort, die Petrus von Jesus bekommt, ist überraschend: Nicht siebenmal, sondern siebzigmal siebenmal sollst du vergeben. Oder, wie es auch manchmal übersetzt heißt, siebenundsiebzigmal. Das ist eine sehr große Zahl. Und im Grunde bringt Jesus zum Ausdruck: Du musst unbegrenzt verzeihen. Immer und immer wieder. Du sollst mit dem Vergeben nie aufhören.

VERGEBUNG BRINGT NEUES LEBEN

Immer und immer wieder vergeben ist eine große Herausforderung. Leichter gesagt als getan. Warum fordert Jesus so etwas schier Unerfüllbares? Was steckt dahinter? Im Grunde bringt er zum Ausdruck, was wir vielleicht selbst schon erlebt haben. Wenn wir nicht vergeben, tragen wir eine große Last in uns: Groll, Wut, Bitterkeit, Hass und Feindseligkeit erfüllen unser Herz. Mitunter denken wir vielleicht an Rache. Wenn mich ein anderer Mensch geärgert hat, will ich es ihm heimzahlen, ich will ihn auch ärgern. Gedanken der Rache und Gefühle des Hasses nehmen mich in Beschlag. Sie können mich blockieren und hindern mich am Leben. Letztlich vergiften sie das mitmenschliche Miteinander. Jesus weiß: Das Nicht-Vergeben können führt letztlich in den Tod. Erst die Vergebung bringt neues Leben und befriedet das Miteinander.

VERGEBUNG IST ARBEIT

Jesus fordert von seinen Jüngern eine unbegrenzte Vergebungsbereitschaft. Es geht um das beharrliche Bemühen, den anderen nicht zu verlieren, ihm immer wieder die Hand zur Versöhnung auszustrecken und einen neuen Anfang zu setzen. Siebzigmal siebenmal drückt auch aus: Vergebung ist nicht automatisch zu haben. Sie kostet Kraft und Ausdauer. Vergebung ist anstrengende Arbeit. Denn ich muss mich immer wieder selbst überwinden und auf den anderen Menschen zugehen. Auch wenn er mich zum wiederholten Male geärgert hat oder mich mit seinem Handeln auf die Palme bringt. Ich muss versuchen, meine negativen Gefühle wie Groll, Wut oder Hass, die eine Verletzung ausgelöst haben, zu verwandeln in Zuwendung, Mitgefühl und Liebe. Das geschieht nicht von jetzt auf gleich. Manchmal ist es ein langer und steiniger Weg.

WEIL GOTT VERGIBT, KÖNNEN AUCH WIR VERGEBEN

Im heutigen Evangelium erzählt uns Jesus die Geschichte von einem König, der einem seiner Diener unermesslich große Schulden erlässt. Jesus bringt damit zum Ausdruck: Gott ist ähnlich wie der König, er verzeiht alles. Und genauso sollen die Menschen alles verzeihen. Egal was passiert. Weil Gott vergibt, können wir vergeben. Und es gilt auch die andere Seite: Wenn wir den Menschen nicht vergeben, dann kann auch Gott den Menschen nicht vergeben.

JESUS SCHENKT DIE KRAFT ZUR VERGEBUNG

Wenn wir heute zum Gottesdienst versammelt sind, lassen wir uns von Jesus neu zusagen, wie wichtig und notwendig Vergebung ist. Aber mehr noch bitten wir ihn um die Kraft und die Ausdauer, Wege der Vergebung zu gehen. Er ist es, der uns auf dem Weg zur Seite steht. Er ist es, der uns Geduld und gegenseitiges Verständnis für die Schwächen, Unzulänglichkeiten und Fehler unserer Mitmenschen schenkt. Er sagt uns zu: Vergebung braucht Ausdauer.

Steffen Knapp

Fünfundzwanzigster Sonntag (A)

LIEDVORSCHLÄGE

Gesänge zur Eucharistiefeier
Eröffnungsgesang: Gott wohnt in einem Lichte (GL 429); *Antwortgesang:* Der Herr ist nahe allen, die ihn rufen (GL 76,1) mit den Psalmversen *oder* Gott loben in der Stille (GL 399); *Ruf vor dem Evangelium:* Halleluja (GL 174,3) mit dem Vers; *Danklied*: Ein Danklied sei dem Herrn (GL 382); *zur Entlassung:* Was Gott tut, das ist wohlgetan (GL 416).

Gesänge zur Wort-Gottes-Feier
Vers zum Lobpreis: Dir sei Preis und Dank und Ehre! (GL 670,8); *Hymnus:* Herr, deine Güt ist unbegrenzt (GL 427).

ERÖFFNUNG

Liturgischer Gruß
Unser Herr Jesus Christus, der uns Gottes Güte verkündet, er sei mit euch / ist mit uns allen.

Einführung
Wir Menschen machen Pläne, malen uns aus, wie es sein wird, haben unsere Wunschvorstellungen. Und doch kommen wir an Grenzen, können manchmal nicht mehr weiter, auch nicht mehr weiter denken, anders denken. Gottes Gedanken sind anders. Wo wir Menschen eine Grenze sehen, da denkt er weiter. Wo wir keine Perspektive mehr haben, da sieht er weiter. Wo wir meinen, dass wir nicht anders handeln können, da vergibt er, baut auf, ermutigt, stärkt und führt uns in die Zukunft.

Kyrie-Litanei
Herr Jesus, du lebst dein Leben für uns Menschen. Kyrie, eleison.
Herr Christus, du bist bei uns an jedem Tag unseres Lebens. Christe, eleison.
Herr Jesus, du stärkst unser Vertrauen auf den Vater. Kyrie, eleison.

Tagesgebet der Eucharistiefeier
Heiliger Gott, du hast uns das Gebot der Liebe
zu dir und zu unserem Nächsten aufgetragen
als die Erfüllung des ganzen Gesetzes.
Gib uns die Kraft, dieses Gebot treu zu befolgen,
damit wir das ewige Leben erlangen.
Darum bitten wir durch Jesus Christus.

Perikopengebet der Wort-Gottes-Feier
Gütiger Gott, du liebst die Menschen
und schenkst ihnen Gaben nach deinem Maß.
Lass uns deine Wege erkennen
und ihnen folgen,
damit wir auf ewig bei Christus sind,
der mit dir und dem Heiligen Geist
lebt und herrscht in Ewigkeit.

ZU DEN SCHRIFTLESUNGEN

1. Lesung: Jes 55,6–9
Gott ist anders: wo Menschen denken, es geht nicht weiter, findet er neue
Wege und denkt neue Gedanken. Er hat Erbarmen über alle menschlichen
Grenzen hinaus.

2. Lesung: Phil 1,20ad–24.27a
Paulus vertraut auf die Überzeugung, dass das Leben bei Gott aufgehoben ist,
selbst im Tod. Vor allem anderen hat er aber im Sinn, der Gemeinde zu helfen,
für Christus Zeugnis zu geben durch ihr Leben.

Evangelium: Mt 20,1–16
Nicht der Vergleich mit anderen bringt uns weiter, sondern das Vertrauen darauf, dass Gott gut ist und unser Wohl will. Was er verspricht, das gibt er uns.

FÜRBITTEN

Gottes Verheißung ist das Gute für uns und unser Leben. In seine Hand legen
wir alles, was nicht gut ist.

- Wir beten für alle, die ungerecht behandelt werden, die ausgegrenzt oder
  ausgenutzt werden und für alle, die andere ausnutzen und unterdrücken.
- Wir beten für alle, die sich nach Vergebung sehnen, für diejenigen, die nicht
  vergeben können, und für alle, die unter ihrer eigenen Schuld zerbrechen.
- Wir beten für alle, die sich unnütz vorkommen, die in ihrer Arbeit keine
  Erfüllung finden, und für alle, die keine Arbeit haben und finden.
- Wir beten für alle, die dem Tod entgegengehen, für alle, die um einen lieben Menschen trauern, und für alle, die mit Schicksalsschlägen konfrontiert
  sind.

Herr, du versprichst Leben in Fülle für jede und jeden. Dir vertrauen wir uns
und unser Leben an, dir empfehlen wir alle, an die wir jetzt besonders denken
und für die wir beten. Dir sei Lob und Ehre jetzt und in Ewigkeit.

Zum Vaterunser

Gott denkt weiter, Gott sieht weiter. Er ist der Vater, der unser Bestes will und dem wir uns darum aus ganzem Herzen anvertrauen, wenn wir beten.

Kommunionvers

Nahe ist der Herr allen, die ihn rufen, allen die ihn aufrichtig rufen (Ps 145,18).

ELEMENTE FÜR DIE WORT-GOTTES-FEIER

Sonntäglicher Lobpreis

K/A: Dir sei Preis und Dank und Ehre!

L: Gepriesen bist du, Herr, unser Gott. Du hast dein Wort in die Welt gesandt und es uns verkündet. Du hast Menschen berufen, die die Botschaft deiner Güte und Liebe weitersagen. Du hast Menschen gesandt, dein Erbarmen bekannt zu machen und in deinem Namen Vergebung zu verkünden. Du hilfst uns, deine Gedanken zu verstehen und unser Leben an dir auszurichten.

K/A: Dir sei Preis und Dank und Ehre!

L: Gepriesen bist du, Herr, durch deinen Sohn Jesus Christus. Er hat sein Leben für uns Menschen gelebt und am Kreuz den Tod erlitten, damit wir das Leben haben. Er erneuert unser Vertrauen auf das Leben bei dir. Er stärkt und ermutigt uns, damit wir aus der Gewissheit leben, dass er selbst unser Leben ist, und er sendet uns, damit wir seine Botinnen und Boten sind.

K/A: Dir sei Preis und Dank und Ehre!

L: Gepriesen bist du, Herr, unser Gott, durch den Heiligen Geist. Er lebt und wirkt um uns und in uns. Er ist das große Geschenk, das du jedem machst, der sich dir öffnet. Sein Wirken macht deine Größe erfahrbar, sein Wirken hilft uns, dass wir einander mit deinen Augen sehen, sein Wirken lässt uns staunen, wenn wir sehen, wie er das Leben von Menschen verändert. Durch ihn werden wir fähig, uns über alles zu freuen, was du anderen schenkst – und durch sie auch uns.

K/A: Dir sei Preis und Dank und Ehre!

Jens Watteroth

Gerecht oder großzügig – was trifft für Gott mehr zu?

Vor längerer Zeit ging die Nachricht durch die Medien, dass ein Schuhhersteller grundsätzlich allen Arbeitnehmern, die das 58. Lebensjahr überschritten hatten, zwei Tage zusätzlichen Urlaub gewährt hatte. Hierdurch fühlte sich ein jüngerer Arbeitnehmer wegen seines Alters diskriminiert und klagte auf Gleichbehandlung, bis hin zum Bundesarbeitsgericht. Das Bundesarbeitsgericht sah in dem Vorgehen des Arbeitgebers keine Altersdiskriminierung und wies die Klage in letzter Instanz ab. Diese Mentalität, die einen jüngeren Arbeitnehmer dazu trieb, bis zur letzten gerichtlichen Instanz diese Ungleichbehandlung als Ungerechtigkeit zu beurteilen, ist eine aktuelle Version des heutigen Gleichnisses. Wie ist das mit Gerechtigkeit und Großzügigkeit? Persönlicher gefragt: Ist Gott mehr gerecht oder mehr großzügig?

Es gibt einen hilfreichen Vergleich: Wenn ich Wasser in einen Fingerhut oder in einen 10-Liter-Eimer gieße, dann gibt es immer einen Punkt, an dem das Gefäß voll ist. Mehr geht nicht hinein – egal, ob es 2 Milliliter sind oder zehn Liter. Übertragen auf die Wirklichkeit: Wer sich sein ganzes Leben lang müht, seine Nächsten zu lieben wie sich selbst, dessen Herz wird einfach weiter und größer. Wer sich aus Angst, Geiz, Bequemlichkeit oder Egoismus in sein Schneckenhaus zurückzieht, dessen Herz wird symbolisch gesprochen kleiner und enger. Wenn dann Gott diese Menschen im Himmel ganz glücklich machen will, dann ist offensichtlich, dass in einen Fingerhut weniger Glück hineinpasst als in einen Eimer.

Der Theologe Hans Urs von Balthasar schrieb einmal: „Die Unterfassung aller Sünde durch die unendliche Liebe Gottes legt den Gedanken nahe, dass die Sünde, das Böse endlich sein muss." Im 1. Johannesbrief heißt es: „Auch wenn das Herz uns anklagt, Gott ist größer als unser Herz und er weiß alles" (1 Joh 3,20). Mit anderen Worten: Jede der großen Weltreligionen hat eine Ethik und Moral, d. h., eine Lehre über Gut und Böse. Eine Religion lässt sich aber nicht auf Moral reduzieren. Die Horizonterweiterung, auf die Johannes uns hinweist, besteht darin, dass Gott größer ist als unser Herz. Gott hebt die Moral nicht auf, er relativiert sie nicht, aber er umfängt sie noch einmal. Am Ende entscheidet die unendliche barmherzige Liebe Gottes. Der Seelsorger Michael Hahn (†1819) schrieb einmal: „Gott ist die Liebe. Aber auch in der Finsternis muss etwas von Gott lebendig sein. Denn etwas, in dem Gott nicht ist, kann nicht leben und nicht sein. Es gibt kein selbstständiges Böses."

Wer die beneidet, die um die letzte Stunde gewonnen worden sind, dem unterstelle ich einmal, dass er in der Faulheit mehr Lebensqualität sieht als in der Anstrengung. Unsere Alltagserfahrung sagt uns etwas anderes: Die zufriedenen und glücklichen Menschen sind die, die sich etwas abverlangt haben und dadurch über sich hinausgewachsen sind. Wer immer wieder neu erlebt, dass durch ihn das Leben anderer schöner, heller, heiler wird, der erfährt dadurch Sinn. Lassen wir uns von Gott in den Dienst nehmen – egal zu welcher Stunde!

Elmar Busse

Gott bleibt treu – wir auch?

Mit dem Durchhalten ist es so eine Sache. Viele Dinge im Leben und der Erfolg von langfristigen Unternehmungen hängen meist auch von einer großen Portion Durchhalten, Aushalten und Dranbleiben ab. Da ist zum Beispiel die lange vorgenommene Diät. Voller Motivation startet man, verhält sich vorbildlich und verzichtet auf alles, was dick macht und ungesund ist. Das Problem ist dann aber nur, dass der Erfolg einer Diät maßgeblich von ihrer Langfristigkeit und einem konstanten Bemühen abhängt. Wer nach ein paar Tagen schon wieder in alte Essgewohnheiten zurückfällt, kann es sich auch gleich sparen, eine Diät zu beginnen – denn schlimmstenfalls kommt dann auch noch der Jojo-Effekt dazu. Aber auch bei denjenigen, die etwas länger durchhalten, wird die eigene Willensstärke spätestens durch kulinarische Highlights bei Festtagen oder durch stressige Phasen auf der Arbeit hart auf die Probe gestellt.

DURCHHALTEN ALS ALLTÄGLICHE HERAUSFORDERUNG

Auch wenn eine Diät meist keinen lebens- und existenzbedrohenden Charakter aufweist, kann permanentes und fast schon trotziges Dranbleiben auch in anderen Bereichen von großem Vorteil sein: Manche sparen schon seit Jahren für eine lange Reise, für ein neues Auto oder gar für eine eigene Wohnung oder ein eigenes Haus. Andere benötigen in der Erziehung ihrer Kinder viel Geduld, Ausdauer und Frustrationstoleranz. Und wieder andere können anstrengende Phasen im Beruf nur durch eigene Willensstärke und konsequentes Durchhalten überstehen. Es ist schon eine Kunst und braucht viel Übung, einen Vorsatz über eine längere Zeit durchzuziehen und dabei auch langfristig an sich selbst und an ein erfolgreiches Ergebnis des eigenen Handelns zu glauben. Was sich auf bestimmte Unternehmungen und Materielles beziehen kann, lässt sich auch von zwischenmenschlichen Beziehungen sagen. Hier kann trotz vieler widriger Umstände ebenfalls ein konstantes Aushalten helfen, Krisen zu überwinden und danach gemeinsam wieder daraus hervorzugehen. Auch das glaubende und vertrauende Verhältnis zu Gott ist eine solche Beziehung, bei der Menschen langfristig einknicken und verzweifeln können.

MOTIVATIONSCHUB TROTZ GEGENWÄRTIGER KRISE

In der heutigen Lesung aus dem Buch Jesaja sind Menschen angesprochen, die eben nicht mehr durchhalten und aushalten wollen und die das Vertrauen in Gott und in seine Wirkmächtigkeit verloren haben. Der Autor spricht hinein in eine Zeit, in der das Königreich Juda im heutigen Israel zunichte gemacht, in der Jerusalem und der Tempel größtenteils zerstört wurden und in der der große Teil der Bevölkerung schon seit Jahrzehnten in der Fremde Babyloniens leben und arbeiten muss. Das Volk Israel steht vor einem gegenwärtigen Trümmerhaufen und fühlt sich von Gott im Stich gelassen. Wer kann angesichts der schlimmen Vorfälle und der aktuell bedrängenden und entwürdigenden Umstände noch an Gottes frühere Verheißungen glauben? Die Deportierten in Babylon träumen von der Vergangenheit und von den damaligen großen Taten Gottes wie dem Auszug aus Ägypten. Leicht kommt der Verdacht auf, dass Gott seinem Volk nicht mehr hilft, und dass das Setzen der Hoffnung auf ihn sinnlos wäre. Genau in diese verzweifelte Situation spricht der Autor der Lesung zum Volk und versucht, neuen Mut und Ausdauer zu bewirken. Es geht weiterhin um eine Hinwendung zu Gott und um ein Vertrauen auf ihn (V. 6). Auch diejenigen, die Schlechtes tun oder getan haben, sollen sich ihm zuwenden und können sich seiner Vergebung und seines Erbarmens sicher sein (V. 7). Selbst in der gegenwärtigen Krise, in der viele Gläubige angesichts der trostlosen Umstände ihre Ausdauer und ihr Vertrauen in Gott verlieren, pocht der Autor der gehörten Bibelstelle auf Beharrlichkeit und auf den Blick nach vorne. Man soll sich nicht an die Vergangenheit klammern, sondern an den Glauben an eine gute Zukunft.

Die Handlungsfähigkeit Gottes darf dabei nicht mit der eigenen gleichgesetzt werden. Um das zu verdeutlichen, wird die Metapher der menschlichen und der göttlichen Gedanken und Wege entfaltet: Gottes Gedanken und Wege sind weit entfernt von den menschlichen und der Unterschied ist so gewaltig wie die Höhe des Himmels (V. 9). Eine Hinwendung zu Gott bedeutet auch die Haltung, dass die Möglichkeiten Gottes nicht an den eigenen, beschränkten und oft wankelmütigen Vorstellungen der Menschen zu messen sind. Der Text möchte primär also nicht sagen, dass Gottes Gedanken, Pläne und Absichten für den Menschen undurchschaubar und eh kaum zu verstehen sind, sondern dass seine Wirkmächtigkeit nicht mit menschlicher Handlungs- und Vorstellungsfähigkeit zu vergleichen ist. Während Menschen also oft unstet und ohnmächtig sind, zeichnet sich Gott durch Standhaftigkeit und Allmacht aus.

DIE UNBEIRRBARE GÖTTLICHE VERHEISSUNG

Ausdauer und Geduld sind für viele von uns schwer durchzuhalten, besonders wenn widrige Umstände hinzukommen und das Vertrauen auf ein gutes Ergebnis mehr und mehr schwindet. Da kann es schnell zu Ausnahmen, Rückfällen oder zum endgültigen Aufgeben kommen – sei es bei der Diät, beim Sparen, bei der Kindererziehung, in stressigen beruflichen Phasen oder in zwischenmenschlichen Beziehungen. Auch im Glauben kann das passieren, vor allem wenn man wenige oder keine konkreten Zeichen von Zuwendung und Trost durch Gott erfährt. Gerade die gehörte Lesung, die sich an ein Volk im trostlosen Krisenzustand richtet, antwortet darauf jedoch mit einer klaren Aussage der Hoffnung und mit dem unbeirrbaren Blick nach vorne. Die Nähe Gottes ist ganz anders als menschliche Vorstellungen und bleibt auch in der Not bestehen. Die Zusage, die Gott damals gegeben hat und die er uns auch heute gibt, ist die seiner immerwährenden Zuwendung zu uns Menschen. Halten auch wir durch!

Johannes Zier

Neid frisst die Seele auf!

Bist du neidisch ...?" Dass ein Mensch neidisch ist, ist Zeichen seiner Unreife. Wie ein kleines Kind glaubt er, das haben und besitzen zu müssen, was auch sein Nachbar hat. Zufrieden ist er nur dann, wenn er mit seinem Gegenüber wieder auf der gleichen Stufe steht. Dass ein Mensch neidisch ist, ist Zeichen seiner Abhängigkeit. Ständig setzt er sich dem Vergleich mit anderen aus. Hält er ihm stand, dann ist er froh. Erkennt er ein Ungleichgewicht, dann ist er zu Tode betrübt. Dass ein Mensch neidisch ist, ist Zeichen seines Unglücklich-seins und seiner Unzufriedenheit hinsichtlich seines eigenen Lebens. Indem er immerzu nur auf das blickt, was der andere hat, übersieht er die eigenen Möglichkeiten und das, was seinem Leben Sinn geben will. Neid ist eine Hauptsünde. Er besteht darin, dass man traurig ist, weil es einem anderen gut geht. Und wer aus Neid einem anderen Menschen Böses wünscht, der begeht sogar eine Todsünde. – „Bist du neidisch ...?" „Klar doch! Schließlich habe ich den ganzen Tag über hart im Weinberg gearbeitet, mir die Hände schmutzig gemacht, mir mehr als einmal den Schweiß von meiner Stirn weggewischt und jetzt soll der, der erst am Ende dazugestoßen ist, genauso viel an Lohn erhalten wie ich! Das ist unfair. Das ist nicht gerecht. So was kann man nicht machen." Wirklich nicht?

GÖTTLICHE RECHENKUNST

Der Besitzer des Weinbergs meint: doch. Und so gibt er jedem einen Denar, so wie er es zu Anfang beiden versprochen hat. Es geht dabei nur vordergründig um den Lohn eines Denars. Eigentlich geht es um die Beziehung zwischen Gott und dem Menschen. Und auch darum: dass vor Gott jeder Mensch gleiches Ansehen, gleiche Achtung besitzt und dass von ihm keiner unterschiedlich behandelt wird, wenn es darum geht, das zum Leben Notwendige zu erhalten, das, was ihn am Leben erhält, ihn zufrieden, glücklich und dankbar sein lässt. Nur von daher lässt sich begreifen, warum der Erste so viel bekommt wie der Letzte und warum kein Mensch wirklich und tatsächlich Anlass hat, neidisch zu sein.

DER MENSCH SOLL ÜBER SICH HINAUSWACHSEN

Waren Sie jemals neidisch? Neidisch auf andere? Neidisch auf das, was andere besitzen und Sie selbst nicht? Wie hat sich dieses Gefühl von Neid auf Sie ausgewirkt? Wie hat es sich möglicherweise zwischen Sie und den anderen gestellt und eine Mauer zwischen Ihnen errichtet? – Wie viel an Reife würde der Mensch gewinnen, wenn es ihm gelänge, herauszufinden, was er selbst zum Glücklich- und Zufriedensein braucht, und dabei nicht sein Gegenüber zum Maßstab zu nehmen, für den ganz andere Dinge wesentlich und entscheidend sind.

Das Leben des Menschen ist einmalig. Des Menschen Bedürfnisse und Ansprüche sind es ebenso. Das Glück und die Zufriedenheit eines Menschen können nicht darin bestehen, dass ein Mensch das hat, was der andere besitzt. Es geht nicht um das Haben. Es geht am Ende immer um das Sein. Haben oder Sein, meint Erich Fromm. Wie viel an Selbststand würde ein Mensch besitzen, gelänge es ihm, unabhängig von anderen sein Leben zu beurteilen und einem ständigen Vergleich mit dem anderen zu widerstehen? Solange ein Mensch den eigenen Wert an dem misst, was der andere hat und er nicht hat, wird sich der Mensch selber niemals gerecht. Glück und Zufriedenheit kann ich nicht dadurch erlangen, dass ich den anderen immer nur kleiner und schwächer und unvollkommener als mich selber denke. Wie viel an Heilung des eigenen Herzens würde der Mensch erfahren, gelänge es ihm endlich, zu begreifen, dass das, was er ist und was seinem Leben an Wert und Bedeutung zukommt, er sich niemals selbst oder durch seine Mitmenschen zukommen lassen kann. Glück und Zufriedenheit des Menschen kommen von innen heraus und wurzeln am Ende immer in der Absicht Gottes, dass der Mensch Leben habe, unverstellt und frei. Und dass ein jeder Mensch aufrecht durch das Leben gehen soll.

GOTT WEISS, WAS DER MENSCH BRAUCHT

Die Geschichte vom Besitzer des Weinbergs und seiner Arbeiter ist die Geschichte Gottes mit jedem Einzelnen von uns. Jesus sagt uns Menschen zu: „Vertraue auf Gott und darauf, dass er um dich weiß, und darum, was du zum Leben brauchst. Hab keine Angst, dass du bei Gott den Kürzeren ziehen musst. Sorg dich nicht um dein Leben. Dein himmlischer Vater weiß, was du brauchst."
Wer sich so in Gott aufgehoben und geborgen weiß, der wird nicht um sein Leben bangen, der wird auch keine Angst davor haben, den Kürzeren ziehen zu müssen. Der wird dankbar mit seinem Nächsten sein und sich mit ihm freuen für das Geschenk des Lebens, das Gott diesem zuteilt, und für das Geschenk des Lebens, das er selber aus der Hand Gottes empfangen darf. So ist es zumindest von Gott gedacht.

Thomas Diener

Die Gerechtigkeit Gottes

Vorbereitung: Die Spielszene zweimal kopieren und zu Beginn der Verkündigung an zwei Kinder, die gut lesen können, austeilen.

ZUR VERKÜNDIGUNG

Evangelium: Mt 20,1–16a *(später verkündigen)*

Heute wollen wir uns mit einer Geschichte beschäftigen, die Jesus seinen Freunden erzählt hat. Was haben die Menschen damals gedacht und was haben sie gefühlt? Vielleicht war es so, wie N. und N. uns jetzt vortragen.

Kind A: Stell dir vor, ich habe den ganzen Tag auf dem Marktplatz gesessen und gehofft, dass ein Herr mich holt, damit ich für ihn arbeite.
Kind B: Ach du Armer. Wie muss es dir ergangen sein - den ganzen Tag warten und Angst haben, dass deine Familie hungrig schlafen gehen muss.
A: Ja, das war ein schwerer Tag.
B: Ich hatte Glück. Ein Herr hat mich schon morgens geholt, damit ich seine Ziegen zum Weiden führe. Ich habe einen halben Denar verdient und kann nun ein paar Fische erwerben.
A: (schweigt, schaut zu Boden)
B: Warum sagst du nichts? Bist du traurig? Soll ich dir einen Fisch abgeben?
A: Aber nein. Ich habe genug, um selbst Fische zu kaufen.
B: Wie kann das sein?
A: In der elften Stunde, kurz bevor der Tag zu Ende ging, hat mich doch noch ein Herr geholt, um in seinem Weinberg zu arbeiten. Da hatte das Warten ein Ende. Ich dachte, ich werde zwar nicht viel verdienen, aber besser als nichts!
B: Das ist wahr. Dieses Warten und Hoffen und dann doch enttäuscht werden ist manchmal schlimmer als die schwerste Arbeit. Aber wie willst du deine Familie ernähren von nur einer Stunde Arbeit?
A: Lass mich fertig erzählen! Als der Arbeitstag vorbei war und der Herr den Lohn auszahlte, da erhielt ich einen Denar!
B: Das ist viel Geld! Was müssen da erst die verdient haben, die den ganzen Tag gearbeitet haben!
A: Alle bekamen einen Denar, die er schon morgens geholt hatte ebenso wie die, die erst zur elften Stunde kamen! Lass uns noch frisches Brot zum Fisch kaufen, ich lade dich ein!
(Evangelium jetzt verkündigen)

UNGERECHT?

Das ist ein Gleichnis, zu dem sicher viele von uns Ideen haben. Wir haben ja den Vorteil, dass wir vorhin schon gehört haben, wie sich die Menschen gefühlt haben könnten, die erst zur elften Stunde in den Weinberg gerufen wurden.

Aber was ist mit denen, die den ganzen Tag in der Hitze gearbeitet haben? Wir haben gehört, was sie zum Herrn sagten. Wer erinnert sich? (–) Diese waren ärgerlich. Sie fanden es ungerecht, dass sie nicht mehr bekamen als die anderen. Könnt ihr das verstehen? Wie geht es euch, wenn ihr den Eindruck habt, dass die Eltern oder Lehrer andere bevorzugen? (–) Das ist schwer. Das tut weh. Da kann man neidisch werden oder auch wütend auf die, die bevorzugt werden. Auch wenn sie selbst nichts dafür können.

GERECHT AUF GÖTTLICHE WEISE

Wir können die Geschichte Jesu durchaus mit dem vergleichen, was heute passiert. Sind die Menschen, die keine Arbeit haben, froh? Die von Bürgergeld leben, ohne dass sie dafür arbeiten müssen? (–) Es mag Menschen geben, die nicht arbeiten wollen. Aber die meisten sind doch unfreiwillig arbeitslos. „Für was bin ich noch gut?", fragt sich da vielleicht der eine oder die andere. Auch wenn sie vermutlich länger schlafen als die anderen – es wartet ja nichts und niemand auf sie – und mehr Zeit für alles haben, sind sie doch nicht glücklich damit. Auch den vielen Geflüchteten, die keine Arbeitserlaubnis bekommen, dürfte es so gehen. Bei ihnen kommt noch das Leid hinzu, das sie aus ihrer Heimat vertrieben hat, und die oft schrecklichen Erinnerungen daran.
Ganz blöd ist es auch, wenn das Leben nach der Schulzeit so weitergeht. Wenn man eine Zeitlang arbeitslos war, ist es nämlich ganz schön schwer, sich wieder an das Arbeitsleben zu gewöhnen. Deshalb ist es besonders wichtig, sich nach Schule oder Ausbildung gar nicht erst lange an das Nichtstun zu gewöhnen.

IM WEINBERG GOTTES

Was sagt uns das Gleichnis Jesu? Der Weinberg des Herrn – mit dem Weinberg ist die Kirche Christi gemeint. Wer im Weinberg Gottes arbeitet, der tut etwas, das Gott sich von ihm wünscht. Das kann ein freundliches Wort für ein anderes Kind sein, das eine schlechte Note geschrieben hat. Es kann die Hilfe bei den Hausaufgaben für ein Kind sein, das noch nicht gut Deutsch sprechen kann. Oder es ist ein versöhnliches Miteinander, wo Streit war. Darüber freut Gott sich genauso wie über den Arzt, der in einem Flüchtlingslager unentgeltlich und unter Lebensgefahr tausende Menschen behandelt, oder die Schwestern, die in armen Ländern hungernden Kindern das Leben retten. Komisch? Nein; vor Gott sind wir alle wertvoll. Entscheidend ist, dass sich jeder auf seine Weise und mit seinen Möglichkeiten bemüht, gut im Weinberg Gottes zu arbeiten. Manchmal brauchen wir sehr lange, um den Weg zu finden, den Gott für uns wünscht. Den Weg heraus aus dem Warten, aus dem Gefühl, für nichts gut zu sein. Aber selbst dann, wenn wir erst in der elften Stunde kommen, heißt Gott uns willkommen. Er ist an unserer Seite, auch wenn wir das nicht spüren. Und wenn wir dann den Weg zu ihm finden, bekommen wir keine Vorwürfe. Wir werden nicht verglichen mit denen, die schon immer nach seinen Worten gelebt haben, sondern wir werden freudig empfangen. Das heißt nicht, dass wir uns ja jede Menge Zeit lassen können. Denn fern von Gott sein macht nicht glücklich. Gott erwartet jeden von uns, immer wieder, jeden Tag neu.   *Elisabeth Hardt*

Sechsundzwanzigster Sonntag (A)

LIEDVORSCHLÄGE

Gesänge zur Eucharistiefeier

Eröffnungsgesang: Bekehre uns, vergib die Sünde (GL 266); *Kyrie-Litanei:* Meine engen Grenzen (GL 437); *Antwortgesang:* Dein Erbarmen, o Herr, will ich in Ewigkeit preisen (GL 657,3) mit den Psalmversen *oder* Aus tiefer Not schrei ich zu dir (GL 277); *zur Gabenbereitung:* Zeige uns, Herr, deine Allmacht und Güte (GL 272); *zur Kommunion:* Wer leben will wie Gott auf dieser Erde (GL 460); *Danklied:* O Herz des Königs aller Welt (GL 369); *zur Entlassung:* Lobet den Herren alle, die ihn ehren (GL 81,1+6+7).

Gesänge zur Wort-Gottes-Feier

Predigtlied: Erbarme dich, erbarm dich mein (GL 268); *zum Taufgedächtnis:* Kündet allen in der Not (GL 221,2+3+5); *zum Friedenszeichen:* O ewger Gott, wir bitten dich (GL 471); *zur Kollekte:* Suchen und fragen, hoffen und sehn (GL 457).

ERÖFFNUNG

Liturgischer Gruß

Die Demut unseres Herrn Jesus Christus, die Barmherzigkeit Gottes, des Vaters, und die Kraft des Heiligen Geistes sei mit euch / ist mit uns allen.

Einführung

Zu Beginn seines öffentlichen Lebens verkündet Jesus das Gleiche wie Johannes der Täufer: „Kehrt um! Denn das Himmelreich ist nahe." (Mt 3,2.4.17). Die Sache mit der Umkehr haben wir schon so oft gehört. Damit es wirklich klappt, müssen mehrere Hürden übersprungen werden. 1. Ich muss mich angesprochen fühlen, ansonsten fange ich gar nicht erst damit an. Sonst geht es mir ähnlich wie den Pharisäern, die Jesus immer wieder auf drastische Weise wachzurütteln versucht. 2. Einsicht. Einsicht setzt eine Zeit zur Besinnung voraus und die Bereitschaft, eigene Fehler und Schwächen einzugestehen. 3. Reue. Wenn mir meine Sünden nicht leidtun, habe ich keine Motivation, etwas zu ändern. 4. Besserung oder ein Plan, wie ich die Umkehr in die Tat umsetze. Ein Gottesdienst ist die perfekte Gelegenheit, es noch einmal zu versuchen mit dem Hürdenlauf der Umkehr – auch dieser hier und heute.

Kyrie-Litanei

Herr Jesus Christus, du hast den Willen des Vaters getan. Kyrie, eleison.
Du hasst die Sünde, aber liebst den Sünder. Christe, eleison.
Du verkündest Gottes Barmherzigkeit. Kyrie, eleison.

Tagesgebet der Eucharistiefeier
Großer Gott, du offenbarst deine Macht vor allem
im Erbarmen und Verschonen.
Darum nimm uns in Gnaden auf, wenn uns auch Schuld belastet.
Gib, dass wir unseren Lauf vollenden
und zur Herrlichkeit des Himmels gelangen.
Darum bitten wir durch Jesus Christus.

Perikopengebet der Wort-Gottes-Feier
Barmherziger Gott,
auch wenn wir schuldig geworden sind,
lässt du uns nicht fallen.
Gib uns die Kraft zur Umkehr
und den Mut, deinem Willen zu folgen.
So bitten wir im Heiligen Geist
durch Jesus Christus, deinen Sohn,
der mit dir lebt in alle Ewigkeit.

ZU DEN SCHRIFTLESUNGEN

1. Lesung: Ez 18,25–28
Menschen mag es ungerecht erscheinen; doch Gott vergibt selbst dem größten Sünder, wenn er einsichtig ist und umkehrt.

2. Lesung: Phil 2,1–11
Demut und gegenseitige Hochachtung einen die Gemeinde in Liebe. Jesu Beispiel dient als Vorbild.

Evangelium: Mt 21,28–32
Bei Gott ist nicht die Größe der Sünde entscheidend, sondern die Bereitschaft zu Reue und Umkehr.

FÜRBITTEN

Zu Erbarmen und Mitgefühl berufen, wenden wir uns mit den Nöten und Sorgen unserer Tage an den Herrn.

- Für die Außenseiter und die Verachteten.
- Für alle, denen es nicht gelingt, Fehler einzugestehen.
- Für alle, die keine Hoffnung auf Vergebung und Versöhnung mehr haben.
- Für alle, die sich um Recht, Gerechtigkeit und Frieden bemühen.
- Für alle, die durch kleine Opfer im Alltag ihre Umgebung etwas besser machen.

Barmherziger Gott, du lädst uns ein zur Mitarbeit an deinem Reich. Gepriesen seist du heute und bis in alle Ewigkeit.

Zum Vaterunser
Was wir auch anstellen in unserem Leben, wir hören nie auf, Kinder unseres himmlischen Vaters zu sein. Seine Liebe zu uns vergeht nicht. Wir beten zu ihm mit den Worten Jesu:

Kommunionvers
So spricht der Herr:
„Kehrt um! Denn das Himmelreich ist nahe" (Mt 4.17).

ELEMENTE FÜR DIE WORT-GOTTES-FEIER

Zur Weihrauchspende
Als Bußritus mit anschließendem Friedenszeichen:

Nach der Verkündigung des Wortes Gottes (und dem Glaubensbekenntnis/Predigtlied) spricht der Leiter / die Leiterin:

L: Schwestern und Brüder, das Wort Gottes hat uns gestärkt und ermutigt. Es mahnt uns zu Demut, Einsicht, Reue und Umkehr. Bitten wir Gott um Vergebung unserer Sünden und um Bereitschaft und Willen zur Umkehr. Wie der Duft des Weihrauchs diesen Raum erfüllt, so durchdringe und heile die Liebe Christi neu unser Leben.

Alles weitere siehe WGF 198f.

Zum Friedenszeichen
Gott ist immer zum Frieden bereit, denn er zögert nie, uns zu vergeben. Um diesen göttlichen Frieden bemühen auch wir uns, wenn wir einander nun ein Zeichen des Friedens und der Versöhnung geben.

Norbert Wilczek

Einladung zum Leben

Der Glaube ist nicht nur eine Sache des Verstandes, Glaube muss im Alltag gelebt werden. „Seid untereinander so gesinnt, wie es dem Leben in Christus Jesus entspricht." Das Verhalten Jesu den Menschen gegenüber muss der Maßstab unseres Handelns sein.

Leider hat man in der Kirche die Menschen oft etwas anderes gelehrt. Viele Ältere berichten, dass sie noch den Richter-Gott kennengelernt haben. Es ging vor allem um: du musst, du sollst, du darfst nicht. Dahinter stand der Gott, der alles sieht und registriert, der Gott, mit dem man drohen kann. Diesem Gott konnte man nicht entfliehen. Das hat für viele ein gedrücktes und gequältes Christsein bewirkt. Ich freue mich immer, wenn Menschen das überwinden und den liebenden Gott in ihrem Glaubensleben entdecken. Den Gott, vor dem man keine Angst haben muss.

Wenn ich mir die heutige Lesung anschaue, dann fühle ich mich in meiner Art der Verkündigung bestätigt. Da ist vom Zuspruch aus Liebe die Rede, es geht um die Gemeinschaft im Geiste, um herzliche Zuneigung und Erbarmen. Hier werden keine schweren Lasten auferlegt, sondern die Ermahnung in Christus ist nichts anderes als eine Einladung zum Leben, zum Leben in Fülle.

Es geht um ein lebendiges Miteinander und Zueinander in der Liebe, wo jede und jeder so angenommen ist, wie sie oder er ist. Jeder achte nicht nur auf sein eigenes Wohl, sondern auch auf das des anderen. Dies klingt wie das Liebesgebot: Liebe deinen Nächsten wie dich selbst.

Paulus ist ein Mann mit einer guten Auffassungsgabe. Er wirft seine Mahnungen nicht der Gemeinde an den Kopf, sondern er kleidet sie in herzliche Einladungen. Im Hintergrund dürfen wir vermuten, dass es in Philippi nicht so harmonisch zuging; dass es falschen Ehrgeiz und Prahlerei gab. Aber Paulus greift nicht die Betroffenen direkt an und weist sie zurecht, sondern er schildert das Bild einer Gemeinde, das für alle anziehend sein kann. Mahnungen als Einladungen zum Leben, oder anders gesagt: Paulus spricht hier keine Vorladung aus, sondern eine Einladung.

Dabei ist das Ganze keine harmlose Angelegenheit. Paulus schreibt aus dem Gefängnis. Er weiß nicht, ob er noch heil herauskommt. Er gibt der Gemeinde vielleicht die letzten Mahnungen mit auf den Weg. Er steht möglicherweise vor dem Martyrium, zu dem er grundsätzlich bereit ist, auch wenn er jetzt noch hofft, wieder herauszukommen. Er weiß auch seine Gemeinde in Philippi unter dieser Bedrohung. In einer solchen Situation geht es nicht um Belanglosigkeiten, sondern um das Wesentliche. Aber das Leben in Christus Jesus kann auch die Teilnahme an seinem Martyrium sein. Dafür will Paulus die Gemeinde in Philippi vorbereiten und stärken. Doch auch dies ist Einladung zum Leben. Denn dieser Jesus ist nicht im Tod geblieben. Deswegen werden die, die ihm im Tod gleich werden, an seinem neuen Leben teilhaben.

Hans-Werner Günther

Den Weg des unbegrenzten Gottes gehen

Ich erinnere mich gut: Ich sprach in einer kleinen Seminargruppe mit den Studierenden über die diversen Gottesbilder, mit denen Lehrkräfte im Religionsunterricht derzeit konfrontiert sind. Da erklärte eine Studentin: Für einen Atheisten ist die Hölle als Ort der Gottesferne ein guter Ort. Denn er hat sich dazu entschieden, ohne Gott zu leben; diese Entscheidung sei auch nach seinem Tod für ihn richtig. Die Hölle sei also ein guter Ort für den Menschen, der Gott nicht kennen möchte.

Diese These hat mich damals aufgewühlt. Kann das sein: Gottesferne als etwas Schönes, Beglückendes?

Die Bibel hat eine klare Antwort: Nein! Die ganze Geschichte des Alten und Neuen Testamentes ist davon durchwirkt: Gott sucht die Nähe und den Bund zu seinem Volk und nur in dieser Nähe liegen Heil und Rettung.

Innerhalb des biblischen Denksystems kann also Gottesferne nicht gut sein. Gott wird als das „Gute an sich" gedacht; ein Weg, der von Gott weggeführt, führt damit in die Irre, ins Unglück.

Der Prophet Ezechiel drückte es im sechsten Jahrhundert vor Christus noch einmal schärfer aus: „Wenn ein Gerechter sich abkehrt von seiner Gerechtigkeit und Unrecht tut, muss er dafür sterben. Wegen des Unrechts, das er getan hat, wird er sterben."

Was lösen diese Worte in Ihnen aus? Vielleicht Unbehagen? Gott tritt hier streng den Menschen gegenüber. Der Prophet fordert uns auf, den Weg JHWHs zu gehen, und stellt die Konsequenzen plastisch zur Schau.

EIN ANDERER HIMMEL

Erscheint da die These der Studentin nicht sympathischer?

Ein Mensch, der Gott nicht sucht, für den ist ein Ort der Gottesferne ein guter Ort, denn er hat sich ja selbst dazu entschieden. Das klingt doch nett und es geht auf die individuellen Bedürfnisse unterschiedlicher Menschen ein.

Und der Gedanke der Studentin kann einleuchtend sein. Er ergibt Sinn, wenn wir von folgender Annahme ausgehen: Wenn ich das, wozu ich mich selbst frei entschieden habe, erreiche, dann ist es gut für mich, dann macht mich das glücklich. Die einzige Einschränkung wäre dann, dass meine Freiheit, mein Ziel zu erreichen, die Freiheit des anderen, sein Ziel zu erreichen, nicht einschränkt. Wenn Gott möchte, dass wir glücklich werden – dieses Ziel sei hier unterstellt – und wir glücklich werden, wenn wir ein selbst gestecktes Ziel erreichen, dann ist Gottesferne, soweit sie ein selbst gestecktes Ziel ist, etwas, was uns in den Augen Gottes glücklich machen darf. Ist das nicht ein schöner Gedanke? Gott liebt uns so sehr, dass er selbst eine Entscheidung gegen ihn noch zu einem glücklichen Ende in der Gottesferne werden lässt. Die Hölle als Ort der Gottesferne ist dann nur ein anderer Himmel.

Dieses gedankliche Experiment hat seinen Reiz. Gerade in einer Zeit des Individualismus, in der sich jeder frei entscheiden kann und will, wirkt es attraktiv. Besonders wenn wir immer mehr Menschen begegnen, die sich vom Glauben an Gott abwenden. Auch sie sollen ja glücklich werden dürfen, auf ihre Weise.

AN DER OFFENBARUNG LERNEN

Die Bibel dagegen, in der sich die Offenbarung Gottes kondensiert hat, stellt uns ein anderes gedankliches System vor. So auch der Prophet Ezechiel. Denn nach der Mitteilung der Konsequenz eines ungerechten Weges endet der Prophet nicht. Er fährt fort: „Wenn ein Schuldiger von dem Unrecht umkehrt, das er begangen hat, und nach Recht und Gerechtigkeit handelt, wird er sein Leben bewahren." Der Prophet ruft zur Umkehr auf.
Er verweist damit auf eine grundlegende Fähigkeit des Menschen: neue Erkenntnisse zu gewinnen und sich zu verändern. Wenn der Mensch definiert, was für ihn gut ist, so kann er es auch neu definieren. Solchen Neu-Definitionen geht ein Lernprozess voraus.
Lernen findet dabei nicht losgelöst von der Umgebung statt. Im Gegenteil. Lernprozesse werden immer angeregt, wenn ein Problem, mit dem der Mensch konfrontiert wird, mit den bestehenden Fähigkeiten nicht gelöst werden kann. Dann wird die Fähigkeit bis zu dem Punkt erweitert, an dem eine Lösung möglich ist.
Das grundlegende Problem des Menschen, auf das Ezechiel uns hinweist, ist dessen Begrenztheit. Gott ist der schlechthin Unbegrenzte, der Mensch der Begrenzte. Diese Begrenztheit schränkt seine Entscheidungsfähigkeit nicht ein, die lässt Gott ihm; aber sie macht seine Entscheidungskompetenz defizitär. Der Mensch, der nur auf sich selbst und seine eigene Freiheit verweist, findet keine Lösung für dieses Problem. Stattdessen kopiert er seine eigene Begrenztheit in Gott hinein. Er sagt dann: „Der Weg des Herrn ist für mich nicht richtig." Er beschränkt Gott und weist ihm einen Platz neben sich zu. Gott wird dann zum gleichrangigen Gesprächspartner. Und an Gott kann damit die Erwartung gestellt werden, die Entscheidung des Menschen als gut und richtig zu akzeptieren. Alle anderen müssen es ja auch tun.
Dagegen setzt Ezechiel auf die Lernfähigkeit des Menschen an der Offenbarung Gottes. Vor das Problem seiner Begrenztheit gestellt, eröffnet Gott dem Menschen einen Weg: Umkehr. Der Mensch erkennt, dass seine Entscheidungskompetenz, die Fähigkeit, sich für sich richtig zu entscheiden, begrenzt ist. Indem der Mensch den Weg Gottes geht, überwindet er dieses Problem. Erst die Teilhabe an der Unbegrenztheit Gottes schafft die letzte Verheißung: Der Gläubige wird, wie der Prophet sagt, „bestimmt am Leben bleiben. Er wird nicht sterben."

Maximilian Röll

Alle Menschen sind Lügner (Ps 116,11)

Jesu Sympathie gilt dem Neinsager im Evangelium. Denn der ist mutig, mutiger als sein Bruder. Dieser verspricht das Blaue vom Himmel, während er insgeheim längst entschlossen ist, nichts wahrzumachen. Anders der Neinsager: Er ist aufrichtiger – und er wagt mehr. Er weigert sich, Zustimmung zu heucheln. Schließlich ist er sogar souverän genug, sein anfängliches Nein zu widerrufen. Darüber verliert er aber kein Wort. Sein Handeln spricht für sich. Mut zur Wahrheit – die hat mir oft gefehlt. Schon als Kind habe ich gelogen. Erbost gab mein Vater mir eine Strafarbeit. Einige -zig Male musste ich diesen Satz aufschreiben: „Wer einmal lügt, dem glaubt man nicht, und wenn er auch die Wahrheit spricht!" Diese Erziehungsmaßnahme in den fünfziger Jahren des vorigen Jahrhunderts – ja, sie passte zu ihrer Zeit. Aber ich erinnere mich nicht mit Groll daran. Denn ich habe darunter nicht gelitten. Im Gegenteil. Die Strafarbeit hat mich entlastet. Ich schrieb und schrieb, so konnte ich selbst aktiv dazu beitragen, dass der Fehltritt ausgebügelt wurde, hoffentlich bald vergessen war. Am nächsten Tag hätte ich mich noch wundern können – aber das ist mir damals noch nicht eingefallen. Mir, dem Lügner von gestern, begegnete man nämlich nicht, wie das Sprichwort es angedroht hatte. Nach meinem Fehltritt stand ich nicht da als jemand, dem grundsätzlich nicht mehr zu trauen ist. Aber genau dies hatte das Sprichwort mir ja angedroht. Eine Lüge genügt, behauptet es, dann glaubt dir niemand mehr. Auch nicht, wenn wahr ist, was du sagst. Nein, Gott sei Dank, das geschah nicht. Diese Strafe, von unsinnig maßloser Strenge, blieb mir erspart.

DAS EINZIGARTIGE JA

Vielleicht, nein, sicher war darin auch die große Amnestie am Werk, die ständig von Gott ausgeht. Die Welt ist ja von Gott. Und deshalb ist das Ganze unserer Wirklichkeit umfangen, getragen, unvorstellbar weitherzig, von einem Ja, das wirklich Ja ist. Ein Ja? Nein, das wäre zu wenig. Es ist das Ja, fest verwurzelt in Gottes Liebe und Treue. Untrennbar ist es im Tiefsten mit uns verwoben. Selbst wenn wir uns dem Nein des Bösen verschreiben, auch wenn das mit Haut und Haaren geschieht – Gottes Ja duldet nicht, dass es dabei bleibt. Das Ja des Vaters im Himmel begegnet uns in seiner ganzen Größe und Schönheit in der Schöpfung. Sie führt ständig aus, was sie verspricht. Es ist in ihr grundgelegt, wir können buchstäblich darauf bauen. Wenn die Schöpfung Leben ermöglicht, es erhält und heilt, empfangen wir darin jedes Mal den Segen des Allerhöchsten. Unablässig ist er so um uns bemüht, im Takt von Sekundenbruchteilen.
Der Löwenzahn blüht, das Pferd wiehert – immer aufrichtig, ohne jede Verstellung. Und so wendig die Blindschleiche auch ist, so geschickt sie hin und her schlängelt – sie ebenfalls bleibt vorbildlich bei der Wahrheit, mit schlafwandlerischer Sicherheit.

Wie vertrauenswürdig ist das Wasser! Wenn ich zum Schwimmen gehe, muss ich mich nicht vergewissern: Gestern trug das Wasser noch – hat es sich das vielleicht inzwischen anders überlegt? Ließ es sich klammheimlich den üblen Scherz einfallen, seine Tragkraft dranzugegeben, sodass ich im Bodenlosen versinke? Und wenn ich heute Wasser trinke, muss mich dann die Frage beunruhigen: Passen sie wohl noch zueinander, mein Körper und diese Flüssigkeit? Oder galt das zwar gestern, mittlerweile aber nicht mehr?

Nein, das Wasser bleibt sich selbst treu. Es hat nicht gelogen und wird nie lügen. Der Mensch wohl. Er könnte es lassen, hat aber oft etwas anderes im Sinn.

Wenn wir das Wasser verschmutzen und verderben, muss es das zunächst einmal über sich ergehen lassen. Erstaunlich bereitwillig beginnt es aber gleich damit, den Schaden zu beheben. Auch in seiner unvorstellbar ausdauernden Fähigkeit, zur Reinheit zurückzukehren, erweist sich: Freundlich ist das Wasser, so begegnet es allen Geschöpfen, sogar uns – auch wenn wir der Wahrheit Gewalt antun, bis sich die Balken biegen. So aufrichtig uns zugetan, wie das Wasser ist und bleibt – auch darin spiegelt sich der Schöpfer. Diese lebensbejahende Freundlichkeit stammt vom Vater im Himmel.

ANFANG, ZIEL UND MITTE

Wir gehören zur Gemeinschaft Jesu, weil sie uns guttut. In ihr finden wir Kraft, Heil, können zur Wahrheit kommen. Wir sind Christen, damit Gottes Ja, das in Jesus verwirklicht ist (2 Kor 1,19–20), die Welt zur neuen Schöpfung verwandelt. Wir sind Christen, damit unser Ja ein Ja wird und unser Nein ein Nein (Mt 5,37). Auch wenn leider, wie die erste Lesung sagt, Gerechte ihr rechtschaffenes Leben aufgeben und Unrecht tun (Ez 18,26) – auch das Erschrecken darüber appelliert an uns, will uns aufmerksam machen auf die mögliche Umkehr. Sie ereignet sich Gott sei Dank immer wieder. Schuldige wenden sich von dem Unrecht ab, das sie begangen haben, und handeln nach Recht und Gerechtigkeit (Ez 18,27).

Jochen Klepper schrieb im Jahr 1937 ein Gedicht, das zugleich – oder zuerst – ein Gebet ist. Es wendet sich an Gott, spricht ihn so an: „Der du die Zeit in Händen hast" (GL 257). Er, der die Zeit in Händen hat. Er, der um Anfang, Ziel und Mitte weiß – die Sehnsucht nach ihm bringt uns hier zusammen. Auch diese Sehnsucht gibt es ja nur, weil unser Dasein aus der Quelle von Gottes Liebe hervorgegangen ist und weiter hervorsprudelt.

Heinz-Georg Surmund

Wo geht's lang?

Vorbemerkung: Verschiedene Wege gehen von einem Punkt ab. Sie führen zu verschiedenen Zielen. Das kann als Bodenbild oder anders visualisiert werden. Nach Möglichkeit werden Wege und Ziele unterschiedlich gestaltet, es wird deutlich, dass nicht alle Wege gleich schön sind, manche sind vielleicht auch eine Sackgasse.

Lesung: Ez 18,25–28

ES GIBT VERSCHIEDENE WEGE

Ich habe euch heute ein Bild mitgebracht. Was seht ihr darauf? (–)
Wenn ihr euch die einzelnen Wege anschaut: Sind die alle gleich? Gibt es da Unterschiede? (–)
Wir sehen also einen einzigen Startpunkt. Da geht es los. Und dann gibt es verschiedene Abzweigungen, verschiedene Wege, die zu unterschiedlichen oder gleichen Zielpunkten führen. Nicht alle Wege und Ziele sehen gleich einladend aus, auf manche Wege möchte man lieber nicht geraten.

STEHEN BLEIBEN GEHT NICHT

Wenn Menschen über das Leben nachdenken, reden sie gerne von Wegen. Wenn man sagt: „Sein Lebensweg ist zu Ende gegangen", dann heißt das, dass jemand gestorben ist. Wenn man singt „… viel Glück und viel Segen auf all deinen Wegen", wünscht man jemandem nur das Beste. Er soll immer Glück haben und von Gott beschützt werden, bei allem, was er tut. Manchmal sagt man auch, jemand sei auf Abwege geraten, auf die „schiefe Bahn", jemand hat sich „verrannt". Dann hat jemand Mist gebaut oder es ist ihm oder ihr schlecht ergangen. Warum reden wir von Lebenswegen, von Hindernissen auf meinem Weg und so weiter? Was soll das bedeuten?
Wahrscheinlich, weil das Leben nie stillsteht. Selbst wenn man sich einfach nur auf einen Stuhl setzt, steht die Zeit nicht still. Trotzdem bin ich am nächsten Tag einen Tag älter. Trotzdem erlebe ich etwas, verändern sich die Dinge und Menschen um mich herum. Das Leben ist irgendwie immer in Bewegung. Manchmal spricht man auch bei Kindern von Wegen. Man sagt zum Beispiel „die Einschulung ist ein wichtiger Schritt", ein Schritt nämlich auf dem Lebensweg. Ein Schritt nach dem anderen, weil das Leben nicht stehen bleibt.
Aber es gibt nicht nur einen Weg. Das haben wir am Anfang gesehen. Manchmal kann man sich entscheiden, wo man langgeht, welchen Weg man geht. Eltern müssen entscheiden, ob und wann Kinder in den Kindergarten gehen. Kinder müssen sich vielleicht schon entscheiden, ob sie eher Klavier oder Tennis spielen wollen – oder doch lieber mehr Zeit zum Freunde treffen haben wollen. Und manchmal, da muss man sich auch entscheiden, ob man etwas Gutes oder etwas Böses tut, einen richtigen oder einen falschen Weg geht. Der

Bibeltext, um den es uns heute gehen soll, der spricht auch von verschiedenen Wegen. Der Prophet Ezechiel hat ihn geschrieben, weil er sein Volk Israel aufrütteln will. Er glaubt, dass es auf mächtig krumme und falsche Wege geraten ist. Hören wir nun, was er damals geschrieben hat.
(Lesung jetzt verkündigen)

DER WEG GOTTES

In der Lesung gibt es viele Wege, auf denen Menschen unterwegs sind. Und es gibt einen Weg Gottes. Gott hat Israel einen guten Weg gezeigt. Er meint damit die Gebote. Die Gebote sollten Israel helfen, gut miteinander und mit Gott durchs Leben zu kommen. Man könnte sagen: auf einem guten Weg zu bleiben. Gott warnt Israel. Er sagt: Eure Wege sind nicht richtig. Ihr seid vom Weg abgekommen! Ihr habt euch verlaufen! Es ist davon die Rede, dass man auf diesen Wegen Unrecht tut, falsch handelt. Schrecklich! Und was nun? Wir müssen uns das noch einmal auf unserem Bild anschauen. Dafür habe ich noch eine Figur mitgebracht.

Die Figur könnte Israel sein, also Gottes Volk. Oder einfach ein Mensch, der heute diesen Bibeltext aus dem Ezechielbuch gehört hat. Ich stelle ihn jetzt mal hier auf den Startpunkt. Nun läuft er los. Und er nimmt eine falsche Abbiegung und gleich noch eine. Hilfe! Der ist völlig auf den falschen Weg geraten! Das nimmt kein gutes Ende! Er ist auf dem falschen Weg unterwegs. Nun macht er eine Pause. Er denkt kurz nach und merkt: Ich habe mich verlaufen, bin auf dem falschen Weg. Habt Ihr eine Ahnung, was unsere arme Figur jetzt machen könnte, wo sie sich doch so verlaufen hat? Was macht man, wenn man merkt, dass man auf dem falschen Weg ist? (–)

So könnte es wirklich gehen. Er könnte sich umdrehen und zurück gehen und dann noch einmal neu loslaufen. Das ist schon ärgerlich. So ein weites Stück umsonst gegangen. Und doch: Besser, als immer weiter auf dem falschen Weg unterwegs zu sein. Genauso steht es auch bei Ezechiel! Gott sagt: Wenn einer umkehrt, wird er am Leben bleiben.

Umkehr ist ein ganz schwieriges Wort und kommt doch häufig in der Bibel vor. Und die Bibel weiß, warum: weil es im Leben eben nicht immer nur einfach geradeaus geht. Weil wir Menschen allzu oft dazu neigen, in die Irre zu gehen und das Böse statt des Guten zu tun.

Ezechiel macht uns Mut, unseren Weg trotzdem weiterzugehen. Denn irgendwie ist es auch leicht: Wenn man sich verlaufen hat, kann man sich umdrehen und nochmal einen neuen Weg suchen. Gott traut uns das zu.

Martin Nitsche

Siebenundzwanzigster Sonntag (A)

LIEDVORSCHLÄGE

Gesänge zur Eucharistiefeier

Eröffnungsgesang: Nun jauchzt dem Herren, alle Welt (GL 144,1–3); *Antwortgesang:* Lass dein Angesicht über uns leuchten (GL 46,1) mit den Psalmversen; *Ruf vor dem Evangelium:* Halleluja (GL 175,4) mit dem Vers; *zur Gabenbereitung:* Wir weihn der Erde Gaben (GL 187); *Sanctus:* Heilig (GL 193); *Danklied:* Dank sei dir, Vater, für das ewge Leben (GL 484,1–3); *Mariengruß:* Sagt an, wer ist doch diese (GL 531).

Gesänge zur Wort-Gottes-Feier

Eröffnungsgesang: Sonne der Gerechtigkeit (GL 481,1–2+5); *Antwortgesang:* Wer nur den lieben Gott lässt walten (GL 424,1+5).

ERÖFFNUNG

Liturgischer Gruß

Jesus Christus, der uns zum Glauben ruft, der Frucht bringt, sei mit euch / ist mit uns allen.

Einführung

Erwartet Gott etwas von uns Menschen? Kann er überhaupt Erwartungen an uns und Pläne mit uns haben? Die heutigen biblischen Lesungen versuchen, uns eine verbindliche Antwort auf diese Fragen zu geben. Sie bedienen sich dabei der Allegorie vom Weinberg, dessen Gutsbesitzer Gott selbst ist. Der Weinberg steht für das Leben des zur Gemeinschaft mit Gott berufenen Menschen. Gott wünscht sich, dass wir Frucht bringen und seine glaubwürdigen Zeugen werden. Bitten wir ihn in dieser Eucharistie / in diesem Wortgottesdienst um sein Geleit und seinen Segen für all unser Tun.

Kyrie-Litanei

Herr Jesus Christus, du berufst uns in deine Nachfolge. Herr, erbarme dich.
Du sendest uns als deine Boten. Christus, erbarme dich.
Du willst, dass unser Leben Früchte trägt. Herr, erbarme dich.

Tagesgebet der Eucharistiefeier

Allmächtiger Gott, du gibst uns in dieser Güte mehr,
als wir verdienen, und Größeres, als wir erbitten.
Nimm weg, was unser Gewissen belastet,
und schenke uns jenen Frieden,
den nur deine Barmherzigkeit geben kann.
Darum bitten wir durch Jesus Christus.

Perikopengebet der Wort-Gottes-Feier

Gott, du hast uns angenommen als deine Kinder, wir sind dein Eigen.
Mache uns zu Zeugen deiner Liebe,
damit alle Menschen dich als Vater erkennen.
Darum bitten wir durch Jesus Christus, deinen Sohn,
mit dem dir Lobpreis und Ehre gebührt
in der Einheit des Heiligen Geistes,
Gott von Ewigkeit zu Ewigkeit.

ZU DEN SCHRIFTLESUNGEN

1. Lesung: Jes 5,1–7
Gottes Erwartungen sind gescheitert. Statt Gerechtigkeit und Rechtsspruch sieht er Ungerechtigkeit. Als Folge dessen wird der Weinberg verwüstet.

2. Lesung: Phil 4,6–9
Paulus fordert die Gemeinde in Philippi auf, in jeder Lage ein Bitt- und Dankgebet vor Gott zu bringen. Er schenkt den Frieden des Herzens, der die Gemeinschaft mit Jesus Christus begründet, aufrechterhält und fördert.

Evangelium: Mt 21,33–42.44.43
Jesus erzählt den Hohepriestern und Ältesten des Volkes das Gleichnis vom Weinberg. Er sieht, dass die Erwartungen Gottes – des Gutsherrn – nicht erfüllt sind. Die Konsequenzen dieses Handelns sind seinen Zuhörern bewusst: „Er wird den Weinberg an andere Winzer verpachten".

FÜRBITTEN

Gott, unser Vater, will, dass unser Leben mit Sinn und Freude erfüllt ist. So kommen wir voll Vertrauen zu ihm mit unseren Bitten:

- Für unsere Kirche, dass sie ein erfahrbarer Orientierungspunkt für alle Suchenden und Fragenden ist. *V:* Allmächtiger Gott. *A:* Erhöre unser Rufen.
- Für die Juden, zu denen du einst durch die Propheten gesprochen hast, dass sie treu zu deinem Bund stehen und nach deiner Weisung leben. ...
- Für die Menschen in den Kriegs- und Krisengebieten der Welt, dass sie ihre Hoffnung auf Frieden nicht verlieren und Solidarität und Hilfe erfahren. ...
- Für die Regierenden, dass sie die Ausgebeuteten und Armen nicht aus den Augen verlieren und sich stets um gerechte Politik bemühen. ...
- Für uns alle hier Versammelten, dass wir deine Erwartungen an uns erkennen, zu erfüllen versuchen und so Frucht bringen. ...
- Für die Verstorbenen, dass sie in der ewigen Gemeinschaft mit dir ihre Vollendung finden. ...

Ewiger Gott, nimm unsere Bitten an, die wir in deine Hände legen. Sei gelobt und gepriesen jetzt und in Ewigkeit.

Kommunionvers

Ein Brot ist es, darum sind wir viele ein Leib. Denn wir alle haben teil an dem einen Brot und dem einen Kelch (vgl. 1 Kor 10,17).

Zur Besinnung

„Die Dringlichkeit, mit Früchten des Guten auf den Ruf des Herrn zu antworten, der uns beruft, sein Weinberg zu werden, hilft uns zu verstehen, was da im christlichen Glauben an Neuem und Originellem ist. Er ist nicht so sehr die Summe von Geboten und moralischen Normen, sondern vor allem anderen ein Vorschlag der Liebe, den Gott durch Jesus der Menschheit gemacht hat und weiter macht. Es ist die Einladung, in diese Geschichte der Liebe einzutreten und so ein lebendiger und offener Weinberg zu werden, der reich an Früchten und Hoffnung für alle ist. Ein verschlossener Weinberg kann verwildern und wilde Trauben hervorbringen. Wir sind dazu berufen, aus dem Weinberg hinauszugehen, um uns in den Dienst der Brüder und Schwestern zu stellen, die nicht bei uns sind, um uns gegenseitig wachzurütteln und zu ermutigen, um uns zu erinnern, dass wir Weinberg des Herrn in jedem Umfeld sein müssen, auch im fernsten und beschwerlichsten."
(Papst Franziskus, Angelus am 8. Oktober 2017)

ELEMENTE FÜR DIE WORT-GOTTES-FEIER

Zum Schuldbekenntnis

Wir wollen nun unser Leben unter das Gleichnis vom Weinberg stellen und unser Gewissen erforschen. Frage ich mich, welche Erwartungen Gott an mich hat? Bin ich für die Menschen in meiner Umgebung ein Bote der göttlichen Liebe? Bringe ich erfahrbare Früchte meines Glaubens? Wecke ich durch mein Zeugnis in anderen die Sehnsucht nach einem sinnerfüllten Leben mit Jesus Christus? Bitten wir Gott um sein Erbarmen und seine Barmherzigkeit für all die Situationen, in denen wir die Erwartungen Gottes missachtet haben: Ich bekenne …

Zum Friedenszeichen

„Bringt in jeder Lage betend und flehend eure Bitten und Dank vor Gott! Und der Friede Gottes, der alles Verstehen übersteigt, wird eure Herzen und eure Gedanken in Christus Jesus bewahren." – Ermutigt durch den Apostel Paulus bitten wir Gott um seinen Frieden, wünschen wir ihn einander und geben einander dafür ein Zeichen.

Robert Solis

Mach dir keine Sorgen!

Mach dir mal keine Sorgen, wir kriegen das schon hin! Solche oder andere motivierenden Sätze sagen wir selbst vielleicht auch manchmal. Eine optimistische Grundhaltung im Leben zu haben ist sicherlich hilfreich und für viele Menschen auch etwas, das ihnen Kraft und Energie für ihr alltägliches Leben gibt. Auch der Apostel Paulus scheint ein Optimist zu sein. Denn auch er schreibt in seinem Brief an die Gemeinde in Philippi, dass sich die Schwestern und Brüder dort um nichts sorgen sollen. Vielmehr ruft er sie dazu auf, ihre Bitten in jeder Lage vor Gott zu tragen. Die Christen in Philippi sollen also alles, was sie bewegt und was ihnen auf dem Herzen liegt, ins Gebet bringen. Der Optimismus des heiligen Paulus speist sich aus der tiefen Einsicht, dass es keine auch noch so schwierige oder herausfordernde Situation gibt, in der das Gebet nicht in irgendeiner Form Hilfe bringen könnte. Im Gegenteil! Paulus glaubt, dass so der Friede Christi in die Herzen der Menschen einkehrt und sie so auch in diesem Frieden bewahrt. Doch gilt diese Verheißung auch für uns? Sollen auch wir „unsere Bitten mit Dank vor Gott bringen"?
Sicherlich ergeht die Einladung des Völkerapostels auch an uns und unsere Gemeinden. Doch so einfach, wie sich die Sache anhört, ist sie wohl nicht. Die vielen Herausforderungen und Sorgen unserer Tage, sei es in Gesellschaft und Kirche, sei es im privaten Alltag, in der Familie oder im Beruf sind oft so groß, dass sie uns zu erdrücken drohen. Da hören sich Sätze wie „Mach dir keine Sorgen" oder auch „Bete doch mal dafür" oft eher wie leere Floskeln an. Was also, wenn ich mir doch Sorgen mache oder den Eindruck habe, dass meine Gebete nicht erhört werden? Das schreckt ab und macht nicht selten hoffnungs- und antriebslos.
Wir können davon ausgehen: Eine einfache Lösung gibt es dafür nicht. Und wir alle wissen, Gott ist kein Automat, in den ich oben ein Gebet, eine Sorge oder Not hineinwerfe, damit sie unten anders oder eben gar nicht mehr herauskommt. Und dennoch ist der Rat des heiligen Paulus es wert, beachtet zu werden. Dort wo Menschen gemeinsam anfangen zu beten, gemeinsam ihre Ängste und Nöte teilen und sie gemeinsam vor Gott tragen, dort kann Friede beginnen, Hoffnung wachsen und können Nöte gemindert werden. Warum? Weil Gott da ist, sich erfahrbar macht und durch seinen Heiligen Geist wirkt. Er hat es versprochen: „Wo zwei oder drei in meinem Namen versammelt sind, da bin ich mitten unter ihnen."
Macht euch keine Sorgen!

André Kulla

Vier Verse, die es in sich haben

Die Lesung heute aus dem Paulusbrief ist kurz. In weniger als einer Minute ist alles gesagt. Sorgen, Dank und Bitte, anziehende Eigenschaften, gutes Beispiel. Zuerst die Sorgen: Ein paar Verse zuvor ermahnt Paulus zwei Frauen, ihren Streit beizulegen. Er selbst ist im Gefängnis und muss mit dem Schlimmsten rechnen, vielleicht sogar mit dem Tod. Ein von der Gemeinde zu Paulus Abgesandter war schwer erkrankt. Übrigens auch Anlass für diesen Brief. Ach ja, und dann ist da auch noch das Problem um das liebe Geld. Nur von der ihm besonderen Gemeinde in Philippi lässt sich der Völkerapostel finanziell unterstützen, woanders ist er zu stolz dafür. Ich finde, viel mehr an Problemen geht nicht. Scham also, des Weiteren Konflikte miteinander, finanzielle Probleme, begrenztes Leben und Gesundheit.

Mir würde das vollkommen reichen, und dann soll ich mich einfach kindlich Gott bittend und dankend anvertrauen? Obendrein mich noch freuen? Bei so viel Zumutung braucht es viel Mut.

ZWEI VERSE ZUVOR ALS „NOTENSCHLÜSSEL"

Vielleicht ist es gut, die beiden der heutigen Lesung vorausgehenden Verse hinzuzunehmen: „Freut euch im Herrn zu jeder Zeit. Noch einmal sage ich: Freut euch! Eure Güte werde allen Menschen bekannt. Der Herr ist nahe." In meinem protestantisch geprägten Einsatzort als Kaplan war genau dieses Wort aus dem Philipperbrief in bunten Farben an ein Fachwerkhaus aus dem 17. Jahrhundert gemalt. In großen wie von Hand geschriebenen Lettern stand dort die Version aus der Lutherbibel: „Freut euch im Herrn alle Wege."

Dieses alte Haus steht direkt auf dem Kirchweg, genauer noch auf der Straße, die im historischen Zentrum der Kleinstadt die evangelische und die katholische Kirche verbindet. Das Gebäude befindet sich also auf dem Weg von Menschen beider Konfessionen zu ihrem Gotteshaus. Frauen und Männer auf dem Weg zur Beerdigung, zum Abschied von einer wichtigen Person ihres Lebens. Oft mit Trauer und Schmerz, Freude trotz aller Trauer darüber, dass gerade dieser Verstorbene jetzt für immer zu ihrer persönlichen Biographie gehört. Unterwegs sind auf dieser Straße auch Menschen zu Trauung und Hochzeitsfeier, wo zwei „ja" sagen zueinander auch durch Konflikte hindurch, wo die Freude aneinander überwiegt. Und auf dieser Straße gehen Eltern, Omas und Opas wie Paten, die ihre Kinder zur Taufe tragen. Trotz aller Zukunftsängste, finanziell, umweltabhängig, Sorgen um den Frieden, ist da ihr Vertrauen, ihre Freude, die oft Jüngsten in das Licht einer größeren Hoffnung tauchen zu dürfen und mit dem Glauben auf einen guten Lebensweg zu stellen.

Die Trauer bei vielen Bestattungsfeiern ist echt; nicht zu unterschätzen gewiss ebenso die Konfliktpotentiale auch liebender Paare und nicht wegzudiskutieren sicherlich die Fragen an die Zukunft unserer Neugeborenen, Kinder und Jugendlichen. Und doch ist auf dem Kirchweg ein unbekanntes „Mehr", ein Faktor „anders" mit unterwegs: Etwa der Dank für einen besonderen Verstorbenen, oder die selbst den Konflikt noch unterfangende und integrierende Liebe, wie vielleicht auch für die neuen Erdenbürger ein letztes Urvertrauen in die Zukunft und das Leben überhaupt.

Vielleicht bricht sich von hierher Verstehen Bahn, was Paulus mit der Priorität der Freude „trotz allem" meinen könnte, was er den Freunden in Philippi mit seinem „Vorfahrtsschild" für die Zuversicht vermitteln will. Der Himmel, bildlich, symbolisch gesehen der traditionelle Ort Gottes, ist stabil. Die Sonne ist immer da, die Wolken sind der Wechselfall, das Zufällige, das Vorübergehende. „Freut euch im Herrn alle Wege und bringt eure Bitten mit Dank vor Gott." Der Kirchweg zur Beerdigung, zur Hochzeit und zur Taufe ist sicher der Ernstfall dieser Wege, und zugleich die Vorfahrtstraße des durch Paulus beworbenen Vertrauens, das er mit dem weit verstandenen Wort „Freude" umschreibt. Sozusagen die „Sonne hinter den Wolken", die alles Einzelne noch einmal unterfängt, hält und in ein anderes Licht trägt.

GRUNDVERTRAUEN STRAHLT AUS

Von hierher versteht sich dann fast wie von selbst die im Brief angeratene Praxis guter Eigenschaften, in unserer Sprache: Authentizität, Echtheit und Hilfsbereitschaft. Gepaart mit einem liebenswürdigen Wesen werden Menschen leichter durch's Leben gehen, die mit einer Grundzuversicht unterwegs sind. Menschen die vertrauen, dass über allem, wie wir es z. B. im Flugzeug erleben, durch die Wolken hindurch, das Licht zuhause ist.

Wenn ich wie beim Fachwerk des alten Hauses nicht nur auf schwarz und weiß meinen Blick fixiere, sondern auch die farbigen Lettern meines Lebens wahrnehme, dann werde ich mich auch nicht mehr allzu sehr ärgern, dass ich mir im letzten Vers unseres Textes heute ausgerechnet einen Menschen wie Paulus zum Vorbild nehmen soll: „Was ihr gelernt und angenommen, gehört und an mir gesehen habt, das tut!" Paulus, ein Typ durchaus mit Ecken und Macken, mit seiner bisweilen an Rechthaberei grenzenden Selbstüberzeugung, seiner gewissen Enge und nicht zuletzt seiner Vergangenheit. Aber gerade so ist er eine Persönlichkeit, die es mir möglich macht, gute Vorbilder auch aus meinem „ganz normalen" Leben, aus meiner Geschichte, an meiner Seite zu sehen und mich von der durch solche nicht „überhöhten" Menschen auf mich gekommenen Kraft stärken und aufbauen zu lassen. Und möglicherweise habe ich sogar das eigene Zutrauen, trotz meiner Grenzen und Defizite, vielleicht meinem Versagen vor Zeiten oder jetzt, im Gemeinschaft mit anderen Lichtpunkt zu sein: Strahlen des Grundvertrauens und geerdeter Lebensfreude freizusetzen.

In der, wie gesagt, knapp einminütigen Lesung heute bewahrheitet sich eine Weisheit der Predigt-Praxis: Kurze Rede – langer Sinn. „Freut euch im Herrn alle Wege!"

Heinz-Norbert Hürter

Die Weinbergspächter

Die Deutschen gelten als Nation der Schrebergärtner. Ganze Kleingarten-Kolonien mit ihren ganz eigenen Gesetzen und Regeln, in denen von der Höhe der Hecke und des Zauns bis zu dem, was gepflanzt werden darf und was nicht, alles haarklein geregelt ist. Wenn wir Deutschen etwas machen, dann machen wir es gründlich und ordentlich. Es gibt daher dieses Klischee von den kleinbürgerlichen Schrebergärtnern, die sich ständig mit dem Nachbarn in den Haaren liegen, weil die Hecke zu sehr über den Zaun wächst, zu hoch ist und so weiter. Es ist das Image vom spießigen Kleingärtner, der eben nicht wirklich in der Lage ist, über den eigenen Zaun hinaus zu blicken, der nur sich und seinen Garten, seinen Nutzen, seinen Gewinn sieht.

Wie bei allen Klischees tut man sicher den allermeisten Hobby-Kleingärtnern sehr Unrecht mit solchen Pauschalurteilen. Aber dieses Klischee erinnert mich schon ein wenig an die Weinbergpächter im Gleichnis heute. Denen wird ein Weinberg verpachtet. Damit ist alles klar geregelt. Es ist ein Vertrag auf Gegenseitigkeit, jeder hat etwas davon: der Weinbergsbesitzer und der Pächter. Aber die Pächter sehen am Ende nur noch sich, ihren Eigennutz, und sie verweigern die geschuldete Abgabe der vereinbarten Pacht. Der Konflikt schaukelt sich hoch, am Ende wird der Sohn des Besitzers umgebracht. Letztlich nur deshalb, weil die Pächter nur sich und den eigenen Nutzen sehen und nicht bereit sind, über den eigenen Zaun hinauszuschauen.

ÜBER DEN ZAUN HINAUSSCHAUEN

Jesus erzählt dieses Gleichnis den Hohenpriestern und Ältesten, also den religiösen Führern seiner Tage. Er will ihnen mit diesem Gleichnis deutlich machen, dass Religion, dass der Bund mit Gott kein Selbstzweck ist, keine Auszeichnung, sondern auch eine Verpflichtung bedeutet. Es darf nicht darum gehen, nur die eigene Gemeinschaft und ihre Bedürfnisse, ihren Profit, ihren Erfolg zum Maßstab des Handelns zu machen oder an die erste Stelle zu setzen – „Make our Church great again!" – und alles der Vermehrung des Wohlstands, der Fortentwicklung der eigenen Gemeinschaft unterzuordnen. Es geht nicht darum, dass die Gemeinschaft immer größer, immer reicher, immer einflussreicher werden soll um jeden Preis, sondern es geht darum, Früchte zu bringen, die allen zugutekommen sollen.

Gerade Religion ist kein Selbstzweck, sondern nach dem Verständnis Jesu eine Gemeinschaft von Mitarbeitenden im Weinberg Gottes. Das Ziel ist es, Früchte zu erwirtschaften, von denen am Ende alle satt werden. Das ist die simple Botschaft dieses Gleichnisses. Natürlich ist dieses Gleichnis, so wie es der Evangelist Matthäus formuliert, auch eine Reflexion auf das Schicksal des jüdischen Volkes und die Zerstörung Jerusalems und des Tempels. „Das Reich Gottes wird euch weggenommen und einem Volk gegeben, das die erwarteten Früchte bringt", heißt es am Ende aber vor allem als Warnung für das „neue"

Volk: Das sind in der Perspektive des Evangelisten die aus den Heiden gewonnenen Christen, die durch die Taufe gleichsam als neue Pächter von Gottes Weinberg eingesetzt sind. Das neue Volk, dem dieses Gleichnis zur Warnung erzählt wird, das sind wir, die Kirche Jesu Christi.

DIE FRÜCHTE DES WEINBERGS GOTTES SIND FÜR DIE GANZE WELT

Aber bringen wir wirklich die erwarteten Früchte? Ich habe manchmal Angst, dass unsere Perspektive der der Führer Israels gleicht. Wir schauen ängstlich auf uns als Kirche, nehmen wahr, wie alles immer weniger wird: weniger Gläubige, weniger Kirchenbesucher, weniger Jugend, weniger Priester. Und wir fragen uns, was wir tun können, damit es wieder besser wird. Dabei beschäftigen wir uns nur noch mit uns selbst, tun alles, um möglichst wieder mehr Früchte für uns zu erwirtschaften, und vergessen, wie einst die Hohepriester, dass es unsere erste Aufgabe als Kirche ist, für die anderen da zu sein, für die Welt draußen, jenseits des Weinbergs. Wir sollen das Reich Gottes aufbauen. Die Kirche ist kein Selbstzweck; nirgends hat Jesus uns den Auftrag erteilt: Schaut zu, dass eure Kirchen voll sind! Er hat uns den Auftrag erteilt, in die Welt hinauszugehen und allen zu verkünden: Das Reich Gottes ist euch nahegekommen! Und zwar besonders den Benachteiligten, den Schwachen, den Armen. Darum also muss es uns gehen: Einsatz für die Menschen, für die Welt. Einsatz für Gerechtigkeit, gegen Unterdrückung, gegen Armut. Und so den Menschen ein Bild davon vermitteln, was Reich Gottes bedeutet und dass es bereits wächst, wo wir anfangen, uns für die Menschen einzusetzen.
Ich muss ehrlich sagen: Mich erschrecken die deutlichen Worte Jesu im heutigen Gleichnis. Sie wollen uns wachrütteln: Wir dürfen uns nicht selbstzufrieden darauf ausruhen, dass wir Gottes Volk sind, diejenigen, denen Gott seinen Weinberg anvertraut hat. Das Gleichnis will uns sagen, dass wir nur dann Gottes Volk sind, wenn wir die erwarteten Früchte bringen. Und diese Früchte sollen allen zugutekommen. Diese Früchte, das ist unser Einsatz für das Reich Gottes! Von daher geht es darum, dass wir aufhören zu fragen: Wie geht es mit uns als Kirche weiter? Wie bekommen wir unsere Kirchen wieder voll, die Jugend wieder in die Kirche? Unsere Frage muss lauten: Wie geht es mit der Welt weiter? Was können wir tun, dass diese Welt immer mehr Reich Gottes wird? Damit alle Menschen gut und in Frieden leben können, damit keiner zu hungern braucht, keiner vor Krieg und Terror zu flüchten? Je mehr wir uns da einsetzen, umso überzeugender wird auch Kirche wahrgenommen werden. Umso größer die Strahlkraft der Botschaft, die wir im Auftrag Gottes verkünden dürfen: die Botschaft von einem Gott, der alle Menschen liebt.
Solange wir von der Angst um unsere eigene Zukunft als Kirche angetrieben werden, sind wir wie die Weinbergpächter, die alles tun, um möglichst selbst die Früchte zu genießen. Und die in ihrem Übereifer am Ende sogar den Sohn des Weinbergbesitzers umbringen. Jesus will mit diesem Gleichnis unseren Blick weiten, auf dass wir begreifen, wofür Kirche da ist: den Weinberg Gottes zu bestellen, der nicht mein privater Kleingarten ist, sondern dessen Früchte die ganze Welt nähren sollen.

Tobias Schäfer

Unsere Welt ist uns geliehen

Vorbemerkung: Ab dem Kapitel „Das Gleichnis von den bösen Winzern" ist dieser Predigtvorschlag so konzipiert, dass er sowohl dialogisch also auch frontal umgesetzt werden kann.

ZUR VERKÜNDIGUNG

Evangelium: Mt 21,33–44

Im Evangelium haben wir eine Geschichte gehört, die Jesus erzählt hat. Um die etwas fremd wirkende Geschichte zu verstehen, ist es wichtig für uns zu wissen, wem Jesus sie erzählt hat.

Jesus erzählte dieses Gleichnis nicht etwa den Armen und Kranken, den Machtlosen, sondern den Mächtigsten im Volk: den Hohepriestern und den Ältesten. Die Hohepriester waren die Wächter über die Religion des Judentums. Und die Ältesten? Sie regierten zusammen mit den Hohepriestern das Volk. Ist das Gleichnis deshalb für uns unwichtig – für uns heute, für euch Kinder, die ihr ja keine Macht habt und kaum Einfluss auf das, was geschieht? – Lasst uns einmal gemeinsam schauen, ob wir das herausfinden.

Wir wissen jedenfalls eines: Jesus hat seine Gleichnisse nicht nur für die Menschen erzählt, mit denen er zu tun hatte, als er als Mensch und Gottes Sohn auf der Erde war. Jesu Geschichten sind immer auch für uns interessant, wir müssen nur herausfinden, was sie uns lehren können.

DAS GLEICHNIS VON DEN BÖSEN WINZERN

Jesus erzählt in seinem Gleichnis von einem Gutsbesitzer, der seine Weinberge an andere Menschen verpachtet. Verpachten ist so etwas wie vermieten (bei Gebäuden sagt man „vermieten" bzw. „mieten", bei Land sagt man „verpachten" bzw. „pachten"). Die Pächter bearbeiteten die Weinberge und gaben einen Teil ihres Gewinns dem Besitzer des Landes. So jedenfalls der Deal. Aber was passiert, als der Gutsbesitzer seine Knechte schickt, um seinen Anteil abzuholen? – Die Winzer verprügeln die Knechte und töten sie sogar. Schrecklich, oder?

Aber es kommt noch schlimmer.

Was macht der Gutsbesitzer nämlich? Schließlich sendet er sogar seinen eigenen Sohn zu den Winzern. Seinen Sohn, der ihm sicher sehr wichtig ist. Wenn er geglaubt hat, dass sie vor ihm Respekt haben, dann hat er sich getäuscht. Geben sie ihm den gerechten Anteil ihrer Arbeit? – Nein, nicht einmal dem Sohn des Gutsbesitzers. Im Gegenteil: Sie töten ihn!

Mannomann, was für ein Gemetzel. Warum nur sind sie so grausam?

HABEN – HABEN – HABEN!

Die Weinbauern hatten das Land geliehen – für eine Abgabe. Aber das reichte ihnen nicht. Die Pächter wollten alles für sich behalten. Mehr – mehr. Haben – haben. Kennen wir das auch? Wir bekommen etwas und wollen dann noch mehr? Immer mehr?

Ja, vielleicht kennt das jeder Mensch mehr oder weniger. Manchmal ist das ja gut: Wir wollen etwas besser und noch besser können. Wir wollen im Sport schneller laufen, besser Fußball spielen, besser, höher weiter rennen und springen. Das ist gut. „Mehr – mehr" ist aber nicht bei allem gut. Hmmhhh – wobei könnte das denn nicht so gut sein? Beim Besitz? Beim Geld? Noch mehr?

ZUFRIEDEN SEIN – FRIEDLICH SEIN

Wer nie genug hat, ist der glücklich? Nein – ist er nicht. Es ist gut, nach mehr Wissen und Können zu streben und danach, in einer guten Welt zu leben. Und es ist zutiefst gut, nach Frieden in der Welt zu streben.

Es ist nicht gut, sich Geliehenes anzueignen oder mit etwas, das uns nur geliehen wurde, nicht sorgsam umzugehen.

Wer immer mehr haben will als er hat, der hat nie das Gefühl, genug zu haben. Der ist dann immer unzufrieden.

Auch unsere Welt ist uns nur geliehen. Gott möchte, dass wir mit seiner Welt sorgsam umgehen. Dass wir nicht die Boten vertreiben oder bekämpfen, die uns mahnen, mit seiner Welt sorgsam umzugehen.

AUCH KINDER KÖNNEN WICHTIGES BEWIRKEN

Das ist ja wohl die Sache der Politiker, der Mächtigsten in unserem Land. Oder? Aber nein – wir alle wissen, dass auch Kinder viel bewegen und bewirken können. Ihr alle kennt vermutlich den Namen Greta Thunberg. Als Greta bekannt wurde, war sie noch ein Kind, eine junge Jugendliche. Es geht jetzt gar nicht um die Frage, ob wir alles gut oder nicht nur gut finden, was Greta getan hat. Fest steht aber: Da hat ein Kind eine Überzeugung und schafft es, die ganze Welt zu bewegen. Sie konnte das, weil sie zutiefst überzeugt war und ist von dem, was sie tat und tut. Für unsere Welt, für unsere Umwelt.

Also – Kinder können jede Menge bewegen. Ich bin sicher: Auch ihr könnt etwas bewegen. Ihr müsst ja nicht gleich so berühmt werden wir Greta Thunberg. Ich kenne eine Familie, in der die Kinder es geschafft haben, ihre Eltern davon zu überzeugen, dass sie ihr Gemüse nicht in den kleinen dünnen Plastiktüten kaufen, sondern in wiederverwertbaren Netzen. Gut gemacht, sage ich dazu! Es ist schon eine ganz prima Sache, wenn ihr für unsere Welt auf manche Plastikverpackung verzichtet oder wenn ihr es schafft, euren Müll zu trennen. Ihr könnt keine schrecklichen Kriege beenden, aber es ist schon ganz toll und ein super Anfang, wenn ihr Frieden in eurer Klasse halten könnt. Dann seid ihr nicht wie die Winzer, die ihre Pacht nicht entrichten wollten, sondern dann seid ihr wie gute Winzer, die im Weinberg des Herrn sorgsam arbeiten, die in Gottes Welt verantwortungsvoll leben.

Elisabeth Hardt

Achtundzwanzigster Sonntag (A)

LIEDVORSCHLÄGE

Gesänge zur Eucharistiefeier
Eröffnungsgesang: Es wird sein in den letzten Tagen (GL 549); *Antwortgesang:* Der Herr ist mein Hirt (GL 37,1) mit den Psalmversen *oder* Mein Hirt ist Gott der Herr (GL 421); *Ruf vor dem Evangelium:* Halleluja (GL 174,7) mit dem Vers; *zur Gabenbereitung:* Manchmal feiern wir mitten im Tag (GL 472); *Danklied:* Herr, mach uns stark (GL 552); *zur Entlassung:* Jerusalem, du hochgebaute Stadt (GL 553).

Gesänge zur Wort-Gottes-Feier
Zum Taufgedächtnis: Gott ruft sein Volk zusammen (GL 477); *zum Friedenszeichen:* Wo die Güte und die Liebe wohnt (GL 442).

ERÖFFNUNG

Liturgischer Gruß
Unser Herr Jesus Christus, der selbst unsere Freude ist, er sei mit euch / ist mit uns allen.

Einführung
Gott ruft uns zusammen, um uns neu mit seiner Gegenwart zu stärken. Er ruft uns in eine vielfältige Gemeinschaft. Wenn hier wirklich alle einen Platz finden sollen, dann fordert das heraus. Nicht mit jedem möchte ich in einer Gemeinschaft sein, nicht jede möchte ich in meiner Nähe haben. Gottes Vision ist eine andere: Er spricht vom Festmahl, zu dem alle geladen sind. Wer sich von ihm eingeladen weiß, der wird selbst gastfreundlich, einladend, offen sein müssen – über alle unsere menschlichen Grenzen hinaus.

Kyrie-Litanei
Herr Jesus, du rufst uns in das Reich deines Vaters. Kyrie, eleison.
Herr Christus, du stärkst uns mit dem Wort des Lebens. Christe, eleison.
Herr Jesus, du schenkst dich uns im Festmahl der Freude. Kyrie, eleison.

Tagesgebet der Eucharistiefeier
Herr, unser Gott, deine Gnade komme uns zuvor und begleite uns,
damit wir dein Wort im Herzen bewahren
und immer bereit sind, das Gute zu tun.
Darum bitten wir durch Jesus Christus.

Perikopengebet der Wort-Gottes-Feier
Gott, überreich an Güte,
du deckst uns den Tisch deines Wortes
und hältst Gaben in Fülle bereit.
Wir bitten dich: Lass uns würdige Gäste sein
und dich immerdar loben und preisen
im Heiligen Geist durch Jesus Christus, unseren Herrn.

ZU DEN SCHRIFTLESUNGEN

1. Lesung: Jes 25,6–10a
Die Verheißung Gottes sprengt alle menschliche Vorstellung: ein Festmahl mit besten und erlesensten Speisen und Getränken, zu dem alle eingeladen sind, eine Gemeinschaft, in der jede und jeder einen Platz findet.

2. Lesung: Phil 4,12–14.19–20
Gott ist es, der uns Menschen stärkt und aufbaut, von ihm kommt unsere Kraft, darauf vertraut Paulus aus seiner Erfahrung und dieses Vertrauen gibt er der Gemeinde weiter.

Evangelium: Mt 22,1–14
Gott lädt Menschen ein, in seiner Nähe zu sein, mit ihm zu leben, an seiner Verheißung Anteil zu haben. Alle Menschen ruft er auf diese Weise – sie müssen sich nur öffnen und die Einladung wirklich annehmen.

FÜRBITTEN

Gott ruft uns in seine Gemeinschaft, in Gemeinschaft, die Grenzen überwindet und Vielfalt lebt. Ihm vertrauen wir alles an, was Menschen immer noch voneinander trennt.

- Wir beten für alle, die im Krieg leben, für alle, die Unfrieden und Streit in ihren Familien nicht überwinden können, für alle, die sich unermüdlich für den Frieden einsetzen.
- Wir beten für alle, die ausgegrenzt werden aufgrund ihrer Herkunft, ihrer Religion, ihrer Sexualität, ihrer Weltanschauung, ihrer Überzeugung und wir beten für alle, die sich für ein vielfältiges Miteinander in Respekt und Toleranz stark machen.
- Wir beten für alle, die Gottes Einladung mit Ausdauer und Geduld in die Welt tragen, für alle, die diese Einladung nicht wahrnehmen, und für alle, die unsicher sind und zweifeln.
- Wir beten für alle, sich nach Stärkung und Unterstützung sehnen, und für alle, die andere aufbauen und ermutigen.

Bei dir, Herr, ist Leben in Fülle, dir sei Lob und Ehre jetzt und in Ewigkeit.

Zum Friedensgebet
Alle Völker sind geladen, es wird nichts Trennendes mehr geben, das Reich Gottes ist unüberbietbare Gemeinschaft und grenzenloser Friede. Um den Anfang dieses Friedens beten wir:

Kommunionvers
An jenem Tag wird der Herr der Heerscharen auf diesem Berg – dem Zion – für alle Völker ein Festmahl geben (Jes 25,6a).

ELEMENTE FÜR DIE WORT-GOTTES-FEIER

Zum Taufgedächtnis
Im Altarraum steht ein Gefäß mit Wasser bereit. Nach der Auslegung der Heiligen Schrift spricht der Leiter / die Leiterin:
L: Gott ruft uns in seine Nähe und zur Gemeinschaft mit ihm und untereinander. Das Wasser erinnert uns an diesen Ruf, der in der Taufe Wirklichkeit wird: Wir sind seine Kinder. Heute erinnern wir uns daran und bekräftigen neu unsere Antwort darauf, das Ja, das wir zu ihm und zur Gemeinschaft sagen.
Der Leiter / die Leiterin begibt sich zum Gefäß mit dem Wasser und spricht:
L: Wir preisen dich, Gott, unser Vater.
Im Wasser der Taufe hast du uns neues Leben geschenkt
und uns zu deinen Kindern gemacht.
Wir loben dich.
A: Wir preisen dich.
L: Du rufst alle, die aus Wasser und Heiligem Geist getauft sind, zu einem Volk zusammen.
Wir loben dich.
A: Wir preisen dich.
L: Du schenkst uns den Geist der Liebe und des Friedens,
damit auch wir Botinnen und Boten deiner Liebe werden und deinen Frieden wirken in dieser Welt.
Wir loben dich.
A: Wir preisen dich.
Der Leiter / die Leiterin lädt die Gemeinde ein, ihr Taufbekenntnis zu erneuern.
L: Lasst uns das Bekenntnis zur Taufe erneuern und heute Ja sagen zu Gottes Ruf und zur Gemeinschaft untereinander.
Alle sind eingeladen, nach vorne zu treten und sich mit dem Wasser selbst zu bekreuzigen. Währenddessen wird gesungen. Danach spricht der Leiter / die Leiterin:
L: Von Gott zur Gemeinschaft berufen, sollen wir die Vision seines Friedens in dieser Welt leben. Beginnen wir hier und jetzt, indem wir einander ein Zeichen des Friedens geben.

Jens Watteroth

Gottes Fest fällt nicht aus

Sehr beeindruckend finde ich, mit welcher Sorgfalt etliche Brautpaare ihre kirchliche Hochzeit vorbereiten. Manchmal mehr als ein Jahr im Voraus werden der trauende Priester, eine ansprechende Kirche und die „Location" für diese Feier ausgesucht und festgelegt. Je näher dann der Hochzeitstermin heranrückt, umso mehr Fragen tauchen auf: Sind alle bereits eingeladen, die uns wichtig sind? Haben wir am Ende jemanden vergessen? Stimmt der Zeitplan? Oder sollen wir noch einmal vorbeikommen, um alles in Ruhe durchzusprechen?

Die erzählerische Fantasie in der Bildgeschichte des Evangeliums von der großen Einladung (z. B. nach Lukas 14,15–24) macht uns hellhörig. Die Absage aller Geladenen erscheint überzogen, geradezu wirklichkeitsfremd. Die Planung eines Festes sieht in der Regel vor, dass alle kommen können. Und umgekehrt erwarten wir von den Gästen, dass sie ihre Geschäftsverpflichtungen auf die gezielt ergangene Einladung abstimmen. Den Gastgeber dürfen wir uns als sehr wohlhabend vorstellen. Auch die Eingeladenen sind ausgesprochen „betucht". Einer der Eingeladenen entschuldigt sich, fünf Joch Ochsen gekauft zu haben: Das sind zehn Zugtiere. Offensichtlich handelt es sich um einen Zukauf. Der Grundbesitz insgesamt muss also riesig gewesen sein. Auf keinen Fall möchte ich die Entschuldigungen bagatellisieren. Das Gleichnis geht jedoch davon aus, dass die Absagen in keinem vernünftigen Verhältnis zur Einladung stehen; sie waren im Gegenteil dumm und gegen den eigenen Vorteil. Damals wie heute war und ist es unklug, die Einladung eines hochgestellten Gastgebers auszuschlagen. Solch ein Mahl hob und hebt das eigene Ansehen und „zahlt" sich immer stark aus. Wer um den Wert einer solchen Einladung weiß, möchte es auf jeden Fall vermeiden, dass der Einladende sich missachtet, provoziert fühlt. Eine tröstliche Botschaft hören wir heute aus allem peinlichen Verhalten der Eingeladenen heraus: Gottes Fest fällt nicht aus. Er lässt sich nicht beirren. Menschen bleiben zwar fern. Sie schließen sich selbst aus. Trotzdem: Das Mahl, die geplante Hochzeit, findet statt. So kommen gänzlich andere – zu Deutsch: wir – zu einer Einladung. Rechnen konnte niemand von uns damit, eingeladen zu werden. „Von Hecken und Zäunen" kommen wir. Nach Stand und Ansehen sind wir als Gäste überhaupt nicht vorgesehen. Deswegen kommt eine bunte, merkwürdige Gesellschaft zusammen. Eines haben wir alle gemeinsam: Wir lassen uns alle bewirten. Zur Praxis Jesu gehörte die Tischgemeinschaft mit Pharisäern, mit „Zöllnern und Sündern". Alle gehören dazu, auch die Abgeschriebenen und Außenseiter! Das Mahl findet statt. Wenn wir uns einladen lassen, gehören wir dazu. Und sehr wichtig: Wir dürfen selber Einladende werden zu seinem Mahl.

Konrad Schmidt

Ein Festmahl für alle Völker wird es geben ...

„Gott will, dass der Mensch seinen Spaß hat." Markige Worte einer großen Heiligen der Mystik, Teresa von Avila (1515–1582), deren Gedenken wir heute begehen. Lässt sich eine innere Verbindung herstellen zu dem, was wir heute in der Lesung aus dem Buch Jesaja hören? Ein Festmahl für alle Völker soll es geben, mit feinsten Speisen, ein Gelage sogar mit erlesenen Weinen, mit den wunderbaren Speisen, eine Freude soll es sein, die den Tod verschlingt (Jes 25,6–7). Ja, ich glaube, die Zuversicht Teresas und die Verheißung des Propheten Jesaja passen zusammen. Gott hat ein großes Interesse daran, die Menschen immer wieder zusammenzubringen und in ihnen seine Verheißungen des Heils zu stärken, weil JHWHs Gerechtigkeit Ordnung in das Chaos der Völker zu bringen vermag. Die Völker werden zusammengerufen auf dem Berg Zion, um in einem Festmahl dem Bund Gottes mit den Menschen auf dem Sinai beizutreten.

DAS FESTMAHL ALS BEITRITT ZUM BUND GOTTES MIT DEN MENSCHEN

Das Mahl auf dem Zion macht eine ganz neue Weise offenbar, wie Gott sich das Verhältnis der Völker vorstellt. Alle Völker sind zum Festmahl eingeladen. Es gibt keine Feindschaft mehr zwischen den Völkern und Gott, keine Feindschaft mehr unter den Völkern. Das Festmahl, zu dem Gott selbst einlädt, verwandelt die bisherigen Mahle des Todes zu einem großen Mahl, das den Tod vernichtet. In der biblischen Überlieferung hören wir vereinzelt von Festmahlen, die ausgerichtet werden etwa anlässlich des Amtsantritts eines Königs. Es wird berichtet von Staatsbanketten, um die eigene Macht zur Geltung zu bringen. Oder die Vereinbarung zweier Staaten soll mit einem Festmahl besiegelt werden (vgl. Gen 29,21).

Auf den ersten Blick zeichnen sich solche Festmahle durch die erlesene Qualität der dargebotenen Speisen und Getränke aus. Dieser Gedanke soll offenbar hier den gegenwärtig erfahrbaren Gegensatz der Situation in der Bedrängnis von Wein und Gesang verstärken. Im weiteren Verlauf der Lesung hören wir, dass JHWH all der Erfahrung von Tod, Trauer und Bedrängnis ein Ende setzen will. Es ist die Rede davon, dass er die Hülle, die alle Völker umgibt, verschlingen will. Mit Hülle ist die Tradition gemeint, sich angesichts der Trauer um einen verstorbenen Menschen das Gesicht zu verhüllen. Gott wird nicht nur die Hülle von unseren Gesichtern wegnehmen, er wird zudem unsere Tränen abwischen und die Schmach der Vergangenheiten hinwegnehmen. JHWH entzieht damit jedem Ausdruck von Trauer den Grund, weil er den Tod zunichtemacht. Der Tod hat keine Macht mehr über uns und Gottes Herrschaft ist unangefochten aufgerichtet über alle Völker. Anzumerken wäre allerdings, dass „Tränen abwischen" und „Schmach hinwegnehmen" keine für Jesaja charakteristische Motive darstellen. Wohl aber lassen sich diese vielfältig in der alttestamentlichen Klage-Überlieferung über das Exil finden.

Mit dem das Bisherige bestätigenden Wort „denn der Herr hat gesprochen",
oder anders übersetzt, „Ja, der Herr hat geredet" wird die prophetische An-
kündigung über das Anrichten des Mahles, das Verschlingen des Todes und
das Abwischen der Tränen abgeschlossen, um damit überzuleiten zum künfti-
gen Loblied auf JHWH, der all das vollbringen wird. Mit voller Überzeugung
wird hier zum Ausdruck gebracht und im Bekenntnis bekräftigt: „An jenem
Tag wird man sagen: Siehe, das ist unser Gott, auf ihn haben wir gehofft, dass
er uns rettet" (Jes 9a). Und diese Hoffnung wird sich erfüllen, denn seine
Hand, die Hand JHWHs, waltet über allem. Die Erfahrung des Festmahles der
Völker auf dem Zion, dass JHWH seine Gerechtigkeit aufrichtet, ist Ansporn
zur Freude und zum Jubel. Ein Mahl für die Völker zu geben, ist der Kern von
Gottes Königsherrschaft. Und diese Königsherrschaft offenbart sich in der Ab-
schaffung jeglicher Unterdrückung und als umfassende Sorge für das Miteinander der Völker auf Erden.

BIBLISCHE VISION UND ERFAHRENE GEGENWART

Ist es eine Vision vom friedlichen Miteinander der Völker, die am Ende nur
eine Seifenblase ist oder doch eine Verheißung und Ansporn, gleichermaßen
an ihr festzuhalten? Unsere gegenwärtige Zeit ist, wie vermutlich alle Zeiten,
geprägt von kriegerischen Auseinandersetzungen der Völker, von bewusst ver-
ursachten wirtschaftlichen Krisen, eines provozierten dramatischen Anstiegs
von Energiepreisen für viele energieverbrauchende Wirtschaftsnationen.
Es wird auf alle Fälle auch in unseren Tagen darum gehen, die Vision von einer
von Gott aufgerichteten Gerechtigkeit unter den Völkern wach zu halten und
sich immer neu darum zu bemühen, dass die Mächtigen dieser Welt an einem
solchen Frieden festhalten, der nicht nur die Abwesenheit von Krieg bedeuten
kann, sondern alles beinhalten muss, was den Menschen zum Leben dient. Um
am Ende das Wort von Teresa von Avila noch einmal aufzugreifen: Sie möchte
damit ja zum Ausdruck bringen, dass der Mensch nicht einfach nur seinen
Spaß haben will, sondern, dass der Mensch seine Freude am Leben genießen
können soll, weil er in Frieden und Gerechtigkeit leben kann und die Gaben
der Schöpfung genießen darf und schließlich diese Freude feiern darf in einem
großen Festmahl mit seinem Gott und seinen Mitmenschen.

Stefan Barton

Ein großes, himmlisches Festmahl

Die letzten Sätze aus dem Evangelium klingen brutal und auch angsteinflö-
ßend: Da wird einer, der nicht das richtige Festgewand anhat, hinausgewor-
fen in die Finsternis, zu Heulen und Zähneknirschen. Dabei geht es in dem
Evangelium heute erst mal um etwas sehr Positives: um eine Hochzeit, ein
großartiges Festmahl, zu dem alle eingeladen sind. Gott will mit uns feiern, an
einem großen Tisch, mit richtig viel Essen und Trinken. Das ist das Bild, das ich
wichtig finde in dieser Geschichte. Gott ist kein Kostverächter, so wie auch
Jesus selbst keiner war. Einen „Fresser und Säufer" haben ihn die Menschen
damals genannt. Das spricht dafür, dass er schon zu Lebzeiten gerne zu Tische
lag – man lag damals zu Tisch, man saß nicht auf Stühlen. Mit seinen Freundinnen und Freunden und mit allen möglichen anderen Leuten, auch Sündern
und Zöllnern, hat er oft zusammen am Tisch gelegen und Speisen und Getränke genossen.

WENN REBHUHN, DANN REBHUHN

Ich muss bei diesem Bild vom Festmahl auch an die Heilige des heutigen Tages
denken; leider geht sie ein wenig unter wegen des Sonntags dieses Jahr. Am 15.
Oktober ist das Fest der heiligen Teresa von Avila. Allen, die nach ihr benannt
sind: herzliche Glück- und Segenswünsche zum Namenstag! Eines ihrer be-
rühmtesten Zitate ist dieses: „Wenn Fasten, dann Fasten; wenn Rebhuhn, dann
Rebhuhn." Teresa von Avila hat sich durchaus für Verzicht und Fasten eingesetzt, vor allem, wenn es um die Solidarität mit den Armen und Hungernden
ging. Aber sie hat eben auch ihre Mitschwestern im Kloster vor übertriebe-
nem Fasten gewarnt, und sie konnte selbst genießen und schätzte gutes Essen.
Sie war eine lebensfrohe und pragmatische Heilige.

HEILIGE GEGEN DIE ANGST

Und was mir mit Blick auf dieses Evangelium heute auch gefällt: Sie war eine
Heilige, die immer wieder gegen die Angst gepredigt hat. „Lasst ab von Ängsten, wo es nichts zu fürchten gibt." So schreibt sie zum Beispiel an ihre Mitschwestern. Sie hat damals im 16. Jahrhundert erlebt – so wie übrigens auch
ihr Zeitgenosse Martin Luther –, dass Kirchenobere den Menschen Angst gemacht haben, vor allem mit falsch ausgelegten Bibelstellen und Bildern vom
Jüngsten Gericht. Und diese Ängste waren Machtmittel, um Menschen klein
zu halten oder ihnen Geld aus der Tasche zu ziehen. „Also, Töchter, lasst diese
Ängste fahren!", hält Teresa von Avila solchen Angstbotschaften entgegen.
Wenn ich Bibelstellen lese, in denen von Heulen und Zähneknirschen die Rede
ist, denke ich deswegen: Ja, wir sollen Gott und seine Gebote ernst nehmen.
Aber wir sollen nicht in Ängste verfallen. Bis heute machen Menschen solche
Angst- und Drohbotschaften aus früheren Zeiten zu schaffen. Ein zweites

wichtiges Zitat von Teresa von Avila, das viele auch aus einem Gesang aus Taizé kennen, geht so: „Nichts beunruhige dich, nichts ängstige dich: Gott allein genügt." Auf Spanisch: „Nada te turbe, nada te espante: Solo dios basta." Gott ist für Teresa von Avila kein entfernter, mächtiger Herrscher, der Furcht einflößt. Gott ist ein Freund, der ihr im Gebet nahe ist und der ihr gerade nicht Angst macht, sondern Mut. Mut, sich für die Dinge und die Reformen einzusetzen, die ihr wichtig sind. Wenn ich mit der Heiligen des heutigen Tages auf das heutige Evangelium schaue, dann sagt mir das: Gott lädt dich ein, mit ihm Mahl zu halten. Er will dir nahe sein und mit dir reden und feiern als dein Freund.

EIN FROHES FESTMAHL MIT FEINSTEN SPEISEN

Dass es beim Evangelium heute vor allem um ein frohes Festmahl geht, das wird auch deutlich, wenn man die Lesung aus dem Propheten Jesaja hinzunimmt, die heute auch gelesen wurde. Da ist die Rede von einem Festmahl, das Gott ausrichtet für alle Völker, wunderbar wird es beschrieben als „ein Gelage mit erlesenen Weinen, mit den feinsten, fetten Speisen". Es ist ein Festmahl in der Zukunft, am Ende der Tage, und hier gibt es kein Heulen und Zähneknirschen, sondern ganz im Gegenteil: Jubel und Freude. „Gott, der Herr, wird die Tränen von jedem Gesicht abwischen", heißt es da. Das große gemeinsame Mahl aller Völker ist eine wunderbare Verheißung. Jesus greift diese Bilder aus den Prophetenschriften der jüdischen Tradition auf, er weiß: Die Menschen, denen er predigt, kennen sie. Es sind Verheißungen vom Himmelreich und himmlischen Mahl, die die Menschen trösten wollen. Und seine Botschaft ist: Dieses himmlische Reich hat schon begonnen, hier und heute, wenn wir zusammen zu Tisch liegen.

EIN MAHL FÜR ALLE

Eine Stoßrichtung dieses himmlischen Mahls aus dem Propheten Jesaja greift Jesus auf, wenn er davon spricht: Nicht nur die ursprünglich geladenen Gäste sollen kommen, sondern alle, die die Diener an den Straßenkreuzungen treffen. „Alle Völker" sind geladen, so steht es schon bei Jesaja. Das Mahl ist nicht nur für die besonders frommen Menschen. Die Einladung ergeht an alle. Und manchmal zeigt sich sogar: Diejenigen, die als Erste eingeladen sind, sind nicht unbedingt die, die der Einladung am besten gerecht werden, die als Erste kommen. Jesus macht bei seinen Einladungen und Mahlzeiten immer wieder die Erfahrung: Es sind gerade die „von den Hecken und Zäunen", „die von der Straße", die Sünder und Zöllner, die seiner Einladung folgen. Ein Mahl, zu dem alle eingeladen sind, ohne Vorbedingung: Auch für die heilige Teresa von Avila ist dies eine tröstliche Botschaft. Sie schreibt einmal: „Schaut, der Herr lädt alle ein. ... Er hätte ja sagen können: ‚Kommt nur alle, denn ihr verliert schließlich nichts dabei, aber zu trinken werde ich denen geben, die mir gut scheinen.' Da er aber ohne Vorbedingung ‚alle' sagt, bin ich mir sicher, dass es allen, die unterwegs nicht hängenbleiben, an diesem lebendigen Wasser nicht mangeln wird" (Weg der Vollkommenheit, 32,7).   *Beate Hirt*

Gott lädt uns ein in sein Himmelreich

ZUR ERÖFFNUNG

Liebe Kinder, liebe Erwachsene, herzlich willkommen in unserem Gottesdienst! Warum sind wir hier? Wo es doch so viele andere interessante Möglichkeiten gäbe, den Sonntagmorgen (Samstagabend) zu verbringen! Ausflüge, Ausschlafen, Spielen, Trödeln … Wie kamen wir auf die Idee, uns hier zu treffen?
Wir sind hier, weil wir eingeladen sind!
Wir sind der wichtigsten Einladung gefolgt, die wir bekommen können: der Einladung von Gott selbst, zu ihm zu kommen, ihm nah zu sein und in der Gemeinschaft mit anderen Gläubigen seine Güte zu feiern und sein Wort zu hören. Herzlichen Glückwunsch jedem und jeder von euch, die ihr diese Einladung angenommen habt.
Zuerst aber lasst uns still werden. Was habe ich in der vergangenen Woche erlebt? Was war gut? Was war nicht so gut? – Wo habe ich etwas richtig gemacht? Was hätte ich besser anders gemacht? Lasst uns unsere Stärken und Schwächen vor Gott tragen. Wir wollen ihm danken für das, was gut gelaufen ist, und um Hilfe bitten bei dem, was nicht so gut gelaufen ist.

ZUR VERKÜNDIGUNG

Evangelium: Mt 22,1–6; 8–10 *(Kurzfassung; später verkündigen)*

Gleich zu Anfang unseres Gottesdienstes haben wir festgestellt: Wir alle sind hier, weil wir eingeladen sind. Gott selbst hat uns eingeladen. Jesus ist hier bei uns. Wenn wir ihn spüren, ist er da, aber auch, wenn wir ihn nicht spüren. Ja, selbst, wenn wir es nicht glauben können, weil wir ihn ja mit unseren Augen nicht sehen, ist Gott bei uns. Jesus hat gesagt: „Wo zwei oder drei in meinem Namen versammelt sind, da bin ich in ihrer Mitte" (Mt 18,20). Und jetzt sind wir in seinem Namen hier versammelt. Und er ist bei uns.
Über das Eingeladen-Sein möchte ich heute mit euch sprechen. Genau darum geht es nämlich im heutigen Evangelium. *(Evangelium jetzt verkündigen)*

Manche Geschichten in der Bibel sind schwer zu verstehen. Aber diese hier kommt mir nicht besonders schwierig vor, oder was meint ihr? Habt ihr gut zugehört? Kann jemand erzählen, was er von unserem Evangelium, das eben vorgetragen wurde, noch in Erinnerung hat? (–)

KOMMT ZUR HOCHZEIT!

Jesus erzählt von einem König, der viele Gäste zur Hochzeitsfeier seines Sohnes eingeladen hat. Die Hochzeit – das ist ein großes Fest, auch heute bei uns. Da geht man doch eigentlich gerne hin, oder? War jemand von euch schon einmal auf einer Hochzeitsfeier? Wie war das? (–) So eine Hochzeit ist etwas Besonderes, etwa sehr Wichtiges und Schönes (schließlich feiert man dann ja, dass zwei Menschen ihr Leben miteinander verbringen und eine Familie gründen wollen).

Was aber geschieht, als der König die Hochzeitsgäste eingeladen hat? Ziehen sie sich festlich an und kommen? (–)

Nein, die Leute scheinen keine Lust zu haben. Ihre Felder oder ihr Laden sind ihnen wichtiger. Für diese Einladung wollen sie ihre tägliche Arbeit nicht unterbrechen. Das ist schon seltsam. So ein tolles Fest – und sie gehen nicht hin! Und gemein ist es auch, oder was meint ihr? Der König hat extra viel vorbereitet für das Fest und dann kommen die Gäste einfach nicht.

LADET ALLE EIN!

Aber der König hat schon eine Idee! Wie geht die Geschichte weiter, wisst ihr es noch? (–) Der König sagt, die eingeladenen Gäste sind nicht würdig. Er hat alles bereitet und sie kommen nicht. Also sollen die Diener an die Straße gehen und alle einladen, die sie dort treffen. Arme und Reiche, Gute und Böse – alle sind willkommen. Und offensichtlich kamen sie auch, denn wir haben gehört: Der Festsaal füllte sich mit Gästen.

MIT DEM HIMMELREICH IST ES WIE MIT DEM KÖNIG

Das war doch eine gute Idee vom König, oder? (–) Das könnten wir uns doch merken, wenn unsere Gäste mal absagen. Bei der Geburtstagsfeier, zum Spielnachmittag … wenn man dann einfach die Kinder einlädt, die man draußen als erstes trifft – das könnte spannend werden. Und durchaus auch schön!

Hat Jesus diese Geschichte als Rat für uns erzählt? Nämlich als Tipp, was wir machen können, wenn ein Gast kurzfristig absagt oder einfach nicht kommt? (–) So simpel sind die Geschichten von Jesus nicht.

Diese Geschichte ist ein Gleichnis. Wer ganz genau hingehört hat, hat es vielleicht mitbekommen. Da heißt es nämlich im Evangelium: „Jesus erzählte das folgende Gleichnis." Weiß jemand, was ein Gleichnis ist? (–)

Ein Gleichnis soll etwas erklären. Und zwar mit einer kurzen Geschichte. Der Hörer kann sich in der Erzählung selbst entdecken und wird so eingeladen, etwas über das Leben zu lernen.

Was können wir aus diesem Gleichnis lernen? Jesus sagt: Mit dem Himmelreich ist es wie mit dem König. Aha – da haben wir einen Hinweis! Hat jemand eine Idee, was es mit dem Himmelreich auf sich haben könnte? (–)

Der König im Gleichnis lädt alle ein, die seine Diener auf der Straße treffen. Der König ist wie Gott: Gott lädt uns alle ein, zu ihm zu kommen! Egal, ob wir groß und stark oder klein und schwach sind. Auch jeder sündige Mensch darf den Weg zu Gott nehmen. Wir alle dürfen zu ihm kommen, so wie wir sind.

Gott lädt uns alle in sein Himmelreich ein. Wir alle sind schon heute eingeladen, mit ihm zu leben, seine Liebe zu uns zu spüren und Jesus einen Platz in unserem Herzen zu geben.

Elisabeth Hardt

Neunundzwanzigster Sonntag (A)

LIEDVORSCHLÄGE

Gesänge
Eröffnungsgesang: Kommt herbei, singt dem Herrn (GL 140,1–3,6); *Gloria:* Preis und Ehre Gott dem Herren (GL 171); *Antwortgesang:* Singt dem Herrn alle Länder der Erde (GL 54,1) mit den Psalmversen; *Ruf vor dem Evangelium:* Halleluja (GL 174,6) mit dem Vers; *zum Glaubensbekenntnis:* Credo in unum Deum (GL 180,1–2); *zur Gabenbereitung:* Brot, das die Hoffnung nährt (GL 378,1–3); *Sanctus:* Heilig, heilig, heilig (GL 200); *Danklied:* Ein Danklied sei dem Herren (GL 382,1+5)*; zur Entlassung:* Herr, mach uns stark (GL 552,1–5).

ERÖFFNUNG

Liturgischer Gruß
Jesus Christus, Alpha und Omega der ganzen Schöpfung, sei mit euch / ist mit uns allen.

Einführung
Das Volk Gottes weiß sich von Gottes Gegenwart getragen. Durch alle Irrungen und Wirrungen der Geschichte hindurch deutet es die Geschehnisse im Licht des Glaubens und versucht, aus dieser Perspektive zu leben und die Welt zu gestalten. Wie unsere Vorfahren im Glauben sind wir heute gerufen, unsere Gegenwart im Licht des Evangeliums zu deuten und die Welt aus Glauben, Hoffnung und Liebe zu gestalten.

Kyrie-Litanei
Herr Jesus Christus, du bist als Mensch in die Welt gekommen, um uns zu erlösen. Herr, erbarme dich. *A:* Herr, erbarme dich.
Herr Jesus Christus, du bist gegenwärtig, wo zwei oder drei in deinem Namen versammelt sind. Christus, erbarme dich. *A:* Christus, erbarme dich.
Herr Jesus Christus, du wirst am Ende der Tage wiederkommen, um die Welt zu richten. Herr, erbarme dich. *A:* Herr, erbarme dich.

Tagesgebet der Eucharistiefeier
Allmächtiger Gott, du bist unser Herr und Gebieter.
Mach unseren Willen bereit,
deinen Weisungen zu folgen
und gib uns ein Herz, das dir aufrichtig dient.
Darum bitten wir durch Jesus Christus.

Perikopengebet der Wort-Gottes-Feier

Gott, Schöpfer des Himmels und der Erde,
alles ist dein Eigen, du bist der Herr über die ganze Welt.
Wir bitten dich: Schaffe Raum
deinem Reich der Gerechtigkeit und Liebe,
damit alle Menschen deine Größe preisen.
Darum bitten wir durch Jesus Christus, deinen Sohn,
der mit dir lebt und die Welt regiert
in der Einheit des Heiligen Geistes,
von Ewigkeit zu Ewigkeit.

ZU DEN SCHRIFTLESUNGEN

1. Lesung: Jes 45,1.4–6
Die Worte der Lesung sind in die Situation des babylonischen Exils hineinge-
sprochen. Sie handeln von der Erlösung des Gottesvolkes und der ersehnten
Heimkehr in das verheißene Land.

2. Lesung: 1 Thess 1,1–5b
Glaube, Liebe und Hoffnung sind die drei christlichen Tugenden, die es in der
Gemeinde braucht, um in der Zeit zu bestehen. Unser Begriff Tugend kommt
vom Verb taugen. Durch Glaube, Liebe und Hoffnung bezeugt die christliche
Gemeinde ihre Tauglichkeit für die Welt.

Evangelium: Mt 22,15–21
Gottes Herrschaftsbereich funktioniert anders als menschliche Macht. Die
Logik der Gottesherrschaft ist ein Gegenbild zur Logik menschlicher Macht.

FÜRBITTEN

Im Psalm heißt es: Ich rufe dich an, denn du, Gott, erhörst mich. Wende dein
Ohr mir zu, vernimm meine Rede! (Ps 17,6). Darum beten wir gemeinsam:

- Für alle Menschen, die aus ihrer Heimat vertrieben worden sind.
- Für alle Menschen, die aus politischen oder religiösen Gründen verfolgt
  werden.
- Für alle Menschen, die entwurzelt sind und nach Orientierung in ihrem
  Leben suchen.
- Für alle Menschen, die sich aus Glauben, Liebe und Hoffnung für andere
  einsetzen und die Welt gestalten.
- Für alle Menschen, an die wir in diesem Augenblick persönlich denken.

Herr Jesus Christus, Heiland und Erlöser, erbarme dich über uns und über die
ganze Welt. Gedenke deiner Christenheit uns führe zusammen, was getrennt
ist. Darum bitten wir durch dich, Christus, unseren Herrn.

Zum Vaterunser

Jesus Christus führt uns zur Gemeinschaft mit Gott, dem Vater. Deshalb dürfen wir gemeinsam und füreinander beten:

Zum Friedensgebet

Frieden ist möglich, wenn wir ihn als Geschenk des liebenden Gottes annehmen. Deshalb bitten wir:

Kommunionvers

Gebt Gott, was Gott ist, und empfangt von ihm euer Heil. Kostet und seht, wie gut der Herr ist.

ELEMENTE FÜR DIE WORT-GOTTES-FEIER

Zum Schuldbekenntnis

Damit wir diesen Gottesdienst mit reinem Herzen und klarem Kopf begehen können, lasst uns für all das um Vergebung bitten, was uns von Jesus Christus und unseren Schwestern und Brüdern trennt:

Zum Friedenszeichen

Paulus beginnt seinen Brief an die Kirche der Thessalonicher mit dem Segenswunsch nach Gnade und Frieden. Stimmen wir in seinen apostolischen Segenswunsch nach Gnade und Frieden ein und wünschen einander diesen Frieden.

Florian Kunz

Ja und Amen!

Wer zu allem Ja und Amen sagt, ist nach landläufiger Meinung ein armer Tropf. Jemand, der keinen eigenen Willen hat, kein Standing, keine innere Freiheit. Trotzdem haben gerade die allermeisten wieder bedenkenlos „Amen" gesagt, als vor der Lesung das Tagesgebet gesprochen wurde. Dabei muss man, wenn man ehrlich ist, durchaus eingestehen, dass es das Gebet wirklich in sich hat. Hören wir nochmal hin: Allmächtiger Gott, du bist unser Herr und Gebieter. Mach unseren Willen bereit, deinen Weisungen zu folgen, und gib uns ein Herz, das dir aufrichtig dient. Darum bitten wir durch Jesus Christus.

Wir sollten uns den Text genauer anschauen. Zunächst haben wir festgestellt, dass Gott unser Herr und Gebieter ist, das ist in einem Sonntagsgottesdienst zunächst keine spektakuläre Einsicht. Aber dann haben wir darum gebeten, dass wir seinen Weisungen folgen und ein Herz haben, was ihm aufrichtig dient. Das sind wirklich starke Bitten und eine echte Herausforderung.

Was heißt es denn, „ein aufrichtiges Herz" zu haben? Das schmeckt nach Ehrlichkeit, nach Bescheidenheit. Ein aufrichtiges Herz ist eines, das nicht zu viele Worte macht. Ein aufrichtiges Herz lebt, was es begriffen hat, von Gott, von Jesus, vom Wort Gottes. Und dieses aufrichtige Herz ist ein Gottesgeschenk. Wir können es nicht selber machen, aber wir müssen es pflegen. Müssen uns öffnen für die Verwandlung des Herzens.

Für die Menschen der Zeit Jesu war das Herz mehr als nur ein lebenswichtiges Organ, mehr als nur der Muskel, den wir unbedingt zum Leben brauchen. Das Herz stand für den ganzen Menschen, für alles, was ihn ausmacht und prägt. Wer zum Willen Gottes Ja und Amen sagt und bereit ist, das umzusetzen, dessen Leben wird sich nachhaltig verändern, erhält eine neue Prägung. Im Evangelium bringt Jesus das mit einem knappen Satz sehr deutlich auf den Punkt: „So gebt dem Kaiser, was dem Kaiser gehört, und Gott, was Gott gehört" (Mt 22,21). Vorausgegangen ist diesem Satz ein Versuch der Pharisäer, Jesus in die Falle zu locken. Auf dieses Spiel lässt er sich nicht ein, sondern gibt eine Antwort, die sie einerseits kleinlaut werden lässt und andererseits einen tiefen Sinn offenbart. Entscheidend ist nämlich der zweite Teil des Satzes, der Gehorsam Gott gegenüber. Hier schließt sich der Kreis zum Tagesgebet, in dem wir um die Fähigkeit gebeten haben, den Willen Gottes zu tun. Wer dazu aus freiem Herzen Ja und Amen sagt, ist kein armer Tropf, sondern wirklich frei und auf dem Weg des Evangeliums. Die Frohe Botschaft wurde nicht nur als Wort der Gemeinde übermittelt, sondern „mit Kraft und mit dem Heiligen Geist und mit voller Gewissheit" (1 Thess 1,5b). Wer dieser Botschaft folgt, verwirklicht Glaube, Liebe und Hoffnung im Alltag. Diese drei göttlichen Tugenden sind Anzeichen für das Wirken des Geistes Gottes, in der Kirche, in unserer Gemeinde im Leben eines und einer jeden Einzelnen von uns. Seien wir dazu bereit und bitten wir Gott immer wieder darum, dass wir seinen Willen erkennen und in unserem Leben umsetzen.

Christoph Heinemann

Hoffnung in Krisenzeiten

Was gibt mir Hoffnung, wenn ich so tief drinstecke in einer Situation, die eigentlich hoffnungslos ist? Diese Frage kann sich im individuellen Leben auf ganz vielfältige Art und Weise stellen, durch Krankheit, durch den Verlust eines lieben Menschen, durch einen Schicksalsschlag eben, der das Leben aus dem Takt bringt. Sicher kennen Sie solche Situationen. Wenn das Leben durcheinandergerät, wenn das, was mir Halt gibt, auf einmal fehlt, nicht mehr trägt, dann fühlt sich das Leben von jetzt auf gleich nicht mehr nach Leben an. Wie soll das auch gehen, angesichts zum Beispiel einer erschreckenden Diagnose, die plötzlich alle Pläne zunichtemacht, einen Menschen mit dem Ende seines Lebens konfrontiert? Woher soll ich da eine Perspektive gewinnen und welche? Wer kann in solchen Situationen Hoffnung geben, die nicht bloß als frommer Wunsch oder Floskel daherkommt und die Realität ausblendet? Aber das Phänomen der Hoffnungslosigkeit kann natürlich genauso auch eine ganze Gesellschaft treffen, die unter dem Eindruck einer krisenhaften Situation oder sogar Epoche steht. Wir haben es in der Corona-Pandemie erlebt, als immer wieder neue Virusvarianten aufgetauchten und Maßnahmen verlängert oder angepasst werden mussten. Wir erleben es bei Ereignissen wie dem Ukrainekrieg, wenn Menschen es nicht fassen können, wie es heute immer noch sein kann, dass ein Volk einem anderen das Recht auf Eigenständigkeit abspricht, dass ein Land einem anderen den Boden wegnimmt, dass es mitten in Europa erneut zu einem langen, kräftezehrenden Krieg mit schweren Waffen, Tod und Elend kommen konnte. Und wir erleben in diesem Zusammenhang auch: Hoffnungslosigkeit kann eine echte Sogwirkung haben. Hoffnungslosigkeit kann ansteckend sein. Es ist manchmal geradezu einladend, sich davon immer mehr einfangen zu lassen, bis man am Ende den Himmel nicht mehr sieht. Aber was gibt Hoffnung, ohne dass es wie Selbstimmunisierung aussieht, oder ein nicht Wahrhaben-Wollen einer ausweglosen Situation?

DIE GEMEINDE IN THESSALONIKI – EIN VORBILD IN DER HOFFNUNG

Vermutlich haben diese Fragen auch die ersten christlichen Gemeinden beschäftigt. Wir haben heute in der Lesung von der Gemeinde in Thessaloniki gehört. Sie gehört zu den ersten christlichen Gemeinden und wurde um das Jahr 50 n. Chr., also rund zwanzig Jahre nach dem Tod Jesu von Paulus in Griechenland gegründet. Der erste Thessalonicherbrief gilt als das älteste Schriftstück im Neuen Testament. Er ist damit so nah dran an Jesus selbst und den Auswirkungen seines Lebens und Sterbens wie kein anderes Schriftzeugnis. Der Brief gibt uns einen ganz ursprünglichen und unverstellten Eindruck in die Fragen und Themen der Gemeinde und in den Austausch mit Paulus. Austausch und Kontakt stehen für Paulus bei seinen Briefen im Vordergrund, aber es geht auch – gut pädagogisch – um Resonanz auf das, was Paulus von der Gemeinde hört und liest, es geht um Glaubensunterweisung, mal eher tadelnd, aber oft auch lobend. Und letztlich geht es Paulus darum, die Gemeinde in der Hoffnung stark zu machen.

Paulus hebt drei Eigenschaften der Gemeinde hervor: das Werk ihres Glaubens, die Mühe ihrer Liebe und die Standhaftigkeit ihrer Hoffnung auf Jesus Christus.

HOFFNUNG BLEIBT WAGNIS

Was hat der jungen christlichen Gemeinde diese Hoffnung gegeben?

Neben all den vorstellbaren individuellen Situationen von Hoffnungslosigkeit gab es für die ersten Christen dort vor allem große Unsicherheiten: Keiner hat Jesus Christus selbst gesehen oder erlebt, nicht einmal Paulus. Und dann ist er gestorben; wie ist das mit der Auferstehung, von der man sich erzählt? Auf welchem Boden begründet sich diese Lebensentscheidung, ein Christ oder eine Christin zu werden?

Wenn das stimmt, was Paulus über die Gemeinde schreibt, dann muss es so sein, dass es den Menschen dort irgendwie gelungen ist, sich dem Sog der Hoffnungslosigkeit zu entziehen, sich nicht davon einfangen zu lassen.

Und offensichtlich ist auch Hoffnung ansteckend. Menschen, die von Hoffnung erfüllt sind, haben oft eine Strahlkraft, die mehr ist als bloße Begeisterungsfähigkeit. Menschen, die von Hoffnung erfüllt sind, haben eine Wirkung auf andere, die dann trägt, wenn sie nicht im Übertönen oder Umgehen von Realitäten besteht.

Und doch stimmt es auch: Hoffnung bleibt immer ein Wagnis, ein dynamisches Geschehen mit vielen Abhängigkeiten von Umständen, von Sender und Empfänger.

JESUS CHRISTUS ALS GRUND UNSERER HOFFNUNG

Für Paulus ist das, was er in Thessaloniki erlebt, nichts, was allein vom Menschen gemacht ist. Er bringt es so auf den Punkt: „Denn unser Evangelium kam zu euch nicht im Wort allein, sondern auch mit Kraft und mit dem Heiligen Geist und mit voller Gewissheit." Und vielleicht meint Paulus mit Gewissheit hier eben nicht Wissen, sondern eine besonders starke Form der Hoffnung, die hilft, das Wagnis einzugehen und sich an dem festzuhalten, der der Grund unserer Hoffnung ist: Jesus Christus, der den Tod besiegt hat und für uns das ewige Leben erwirkt hat.

Hoffnung schenken – das kann eine politische Entscheidung sein, die die Wende in einem Konflikt bringt, oder eine Erkenntnis, eine Lösung eines schwerwiegenden Problems. Hoffnung schenken Menschen, die an unserer Seite stehen, wenn es schwierig oder aussichtslos für uns ist, Menschen, die anderen helfen, das zu tragen, was das Leben schwermacht. Solche Menschen sind Zeuginnen und Zeugen des Evangeliums, indem sie in ihrem Handeln auf den verweisen, der der Grund unserer Hoffnung ist.

Stephanie Rieth

Ein Gott für alle Fälle?

In den letzten Lebenstagen Jesu versuchen verschiedene Religionsgruppen, ihn aus dem Verkehr zu ziehen. Hier machen die Pharisäer gemeinsame Sache mit den Herodianern. Der Schriftsteller Harry Rowohlt nannte die „Captatio Benevolentiae", das Haschen um das Wohlwollen der Zuhörer zu Anfang einer Autorenlesung, die „Anschleimphase". Dieses rhetorischen Mittels bedienen sich auch die Pharisäer mit ihrer heuchlerischen Anrede „Lehrer/Rabbi" und ihrer Ergebenheitsbekundung „Wir wissen, dass du immer die Wahrheit sagst und wirklich den Weg Gottes lehrst, ohne auf jemand Rücksicht zu nehmen; denn du siehst nicht auf die Person", um dann ihre Falle zuschnappen zu lassen: „Sag uns also: Ist es nach deiner Meinung erlaubt, dem Kaiser Steuern zu zahlen, oder nicht?" Jesus wird in ein klassisches Dilemma hineingeführt, aus dem es scheinbar kein Entrinnen gibt. Sie stellen ihm eine Fangfrage, auf die es eigentlich nur eine Antwort geben kann. Wie sollte er seinen Kopf aus der Schlinge ziehen? Gleichgültig, ob er mit Ja oder Nein antwortet, immer gelangt er unweigerlich in die Bredouille. Ein Nein würde eine Steuerverweigerung gegenüber dem Kaiser bedeuten und die römischen Behörden wegen Anstiftung zum Aufstand auf den Plan rufen. Da müsste Jesus mit harten Konsequenzen rechnen. Ein Ja auf ihre folgenschwere Fangfrage bewirkte die Nachstellungen seiner jüdischen Mitbürger. Denn für einen gläubigen Juden konnte es nur den Glauben an den einen Gott und zugleich das Bilderverbot geben. So oder so geriete Jesus in die Mühlen der römischen Besatzungsmacht oder der jüdischen Glaubensautoritäten.

WAS GOTTES IST

Der Meister durchschaut ihre Machenschaften und richtet an sie die Anklagefrage: „Ihr Heuchler, warum stellt ihr mir eine Falle?" Dann aber dreht er den Spieß um und führt sie vor mit seiner Forderung, ihm ihre Steuermünze zu präsentieren. Da sie prompt den Denar mit Bild und Aufschrift des Kaisers vorweisen können, entlarven sie sich selbst als bereitwillige Steuerzahler. Durch die Nutzung des Denars erkennen sie die politische Macht des Kaisers längst an. Sie praktizieren selbst, womit sie Jesus fangen wollten. Sie fallen selbst in die von ihnen gestellte Falle. Jesus verstieß mit seiner gelungenen Gegenfrage und der kleinlauten Antwort seiner Gegner weder gegen die römische Gesetzgebung noch verletzte er das jüdische religiöse Empfinden. Auch der religiöse Mensch hat die Ordnung und die Gesetze des Staates zu beachten, in diesem Sinne dem Kaiser zu geben, was des Kaisers ist. Jesus wendet eine religiös wie politisch brisante Frage an die Fragen- und Fallensteller zurück: Wie steht es mit euch selbst und eurer Beziehung zu Gott?
Dass ausgerechnet die Pharisäer die Steuermünze mit dem Kaiserbild bei sich trugen, zudem noch im Tempel, was jüdisches Empfinden deutlich verletzte, beweist, dass ihre Frage nur eine Finte war. Sie hatten bereits längst für sich

die tödliche Entscheidung gegen Jesus gefällt und wollten ihn lediglich hinterlistig ins Dilemma führen. Die eigentliche Pointe liegt in dem, wonach die Gegner Jesu gar nicht gefragt hatten: in der Aufforderung, Gott zu geben, was Gottes ist, d. h. seinen absoluten Anspruch anzuerkennen, der über allen staatlichen Forderungen steht. Angesichts dieser Aussage können die Pharisäer sich nur wortlos von der Bühne der Auseinandersetzung stehlen. Wer Jesus eine Frage stellt, geht das Risiko ein, eine umfassendere Antwort zu erhalten, als er eigentlich hören und zur Kenntnis nehmen wollte. „Wer anderen eine Grube gräbt, fällt selbst hinein, wer einen Stein hochwälzt, auf den rollt er zurück" (Spr 26,27).

DER EINZIG WAHRE

Kein König und kein Kaiser kann die Stelle Gottes einnehmen. Denn nur „Er ist Gott, Gott für uns, er allein ist letzter Halt" (GL 140,2). Mit ihm kann kein irdischer Herrscher mithalten, dessen Zeit und Wirkung immer begrenzt sind. Letztlich sind weder Regierende noch Steuern von Bedeutung, sondern nur der Anspruch Gottes: „Ich bin der Herr und sonst niemand; außer mir gibt es keinen Gott" (Jes 45,5).
Dafür trat bereits ein Prophet wie Jesaja ein. Die ganze Welt soll die Einzigartigkeit Gottes erkennen. Unser Gott lässt die Seinen nie im Stich, sondern eröffnet ihnen stets den Weg in eine neue Zukunft, gleichgültig, welche Machthaber gerade die Geschicke der Welt lenken wollen. „Er ist der einzig Wahre" – eine solche Aussage klingt nach Werbung, die viele Menschen als lästige Unterbrechung ihres laufenden Programms abschalten. Den Propheten ist es wohl häufig ähnlich gegangen. Die Menschen wollten ihre Botschaft nicht hören, empfanden sie als störend. Nur einen Gott als den einzig wahren anerkennen – das ist eine Herausforderung bis heute. Zwei Wörter bilden eines der kürzesten Glaubensbekenntnisse. „JHWH aechad": Der Herr ist der Einzig-Eine. Dabei geht es weniger um einen abstrakten, theoretischen Monotheismus als vielmehr um eine Liebesbeziehung, die den ganz anderen, Gott, für so wichtig und wertvoll, für so einmalig und unvergleichlich hält, dass es neben ihm gar keinen anderen mehr braucht.

NUR EIN GOTT!

Nur ein Gott? Reicht das denn? Bräuchten wir nicht einen Gott für alle Fälle, für jeden Fall einen Gott, der zuständig ist und direkt hilft? Sich nur an einen einzigen Gott zu halten, das war schon für Israel eine Zumutung. Doch er hat viele Namen, mit denen wir ihn anrufen können in all unseren Bedrängnissen. Er hat viele Weisen, uns Menschen zu erscheinen: in seinen Worten, in seinen Zeichen, in unserer menschlichen Gemeinschaft, unwiderruflich und unüberbietbar in seinem Sohn Jesus Christus.

Daniel Hörnemann

Wahr oder falsch?

Evangelium: Mt 22,15–21 *(später verkündigen)*

Heute hören wir eine Bibelgeschichte, bei der es darum geht, die Wahrheit zu erkennen. Kennt ihr die Wahrheit?
Lasst uns mit einem kurzen Quiz beginnen. Es geht um wahr oder falsch. Wenn ihr denkt, die Antwort ist wahr, dann streckt den Daumen nach oben, wenn ihr denkt, die Antwort ist falsch, dann streckt den Daumen nach unten. Los geht's!

Giraffen können im Stehen schlafen. *(Richtig)*
Bei dem Märchen von Dornröschen geht es um eine goldene Kugel. *(Falsch, der Froschkönig)*
Die Pyramiden wurden von den Römern gebaut. *(Falsch, Ägypter)*
Die Bibel ist besteht aus dem Alten und dem Neuen Testament. *(Richtig)*

Ihr habt einen guten Riecher, wenn es um die Wahrheit geht. Mal schauen, wie Jesus im heutigen Evangelium die Wahrheit aufdeckt.
(Evangelium jetzt verkündigen)

GENERVTE GELEHRTE

Bei dem Frage- und Antwortspiel im Matthäusevangelium gibt es zwei Parteien. Auf der einen Seite die Pharisäer, schlaue Leute der damaligen Zeit, die davon genervt sind, dass Jesus so beliebt ist. Sie wollen im Mittelpunkt stehen und als Lehrer angesehen werden. Auf der anderen Seite kommt dieser Jesus und alle Leute sind von ihm begeistert, folgen ihm nach und wollen ihn predigen hören.
Die Gelehrten überlegen also, wie sie Jesus am besten eine Falle stellen könnten, um etwas gegen ihn vorbringen zu können. Also gehen sie zu Jesus und bestätigen scheinheilig: „Meister, wir wissen, dass du immer die Wahrheit sagst." Und dann stellen sie ihm die Frage, ob man dem Kaiser Steuern zahlen sollte. Die Bezahlung der Steuern war ein Zeichen, dass man den Kaiser anerkannte, sich den Regeln des Staates unterordnete. Gleichzeitig hatte man aber auch keine große Wahl, denn wenn man nicht bezahlte, dann musste man unter den Steuereintreibern des Kaisers leiden. Die sammelten das Geld nicht selten mit Gewalt ein.

Eben, weil Jesus die Wahrheit kennt und sagt, fällt er nicht auf die Pharisäer rein. Die Münze kommt vom Kaiser, sein Bild ist darauf abgebildet, also muss man dem Kaiser geben, was dem Kaiser gehört.

Wichtig ist dann der Zusatz, den er anfügt: Und gebt Gott, was Gott gehört. Der Kaiser und die Steuern sind nicht wichtig, das wirklich Wichtige ist der Weg Gottes. Von diesem Weg predigt Jesus zu jeder Zeit.

Auf diesem Weg gibt es kein Arm und Reich, keine Unterschiede; alle Menschen sind vor Gott gleich. Das passt nicht zu den Schriftgelehrten, die sich eindeutig für etwas Besseres halten. Aber Jesus kennt die Wahrheit und er verkündet sie ohne Angst.

AUF DER SUCHE NACH DER WAHRHEIT

Das finde ich sehr beeindruckend. Die Wahrheit sagen, ohne Angst! Tun wir das auch? Wenn ich mich hier umschaue, dann bin ich davon überzeugt, dass hier Menschen sitzen, die die Wahrheit suchen und keine Lügen verbreiten wollen. Wir strengen uns alle an, jeden Tag gerecht zu sein. In der Schule, bei der Arbeit und auch in der Familie gibt es immer wieder Gelegenheiten, um zwischen wahr und falsch zu unterscheiden.

Manchmal ist die Wahrheit unbequem, eine kleine Ausrede wäre einfacher. „Hast du die Hausaufgaben erledigt?" „Hast du für die Mathearbeit gelernt?" „Hast du dein Zimmer aufgeräumt?" Da sagt man manchmal einfach „Ja!", um mehr Freizeit zu haben, auch wenn es noch einiges zu tun gibt, bis alle Hausaufgaben erledigt sind. Das Problem ist, dass man am Ende ja nicht Mama oder Papa beschummelt, sondern sich selbst. Man hat am nächsten Morgen in der Schule ein Problem und die Gefahr, sich immer weiter in Ausreden zu verstricken, ist groß. Und diese Ausreden machen uns unglücklich.

Es ist nicht immer einfach, alle Anforderungen zu erfüllen, immer die Wahrheit zu sagen und die Wahrheit zu kennen. Aber ich kenne einen guten Lehrmeister, das ist unser Gewissen, die innere Stimme, das innere Gefühl, das uns meistens spüren lässt, ob etwas wahr oder falsch ist. Bei der nächsten Situation, wo es darum geht, wahr oder falsch zu unterscheiden, hört doch einen Moment in euch rein. Auch ein kleines Stoßgebet kann helfen: „Jesus, hilf mir, die Wahrheit zu finden und dafür einzustehen!" Dann trauen wir uns den ehrlichen Weg zu gehen, auch wenn der vielleicht nicht so einfach ist wie die schnelle Notlüge.

Wisst ihr, was das Beste ist? Jesus ist ein geduldiger Lehrmeister. Bei ihm können wir jeden Tag neu anfangen mit der Wahrheitssuche. Wichtig ist nur der echte Wunsch, die Wahrheit zu wählen. In diesem Sinne wünsche ich euch viel Mut, ohne Angst die Wahrheit zu wählen, so wie Jesus es uns heute im Evangelium vorgemacht hat.

Kathrin Vogt

Dreißigster Sonntag (A)

LIEDVORSCHLÄGE

Gesänge zur Eucharistiefeier
Eröffnungsgesang: Sonne der Gerechtigkeit (GL 481); *Gloria:* Preis und Ehre (GL 171)*;*
Antwortgesang: Jubelt Gott zu, der unsere Stärke ist (GL 49,1) mit den Psalmversen;
Ruf vor dem Evangelium: Halleluja (GL 176,2) mit dem Vers; *zur Gabenbereitung:* Brot,
das die Hoffnung nährt (GL 378); *Danklied:* Ein Danklied sei dem Herrn (GL 382).

Gesänge zur Wort-Gottes-Feier
Zur Verehrung des Wortes Gottes: Ubi caritas et amor (GL 445).

ERÖFFNUNG

Liturgischer Gruß
Jesus Christus, der uns lehrt, Gott und unsere Nächsten zu lieben, er sei mit
euch / ist mit uns allen.

Einführung
Die Bücher des Alten Testamentes kennen 248 Gebote und 365 Verbote. Gibt
es darunter mehr oder weniger wichtige? An welches muss man sich besonders halten? Jesus wird heute mit dieser Frage konfrontiert. Seine Antwort ist
eindeutig und die meisten von uns kennen sie vermutlich. Unsere Liebe soll
Gott und dem Nächsten gelten. Wie ist es bestellt um diese Liebe in unserem
Leben? Besinnen wir uns und begrüßen den Herrn in unserer Mitte.

Kyrie-Litanei
Herr Jesus Christus, menschgewordene Liebe des Vaters,
allzu oft vergessen wir Gott in der Hektik unseres Alltags. Herr, erbarme dich.
A: Herr, erbarme dich.
Nicht immer begegnen wir unseren Nächsten liebevoll und mit Respekt. Chris-
tus, erbarme dich. *A:* Christus, erbarme dich.
Im Wissen um unsere Schwächen und auf deine Güte hoffend, grüßen wir dich
in unserer Mitte. Herr, erbarme dich. *A:* Herr, erbarme dich.

Tagesgebet der Eucharistiefeier
Allmächtiger, ewiger Gott,
mehre in uns den Glauben,
die Hoffnung und die Liebe.
Gib uns die Gnade, zu lieben, was du gebietest,
damit wir erlangen, was du verheißen hast.
Darum bitten wir durch Jesus Christus.

Perikopengebet der Wort-Gottes-Feier

Gott, du hast uns das Gebot der Liebe aufgetragen
als Erfüllung des ganzen Gesetzes.
Öffne uns Augen und Herzen
für die Spuren deiner Liebe
und lass uns weitergeben,
was uns geschenkt ist.
Das erbitten wir im Heiligen Geist
durch Jesus Christus, unseren Herrn,
der mit dir lebt von Ewigkeit zu Ewigkeit.

ZU DEN SCHRIFTLESUNGEN

1. Lesung: Ex 22,20–26

Der Text aus der Sinai-Erzählung fordert eine soziale Grundhaltung ein. Dies geschieht mit Blick auf die eigene Geschichte Israels.

2. Lesung: 1 Thess 1,5c–10

Die Gemeinde von Thessaloniki wird an das erste Auftreten der Missionare erinnert. Die Offenheit der Gemeinde für den Glauben und die Bereitschaft zu Bekehrung ist weithin bekannt.

Evangelium: Mt 22,34–40

Das Doppelgebot der Nächsten- und Gottesliebe ist das wichtigste Gebot. Es übertrifft alle anderen der fast 250 Gebote des Alten Bundes.

FÜRBITTEN

Vertrauensvoll bringen wir unsere Bitten vor Gott und empfehlen ihm die Welt und ihre Menschen an.

- Wir beten für die christlichen Kirchen, lass in ihnen den Geist des Gebetes wachsen und stärke sie auf dem Weg zur Einheit.
- Wir beten für die sozial Benachteiligten und Heimatlosen in unserem Land, hilf der Gesellschaft, sie nicht aus dem Blick zu verlieren.
- Wir beten für alle, die sich für soziale Gerechtigkeit und eine verantwortungsvolle Umweltpolitik einsetzen, um Kreativität und Durchhaltewillen.
- Wir beten für die Vertreter von Religionen und Nationen, die sich bemühen, Gegensätze zu überwinden und ein friedliches Miteinander zu ermöglichen, um Kraft und Zuversicht.
- Wir beten in unseren eigenen Anliegen und den Sorgen, die uns andere Menschen anvertraut haben.

Guter Gott, wir dürfen dir immer sagen, was uns belastet, ängstigt und sorgt. Wir danken dir dafür und preisen deine Güte und Menschenfreundlichkeit durch Christus unseren Herrn.

Zum Vaterunser

Gott zu lieben und ihn Vater zu nennen hat Jesus seinen Jüngern aufgetragen. Reihen wir uns ein die Gemeinschaft der Christen aller Zeiten und beten wir:

Zum Friedensgebet

Gott und den Nächsten lieben, sich nicht immer selbst an die erste Stelle setzen. Wie oft bleiben wir hinter diesem Anspruch zurück. Deshalb bitten wir:

Kommunionvers

Er, der groß ist, macht sich klein aus Liebe zu uns, gibt sich in unsere Hand. Kostet und seht, wie gut der Herr ist.

ELEMENTE FÜR DIE WORT-GOTTES-FEIER

Verehrung des Wortes Gottes

Die Heilige Schrift berichtet uns von der Liebe Gottes und gibt uns wichtige Hinweise, wie unser Leben gelingen kann. In dieser Frohen Botschaft ist Jesus selbst gegenwärtig. Wenn wir die Heilige Schrift ehren, verehren wir Christus. Ich lade Sie ein, vorzutreten und die Heilige Schrift durch eine Verneigung zu verehren.

Die Gemeindemitglieder treten vor und verehren das Wort Gottes. Dazu erklingt Instrumentalmusik oder die Gemeinde singt ein Lied (s. o.).

Zum Schuldbekenntnis

L: Gott und den Nächsten sollen wir lieben. So lehrt uns das Evangelium. Die Fremden, die Schwachen und Armen sollen fair behandelt werden, diese Aufforderung an das Volk Israel im Alten Testament gilt auch uns. Oft können oder wollen wir die Bedürfnisse unserer Mitmenschen nicht sehen, verlieren Gott und auch uns selbst aus dem Blick. Auf Gottes Barmherzigkeit hoffend rufen wir:
L: Erbarme dich, Herr, unser Gott, erbarme dich.
A: Denn wir haben vor dir gesündigt.
L: Erweise uns, Herr, deine Huld.
A: Und schenke uns dein Heil.
L: Der allmächtige Gott erbarme sich unser.
Er lasse uns die Sünden nach und führe zum wahren, zum ewigen Leben.
A: Amen.

Zum Friedenszeichen

Wir haben um Vergebung unserer Schuld gebeten und vertrauen darauf, dass Gott uns verzeiht. Wünschen wir einander seinen Frieden.

Christoph Heinemann

Ich habe Mitleid

Es gibt Bücher, die liest man gerne selbst, auch spät abends und unter Schlaf-verzicht, wenn es entsprechend spannend ist. Dann gibt es Bücher, die sind eher Nachschlagewerke. Andere sind wissenschaftliche Abhandlungen und nur für Fachleute interessant. Manche Texte sind aber auch dafür gemacht, dass man sie vorliest. Das machen wir ja auch hier in unseren Gottesdiensten mit biblischen Texten, besonders feierlich mit den Evangelien. Aber hat Ihnen schon einmal jemand aus einem Gesetzbuch vorgelesen?

Die theologisch Interessierten werden sagen: Nun ja, die fünf Bücher Mose am Anfang der Bibel heißen ja „Tora", und das wird meist mit „Gesetz" wie-dergegeben. Stimmt. Aber auch in dieser Tora stehen wunderbare Erzählun-gen, man denkt an die Urgeschichte, die Erzeltern und vieles mehr. Da wer-den die großen Fragen des Lebens und des Glaubens in ganz anschaulichen Geschichten diskutiert. In der Tora gibt es aber auch wirkliche Rechtstexte, in denen es zum Teil auch um genaue Bestimmungen geht. Aus einem solchen Text wurde uns heute vorgelesen. Der Abschnitt kam aus dem so genannten Bundesbuch, einem Abschnitt des Buches Exodus, dem zweiten Buch Mose. Da stehen sehr konkrete Mahnungen: Einen Fremden sollst du nicht ausnut-zen, von einem Armen aus deinem Volk sollst du keine Zinsen nehmen. Ganz sicher gute Hinweise. Es gibt im Buch Exodus, aber auch in den anderen Tei-len der Tora, noch viele weitere Bestimmungen, auch solche, die wir überhaupt nicht mehr nachvollziehen können. Warum liest man solche Texte vor?

Es gehört zur Eigenart dieser biblischen Texte, dass mitten in Mahnungen und Geboten grundsätzliche Dinge gesagt werden. Damit sie nicht zwischen den vielen Bestimmungen untergehen, muss man sehr genau lesen oder hinhören. Wer seinem Mitbürger den verpfändeten Mantel abends zurückgibt, damit der nachts nicht frieren muss, der handelt nicht einfach rechtlich einwandfrei. Er schlägt sich auf die Seite Gottes und nimmt an dessen Erbarmen teil. Wer sich von diesen Geboten und Mahnungen ansprechen lässt, wer sich mit dem „Du" im Text identifiziert, der darf keine Fremden, keine Witwen, Waisen und Armen ausbeuten, weil er sich sonst auch von seinem Gott trennt. Hinter den konkreten Mahnungen steht die feste Überzeugung, dass Gott immer und in jedem Fall auf der Seite der Armen und Unterdrückten steht. Israel hat davon profitiert, als es in Ägypten unterdrückt wurde. Jeder Israelit kann aber auch auf die andere Seite der Geschichte geraten, wenn er selbst zum Unterdrücker wird. Gott sagt: „Wenn er (der von dir Unterdrückte) zu mir schreit, werde ich es hören: Ich habe Mitleid." Wenn wir heute neu überlegen, welche Normen und Regeln aus unserem Glauben erwachsen und welche eher nicht (mehr), dann helfen uns die konkreten Bestimmungen biblischer Texte. Noch mehr aber gilt es, darauf zu hören, was hinter allen konkreten Bestimmungen steht. Kein biblisches Gebot ist ein Selbstzweck. Gerade deswegen bleibt Israels Tora auch für Christinnen und Christen lesenswert und verbindlich.

Martin Nitsche

Umbruch und Neuanfang: Aller Anfang ist schwer

„Jedem Anfang wohnt ein Zauber inne." Auch wenn dieser Spruch von Herrmann Hesse ein geläufiges Zitat ist und bei allen möglichen passenden und unpassenden Gelegenheiten aus dem Ärmel gezogen wird, klingt er für viele Menschen doch oft nur teilweise nachvollziehbar und eher beschönigend. Eher weniger zutreffend ist er wohl, wenn Menschen eine gewohnte Situation verlassen, ins kalte Wasser springen und sich mit vollkommen neuen Aufgaben und Herausforderungen konfrontiert sehen – und das besonders, wenn die Entscheidung dazu nicht oder nur teilweise freiwillig getroffen wurde. Neue Umstände, nicht vertraute Umgebungen und fremde Menschen schaffen es manchmal natürlich auch, die eigene Neugier zu stillen, den Staub des Gewohnten wegzublasen, Überflüssiges abzustreifen und für einen erfrischenden Neustart zu sorgen. Ein Anfang ist oft mit frischer Kraft, Motivation und Hoffnung verbunden, gerade wenn vorausgehende Situationen als eher unangenehm empfunden wurden. Insofern können die Faszination und die Begeisterung, die oftmals schon einem „Zauber" gleichkommen, nicht grundsätzlich geleugnet werden und Herrmann Hesses Spruch behält seine Berechtigung. Berechtigt ist aber auch die Floskel „Aller Anfang ist schwer". Ein Umzug in eine neue Stadt, ein Stellenwechsel, ein Weiterleben ohne einen geliebten Menschen oder auch der Übergang in den Ruhestand fallen den wenigsten Menschen von Anfang an leicht. Immer braucht es die Auseinandersetzung mit den neuen Umständen, der eigenen Unsicherheit und dem eigenen Zweifel. Ungewohntes verlangt meistens Zeit und Geduld, um für uns zum Gewohnten zu werden.

EINE CHRISTLICHE GEMEINDE IM ENTSTEHEN

Wenn wir in die Zeit der heute gehörten Lesung aus dem Brief des Paulus an die Thessalonicher eintauchen, springen wir ebenfalls zu einem ersten unsicheren Anfang zurück, nämlich zum Beginn des Christentums und zu den ersten Gemeinden. Die Gemeinde der Thessalonicher bezieht sich auf das damalige Thessalonich im heutigen Griechenland. Etwa im Jahre 49/50 nach Christus gründete Paulus in dieser Region eine christliche Gemeinde, die vor allem aus ehemaligen griechischen Heiden bestand. Obwohl er diese in den folgenden Jahren öfter besuchen wollte, kamen ihm unterschiedliche Umstände in die Quere und er schaffte es nie, bis er schließlich seinen Mitarbeiter Timotheus schickte, um von der Situation vor Ort zu berichten. Als dieser nach seiner Rückkehr vom Wachsen und Gedeihen und dem Festhalten der Gemeinde am christlichen Glauben berichtete, schrieb Paulus voll Dankbarkeit einen Brief an diese Gemeinde. Der erste Brief an die Thessalonicher stellt damit im Rahmen des Bibelkanons den ältesten Paulusbrief und das älteste uns überlieferte christliche Schriftstück überhaupt dar.

Wie fast jeder Anfang ist auch die Entstehung der Gemeinde in Thessalonich von Unsicherheit, Zweifel und vielen Aushandlungs- und Findungsprozessen begleitet. Zudem gab es große Bedrängnisse von außen, wie Paulus schreibt (V. 6). Dies bezieht sich vor allem auf eine jüdische Gruppe, die eifersüchtig und zornig wurde, da sich viele Griechen zum Christentum bekannten. Sie sorgten für einen Tumult (Apg 17,4f.) und verklagten einige Christen vor den Obersten der Stadt. Es ist also alles in allem eine relativ instabile und von Verfolgung geprägte Situation, durch die sich die ganz junge Gemeinde in Thessalonich auszeichnet und mit der sie hadert. Umso erfreulicher erschien es für Paulus, dass die Christen dort am Glauben festhielten und treu waren im Vertrauen auf Christus. Er lobt die Standhaftigkeit der Gemeinde, die Verkündigung über die eigene Region hinaus (V. 8) und bezeichnet sie sogar als Vorbild für andere (V. 7). Gleichzeitig betont er die Kraft des Heiligen Geistes (V. 6), sein Wirken durch die Gemeinde und die göttliche Erwählung der Christen in Thessalonich. Dabei zeigt sich Paulus überaus dankbar und anerkennend gegenüber seinen Adressaten. Auch die junge Gemeinde von Thessalonich, die eine Selbstvergewisserung wohl dringend benötigte, wird dankbar gewesen sein für das Lob und die Bestärkung durch Paulus. Die kurze und erinnernde Zusammenfassung heidenchristlicher Existenz, die der Apostel abschließend anführt, trägt zudem zur Vergewisserung und zur Bestärkung der gemeindlichen Identität bei: Nach der Hinwendung zum lebendigen und wahren Gott und der Abkehr von alten Göttern sollen Christen ein gottesfürchtiges Leben führen. Dabei soll stets die Hoffnung auf die Erlösung durch Christus und auf die Rettung im endzeitlichen Gericht prägend sein (V. 9–10).

BESTÄRKUNG UND BEGLEITUNG BEI EIGENEN UMBRÜCHEN

Gerade weil aller Anfang schwer ist, tragen ein ermutigendes Wort, eine lobende Geste oder ein paar anerkennende Sätze entscheidend zu einer inneren Stabilisierung bei. Auch Gott schenkt Bestärkung und Führung gerade in ungewohnten und oftmals überfordernden Situationen. In entscheidenden Lebensumbrüchen und Neuorientierungen können wir ihn darum bitten, uns Halt, Stabilität und Vertrauen zu schenken. So wird der Übergang in eine neue Wohnung, in eine neue Arbeitsstelle oder in neue Beziehungen erträglicher und angenehmer – dann ist wahrscheinlich sogar ein wenig „Zauber" zu spüren. Dankbar dürfen wir neben der Begleitung Gottes aber vor allem auch für Menschen sein, die uns mit anerkennenden und unterstützenden Worten und Gesten beistehen. Was Paulus für die Gemeinde in Thessalonich war, sind für uns vielleicht Familie und Verwandte, Freunde und Bekannte oder andere Menschen, denen wir begegnen und die uns ein gutes Wort zusprechen. Ähnlich wie in der heutigen Lesung kann da auch ein Rückblick hilfreich sein, der bereits gemeisterte Herausforderungen und erreichte Ziele lobend in den Vordergrund rückt. Dadurch entstehen Selbstvergewisserung, Selbstvertrauen und dann womöglich auch ein optimistischer Blick, die derzeit anstehenden Schwierigkeiten erfolgreich zu bewältigen.

Johannes Zier

Die passende Brille, die richtigen Vorzeichen

Stellen Sie sich ein schönes Bild vor, vielleicht einen bunten Blumenstrauß oder eine Berglandschaft oder einen stattlichen Baum mit einer großen Krone. Aber dieses Bild steckt in einem ganz merkwürdigen Rahmen, der einfach nicht zu dem Bild passen will, er ist nur halb lackiert, an einigen Stellen abgeblättert und schräg zusammengenagelt. Unweigerlich denkt man: Wie kann man nur ein solches Bild in so einen Rahmen stecken?

So ähnlich verhält es sich mit dem heutigen Evangelium. Gott lieben und den Nächsten lieben wie sich selbst. Das klingt gut und sinnvoll. Das kann jeder und jede unterschreiben. Doch vorher heißt es: Der Schriftgelehrte wollte ihn versuchen und fragte ihn ... Hier geht es nicht um ein freundliches Gespräch. Hier geht es um eine Absicht, die hinterhältig ist. Er will Jesus nachweisen, dass er sich nicht mehr auf dem Boden der geltenden Lehre befindet. Er will nur eines: den Gefragten aufs Glatteis führen, damit er ausrutscht. Gerade bei religiösen Themen gibt es solche Fallen. Was meinen Sie: Ist es wichtiger, Gott zu ehren oder nachsichtig zu sein gegenüber seinen Mitmenschen? Das ist ein Trick, der genauso billig wie böse ist: Das eine wird gegen das andere ausgespielt. Die Frage ist so gestellt, dass man nur eine falsche Antwort geben kann.

DER VERSUCHER

Im heutigen Evangelium gibt es einen kleinen, aber wichtigen Hinweis, der das Hinterhältige unterstreicht: Mit dem gleichen Wort, was hier für „versuchen" steht, bezeichnet Matthäus auch den Teufel, den Versucher schlechthin. Mit dem bekam es Jesus ja am Anfang seines öffentlichen Wirkens zu tun, nachdem er vierzig Tage in der Wüste war. Da tritt der Versucher nämlich an ihn heran, er fordert ihn mit Versprechungen und sogenannten Mutproben heraus, er provoziert, er macht Versprechungen. Und alles unterstreicht er mit einem Zitat aus der Bibel. Denn darin kennt er sich bestens aus. Was nebenbei bedeutet: Nicht jeder, der die Bibel in- und auswendig kennt, ist jemand, der an Gott glaubt. Jesus antwortet ihm ebenfalls mit einem Zitat aus der Bibel. Viel wichtiger ist allerdings: Er tut nicht das, wozu der Versucher ihn überreden oder herausfordern will.

Also, Vorsicht Falle: Meister, welches Gebot im Gesetz, gemeint ist die ganze Schrift des Ersten Bundes, ist ein großes Gebot? – so ist es wörtlich übersetzt. Wenn Jesus ein Gebot als ein „großes Gebot" benennt, bedeutet das auch, dass er andere Gebote nicht so wichtig nimmt. Man hätte dann praktisch schwarz auf weiß, dass er gegen das Gesetz verstößt – was er ja in ihren Augen praktisch schon immer wieder gemacht hat. Es wäre so ähnlich, wenn Sie gefragt würden: Welche Vorschrift in der Straßenverkehrsordnung muss man befolgen? Selbstverständlich jede, selbst wenn es so ist, dass plötzlich aus heiterem Himmel außerhalb der geschlossenen Ortschaft ein Schild auftaucht mit „Höchstgeschwindigkeit 30 Stundenkilometer". Vorschrift ist Vorschrift,

Gebot ist Gebot, Verbot ist Verbot. So sinnlos das sein mag. Wer erwischt wird, zahlt, bekommt Punkte oder verliert sogar den Führerschein.

LÄNGST IST DAS FASS ÜBERGELAUFEN

Längst sind die Pharisäer und Schriftgelehrten von dem einen Gedanken getrieben, Jesus als einen zu überführen, der die göttlichen Gesetze übertritt oder nicht beachtet. Sie fühlen sich schon seit Langem mehr als provoziert. Bereits die Heilung des Mannes mit der verdorrten Hand an einem Sabbat (Mt 12,9–14) ist für sie gottlos und Grund genug, eine Strategie zu entwickeln, wie sie Jesus umbringen können. Auch sein Umgang mit Reinheit und Unreinheit empfinden sie im höchsten Maße als ungehörig (Mt 15,12). Längst war für sie das Fass übergelaufen. Das alles ist der hässliche Rahmen für dieses nur auf den ersten Blick so harmlose Gespräch.

WORAN ALLES HÄNGT

Dem Evangelisten Matthäus war es wichtig herauszustellen, dass Jesus bei all dem die volle Geltung der Schriften des Ersten Bundes anerkannte und lebte (Mt 5,17–20). Doch waren sie für ihn nicht so zu verstehen wie eine Straßenverkehrsordnung. Gesetz und Propheten hängen für ihn an der Liebe zu Gott, zum Nächsten und zu sich selbst. Wie bei einem Musikstück sind das die Vorzeichen, wie bei einem 3D-Film kann man das nur richtig begreifen, wenn man die entsprechende Brille aufsetzt. Wer aus den Schriften eine Straßenverkehrsordnung macht, der hat sie nicht verstanden. Damals nicht und heute nicht, wenn man auch wieder einzelne oder sogar nur halbe Verse herausgreift, um irgendeine Auffassung zu begründen. Oder wenn man sogar meint, auf diese Weise andere der Gottlosigkeit oder Unmoral zu überführen zu können. Denn die Schriften sind kein Steinbruch, aus dem sich jeder nach Belieben bedienen kann, um damit auf andere zu werfen und sie ins Unrecht zu setzen. Sie alle sind aufgebaut auf der unbedingten Liebe und dem Respekt gegenüber Gott, dem Nächsten und sich selbst gegenüber. Nur wer das beachtet, hat etwas von Gottes gutem Willen verstanden.

Clemens Kreiss

Zwei Gebote in einem – untrennbar verbunden

Vorbereitung: Ein Piktogramm für „Nächstenliebe", das in vielen Variationen im Internet auffindbar ist, besteht aus einer geöffneten Hand, über der ein Herz schwebt (z. B. auf de.vecteezy.com: Nächstenliebe-Vektor-Symbol 287594). Das Motiv auf einen großen Plakatkarton übertragen. Ein 2-Euro-Stück, Moderationskarten, Stifte und eine Stellwand bereithalten. Auf der Wand sollte neben dem Plakat noch genug Platz sein, um die Karten später anzuheften.

Evangelium: Mt 22,35–39 *(gekürzt– so beginnen: „Ein Mann fragte Jesus: Meister ...")*

Jesus wird nach dem wichtigsten Gebot gefragt. Was soll der Mensch tun, wie soll er leben und handeln, damit Gott Freude an ihm hat? Und Jesus antwortet, indem er gleich zwei Gebote nennt. Wer kann sie wiederholen? (–) Du sollst Gott lieben mit ganzem Herzen und du sollst deinen Nächsten lieben wie dich selbst!

Warum beantwortet Jesus die Frage des Mannes nach dem wichtigsten Gebot nicht mit einem einzigen, klaren Satz? Warum nennt er zwei Gebote und nicht nur eines? Kann er sich nicht entscheiden? *(Vorschläge der Kinder sammeln und zusammenfassen: Beide Gebote gehören untrennbar zusammen.)* Du sollst Gott lieben, sagt Jesus, und du sollst die Menschen lieben, diese beiden Gebote sind gleich wichtig – es ist im Grunde nur ein einziges Gebot, das aus zwei Teilen besteht.

Schaut einmal her: diese Münze. *(Das 2-Euro-Stück durch die Reihen geben)* Sie hat zwei Seiten. Ihr seht auf der einen Seite den Zahlenwert, auf der anderen Seite ein Bild. Zusammen ergeben die beiden Seiten die 2-Euro-Münze. Es gibt kein Geldstück, das auf einer Seite leer ist. Und genauso ist es mit der Gottesliebe und der Nächstenliebe: Zusammen wird daraus das erste und wichtigste Gebot für unseren Glauben und unser Leben.

WAS NÄCHSTENLIEBE BEDEUTET

Wir können Gott nicht sehen und nicht anfassen; wir können ihn nur in unserem Herzen spüren. Wie können wir ihn dann aber lieben? Wie können wir ihm Gutes tun?

Mit den Eltern und Großeltern ist es leicht: Ihr könnt auf ihren Schoß klettern, ihnen einen Kuss geben und ihnen so zeigen, wie lieb ihr sie habt.

Mit Gott geht das so nicht – aber da kommt nun der zweite Satz ins Spiel: Du sollst deinen Nächsten, du sollst deinen Mitmenschen lieben wie dich selbst. Wenn wir einem Menschen, der uns braucht, etwas Gutes tun – dann ist es für Gott so, als ob wir ihn umarmen!

Das klingt wunderbar. Problem gelöst. Aber ist es so einfach?

Was ist eigentlich „Nächstenliebe"? Wer ist das überhaupt: „mein Nächster"?

Haben wir schon einmal selbst Nächstenliebe erfahren? Wo und wie? Das sind viele Fragen auf einmal und wir wollen uns dafür ein wenig Zeit nehmen. Was euch einfällt, könnt ihr auf die Kärtchen schreiben. Die Karten hängen wir dann später neben dieses schöne Bild, die offene Hand mit dem Herzen darüber. Was meint ihr, warum habe ich dieses Bild ausgewählt? Was drückt es aus? *(Mit den Kindern über Symbolbild sprechen)*

Liebe hat mit Gefühlen zu tun. Wenn ich einen Menschen lieb habe, dann fühlt sich das warm an – für mich selbst und für diesen Menschen. Dafür steht das Herz.

Wenn ich einen Menschen lieb habe, dann möchte ich ihm Freude machen, ihm etwas schenken. *(Karten, auf denen die Begriffe „Herz", „Gefühl", „Geschenk" oder ähnliche Stichworte notiert sind, an Stellwand heften)*

Aber was ist das für ein seltsames Wort: „der Nächste"? Warum sagt Jesus nicht: „Du sollst deinen Freund, deine Freundin, deine Geschwister, Mama und Papa liebhaben?" Weil es nicht nur um diesen allerengsten Kreis von Menschen geht – sondern um alle Menschen, mit denen wir zusammenkommen! Jeder kann in einer bestimmten Situation „mein Nächster" werden: ein Mensch, mit dem ich zufällig zusammentreffe – der mir nahekommt und vielleicht meine Hilfe braucht. Denn Nächstenliebe hat mit Helfen und Teilen zu tun!

Stellt euch vor: eine alte Frau im Supermarkt. Sie kann nicht mehr gut gehen, deshalb hat sie einen Stock. Sie hat viel eingekauft und die Waren in mehreren Beuteln verstaut. Die Einkaufstaschen kann sie nicht mit einer Hand tragen. Was könnt ihr tun? (–) Ihr könnt eure Hilfe anbieten! Ihr könnt zwei der drei Taschen übernehmen und sie dieser Frau nach Hause tragen – oder vielleicht auch nur zum Parkplatz, wenn dort ihr Auto wartet. Das ist eine wirksame Hilfeleistung, das ist Nächstenliebe! Aber wenn ihr sagt: „O, die arme Frau tut mir leid – sie ist gehbehindert und muss nun auch noch so schwer schleppen!", ist das dann auch Nächstenliebe? (–) Nein, das sind nur Worte, die der Frau nichts bringen. Denn Nächstenliebe hat mit Aktiv-Werden und Zupacken zu tun! *(Karten mit Stichworten wie „Hilfe" und „Zupacken" werden angeheftet. Anschließend werden alle Karten noch einmal laut vorgelesen, um die wichtigsten Ergebnisse festzuhalten.)*

ES GIBT NICHTS GUTES – AUSSER MAN TUT ES

Es gibt viele Möglichkeiten zur Nächstenliebe! Dafür ist es aber notwendig, mit offenen Augen durch die Welt zu gehen. Überlegt, was ihr machen könnt, um Menschen zu helfen und ihnen etwas Gutes zu tun! *(Beispiele sammeln – notieren – Karten anheften)* Wollt ihr mit einer konkreten Sache anfangen? Am besten denkt ihr euch eine Aktion aus, die euch selbst auch Spaß macht. Wie wäre es mit einem Spielenachmittag, gemeinsam mit der Seniorengruppe unserer Gemeinde? Oder habt ihr noch andere Ideen? (–) Das Wort „Nächstenliebe" ist ein bisschen altmodisch. Und es klingt auch sehr kirchlich. Aber die Sache selbst, die ist gut und wichtig und gar nicht schwer. Probiert es einfach aus!

Petra Gaidetzka

Allerheiligen

LIEDVORSCHLÄGE

Gesänge zur Eucharistiefeier
Eröffnungsgesang: Herr, mach uns stark (GL 552,1–2+6); *Kyrie:* Kyrie (GL 155); *Antwortgesang:* Selig, die bei dir wohnen, Herr (GL 653,3) mit den Psalmversen *oder* Ihr Freunde Gottes allzugleich (GL 542,1+4+6); *Ruf vor dem Evangelium:* Halleluja (GL 544) mit dem Vers; *zur Gabenbereitung:* Selig seid ihr, wenn ihr einfach lebt (GL 458); *Danklied:* Großer Gott (GL 380,1+4+6+8+10); *zur Entlassung:* Für alle Heilgen in der Herrlichkeit (GL 548).

Gesänge zur Wort-Gottes-Feier
Hymnus: Gloria, gloria in excelsis Deo (GL 173).

ERÖFFNUNG

Liturgischer Gruß
Gott, unser Heiland, der das Tor zum Himmel aufgeschlossen hat, sei mit euch / ist mit uns allen.

Einführung
„Papa, was bedeutet das, ‚Allerheiligen‘?" – „Mein Kind, das ist ein Fest, bei dem wir alle Heiligen feiern. Heilige sind Menschen, die ganz besonders Gott und den Menschen gedient haben und nun im Himmel sind." – „Mama, aber wo ist denn dieser Himmel? Und wie ist es da?" – „Tja, das ist schwer zu sagen, mein Kind. Ich weiß es nicht. Aber wenn Gott dort wohnt und die Heiligen da sind, diese ganz besonderen Menschen, dann muss es da doch wunderschön sein, oder?"
Solche oder ähnliche Gespräche haben Sie vielleicht auch schon einmal geführt. Wie wird wohl der Himmel sein? Die Heiligen wissen es. Auf ihre Fürsprache hin dürfen wir hoffen, dass auch wir einst den Himmel schauen dürfen.

Tagesgebet
Allmächtiger, ewiger Gott,
du schenkst uns die Freude,
am heutigen Fest
die Verdienste deiner Heiligen zu feiern.
Erfülle auf die Bitten so vieler Fürsprecher
unsere Hoffnung
und schenke uns dein Erbarmen.
Darum bitten wir durch Jesus Christus.

1. Lesung: Offb 7,2–4.9–14

In einer Vision sieht Johannes die Geretteten, die auf Gott im irdischen Leben auf Gott vertrauten und so in die Herrlichkeit hinübergegangen sind. Sie ehren ihre Erlöser: Gott und das geopferte, nun erhöhte Lamm.

2. Lesung: 1 Joh 3,1–3

Als Kinder Gottes dürfen wir darauf hoffen, unseren Erlöser einst zu schauen.

Evangelium: Mt 5,1–12a

In den Seligpreisungen erläutert Jesus den Lohn der sich Gott Hingebenden im Himmelreich.

FÜRBITTEN

Zu Gott und auf die Fürsprache der Heiligen hin bitten wir:

- Für alle, die sich ganz Gottes Liebe hingeben, und jene, die an Gottes Existenz zweifeln.
- Für alle, die aufgrund ihres Glaubens geschmäht und verfolgt werden, und jene, die im Wahn falscher Ideologien handeln.
- Für alle, die sich für Gerechtigkeit einsetzen, und jene, die stets rücksichtslos den eigenen Vorteil suchen.
- Für alle, die Frieden stiften wollen, und jene, deren Herz verhärtet ist.
- Für unsere Heiligen, die uns den Weg zur ewigen Gemeinschaft mit Gott weisen, und unsere Toten, die diesem Weg folgen.

Du, Gott, hast die Heiligen in dein ewiges Reich geführt. Geleite auch uns zum Thron der endlosen Freude, der du lebst und wirkst in Ewigkeit.

ELEMENTE FÜR DIE EUCHARISTIEFEIER

Zum Vaterunser

Die Heiligen wurden nicht heilig, weil sie es wollten. Sie wurden heilig, weil sie sich als Kinder Gottes ganz dem Vater unterworfen hatten, um durch die dadurch neu gewonnene Freiheit zu handeln. So lasst auch uns als Kinder Gottes zu unserem Vater beten:

Zum Friedensgebet

Wer in Frieden leben will, muss mit sich selbst im Reinen sein. So bitten wir:

Kommunionvers

Selig, die ein reines Herz haben, denn sie werden Gott sehen. Selig, die Frieden stiften, denn sie werden Söhne Gottes genannt werden. Selig, die um der Gerechtigkeit willen verfolgt werden, denn ihnen gehört das Himmelreich (Mt 5,8–10).

Zum Glaubensbekenntnis

L: Liebe Brüder und Schwestern, haben Sie sich schon einmal in diesem Raum umgeschaut und dabei wirklich jeden Winkel wahrgenommen? Überall werden Heilige gezeigt, oft offensichtlich, aber manchmal auch ganz versteckt. Lassen Sie uns gemeinsam auf die Suche gehen. Sie werden staunen.
(Gemäß der Begebenheiten kann die Gemeinde u. U. dazu aufgefordert werden, mitzugehen. Auch eine Präsentation von Fotos bietet sich an. Alle oder ausgewählte Heilige, vor allem auch unscheinbarere Heiligenabbildungen sollten dazu in den Blick genommen und ihr Lebenswerk in Ansätzen beleuchtet werden. Der Gang endet, falls vorhanden, am Taufbrunnen.)

L: Sie alle, die wir nun gerade betrachtet haben, sind uns Vorbilder im Glauben. Vielleicht haben Sie sich von einem Heiligen ganz besonders inspirieren lassen, den Sie nun zu ihrem persönlichen Vorbild für das kommende Jahr machen. Sie haben das Wasser der Taufe, das auch wir empfangen haben, in ihrem Leben sehr ernst genommen, indem sie Gott in die Welt getragen haben. Dazu sind auch wir berufen. So lasst uns gemeinsam unseren Glauben bekennen, auf den wir getauft wurden:
A: Ich glaube an Gott ... (GL 3,4)

(Es folgt die Austeilung des Wassers, das die Gläubigen dem Taufbrunnen oder aber, wenn dies nicht möglich ist, bereitgestellten Schalen entnehmen können)

Zur Besinnung

Mensch werden.
Kein Überflieger, Besserwisser, Alleskönner,
sondern hilflos, arm, bedürftig,
wie ein Kind,
mich an Kleinem erfreuen,
Gaben und Fähigkeiten als Geschenk betrachten.

Dann erst Christ werden.
Auf Beziehung angewiesen sein
zu meinen Mitmenschen und zu Gott,
mich in Liebe einsetzen für andere,
Hoffnung verbreitend,
der Heilige Geist als meine Stütze,
der Glaube als meine Triebfeder.

Und Heiliger werden?
Das größte Geschenk am Schluss,
dessen Gabe nur Gott obliegt,
Leuchtkraft für alle.
Herr, mein Gott, hilfst du mir?

Carolin Trostheide

Selig, die auf Gott vertrauen

Leistung zählt! In unserer Gesellschaft ist das so.

Das beginnt schon in der Schule. Gute Noten, aufmerksame Mitarbeit, Fleiß – das sind die besten Voraussetzungen dafür, aus dem eigenen Leben etwas zu machen. Glücklich schätzen kann sich, wer dafür zeitig den Grundstein legt. Dann ist der Weg nicht mehr weit, sich etwas aufzubauen, worauf man stolz sein und womit man etwas bewegen kann. Wer Leistung bringt, wird gut verdienen. Wer Leistung bringt, kann in eine einflussreiche Position kommen. Wer Leistung bringt, wird Ansehen haben, von anderen geachtet und respektiert werden. Was braucht man mehr, um glücklich zu sein?

Jesus zeichnet ein anderes Bild. Er spricht über Menschen, die glücklich sind, „selig" nennt er es. Aber es sind nicht die, die Leistung bringen, im Wohlstand leben, Einfluss haben oder auf andere Weise erfolgreich sind.

Glücklich sind in seiner Rede die Armen, die Trauernden, denen Gerechtigkeit fehlt oder der Friede, ja sogar diejenigen, die verfolgt werden.

Der entscheidende Unterschied ist, dass sie ihr Glück, ihre Seligkeit nicht aus diesen Punkten bekommen. Die Trauernden sind nicht selig, weil sie traurig sind, die Verfolgten nicht, weil sie verfolgt werden. Sie alle haben gemeinsam, dass sie auf Gott vertrauen. Die Seligpreisungen sind eine Ermutigung und Bestärkung für all diejenigen, die gerade nicht am Erfolg derjenigen teilhaben, die im Sinne unserer Gesellschaft Leistung bringen, Reichtum ansammeln oder eine Machtposition innehaben. Sie sind Ermutigung für diejenigen, denen es schlecht geht, die am Rand der Gesellschaft stehen, die sich alleingelassen fühlen. Ermutigung, die sagt: Gott steht an deiner Seite!

Die Nähe Gottes hängt nicht davon ab, wer du in den Augen der Gesellschaft bist, sondern auf seine Nähe kannst du vertrauen, auch wenn dir die Umstände eher aussichtslos erscheinen. Auf seine Nähe und seine Bestärkung kannst du vertrauen, ob du arm bist oder traurig, ungerecht behandelt oder sogar verfolgt wirst.

Die Seligpreisungen ermöglichen einen anderen Blick auf die Welt, auf dich und dein Leben, auf die Menschen, die dir begegnen. Heute sagt er dir: Selig bist du, weil du auf Gottes Nähe vertraust, was auch immer die Umstände sagen. Und wenn das deine Überzeugung ist, dann kannst du auf diese Weise auch andere ermutigen und bestärken und so etwas beitragen zur Veränderung, die diese Welt braucht, damit sie dem ähnlicher wird, was Jesus das Reich Gottes nennt, eine Welt, in der Menschen nicht nach Leistung, Wohlstand oder Erfolg beurteilt werden, sondern von der Würde her, die Gott ihnen gibt.

Jens Watteroth

Was die Heiligen ausmacht

In der Lesung aus der Offenbarung des Johannes erfahren wir, was die Heiligen am Ende aller Zeiten ausmacht. Und da das Reich Gottes, dessen Vollendung in der Offenbarung verheißen wird, schon jetzt angebrochen ist, erfahren wir auch, was heute die Heiligen ausmacht.

KNECHTE UND MITMENSCHEN

Die Heiligen sind Knechte Gottes. Knecht, das ist kein Wort, das wir heute häufig benutzen. Man könnte auch Diener sagen. Doch das würde die Bedeutung des Wortes nur begrenzt erfassen. Die Fremdartigkeit des Begriffes Knecht hat durchaus etwas für sich. Der Knecht war häufig jemand, der nicht nur zu Diensten war, sondern auch zum Haushalt seines Herrn gehörte. Knechte teilten häufig das ganze Leben mit dem Herrn. Die Heiligen sind also Menschen, die in einem besonders engen Verhältnis zu Gott stehen. Zugleich ist dieses Verhältnis hierarchisch organisiert: Gott ist uns übergeordnet, auch das kommt im Wort Knecht zum Ausdruck.

Aber: Die Heiligen sind durch Jesus nicht nur Knechte. Sie sind Freunde, Weggefährten Jesu. Die Hierarchie, die immer da ist, wird durch Jesus zugleich überwunden, der uns Gott und Mitmensch ist, Herr und Bruder.

Diese Beziehung wird im Gebet gepflegt. Das Sprechen mit Gott, darauf verweist uns der Text, ist ein Sprechen in der Anbetung. Seit der Antike ist die Orantenhaltung bekannt: das Stehen mit erhobenen Armen. So ähnlich, wie der Priester das heute noch beim Gebet tut. Das ist nicht ohne Belang. Stehen, das bedeutet, ich bin aufmerksam, ich bin wach, ich bin da; und die Arme verweisen auf den Ort, auf den wir hinsprechen, die ausgebreiteten Arme sind ein Gestus des Empfangens. Der Heilige, er ist also jemand, der wach ist für Gott, offen ist für den HERRN und der aus dieser Wachheit und Offenheit heraus hört und das Gespräch sucht.

ISRAEL UNTER DEN VÖLKERN

Die Heiligen, sie kommen aus allen Völkern und Nationen. Das ist in der Religionsgeschichte keineswegs selbstverständlich. Es gibt Religionen, bei denen die Mitglieder einer Religion und die Mitglieder eines Volkes mehr oder weniger identisch sind, etwa die Juden, denn als Jude muss man eigentlich geboren sein, Konversionen sind selten und schwierig. Ähnlich bei den Hindus: Dort kann man gar nicht konvertieren, hier wird die Zugehörigkeit durch die Religion der Eltern bestimmt. Das Christentum hat diese Begrenzung einer Religion auf ein Volk aufgehoben. Christ ist man, egal ob man aus Deutschland, aus Venezuela, aus China, aus Australien oder aus Burkina Faso kommt, gleich, wer die eigenen Eltern sind. Heiligkeit ist also nicht begrenzt, sondern sie ist unbegrenzt über die Menschheit verstreut.

Doch obwohl die Heiligen aus allen Völkern und Nationen kommen, gehören sie zum Volk Israel. Freilich nicht mehr genealogisch zu jenem Volk, aus dem die Juden hervorgegangen sind, sondern zu dem Israel, das die Verheißung empfangen hat. Wir sind darauf verwiesen, dass wir uns, obwohl wir keine Juden sind, auch als Volk Israel begreifen dürfen. Die Texte Israels sind auch unsere Texte, ihre Geschichte ist auch unsere Geschichte.

EMPFÄNGER DES REICHTUMS GOTTES

Die Heiligen, sie sind bezeichnet. In früheren Zeiten wurden wichtige Dokumente mit einem Siegel aus Wachs versehen. Und bis heute siegelt ein Notar. Er bestätigt die Richtigkeit eines Dokumentes. Was gesiegelt ist, das ist zutreffend. So ist es auch mit den Heiligen, die mit einem sichtbaren Zeichen versehen sind, nämlich der Taufe. Sie zeigt an, dass man Gott angehört und sie wäscht die Sünden des Menschen hinfort.

Auf die Taufe verweist auch das weiße Gewand. Ein wirklich weißes Gewand herzustellen, das war früher aufwendig. Stoffe sind ja nicht aus sich selbst strahlend weiß. Sie müssen erst behandelt werden. Die Togen und Tuniken der römischen Senatoren etwa waren überwiegend weiß. Ein wirklich weißes Gewand, das konnten sich nur die Wohlhabenden leisten. Weiß verweist uns daher nicht nur auf die Reinheit, sondern es verweist uns auch zugleich darauf, dass wir Anteil haben am Reichtum Gottes.

Ein Reichtum, der uns erworben wurde. Früher sprach man vom Gnadenschatz der Kirche. Die Gnade, die durch das Opfer Jesu Christi und der Heiligen erworben wurde, konnte von der Kirche ausgeteilt werden, um den Menschen bei seiner Heiligung zu unterstützen. Der Ursprung der Gnade ist das Blut Jesu Christi, die Gerechtigkeit, die er den Menschen am Kreuz erworben hat. Ein sperriger Begriff. Im Grunde sagt er: Der Mensch wird nicht nur nach seinen Taten gerichtet. Nein, der Gläubige erhält Anteil an der Gerechtigkeit Jesu. Als Heiliger ist er Empfänger der Gnade.

BEDRÄNGTE ZWISCHEN DEN ZEITEN

Die Heiligen kommen aus einer großen Bedrängnis, sagt die Offenbarung. Dazu muss man wissen, dass die heutige Forschung häufig davon ausgeht, die Offenbarung des Johannes reflektiere frühe Formen der Christenverfolgung im Römischen Reich. Heute ist es für viele von uns leichter, Christ zu sein als damals. An anderen Orten der Welt freilich, in China, in Indien etwa, sieht das anders aus. Dort kann Christsein ein lebensbedrohliches Bekenntnis sein oder wenigstens eines, das sozialen Ausschluss bedeutet. Freilich: Wer ernst macht mit seinem Christsein, der wird immer wieder in Situationen geraten, auch hier bei uns in Europa, in denen er Bedrängnis erlebt.

Denn: Christsein bedeutet heilig sein, heilig sein bedeutet Anteil an jenem Reich Gottes zu haben, das jetzt schon angebrochen, aber doch noch nicht vollendet ist und auf eine Verheißung hin zu leben, von der die Offenbarung spricht.

Maximilian Röll

Heilige sind Menschen, die Licht durchlassen

In einer römischen Katakombe soll es ein Wandbild geben mit unbekannten und mit einer Art Nimbus versehenen Gestalten. Darunter befänden sich – wohl spätere – Schriftzüge: „Heilige, deren Namen niemand kennt – außer Gott allein." Auch wenn ich das nicht überprüfen konnte, so sehe ich darin einen wichtigen Aspekt des Allerheiligenfestes.

ERFÜLLUNG DES GESETZES

Beim erneuten Lesen des vielleicht allzu bekannten Textes von den neun Seligpreisungen fiel mir auf, dass nur in der ersten Gott als Gegenüber der Menschen genannt wird. Die Armen spielen in Israel schon immer eine besondere Rolle. Gott ist in diesem Denken ihr Anwalt und tritt für sie ein. Wenn es heißt, „selig, die arm sind vor Gott" (Mt 5,3), stehen die „Armen" sozusagen als Überschrift über den nächsten Versen und geben an, um wen es in den folgenden Seligpreisungen geht. Nur die neunte Preisung rückt eindeutig die Jünger Jesu, also die Christen, in den Fokus, indem sie diese mit „ihr" anredet. Wie wenn in den ersten acht Seligpreisungen – zumindest vom Evangelisten – auch an die gedacht wäre, die man heute als „anonyme" Christen (Karl Rahner) bezeichnet! Natürlich ist die gesamte Bergpredigt zuerst an die späteren Christen gerichtet, wie schon das Gebet Jesu, das Vaterunser, zeigt, das genau in der Mitte der Bergpredigt platziert ist. Um dieses herum gruppieren sich zahlreiche Worte Jesu, die beispielhaft aufzeigen, wie er – der Jude! – die Erfüllung der mosaischen Tora versteht.

Allerheiligen, so gesehen: weniger ein „Sammelfest" zum Gedenken an die herausragenden Zeugen des christlichen Glaubens, deren Tausende von Namen wir uns nicht merken können oder überhaupt nicht kennen, geschweige denn ihre Lebensgeschichte. Solche Sammelfeste der heiligen Christen hat man schon seit dem 4. Jahrhundert in der Ost- und Westkirche an verschiedenen Tagen im Jahr gefeiert, bis sich seit dem 9. Jahrhundert der 1. November immer stärker in der Westkirche durchgesetzt hat.

EINE HOFFNUNGSVOLLE WELT

Eine Neunjährige wurde gefragt, was Heilige sind. Ihre Antwort: „Heilige sind Menschen, die das Licht durchlassen." Vermutlich dachte sie nur an die Heiligengestalten in den Glasfenstern ihrer Kirche zuhause. Aber treffender kann die Antwort fast nicht sein. – Selig, die das Licht des Geistes, des Heiligen Geistes, in sich einlassen!

Zu ihnen gehören alle, die „arm sind vor Gott", alle, die sich in allen Lebenslagen von dem oft nur erahnten Grund und Ursprung alles Lebendigen getragen wissen, den wir Christen mit Juden und Muslimen Gott nennen. Dazu gehören jene, die der Zustand der Welt mit all ihren Unzulänglichkeiten, die riesige Existenznot, die Spielarten des Bösen in der Welt in Trauer versetzt. Auch jene gehören dazu, die nichts in der Welt und ihrer Umwelt mit brachialer oder versteckter Gewalt durchsetzen wollen, die den Mund aufmachen, aber sanften Mutes, d. h. sensibel, Veränderungen angehen, wo immer sie möglich sind. Dazu zählen jene, die Unrechtsverhältnisse erspüren, Gerechtigkeit suchen und angesichts mangelnder sozialer und ethischer Zustände einklagen und bemüht sind, diese zu mindern. Es gehören dazu alle, die das ungute Verhalten ihrer Mitmenschen erkennen und ansprechen, aber nicht verbal und verächtlich über sie herfallen, sondern über Schuld und Versagen den Mantel der Barmherzigkeit breiten, wohl wissend, wie sehr sie selbst auf Erbarmen angewiesen sind. Selig gepriesen werden alle, die ein reines, lauteres Herz haben, weil ihre Gedanken und Worte aufrichtig sind und Fake News nicht auf den Leim gehen. Unter die Gepriesenen gehören jene nicht, die um des lieben Friedens willen den Mund halten, sich wegducken, sondern jene, die Wege der Versöhnung beschreiten, die vermitteln, Kompromisse suchen und durchsetzen und so immer wieder ein wenig Frieden stiften. Ins Bewusstsein gebracht werden schließlich auch die, die systematisch in Wort und Tat verfolgt werden, weil sie sich sozial, kulturell, religiös für Gerechtigkeit einsetzen.

Wenn ich die Seligpreisungen der Bergpredigt nicht ganz falsch interpretiere, dann ist die Welt hoffnungsvoller, als sie scheint, ob all der unbekannten Heiligen, die noch unter uns leben und schon vor uns gelebt haben – vielleicht nicht zuletzt aus dem Kreis unserer verstorbenen Verwandten, Freunden und Bekannten, deren Gestalt wir uns in diesen Tagen wieder ins Gedächtnis rufen.

Am 12. Februar 2005 wurde in Amazonien die 70-jährige amerikanische Ordensschwester Dorothy auf ihrem Fußmarsch zu einem Dorf der ihr sehr am Herzen liegenden ärmlichen Kleinbauern durch zwei Pistoleros mit fünf Schüssen tödlich niedergestreckt. Sie waren von Großgrundbesitzern, den großen Gegnern Dorothys, angeheuert worden. Einer der Killer hat hinterher gestanden, dass Sr. Dorothy beim kurzen Wortwechsel gesagt habe, auch sie habe eine Waffe, habe in ihren Sack gegriffen, ihnen ihre Bibel gezeigt und angefangen, die Bergpredigt zu zitieren. Seit ich dies von ihrem Bischof gehört habe, berührt mich die Bergpredigt noch einmal mehr. Vielleicht auch Sie?

Heinz Geist

Selig – weltfremd, aber positiv

Evangelium: Mt 5,1–12a *(später verkündigen)*

Wann habt ihr das letzte Mal gesagt, ich fühle mich richtig wohl? (–) Was hat euch dabei so richtig glücklich gemacht? (–) Mit Freunden, in der Familie, bei Erfolgserlebnissen, beim Spielen, bei gutem Essen und vielem mehr können wir viel Spaß haben. Wenn wir glücklich sind, dann können wir ausgelassen sein und uns froh und leicht fühlen. Ein anderer Begriff für so einen Zustand, den man früher mehr dafür benutzt hat, lautet „selig". Menschen fühlen sich „selig", wenn es ihnen richtig gut geht, sie verliebt, glücklich oder entspannt sind. Dieses alte Wort taucht heute im Evangelium ganz häufig auf. Ich bin gespannt, ob ihr herausfindet, was die Menschen in den Augen Jesu glücklich und froh machen soll. *(Evangelium jetzt verkündigen)*

DIE SELIGPREISUNGEN STELLEN DIE WELT AUF DEN KOPF

Ihr habt bereits davon berichtet, was euch glücklich und froh macht. Was selig, also glücklich und froh machen soll, ist heute in der Bibel auf den ersten Blick aber ungewöhnlich. Was ist euch in Erinnerung geblieben? (–) Manch einer wird vielleicht dazu sogar sagen, das kann ich nicht nachvollziehen, das kann ich nicht verstehen. Dass arm sein, traurig sein, hungrig sein etc. glücklich und froh machen soll, ist doch eigentlich unlogisch. Die Bibel stellt dadurch gewissermaßen die Welt auf den Kopf, quasi verkehrte Welt. Das, was schwer und bitter ist, das, was wir vermeiden wollen und uns in der Regel herunterzieht, wird als erstrebenswert und gut angesehen. Damals wie heute werden die Menschen wahrscheinlich verwundert auf diese Worte reagiert haben. Niemand will doch ernsthaft gern traurig, hungrig oder arm sein, oder?! Deshalb müssen wir uns den heutigen Bibeltext etwas genauer anschauen. Entscheidend ist das Wort „selig". Was glaubt ihr, wie oft ist von „selig" hier die Rede gewesen? (–) Unglaublich aber wahr, ganze neunmal taucht es zu Beginn eines Satzes im Matthäusevangelium von heute auf. Und weil das Wort so oft vorkam und dieser Text so besonders ist, hat er einen eigenen Namen bekommen, der sehr berühmt geworden ist, wir sprechen von den sog. „Seligpreisungen". Es geht hier also um Umstände und Ereignisse, die Menschen erlebt und erfahren haben, die in den Augen Gottes zu preisen, also zu loben oder begeistert hervorzuheben sind. Das griechische Wort für „selig" heißt „makarios" bzw. „makarioi". Ins Deutsche übersetzt kann es neben „selig" noch „glückselig", „glücklich" oder „heil" bedeuten.

SELIG SEIN HEISST HOFFEN DÜRFEN

Die Seligpreisungen stehen zu Beginn der Bergpredigt Jesu. Mit ihnen will Jesus die Aufmerksamkeit seiner Zuhörerinnen und Zuhörer gewinnen. Sie werden hellhörig geworden sein, weil das, was sie da hören, so ungewöhnlich – manche würden vielleicht sogar sagen irritierend oder sogar weltfremd – klingt. Doch wir würden Jesus missverstehen, wenn wir davon ausgehen würden, dass Jesus arm sein, traurig sein und hungrig sein gut finden würde. Vielmehr will Jesus sagen, dass das die Realitäten vieler Menschen sind. Es gibt viel Ungerechtigkeit und Gemeinheit auf der Welt. Das ist Fakt. Es gibt viele Kriege, Diskriminierung und Mobbing von Menschen und fair geht es auch nicht immer zu. Das wissen große und kleine, junge und alte Menschen.

Jetzt liegt es zwar an uns, uns für andere einzusetzen, für sie da zu sein und die Welt zu einem besseren Ort zu machen, aber wo uns das nicht gelingt, will Jesus den Menschen Hoffnung machen. Gott hält nämlich für uns über die Grenzen des Lebens Glück und Heil bereit. Gott will nämlich nicht nur, dass wir im Leben glücklich sind, sondern auch, dass wir nach unserem Tod bei ihm glückselig werden. So gesehen wollen die Seligpreisungen besonders für diejenigen ein Trost sein, die es im Leben oft schwer haben. Traurige, Hungrige, Arme, Verfolgte, Friedfertige, Barmherzige, Gewaltfreie, Gerechtigkeitsliebende und Ehrliche werden bei ihm selig sein, auch wenn sie dies zu Lebzeiten nicht erfahren haben.

Wir feiern heute das Fest Allerheiligen. Wir denken an diesem Tag besonders an alle Heiligen, die bekannten und die unbekannten. Wir erinnern uns aber auch an die Verstorbenen aus unserer Familie und unserem Freundeskreis. Im Leben aller Heiligen, aber auch im Leben unserer Verstorbenen ist nicht immer alles glatt gelaufen. Sie alle haben Erfahrungen gemacht, die nicht einfach waren und unter denen sie haben leiden müssen. Das heutige Evangelium mit den Seligpreisungen ist für Lebende wie für Verstorbene Ausdruck der Hoffnung auf Heil bei Gott. In einem positiven Sinne will es "weltfremd" sein, weil es der Welt fremd ist, dass Leidtragende letztlich Glück erfahren. Das Evangelium verweist aber auch auf eine uns noch fremde Welt, nämlich auf das Reich Gottes, in dem Trauernde getröstet, Hungernde satt und Arme reich sein werden. Lebende wie Verstorbene werden dort Heil und Glück erfahren, das ist die Botschaft. Denn alle haben es verdient, glückselig zu werden, wenn nicht zu Lebzeiten, dann zumindest danach.

Thomas Stephan

Allerseelen

LIEDVORSCHLÄGE

Gesänge zur Eucharistiefeier
Eröffnungsgesang: Vater im Himmel, höre unser Klagen (GL 504); *Kyrie:* Kyrie (GL 513
– mit Kyrierufen kombinierbar)*; Antwortgesang:* Der Herr ist mein Hirt (GL 37,1) mit
den Psalmversen; *Ruf vor dem Evangelium:* Herr Jesus, dir sei Ruhm und Ehre (GL
176,3) mit dem Vers; *zur Gabenbereitung:* Jerusalem, du hochgebaute Stadt (GL 553);
Danklied: Jesus lebt, mit ihm auch ich (GL 336); *zur Entlassung:* Bleibe bei uns, du
Wandrer (GL 325);

Gesänge zur Wort-Gottes-Feier
Eröffnungsgesang: Herr, ich bin dein Eigentum (435); *Predigtlied:* Herr, mach uns stark
(GL 552), *Hymnus:* Christ ist erstanden (GL 318).

ERÖFFNUNG

Liturgischer Gruß
Jesus Christus ist der Herr der Zeit. Seine Gnade sei mit euch / ist mit uns.

Einführung
Von seinem Ursprung her ist Allerseelen ein Tag des Gebets für die Verstor-
benen, die noch in der Läuterung sind, bevor sie ganz in die Gemeinschaft der
Heiligen aufgenommen werden. Wir können sie durch unser Gebet auf dem
Weg zu Gott unterstützen.
Damit ist Allerseelen ein Tag der Sorge um die Toten, der getragen ist von der
österlichen Gewissheit, dass der Tod nicht das Leben für immer beendet, son-
dern die Tür zum ewigen Leben mit Gott öffnet.

Kyrie-Litanei (in Kombination mit GL 513)
Herr, Jesus Christus, du bist Mensch geworden, um uns zu erlösen:
Christus, du bist von den Toten auferstanden:
Herr, Jesus Christus, du schenkst uns ewiges Leben:

Tagesgebet
Allmächtiger Gott, du hast deinen Sohn
als Sieger über den Tod zu deiner Rechten erhöht.
Gib deinen verstorbenen Dienern und Dienerinnen
Anteil an seinem Sieg über die Vergänglichkeit,
damit sie dich, ihren Schöpfer und Erlöser,
schauen von Angesicht zu Angesicht.
Darum bitten wir durch Jesus Christus.

1. Lesung: Jes 25,6a.7–9

Die Lesung präsentiert uns Gott als Gastgeber. Gemeinsam zu essen verbindet. Das Festmahl auf dem Zion schafft deshalb alles ab, was Gott und Mensch voneinander trennt, nicht zuletzt den Tod. Darin vollendet sich das Handeln Gottes.

2. Lesung: Phil 3,20–21

Dieser kurze Lesungstext vereint zwei starke Pole: Armseligkeit und Kraft, unten und oben. Er ist ein Text der Verheißung. Bei aller erfahrenen Schwäche werden wir gerettet durch Gottes Kraft.

Evangelium: Lk 7,11–17

In unserem sterblichen Leben gibt es Ahnungen, Erfahrungen von Ewigkeit: Momente des Glücks und der Liebe, die uns sagen, dass wir für etwas Größeres bestimmt sind als nur für das vergängliche Hier und Heute. In der Auferweckung des Jünglings von Naïn leuchtet im Wirken Jesu dieses größere Leben auf.

FÜRBITTEN

Gott, der Vater, hat Jesus aus dem Tod herausgeholt. Durch ihn steht uns die Tür zum Leben offen. Durch Christus bitten wir deshalb für die Verstorbenen:

- Wir bitten für unsere verstorbenen Verwandten, Bekannten und Freunde: Herr, gib ihnen die ewige Ruhe.
- Wir bitten für alle Opfer von Krieg, Terror und Gewalt:
- Wir bitten dich für alle, die wegen ihres Glaubens, ihrer politischen Ansichten oder ihrer Hautfarbe Opfer staatlicher Willkür geworden sind:
- Wir bitten dich für alle Opfer von Naturkatastrophen und Unfällen:
- Wir bitten dich für alle, die in tiefer Verzweiflung ihrem Leben selbst ein Ende gesetzt haben:
- Wir bitten dich für alle, die unversöhnt und einsam gestorben sind:
- Wir bitten dich für alle, die mit einer schweren Schuld gestorben sind:
- Wir bitten dich für alle Verstorbenen aus unserer Gemeinde, die im letzten Jahr heimgegangen sind [und nennen vor dir ihre Namen: *(Hier können die Namen der Verstorbenen des letzten Jahres eingefügt werden)]*

Gott, unser Vater, vollende du das Leben der Toten und schenke ihnen Wohnung und Heimat bei dir, der Quelle des Lebens. Dir sei Ehre heute, alle Tage und einmal in Ewigkeit.

Zum Totengedenken

In vielen Gemeinden ist es üblich, an Allerseelen die Namen der im letzten Jahr verstorbenen Gemeindemitglieder zu nennen. Dies kann in der letzten Fürbitte (s. o.) geschehen oder auch im Hochgebet. Passend dazu kann für jede(n) Verstorbene(n) eine Kerze am Altar brennen. Vor dem Gottesdienst könnte man die Mitfeiernden einladen, für die Menschen eine Kerze dazuzustellen, um die sie trauern, auch wenn diese schon vor längerer Zeit verstorben sind.

Alternativ bietet es sich an, nach jüdischem Vorbild Steine mit den Namen der im letzten Jahr Verstorbenen vor den Altar / an die Osterkerze zu legen. Die Angehörigen können dann nach dem Gottesdienst den Stein mitnehmen.

In manchen Gemeinden gibt es ein Totenbuch, in das die verstorbenen Gemeindemitglieder an ihrem Sterbetag eingetragen sind. Das Buch kann an Allerseelen am oder auf dem Altar liegen. Vielleicht ist der Allerseelentag auch Anlass, ein solches Buch zu öffnen und es der Gemeinde vorzustellen.

Zur Besinnung

Der Stempel des Todes gibt der Münze des Lebens ihren Wert und macht es ihr möglich, das zu kaufen, was wahren Wert hat.
Rabindranath Tagore

ELEMENTE FÜR DIE WORT-GOTTES-FEIER

Bildbetrachtung

Für den Allerseelentag bietet sich eine Bildbetrachtung der Ikone der Höllenfahrt Christi an, der Osterikone der orthodoxen Kirche. Sie kann mit dem folgenden Gebet abgeschlossen werden:
http://www.oekumene-ack.de/uploads/media/Meditation_zur_Anastasis-Ikone.pdf

Gebet

Herr, du bist hinabgestiegen in die Hölle der Einsamkeit,
in unsere tiefste Verlassenheit im Sterben,
in das undurchdringliche Dunkel, das kein Licht mehr erhellt,
zu dem die Liebe keinen Zutritt mehr hat.
Nun bist du der Gefährte unserer Einsamkeit,
nimmst teil an unserer Verlassenheit.
Nun dringt deine Stimme auch in unsere Todesnot,
nun erwartet auch uns im Sterben deine Hand,
die uns der Macht des Todes entreißt.

Markus Lerchl

Der Sterbetag – ein „Dies natalis"

Eine jüdische Geschichte erzählt von einem Rabbi, der vom Gebet nach Hause kommt und seine beiden Söhne vermisst. Er fragt seine Frau: „Wo sind meine beiden Söhne?" Sie antwortet: „Sie sind ein wenig fortgegangen." Als sie lange nicht kommen, wird der Rabbi unruhig und fragt erneut: „Wo sind meine beiden Söhne?" Da sagt seine Frau: „Ich will dich etwas fragen. Vor einiger Zeit kam ein Fremder zu mir und gab mir zwei Perlen, damit ich sie aufbewahre. Ich habe mich so an ihnen gefreut, als gehörten sie mir. Als du heute fort warst, kam er wieder und verlangte sie zurück. Soll ich ihm die Perlen zurückgeben?" „Wie kannst du überhaupt fragen", empört sich der Rabbi, „anvertrautes Gut muss man immer zurückgeben." – „Ich bin auch bereit dazu", sagte die Frau. „Aber ich will es nicht ohne dein Wissen tun; denn auch du hattest dir angewöhnt, die Perlen als dein Eigentum zu betrachten."

Da sagte der Rabbi mit bebender Stimme: „Wo sind meine beiden Perlen?" Da nahm ihn seine Frau bei der Hand und sagte: „Sie hatten einen Unfall und sind gestorben. Du hast mir gesagt, dass ich das anvertraute Gut zurückgeben muss. Du weißt, wie es im Buch Hiob heißt: Der Herr ist es, der gibt und nimmt. Sein Name sei gelobt." Bei allem Schmerz über den Tod ist diese Geschichte ein Text des Vertrauens. Sie vertraut darauf, dass die beiden Söhne in Gottes Hand sind. Heute am Allerseelentag können wir uns fragen, ob unser Totengedenken auch von solchem Vertrauen geprägt ist. Glauben wir, dass unsere Verstorbenen bei Gott, in seinen guten Händen sind?

In der Heiligen Schrift finden wir viele Stellen, die dieses Vertrauen stärken können. Paulus ist in der heutigen Lesung „überzeugt, dass die Leiden der gegenwärtigen Zeit nichts bedeuten im Vergleich zu der Herrlichkeit, die an uns offenbar werden soll" (Röm 8,18).

Jesus hat seinen Jüngern versprochen: „Ich gehe, um einen Platz für euch vorzubereiten" (Joh 14,2). Eine der stärksten Aussagen kennen wir alle von der Passion Jesu. Der reumütige Schächer, der neben ihm am Kreuz hängt, einer, dem wirklich nicht viel gelang in seinem Leben, verspricht Jesus: „Amen, ich sage dir: Heute noch wirst du mit mir im Paradies sein" (Lk 23,43).

Wenn wir heute unserer Toten gedenken, dann dürfen wir dies tun im Glauben, dass sie bei Gott in guten Händen sind. Es hat Zeiten gegeben in der Geschichte unseres Glaubens, da nannte man den Sterbetag „Dies natalis" – „Geburtstag". Der Tod war sozusagen die Geburtsstunde des Lebens.

Von der heiligen Theresia von Avila wird erzählt, dass sie die Trauergesänge am Sarg einer toten Mitschwester verbot, stattdessen sangen die Schwestern frohe Lieder und tanzten, weil ihre Schwester eingegangen war in das ewige Leben bei Gott. Auch unsere Verstorbenen sind bei Gott. Er ist ein Gott der Lebenden, der das Heil aller Menschen will. In dieser Zuversicht dürfen wir heute der Verstorbenen gedenken.

Christoph Heinemann

Einmal sehen wir uns wieder

Auf unseren Friedhöfen können wir auf vielen Grabsteinen prägnante und ansprechende Inschriften lesen. Oft sind diese Inschriften in ihrer Aussage derart ausdrucksstark und inspirierend, dass sie die Vorbeigehenden nicht nur ansprechen, sondern sogar zu tieferem Nachdenken bringen. Zu solchen anregenden Grabsentenzen zählen sicherlich die folgenden Worte: „Der siebente Tag hat einen Morgen, aber keinen Abend." Dieser Satz ist eine Art erwägenswerter Kurzkommentar zum Bericht über die Erschaffung der Welt im Buch Gen (1,1–2,3). Laut diesem symbolreichen Text hat die Erschaffung von Himmel und Erde, Pflanzen, Tieren und schließlich auch die des Menschen als dem Bild Gottes sieben Tage gedauert, wobei die ersten sechs Abschnitte des Berichts über die jeweiligen Tage immer mit der gleichen Anmerkung enden: „Es wurde Abend und es wurde Morgen: erster [zweiter, dritter usw.] Tag". Nur in der Beschreibung des letzten, siebten Tages ist keine Rede vom Abend, was klar darauf hindeutet, dass dieser Tag für Gott kein Ende hat und damit die Ewigkeit symbolisiert. „Der siebente Tag aber hat keinen Abend und kein Ende, weil du ihn geheiligt hast, damit er immerdar bleibe", schreibt der hl. Augustinus am Ende seiner berühmten „Bekenntnisse".

DIE HOFFNUNG AUF EWIGKEIT

Der Satz von einem Tag ohne Abend weckt große Hoffnung im Menschen. Er ist eine hoffnungsvolle Botschaft, die uns sagt, dass es eine Wirklichkeit gibt, die ewig dauert! Deshalb lässt diese Botschaft den Menschen, das in ihm verankerte Verlangen nach Unsterblichkeit und nach Ewigkeit mit Zuversicht wahrnehmen. Es ist ein Verlangen, das mit der menschlichen Natur stark verbunden zu sein scheint. Die Menschen empfinden es seit eh und je, und zwar auch diejenigen, die nicht unbedingt an ein Leben mit Gott nach dem Tod glauben. In der Antike drückte der römische Dichter Horaz jenes Verlangen mit seiner berühmten Sentenz: Non omnis moriar („Nicht ganz werde ich sterben") aus, eine übrigens ebenfalls auf manchen Grabdenkmälern zu findende Inschrift. Diese Worte sind ein Ausdruck der Hoffnung des Dichters, dass sein Schaffen, seine Poesie, ihn quasi unsterblich macht. Sowohl die gläubigen als auch die nichtgläubigen Menschen legen in der Regel Wert darauf, dass sozusagen nicht alles von ihnen vergeht, sondern dass etwas von ihnen bestehen bleibt. Dies setzt jedoch ein tiefes Vertrauen in eine gewisse Kontinuität des Lebens des Menschen nach dem Tode voraus und drückt die Überzeugung darüber aus, dass man den nachkommenden Generationen etwas Nachhaltiges weitergeben könne. In diesem Sinne erinnern wir uns, wenn wir heute unserer lieben Heimgegangenen gedenken und sie Gott im Gebet anvertrauen, mit Dankbarkeit an alles, womit sie uns beschenkt haben. Wir denken an die guten Begegnungen mit ihnen wie auch an ihre guten Werke und sind ihnen und dem Herrgott für diese dankbar. Wir danken Gott „für das Gute und Schöne, das wir durch die Verstorbenen erfahren durften" (vgl. das Gebet bei der Beerdigung) und bitten zugleich darum, dass ihnen das ewige Licht leuchte.

DIE HOFFNUNG MIT DEM GLAUBEN VERBINDEN

Der heutige Tag macht uns bewusst, dass die Hoffnung auf das unvergängliche, ewige Leben, die auf unserem christlichen Glauben basiert, sich in erster Linie nicht auf die menschlichen Werke, sondern auf die Menschen selbst bezieht. Sie ist nicht gegenstandbezogen bzw. abstrakt geprägt, sondern hat einen durchaus personalen und konkreten Charakter. Aufgrund unseres Glaubens dürfen wir mehr erwarten als das, was ein rein dichterisches Verlangen nach Unvergänglichkeit zum Ausdruck bringt. Uns geht es vor allem um die Ewigkeit für die Menschen, d. h. um Ewigkeit für diejenigen, die bereits durch das Tor des Todes gegangen sind, und einmal auch um Ewigkeit für uns selbst. Wir glauben fest daran, dass wir alle in dieser Ewigkeit dem uns liebenden Gott direkt begegnen werden und dass er uns für immer ganz glücklich machen wird.

Unser christlicher Glaube, der Glaube an Jesus Christus als den Todesbesieger, erfüllt uns in besonderer Weise mit Hoffnung auf das ewige Leben. Wenn wir uns nämlich mit unserem Herrn, der als erster auferstanden ist, im Glauben vereinigen, dann haben wir Anteil nicht nur an seinem Tod, sondern auch an seiner Auferstehung, an seinem Ostersieg. „Wisst ihr denn nicht, dass wir, die wir auf Christus Jesus getauft wurden, auf seinen Tod getauft worden sind?", fragt der hl. Paulus im Brief an die Römer (6,3). Dabei stellt er fest: „Sind wir nun mit Christus gestorben, so glauben wir, dass wir auch mit ihm leben werden" (6,8). Und im 1. Brief an die Thessalonicher ermahnt uns Paulus sogar, dass wir um die Entschlafenen nicht trauern sollten „wie die anderen, die keine Hoffnung haben. Denn wenn wir glauben, dass Jesus gestorben und auferstanden ist, so wird Gott die Entschlafenen durch Jesus in die Gemeinschaft mit ihm führen" (4,13–14). Aus unserem Glauben heraus dürfen wir also die Trost spendende Hoffnung schöpfen, dass wir einmal für immer beim Herrn sein werden (vgl. 4,17–18). Jesus Christus ist der Garant unserer Hoffnung auf das ewige Leben. Als diejenigen, die an seine Auferstehung und an das Leben nach dem Tode glauben, wollen wir mit diesem Glauben unserer Hoffnung auf Ewigkeit ein gutes Fundament geben. Und wenn wir eben diese Hoffnung mit dem lebendigen Glauben an Christus verbinden, dann erschließt sich uns die herrliche Perspektive auf eine glücklich machende Wirklichkeit, die wir Himmel nennen. Es ist eine Wirklichkeit, die – wie der biblische siebte Tag – kein Ende kennt.

Der große Denker Augustinus setzt die in dieser Betrachtung angeführten Bekenntnisse fort: „Wenn du nach der Erschaffung deiner Werke (...) am siebenten Tage (...) ruhtest, so verkündet uns die Stimme deines Wortes, dass auch wir, wenn unsere Werke vollendet sind (...) am Sabbat des ewigen Lebens ruhen sollen in dir." Möge diese ewige Ruhe unseren lieben Verstorbenen und allen, die an die Auferstehung Jesu Christi glauben, zuteilwerden.

Marcin Worbs

Allerseelen – braucht der Tag einen neuen Namen?

Zuerst ein Kompliment an diesen Tag heute, später dann auch Fragen. Der Glückwunsch zu diesem Namen „Allerseelen" gilt seiner Universalität, er ist umfassend, schließt wirklich niemanden aus.

„Alle sind alle", keine Unterschiede zwischen Schwarz und Weiß, kein Aussortieren zwischen so genannten Guten und gemutmaßten Schlechten, auch keine Ungleichbehandlung von Reich und Arm, keine Privilegien und keine Vorurteile, wie sie leider auch manchmal in unserer Kirche und unseren Gemeinden wirken. Da sind die Namensschilder auf den Bänken früherer Zeiten eher noch ein harmloses Beispiel von Bevorzugung beziehungsweise von Diskriminierung gegenüber denen, welchen das berühmte Kleingeld fehlte.

Dieser Tag gilt allen, wirklich allen, die je lebten, mit ihrer eigenen Geschichte als Frauen und Männer, Mädchen und Jungen. Vielleicht, liebe Hörerinnen und Hörer, empfinden Sie es ähnlich wie ich, dass in der Benennung dieses Tages heute neue Kreativität gefragt ist.

BLOSS SEELE ODER DER GANZE MENSCH?

Als man dem 2. November seine bis heute übliche Bezeichnung gab, da war die Seele als der als unsterblich angesehene Teil des Menschen eine gute Brücke, um damit die bleibende Verbundenheit der Lebenden mit ihren Toten und zugleich die die Zuversicht auf bleibendes Leben zu verbinden.

Heute ist es an uns, den Kern des Gemeinten in eine verständliche Sprache zu übertragen und dabei das Wesentliche aufzufangen. Sprache muss dienen, nicht herrschen – kommunizieren, nicht distanzieren.

Möglicherweise könnte man heute vom Identitätskern eines Menschen oder von seiner Persönlichkeitsmitte sprechen, vom Zentrum seines Ichs. Ich-Identität oder Herzensmitte könnten für das stehen, was einmal „Seele" meinte. Denn auch gerade im Fühlen, vor allem im Lieben, haben wir teil an Gottes unbegrenzbaren Möglichkeiten. Beispielsweise könnte dieser Tag dann einmal bewusst experimentell verfremdet „Allerverstorbenen-Herzen" heißen, oder wer es weniger emotional mag: einfach „Allerverstorbenen-Menschentag". Entscheidend ist das Kompliment vom Anfang, die ungebrochene Solidarität wirklich mit allen, die schon auf dieser Erde waren.

SOLIDARITÄT BRINGT GEMEINSCHAFT

Und mit dem Stichwort „Solidarität" sind wir inmitten unserer Feier. Solidarisch mit allen, die es je gegeben hat auf diesem Planeten, begehen wir diesen Tag im Raum der Gemeinde, der Gemeinschaft. Auch das Evangelium vorhin sieht Jesus als Freund eines Verstorbenen und als Freund von dessen nächsten Trauernden. Auffallend: Alle Erst-Betroffenen sind Geschwister und Freunde, die beiden Schwestern, Maria und Martha, des verstorbenen Lazarus und Jesus, der gemeinsame Freund aller. Die frühe Kirche zur Entstehungszeit des Textes sieht darin ein Bild für die Gemeinde. Hier unter den Schwestern und Brüdern, den Freunden, ist der Ort, selbst vom Tod unzerstörte Verbundenheit zu feiern. In ihren Zusammenkünften stellen Christen das neue Leben ihrer Verstorbenen in das Licht der Zuversicht, mag der Tod auch für eine Zeitlang den „Stecker" ziehen. Leben strömt. Dabei ist letztes und größtes Zutrauen wohl, dass alle diese Ichs wieder zum Du finden, zuerst zum Du Gottes – einem Gott, der ohne Kurzschlüsse und Abbrüche seine Beziehung zu uns Menschen lebt. Und weil Beziehung Leben schafft, dürfen wir hoffen, dass unsere Verstorbenen einmal auch wieder zu uns finden und wir zu ihnen. Heute ist der Tag dieser bleibenden Beziehung. Einer des allzu blauäugigen Glaubens Unverdächtiger, Jean-Paul Sartre, sagt: „L'amour fait être" – „Liebe gibt Sein, Liebe erschafft und bewirkt zu leben."

Darum, dass Freundschaft und Liebe Leben geben, scheint es zu gehen bei dem Lebenszeichen an Lazarus durch Jesus, das Martha erbittet im eben gehörten Evangelium. Diese – wie immer geartete – Wiederbelebung des Lazarus hat im vollständigen biblischen Text nichts Spektakuläres. Als er, noch in Leinen gebunden, mit all dem, womit man den Verstorbenen festmachen und festhalten will, aus der Grabhöhle kommt, gibt es nichts Aufgeregtes, weder Jubelschreie noch Hallelujarufe, kein Freudenfest, kein Dankesmahl, nicht einmal Umarmungen oder Fragen interessierter Neugier, wie es war, tot zu sein. Nein: Lazarus bleibt entzogen, keine körperlichen Kontakte. Auch kein Gespräch. Totenstille selbst gegenüber Jesus, weder Dank noch Freude, selbst zwischen den Freunden keine Kommunikation. Der wiederbelebte Tote bleibt stumm für sein Umfeld. Und er geht neuerdings: „Lasst ihn gehen!" So fordert Jesus die Anwesenden auf, ihn zu entbinden und loszulassen. Außer ihrem erfüllten Glauben gibt es den Erst-Betroffenen dieser Erzählung nichts zu neiden. Dieser Text ist kein Plädoyer gegen den leiblichen Tod oder für eine Lebensverlängerung, vielmehr spricht er davon, wie mit dem Tod und der Trauer umzugehen ist. Er stellt heraus, wie sehr Leben Person, Beziehung ist. Das lässt der Evangelist gipfeln im Jesus-Wort: „Ich bin die Auferstehung und das Leben."

Jesus will damit beide Schwestern in ihrem Glauben bestärken. Mit dem Wunder unterstreicht er, wie sehr er für den Lebensstrom Gottes steht, und dass beide nicht irren, wenn sie auf ihn ihre Hoffnung setzen. In der ungekürzten Fassung des Evangelientextes kommt Maria aus ihrem „Gehäuse" heraus in die Weite. Sie tut es Martha gleich und äußert die identische Klage und Hoffnung: „Wärest du hier gewesen ...!" Jeder trauert anders und jeder braucht seine Zeit. Allerseelen heute ist unhintergehbare Solidarität mit allen Gegangenen und allen Trauernden; begehen wir sie und feiern wir sie gemeinsam.

Heinz-Norbert Hürter

Einunddreißigster Sonntag (A)

LIEDVORSCHLÄGE

Gesänge zur Eucharistiefeier
Eröffnungsgesang: Zu dir, o Gott, erheben wir (GL 142); *Antwortgesang:* Wie ein gestilltes Kind bei seiner Mutter (GL 72,1) mit den Psalmversen; *zur Gabenbereitung:* Wohl denen, die da wandeln (GL 543); *Danklied:* Erde singe, dass es klinge (GL 411); *zur Entlassung:* Alles meinem Gott zu Ehren (455).

Gesänge zur Wort-Gottes-Feier
Predigtlied: Zeige uns, Herr, deine Allmacht und Liebe (GL 272); *zum Taufgedächtnis:* Ich bin getauft und Gott geweiht (GL 491); *zum Friedenszeichen:* O Jesu Christe, wahres Licht (GL 485); *zur Kollekte:* Herr, ich bin dein Eigentum (GL 435).

ERÖFFNUNG

Liturgischer Gruß
Die Gnade unseres Meisters und Lehrers Jesus Christus, die Liebe Gottes, des Vaters, und die Gemeinschaft des Heiligen Geistes sei mit euch / ist mit uns allen.

Einführung
Was wäre das doch für eine wunderbare Welt, wenn in der Familie alle so ordentlich wären wie ich, wenn Werkzeuge und Haushaltsgeräte an ihren vorgesehenen Platz gelegt würden! Was wäre es entspannt, führen im Straßenverkehr alle genauso rücksichtsvoll und zügig wie ich! Was wäre es schön, wenn die Politiker doch endlich mal vernünftige Gesetze erließen! Solche Wünsche entstehen, wenn wir uns über unsere Mitmenschen in Familie, auf der Straße oder in der Politik emotional ereifern. Dabei kommt es oft genug vor, dass man sich selbst nicht an die eigenen Regeln hält. Das Vorbild ist jedoch das beste Lehrmaterial. Und so wird auch von Geistlichen mit Recht erwartet, dass sie leben, was sie predigen. An vielen Stellen im Evangelium macht Jesus der religiösen Elite im Volk Israel Vorhaltungen wegen ihrer Scheinheiligkeit. Diese Vorwürfe gelten jedem, der Verantwortung für andere Menschen hat: Ruhe dich nicht aus auf deiner Position und deiner Autorität als Erziehungsberechtigter, Gelehrter oder auf deiner Beliebtheit! Dein Leben ist Vorbild für andere. Gestalte es entsprechend! Richten wir nun erneut unser Leben am Herrn aus.

Kyrie-Litanei

Herr Jesus Christus, du bist unser Lehrer. Herr, erbarme dich.
Du bist gütig und von Herzen demütig. Christus, erbarme dich.
Du weist uns den Weg zum wahren Leben. Herr, erbarme dich.

Tagesgebet der Eucharistiefeier

Allmächtiger, barmherziger Gott, es ist deine Gabe und dein Werk,
wenn das gläubige Volk
dir würdig und aufrichtig dient.
Nimm alles von uns,
was uns auf dem Weg zu dir aufhält,
damit wir ungehindert der Freude entgegeneilen,
die du uns verheißen hast.
Darum bitten wir durch Jesus Christus.

Perikopengebet der Wort-Gottes-Feier

Gott, unser Vater,
in deinem Sohn
hast du uns einen verlässlichen Lehrer gegeben.
Lass uns verstehen, was er uns sagt,
und Zeugnis ablegen für ihn,
unseren Herrn Jesus Christus,
der mit dir und dem Heiligen Geist
lebt und herrscht in Ewigkeit.

ZU DEN SCHRIFTLESUNGEN

1. Lesung: Mal 1,14b–2,2b.8–10

Die Priester im Jerusalemer Tempel handeln nicht gemäß ihrer Berufung.
Falsche Lehren und schlechte Lebensführung haben Konsequenzen.

2. Lesung: 1 Thess 2,7b–9.13

Das Wort Gottes verändert den Hörer und den, der es verkündet. Ob jemand
vom Evangelium Gottes erfüllt ist, erkennt man an seinem Leben.

Evangelium: Mt 23,1–12

Die Würde eines geistlichen Amtes bringt die Versuchung des Stolzes mit sich.
Es ist als Dienst zu verstehen, nicht als Karriereschritt.

Überall auf der Welt leiden gerade unsere Schwestern und Brüder aus vielfältigen Gründen. Wir bitten den Schöpfer aller Menschen:

- Für die unterdrückten Völker, Gruppen und Einzelpersonen.
- Für die Mächtigen, die Ungerechtigkeiten beseitigen könnten.
- Für alle, die andere Menschen erziehen, lehren und unterrichten.
- Für alle Menschen, die durch ihr gutes Vorbild andere inspirieren.
- Für alle, die unermüdlich das Evangelium Gottes verkünden.

Herr, du bist der Größte und machst dich doch zu unserem Diener. Wir danken dir, dass du auf unser Flehen hörst durch Christus, unseren Herrn.

ELEMENTE FÜR DIE EUCHARISTIEFEIER

Zum Vaterunser
Wir sind alle von einem Gott erschaffen. Für alle ist er derselbe Vater im Himmel. In ihm als Schwestern und Brüder miteinander verbunden dürfen wir voll Vertrauen beten:

Kommunionvers
Der Größte von euch soll euer Diener sein (Mt 23,12).

ELEMENTE FÜR DIE WORT-GOTTES-FEIER

Zum Friedenszeichen
Wenn Macht zum Wohl aller eingesetzt wird, entsteht Frieden. Gott hat uns die Macht gegeben, einander zu verzeihen und uns zu versöhnen. Üben wir den Einsatz dieser großen Kraft, indem wir einander ein Zeichen des Friedens und der Versöhnung schenken.

Zur Verehrung des Wortes Gottes
Schwestern und Brüder!
Durch Jesus Christus hat uns Gott offenbart, dass sich wahre Größe im Dienen zeigt. Er hat uns auch heute durch sein Wort gedient, das wir gehört haben. Er ist darin gegenwärtig und begegnet uns. Wenn wir nun die Heilige Schrift ehren, verehren wir Jesus Christus selbst. Wir stellen ihn über uns und drücken damit aus, dass wir bereit sind, ihm zu folgen und selbst im Dienst am Nächsten unsere wahre Größe zu finden.

Ich lade Sie ein,
nach vorne zu kommen und dem Herrn die Ehre zu erweisen, die ihm gebührt, indem Sie sich vor der Heiligen Schrift verneigen. Sie können sie auch in die Hände nehmen und erheben.

Norbert Wilczek

Priester im Fokus

In Jerusalem ist der Tempel im Jahre 515 v. Chr. wieder aufgebaut. Der letzte der kleinen Propheten, das Buch Maleachi, aus dem wir die erste Lesung heute gehört haben, geht auf die Situation ein, die sich aus einer gewissen, schon zu beobachtenden religiösen Praxis in Jerusalem erst ergeben hatte. Der Prophet stellt fest, dass der Eifer nachgelassen hatte. Die anfängliche Begeisterung scheint verflogen zu sein. Und da nimmt Maleachi im höchsten göttlichen Auftrag ganz besonders die Priester in die Pflicht. Das hebräische Wort für Priester heißt „kohen" und bedeutet ursprünglich „stehen". Sie standen in einem bestimmten engen, unmittelbaren Verhältnis zu Gott und hatten das Vorrecht, „vor Gott zu stehen". Sie sollten als Priester dienen, das Priesteramt verwalten. Die Priester bildeten eine besondere, von Gott berufene Gruppe im Volk Israel. Diese Auswahl beschränkte sich auf Aaron und seine Nachkommen. Der wesentlichste Aspekt dieses Priestertums war, dem Volk Israel Zugang zu Gott, also Gemeinschaft mit Gott, zu ermöglichen.

Maleachi erinnert die Priester an ihre Verantwortung als Vorbilder. Sie waren inzwischen wohl nicht mehr von Herzen darauf bedacht, den Namen Gottes in Ehren zu halten. Sie sind vom Weg Gottes abgewichen, haben durch ihre Weisung (vielleicht auch durch ihr schlechtes Lebensbeispiel) viele vom rechten Weg abgebracht. Wegen ihrer besonderen Verantwortung, deren Bedeutung ihnen offenbar abhandengekommen ist, werden sie verächtlich gemacht und vor dem ganzen Volk erniedrigt. Seine Vorwürfe spitzt der Prophet zu in den abschließenden Gewissensfragen: „Haben wir nicht alle denselben Vater? Hat nicht der eine Gott uns erschaffen? Warum handeln wir dann treulos, einer gegen den andern, und entweihen den Bund unseres Vaters?" (Mal 2,10)

Erweist sich der Prophet hier nicht als hoch aktuell? Eine satte Kirche scheint vielfach den Kontakt zu ihrem Gründer und Beistand vergessen zu haben. Seit über zwölf Jahren kommen immer neue Vorwürfe des sexuellen Missbrauchs, – besonders schmerzlich: gerade auch durch Priester – ans Tageslicht. Wird so nicht massiv der Name Gottes entweiht? Werden damit nicht viele zu Fall gebracht, die entmutigt die Kirche verlassen? Muss Gott nicht angesichts solcher eklatanten Missstände seinen Fluch gegen die Priester und Hirten und gegen die Herde schleudern?

Maleachi legte damals den Finger in die Wunden des auserwählten Volkes, und auch heute treffen uns die Verurteilungen, die er im Namen seines Gottes ins Wort bringt. Zum Abschluss seiner Schimpftirade spricht er aber plötzlich vom „Wir", bindet sich selbst ein, leidet mit den Verurteilten, empfindet sich als Teil derer, mit denen er sich bekehren muss. Er erinnert an den einen Vater und Schöpfer und – geradezu flehentlich – an die gemeinsame Berufung. Das Zeigen mit dem Finger auf andere ist gerade in dieser heillosen Zeit heute vielgeübte Praxis. Nehmen wir uns das „Wir" Maleachis zu Herzen, werden demütig und bekehren uns.

Robert Jauch

Der Fisch stinkt vom Kopf her

Was geschieht, wenn sich große Hoffnungen nicht erfüllen, eine anfängliche Begeisterung abnimmt und sich eine Ernüchterung einstellt? Man wird müde; die Grenzen zwischen Hoffnung und Illusion verschwimmen allmählich. Hält dieser Zustand länger an, dann stellt sich bald die Sinnfrage: Warum machen wir noch dieses oder jenes? Lohnt es sich überhaupt, sich anzustrengen? Oder lässt man nicht besser gleich alles sein, was nach Anstrengung und Pflichterfüllung aussieht? Es hat ja sowieso keinen Sinn, seine Pflichten zu erfüllen, weil es denen besser geht, die alles nicht mehr so genau nehmen, sondern die nur für sich selbst sorgen.

Es ist ungefähr diese geistige, aber vor allem auch geistliche Lage, in welche der uns sonst unbekannte Prophet Maleachi (= „mein Bote") ungefähr um 450 vor Christus hineinspricht. Rund 90 Jahre vorher erhielt das Volk Israel vom Perserkönig die Erlaubnis, aus dem babylonischen Exil aufzubrechen und in die Heimat zurückzukehren. Sie sollten das zerstörte Jerusalem und den Tempel darin neu aufbauen. Glanzvoll hatten u.a. die großen Propheten Jesaja, Jeremia und Ezechiel diesen Wiederaufbau beschrieben und ihn in herrlichen Farben geschildert.

Erfüllt hat sich davon allerdings wenig; zu wenig, wie viele Menschen damals fanden. Gleichzeitig frustriert sie, dass die führenden Kreise im Tempel und in der Verwaltung ihre Schäfchen ins Trockene bringen und sich an dem bereichern, was allen gehören sollte. Schließlich kommt Zweifel bei der breiten Masse des Volkes auf, dieser nagende Zweifel, ob Gott denn gerecht und gut ist und ob es sich wirklich lohnt, ihm zu dienen: „Es hat keinen Sinn, Gott zu dienen. Was haben wir davon, wenn wir auf seine Anordnungen achten?" (Mal 3,14). Diese Frage liest der Prophet seinem im Glauben müde gewordenen Volk von den Lippen ab. Wer so fragt, hat längst begonnen, sich im Hier und Jetzt einzurichten, die großen Hoffnungen aufzugeben und es deshalb mit den religiösen Pflichten nicht mehr so genau zu nehmen.

DER KLERUS MITTENDRIN

Das Pikante an dieser Situation ist, dass die Priester anscheinend ganz vorne mit dabei sind, wenn es darum geht, „Gott einen guten Mann sein zu lassen", wie wir es in einer Redensart gerne ausdrücken. Es sind vor allem zwei Dinge, die der Prophet den Priestern am Jerusalemer Tempel vorwirft: Sie bringen minderwertige (= kranke und schwache) Tiere als Opfer dar. Die Guten und Kräftigen behalten sie lieber für sich. Sie speisen Gott im wörtlichen Sinne mit Zweitrangigem ab. Noch schwerer wiegt eine weitere Schuld: Sie hören auf, das Volk zu unterweisen und ihm die Gebote, mehr noch, den Glauben insgesamt zu erklären und zu lehren. Weil viele im Volk auf sie schauen, ziehen sie viele mit in den eigenen Abgrund: „Ihr seid abgewichen vom Weg, ihr habt viele zu Fall gebracht durch eure Weisung" (Mal 2,8).

Vermutlich fällt es uns nicht schwer, die Aussage des Textes auf unser Heute zu übertragen. Unsere Kirche ist in einer sehr schwerwiegenden Vertrauenskrise, die viel (aber nicht nur) mit dem Fehlverhalten von Klerikern gegenüber Kindern und Jugendlichen zu tun hat. Es ist die Art und Weise, wie Täter geschützt und Opfer alleine gelassen worden sind. Vielen geht die Aufarbeitung zu langsam. Es stellen sich weitere Fragen, wie etwa die nach der Macht. In unserer Kirche liegt sie wesentlich in den Händen des Klerus. Nicht immer hat man den Eindruck, dass sie auch zum Wohl des Volkes Gottes ausgeübt wird. Man könnte die Liste noch beliebig fortsetzen. Wir spüren, wie notwendig die Umkehr ist.

VON MALEACHI LERNEN

Allerdings wird man auch vorsichtig sein müssen: Allgemeine Schuldzuweisungen bringen oft nichts, weil sie der Wirklichkeit nicht gerecht werden. Denn allzu leicht werden dann die vergessen, die sich ernsthaft bemühen und die sich zum Wohl des Volkes Gottes anstrengen und sich ihren Dienst persönlich einiges kosten lassen. Das gilt auch für den heutigen Klerus! Außerdem könnten wir leichtfertig überhören, dass Maleachi uns allen etwas Wichtiges für Umkehr und Besserung zu sagen hat.

Es ist der Hinweis auf die Vorbildfunktion aller, die eine Leitungsposition innehaben. Das gilt nicht nur, aber besonders für die Kirche. Auch Eltern in der Erziehung, Lehrkräfte in ihren Schulklassen, politisch Tätige in ihren Verantwortungsbereichen sind gemeint. Sie alle sind vor allem in ihren Taten und Haltungen Vorbilder, an denen man sich orientiert.

Wer Verantwortung für glaubende Menschen trägt, muss sich deshalb zuerst immer selbst fragen, was ihm/ihr der Glaube bedeutet, woran die Menschen erkennen können, dass er oder sie Gott liebt. Es gilt, sich dieser Verantwortung wieder neu zu stellen und nach den eigenen inneren Quellen zu suchen. Nicht umsonst beginnt das Buch Maleachi mit dem Satz: „Ich liebe euch, spricht der HERR" (Mal 1,2). Lebe ich als Verantwortliche(r) in der Kirche aus dieser Zusage? Ich kann diese Frage mit dem Mund bejahen. Ob ich es auch mit dem Herzen tue, werden die Menschen mir ansehen, werden sie daran merken, wie ich mit ihnen umgehe. Und sie werden spüren, ob mich diese Liebeserklärung Gottes auch innerlich anrührt und wie sie mich verändert. Hier liegt ein ganz wesentlicher Aspekt der Reform und Umkehr der Kirche.

„Der Fisch stinkt vom Kopf her" – diese Redensart sieht vieles richtig. Sie ist aber auch umkehrbar. Ist der Kopf gesund, geht es dem Fisch gut. Umkehr, Reform ist Sache der ganzen Kirche. Den Verantwortlichen kommt durch ihre Vorbildfunktion eine besondere Rolle dabei zu. Aber jeder Mensch kann und soll im Glauben Vorbild sein.

Markus Lerchl

Tobias Maierhofer/Erich Zenger(†), Der Prophet Maleachi, in: Christoph Dohmen (Hg.), Die Bibel. Einheitsübersetzung. Kommentierte Studienausgabe, Stuttgarter Altes Testament, Band 2, Stuttgart 22018, S. 2196.

Stallgeruch

Wie oft ärgern Sie sich über die da oben? Ich vermute, da geht es Ihnen wie mir. Wie oft habe ich den Eindruck, dass die da oben Wasser predigen und selbst Wein trinken. Wortreich wird darüber nachgedacht, dass die Bürger den Gürtel enger schnallen müssen: Es wird verkündet, dass Lohnabschlüsse mäßig ausfallen sollen. Und dann hört man, dass sich die Politiker großzügig eine Erhöhung ihrer Abgeordnetendiäten genehmigen. Und selbst jene, die dann publikumswirksam im Vorfeld protestieren, die nehmen das Plus im Hosensäckel am Ende doch gerne mit.

Und wer denkt, dass es zumindest in der Kirche anders wäre, der kann sehr schnell das Gegenteil erfahren. Da wird von Wahrheit gesprochen und die Lüge oft genug geradezu kultiviert. Da werden Menschen moralische Wertvorstellungen vermittelt und man ist sprachlos über die Doppelmoral, die dabei herrscht. Es ist erstaunlich, dass es genau diese Wahrnehmung auch schon bei Jesus gibt. Und schon damals ruft sie Enttäuschung hervor. Es gibt offensichtlich eine zeitlose Diskrepanz zwischen dem Reden und dem Tun: im gesellschaftlichen, im politischen und im kirchlichen Bereich.

Und Jesus nimmt selbst daran Anstoß – mit konsequenten Worten.

Jesus rät zwar seinen Anhängern, die Gebote ernst zu nehmen und zu befolgen, aber in denen, die sich auf den Stuhl des Mose gesetzt haben, die somit Lehrautorität beanspruchen, soll man kein Vorbild suchen. Auch wenn die Kritik Jesu sehr pauschal daherkommt, so darf man doch annehmen, dass er auf der anderen Seite auch Schriftgelehrte und Pharisäer schätzte, die ihre Auslegungen und Orientierungen selbst ernst nahmen. Im Johannesevangelium wird uns zum Beispiel immer wieder von einem gewissen Nikodemus berichtet, der gerne und intensiv den Kontakt und Austausch mit Jesus sucht. Und Jesus selbst ist immer wieder bereit zum Gespräch mit ihm. Auch im Zusammenhang mit dem Tod Jesu begegnet uns Nikodemus. Insofern darf man annehmen, dass Jesus durchaus einen differenzierten Blick auf die Gruppe der Pharisäer und Schriftgelehrten hatte.

WASSER PREDIGEN, WEIN TRINKEN

Wie bereits erwähnt: Es geht Jesus nicht um die grundsätzliche Frage, ob sich eine religiöse Haltung auch darin äußert, dass man gewisse Regeln befolgt. Für ihn müssen Haltung und Überzeugungen auch im Handeln ablesbar werden. Dabei müssen aber die Regeln angemessen sein. Es kann nicht um schwere, unerträgliche Lasten gehen, die den Menschen aufgebürdet werden – so schwer, dass noch nicht einmal die Schriftgelehrten in der Lage oder auch nur bereit wären, sie zu tragen. Jesus unterstellt ihnen, nicht einmal den Finger zu krümmen. Das sieht er als glatten Missbrauch jeglicher Autorität, als ein unerträgliches „Von oben herab“. Den Amtsträgern geht es nicht um Hilfen, die den Menschen Wege zu Gott eröffnen können, es geht ihnen nur um die zelebrierte Selbstbezogenheit, um das eigene Ansehen, um den eigenen Vorteil. Indem man sich über den anderen derart erhebt, macht man ihn klein und unmündig. Man degradiert ihn zum Erfüllungsgehilfen der eigenen Bedürfnisse und Wünsche. Und das Ganze garniert man dann auch noch mit Titeln, die die eigene Stellung untermauern und manifestieren – und die mit jeder Nennung bereits ein Gefälle schaffen.

DIE GEFÄHRDUNG ABZUHEBEN

Vermutlich denken Sie: Heute ist es doch auch nicht anders. Und Ihnen fallen Personen ein, bei denen Sie das ganz genau so spüren. Oder aber Sie fühlen sich ertappt und es beschleicht Sie das ungute Gefühl, dass Sie selbst mit Ihrer Autorität nicht immer lupenrein redlich vorgehen. Während ich darüber spreche, ertappe ich mich ja selbst dabei, wie gerne ich an der einen oder anderen Stelle den ersten Platz ganz selbstverständlich einnehme, mich manchmal hofieren lasse. Ich fürchte, in jedem Amt, in jedem Posten in Kirche, Politik und Gesellschaft liegt die Gefährdung, am Ende doch abzuheben. Das entbehrt tatsächlich nicht einer gewissen Tragik: eben noch ganz volksnah und zugewandt, im nächsten Augenblick schon abgehoben, eitel und unnahbar. Das Amt verändert seinen Träger so, dass etwas von der ursprünglichen Nähe und Zugewandtheit verloren geht, vielleicht auch, weil sich Zusammenhänge letztlich doch anders und komplexer darstellen, als man in jüngeren Jahren oder zu Beginn einer Amtszeit dachte. Auch das gilt in Gesellschaft, Politik und Kirche gleichermaßen.

AMT IN DER KIRCHE

Was rät nun Jesus, wenn doch selbst in der Kirche, die sich auf ihn beruft, sich über das Apostelamt Ämter entwickelt haben, mit denen Macht einhergeht? Zunächst kann man wohl sagen: Wer Macht in der Kirche verneint, ist ebenso unredlich wie der, der Macht nur als negatives Instrument sieht, um die anderen klein zu halten. Aber diejenigen, die in Ämter der Kirche berufen werden, sollen eine Haltung der Demut haben. Sie sollen bei den Menschen bleiben. Der heilige Augustinus sagt: „Für euch bin ich Bischof, mit euch bin ich Christ." Es geht um eine gemeinsame Grundhaltung und Grundausrichtung – und dann um eine dienende Haltung. Papst Franziskus denkt oft über das Amt in der Kirche nach, und er hat einmal formuliert, dass diejenigen, die ein kirchliches Amt innehaben, den Stallgeruch der Herde haben sollten. Wenn wir im Bild bleiben, scheint der Hirte einer zu sein, der nah dran ist, der unterstützt und begleitet, der weiß, was die Gemeinde und Einzelne bewegt, und der die Menschen nach Kräften unterstützt, damit sie beieinanderbleiben. Dabei sollte er sich seiner eigenen Brüche bewusst sein, seine eigene Sehnsucht nach Gott offenbaren und bereit sein, auch seine eigenen Wunden offenzulegen – damit auch andere Menschen sich ermutigt fühlen, über das zu reden, was sie wirklich betrifft und bewegt. Und das ist dann zutiefst gemeinschafts- und gemeindebildend, und kann dabei helfen, manche Spannungen auszuhalten.

Markus W. Konrad

Wir sind alle wichtig – aber nicht wichtiger als die anderen

Vorbemerkung: Mit den Gedanken Zettel und Stifte bereitlegen. Die aufge-schriebenen Gedanken am Ende der Predigt können in die Fürbitten integriert werden.

Evangelium: Mt 23,1–12

Ihr kennt doch bestimmt berühmte Menschen – z. B. Youtuberinnen und You-tuber. Oder auch Schauspielerinnen und Schauspieler, Fußballerspielerinnen und Fußballspieler, Politikerinnen und Politiker. Es gibt Menschen, die wir alle kennen – zwar nicht persönlich, aber z. B. aus dem Fernsehen. Das sind oft Menschen, die sehr bewundert werden, die im Mittelpunkt stehen. Wärt ihr auch gern so bekannt? Warum wärt ihr gern berühmt oder warum nicht? (–) Ich finde, das ist eine schwierige Frage. Einerseits kann es toll sein, wenn man berühmt ist, weil man dann ein gutes Vorbild für andere Menschen sein kann, weil man etwas bewegen kann, weil man Einfluss hat. Andererseits kann das auch sehr anstrengend sein, weil man in der Aufmerksamkeit steht, weil man immer beobachtet wird, weil man wenig Privatsphäre hat.

WIR SIND ALLE BRÜDER UND SCHWESTERN

Im Evangelium, der Erzählung von Jesus, haben wir gerade von Menschen ge-hört, die sich besonders anziehen und an besondere Plätze setzen, um von an-deren Menschen gesehen zu werden. Sie wollen im Mittelpunkt der Auf-merksamkeit stehen, sie wollen beachtet werden. Jesus sagt, dass wir uns das nicht zum Vorbild nehmen sollen, denn das ist kein gutes Verhalten. Wir sol-len uns nicht für etwas Besseres halten als andere Menschen. Für Jesus sind alle Menschen gleich, niemand ist besser oder schlechter. Er sagt zu uns: „Ihr alle seid Brüder und Schwestern" (vgl. Mt 23,8). Das ist doch ein sehr schöner Gedanke, oder?
Aber was heißt das: Wir sind alle Brüder und Schwestern? Das sind wir doch nicht wirklich. Viele von uns haben Geschwister, die älter oder jünger als wir sind. Zu unseren Geschwistern haben wir meistens ein besonders enges Ver-hältnis, weil sie zu unserer engsten Familie gehören. Wir können mit ihnen sprechen, spielen, manchmal auch streiten. Das alles sind wichtige Dinge. Durch unsere Geschwister lernen wir auch zu teilen: Das kann manchmal echt blöd sein, wenn wir z. B. Spielsachen oder Süßigkeiten teilen müssen. Die wol-len wir lieber oft für uns allein haben. Aber wenn andere etwas ganz Leckeres haben, wünschen wir uns auch, dass sie mit uns teilen. Das ist manchmal sogar notwendig, weil es von den meisten Dingen nicht unendlich viel gibt. Bei-spielsweise gibt es nicht unbegrenzt viel Essen und Trinken auf der Welt. Nicht alle Menschen können sich so viel Essen und Trinken kaufen, wie sie brauchen, um gut zu leben. Das ist schlimm, auch viele Kinder leiden darunter.

Wenn Jesus sagt: „Ihr seid alle Brüder und Schwestern", dann meint er damit auch, dass wir alle das gleiche Recht auf genügend Essen und Trinken haben. Wir alle sind Menschen, die Nahrung brauchen, um zu wachsen und gut leben zu können. Eigentlich gibt uns die Erde, Gottes wunderbare Schöpfung, ausreichend davon. Aber wir gehen nicht sorgsam und verantwortungsvoll damit um. Wir schmeißen Essen weg, obwohl es eigentlich essbar wäre. Wir zerstören die Natur, wenn wir nur noch Mais anbauen, um Kraftstoff für Autos herzustellen. Weil wir so viel Auto fahren und Flugzeug fliegen, wird die Luft schlechter. Und das verursacht wiederum, dass Pflanzen sterben und Wasser verunreinigt wird. Durch unser Verhalten verhindern wir also, dass alle Menschen genügend Essen und Trinken haben. Wir denken oft nicht darüber nach, welche Auswirkungen unser Handeln für andere Menschen hat. Wir denken zu häufig nur an uns selbst, denken oft nicht daran, dass wir alle Geschwister sind, teilen und füreinander da sein sollten.

WIR SIND ALLE WICHTIG

Zu Beginn haben wir darüber nachgedacht, wie es wäre, berühmt zu sein und ob wir gern berühmt wären. Wir haben festgestellt, dass das eine schwierige Frage ist, weil Berühmtsein schön und weniger schön sein kann. Jesus sagt, dass wir uns nicht in den Mittelpunkt stellen und uns nicht für etwas Besseres als andere halten sollen, weil wir alle gleich sind. Wir sollen stattdessen jeden anderen Menschen wie eine Schwester, wie einen Bruder sehen. Damit meint er, dass wir bei allem, was wir tun, überlegen sollten, ob das gut für andere Menschen ist. Wenn wir nur das tun, was auch gut für unser Gegenüber ist, dann können wir die Welt ein bisschen verbessern.
Und das schaffen wir auch, ohne berühmt zu sein. Berühmt zu sein heißt nämlich nicht automatisch, wichtig zu sein. Berühmte Menschen sind nicht besser oder wichtiger als andere Menschen. Jede und jeder Einzelne von uns, Kinder und Erwachsene, sind gleich wichtig und können die Welt zum Guten verändern. Wir müssen nicht im Mittelpunkt der Aufmerksamkeit stehen, um Gutes zu tun. Wir sollten auch nicht nur dann Gutes tun, wenn andere Menschen das sehen und uns dafür loben. Gutes tun geht immer!
Ich lade euch jetzt ein, zu überlegen, was ihr in den letzten Tagen Gutes für andere getan habt und was andere für euch Gutes getan haben. Ihr bekommt Zettel und Stifte, damit könnt ihr malen oder schreiben, was das war. Überlegt auch, was ihr heute und in der nächsten Zeit Gutes tun könnt.

HANDELN UND LEBEN ALS BRÜDER UND SCHWESTERN

Wir haben jetzt einiges aufgeschrieben und gemalt, was wir Gutes tun können. Vielleicht habt ihr gemerkt, dass das schön und gar nicht so schwer ist. Wichtig ist, dass wir nicht beim Schreiben, Malen und Reden stehenbleiben, sondern dass wir wirklich so handeln. Das betont auch Jesus. Unser Nachdenken und Sprechen darüber ist nur der erste Schritt, entscheidend ist nun unser Tun. Handeln und leben wir als gleichwertige Brüder und Schwestern!

Melina Rohrbach

Zweiunddreißigster Sonntag (A)

LIEDVORSCHLÄGE

Gesänge zur Eucharistiefeier

Eröffnungsgesang: O Herr, wenn du kommst (GL 233); *Antwortgesang:* Confitemini Domino (GL 618,2) mit den Psalmversen; *Ruf vor dem Evangelium:* Halleluja (GL 175,3) mit dem Vers; *zur Gabenbereitung:* Wachet auf, ruft uns die Stimme (GL 554,1+2).

Gesänge zur Wort-Gottes-Feier

Eröffnungsgesang: Sonne der Gerechtigkeit (GL 481,1–2+6–7); *Antwortgesang:* Bleibet hier und wachet mit mir (GL 286); *Predigtlied:* Du Licht vom Lichte (GL 95).

ERÖFFNUNG

Liturgischer Gruß

Christus, der Herr, der uns erwartet und alles vollendet, sei mit euch / ist mit uns allen.

Einführung

Das statistische Bundesamt veröffentlicht jedes Jahr die aktuellen Zahlen zur Lebenserwartung der Menschen in Deutschland. Neben den nackten Zahlen ist da auch die Ahnung, dass die Lebenserwartung weit mehr ist als eine Anzahl von Lebensjahren.
Der Sonntag ist eine heilsame Unterbrechung, um sich den Fragen zu stellen, die mich über meine Alltagsgedanken hinausführen: Was erwarte ich von meinem Leben? Auf wen oder was richte ich mein Engagement aus? Gibt es Erwartungen, die über meine eigenen Gestaltungsmöglichkeiten hinausreichen? Erwarte ich etwas von Gott für mein Leben? Was ersehne ich für mich von diesem Gottesdienst?

Kyrie-Litanei

Herr Jesus Christus, du Weisheit Gottes – nah und verlockend.
Herr Jesus Christus, du Hoffnung und Ziel unseres Lebens.
Herr Jesus Christus, du Bräutigam und Vertrauter.

Tagesgebet der Eucharistiefeier

Allmächtiger und barmherziger Gott, wir sind dein Eigentum,
du hast uns in deine Hand geschrieben.
Halte von uns fern, was uns gefährdet,
und nimm weg, was uns an Seele und Leib bedrückt,
damit wir freien Herzens deinen Willen tun.
Darum bitten wir durch Jesus Christus.

Perikopengebet der Wort-Gottes-Feier

Herr, unser Gott,
du Grund unserer Hoffnung.
Wir haben uns versammelt
und feiern deine Gegenwart.
Halte uns wach in der Erwartung deines Sohnes,
damit wir ihm entgegengehen,
wenn er kommt: Jesus Christus, unser Herr,
der mit dir und dem Heiligen Geist
lebt und herrscht in Ewigkeit.

ZU DEN SCHRIFTLESUNGEN

1. Lesung: Weish 6,12–16

Gottes Nähe und Weisheit sind verlockend und scheinbar mühelos zu finden.
Diese göttliche Urkraft lässt sich finden – vor der eigenen Tür, d. h. in den ganz
einfachen und alltäglichen Begebenheiten des Lebens.

2. Lesung: 1 Thess 4,13–18 (Kurzform 1 Thess 4,13–14)

Paulus zeichnet anhand einer äußerlichen Abfolge eine innerliche Wirklichkeit und Sehnsucht: das Hineinleben und Hineinsterben in Christus. Wir
gehen alle dem Herrn entgegen. Alles findet in Christus zur Vollendung.

Evangelium: Mt 25,1–13

Wer stets in Erinnerungen schwelgt oder nur an morgen denkt, verschläft die
Gegenwart. Wichtig ist es, ganz im Heute zu leben, offen und bereit zu sein
für das Wirken Gottes. In den mahnenden Worten Jesu gipfelt das Gleichnis
von den zehn Jungfrauen: Seid also wachsam!

FÜRBITTEN

Jesus Christus hat sein Kommen angekündigt. Mit wachem Herzen wollen wir
uns bereithalten für die Begegnung mit ihm. An ihn richten wir unsere Bitten:

- Halte in deiner Kirche die Erwartung auf dein Kommen und Wirken wie eine
  brennende Fackel lebendig.
- Öffne die Herzen aller Menschen für die Wirklichkeit deines Reiches der
  Gerechtigkeit und des Friedens, das schon mitten unter uns beginnt.
- Schenke allen Suchenden im Alltag Augenblicke der Begegnung mit dir, im
  stillen Gebet und in der Sorge um die Mitmenschen.
- Führe unsere Verstorbenen zum ewigen Hochzeitsmahl mit dir und erfülle
  ihre Lebenserwartung in deinem himmlischen Reich.

Herr, wachsam und bereit lass uns deine Ankunft erwarten. Dann dürfen wir
am ewigen Leben teilhaben. Dir sei Lob und Dank in alle Ewigkeit.

Zum Vaterunser

Wir heißen Kinder Gottes, wir sind Kinder des Lichts. Betend halten wir Gott jetzt unsere Lampen entgegen und damit unseren guten Willen, das anvertraute Licht zu hüten. Mögen wir mit der Flamme der Liebe und der Entschiedenheit das Reich Gottes erwarten, um das wir jetzt beten mit den Worten, die Jesus zu beten gelehrt hat:

Zur Besinnung

Lasst eure Lampen brennen!
Hütet das Feuer der Liebe!
Lebt aus Gottes reicher Fülle!
Empfangt das Öl der Vorfreude!
Lasst das Licht des Lebens nicht ersticken!
Seid wachsam, aufgeweckt, frisch und munter und auf der Hut!
Lasst euch nicht einlullen von verklärenden Erinnerungen
oder allzu rosaroten Träumen von der Zukunft!
Lebt heute, aber nicht einfach in den Tag hinein!
Seid gegenwärtig, geistesgegenwärtig, durchlässig für den göttlichen Charme!
Legt euch auf die Lauer! Seid gespannt und ausgerichtet auf den, der kommt!

ELEMENTE FÜR DIE WORT-GOTTES-FEIER

Zum Predigtlied
Liedruf (s. o.)
V: Wir preisen dich, lebendiger Gott, Licht des Lebens!
In Jesus erhellst du unser Leben,
weist die Finsternis in ihre Schranken
und lässt unsere Sehnsucht ans Licht kommen!
Ausgerichtet auf dich, den lebendigen Gott,
halten wir dir unsere Lampen hin, unser kleines und schutzbedürftiges Licht
vertrauend darauf, dass du unsere Sehnsucht stillst
und dem Frieden zum Durchbruch verhilfst!
Lebendiger Gott, du unerschütterliche Hoffnung,
du Licht, das nie erlischt, du Trost der ganzen Schöpfung!
Voller Zuversicht glauben und leben wir auf dich hin,
erwarten Christi Kommen und für uns ein Leben im göttlichen Licht!
Liedruf

Zum Friedensgruß
Das Licht des Friedens droht zu erlöschen. Die Flamme der Liebe wird erstickt von Neid, Hass und Gewalt. Wir bitten: Herr Jesus Christus, lass dein Licht des Friedens leuchten und schenke Gedanken des Friedens in den großen politischen Konflikten und im privaten Klein-Klein.

Jens Maierhof

Dem ewigen Leben trauen, weil Gott es uns schenkt

Von Alfred Delp, dem Jesuitenpater und Widerstandskämpfer, stammt das schöne Wort: „Lasst uns dem Leben trauen, weil wir es nicht alleine zu leben haben, sondern weil Gott es mit uns lebt." Dahinter verbirgt sich die feste Glaubensüberzeugung, dass durch die Menschwerdung Gottes in Jesus Christus es Gott selbst ist, der dem Menschen in jedem Moment des Lebens nahe ist. Gott hat sich in seinem Sohn auf die Seite des Menschen gestellt. Er ist stets gegenwärtig, auch wenn wir es nicht zu erkennen vermögen.

Die Schrifttexte des zu Ende gehenden Kirchenjahres laden uns aber darüber hinaus ein, auch auf die andere Seite der Medaille dieser Zuversicht zu blicken. Nicht nur die Überzeugung, dass wir unser irdisches Leben zusammen mit Gott, vor allem durch sein Wort, seine Sakramente, seine Kirche leben dürfen, gibt uns Zuversicht. Nein, auch der Glaube, dass Gott uns in seinem Sohn Jesus Christus ewiges Leben, und das heißt Anteil an seiner ewigen Herrlichkeit, schenkt, lässt uns in jedem Augenblick das Licht des Ostermorgens erahnen. Deshalb ermutigt, wie wir gehört haben, der Apostel Paulus die Kirche in Thessalonich: „Wir wollen euch über die Verstorbenen nicht in Unkenntnis lassen, damit ihr nicht trauert wie die anderen, die keine Hoffnung haben." Das ist der entscheidende Unterschied, der durch den Glauben an den Auferstandenen markiert wird. Heidnische Kulte und Mythen konnten Paulus kein Licht dafür geben, das Geheimnis des Todes zu durchdringen. Sie waren und sind bis heute überzeugt, dass der Mensch vom Nichts ins Nichts fällt. Die Erfahrung des Auferstandenen hingegen begründet den Glauben daran, dass das irdische Leben nicht mit dem Tod endet, sondern dieser zum Durchgang in die ewige Vollendung bei Gott wird.

Das Evangelium mit dem Gleichnis der zehn Jungfrauen rüttelt dafür an unseren Herzen, diesen Glauben an das ewige Leben wach zu halten und sich durch ihn im irdischen Leben bestimmen zu lassen. Die Kirchenväter – daran erinnert uns Benedikt XVI. – sehen im Öl ein Symbol für die aufmerksame Liebe, die man nicht kaufen kann, sondern als Geschenk empfängt, im Innersten bewahrt und in Werken der Liebe zum Leuchten bringt. Das Gleichnis lädt daher ein, das irdische Leben zu nutzen, um Werke der Liebe und der Barmherzigkeit zu tun. Der Glaube ist davon überzeugt, dass wir vor Gott genau in dieser Liebe – wie es Johannes vom Kreuz formuliert – „gewogen" werden. Denn Liebe ist der Ausweis des Glaubens an das ewige Leben. Wer an Gott, der die Liebe ist, glaubt und sie lebt, trägt in sich die Hoffnung wie ein Licht, mit dem die Nacht des Todes durchschritten wird und man zum ewigen Leben in Gott gelangt.

Deshalb gilt das Wort von P. Delp auch heute: dem Leben trauen, weil Gott es mit uns lebt! Aber genauso und daraus folgernd gilt: dem ewigen Leben trauen, weil Gott es uns schenkt!

Christoph Ohly

Hoppla? Das sollen wir glauben?

Auf die zweite Lesung aus dem 1. Thessalonicherbrief wird heute am 32. Sonntag im Jahreskreis ein Prediger wohl selten zugreifen, wo er im Gleichnis von den zehn Jungfrauen doch ein leichteres und gefälligeres Thema vor sich hat. In der Regel ist es aber so, dass biblische Texte, die ganz ungewöhnlich daherkommen, die man meint, einem Hörerkreis nicht zumuten zu können, dass gerade sie in ihrem Schwierigkeitsgrad eine lohnende Herausforderung darstellen.

HOFFNUNG HABEN

In seinem ältesten Brief, dem 1. Thessalonicherbrief, sieht sich Paulus dazu veranlasst, aus der Sicht des Glaubens auf das Schicksal der Verstorbenen zu sprechen zu kommen. Das tut Paulus auch im 1. Korintherbrief, aber hier in 1 Thess auf eine Art und Weise, die bei uns auf Grenzen stoßen dürfte. Er wolle, sagt Paulus, die Gläubigen nicht im Unklaren darüber lassen, wie es sich aus der Sicht des Glaubens mit den Verstorbenen bei der Wiederkunft des Herrn verhalte. Er will ihnen einen Weg aus der Trauer aufzeigen, den sie in ihrem Leben gehen können. Paulus lässt sich dabei aber gleich im ersten Satz zu einer Wertung hinreißen, die wir ihm bei seinem absoluten Vertrauen in Jesus Christus nachsehen mögen, die wir aber gleichwohl nicht unwidersprochen lassen können. Er sagt, die Thessalonicher müssten nicht trauern wie andere, die keine Hoffnung hätten. Wer sind diese anderen? Er meint die, die mit der Botschaft Jesu noch nicht in Berührung gekommen sind. Doch da müssen wir ihn korrigieren. Denken wir nur an die reichen, ja überreichen Grabbeigaben der Pharaonengräber im Alten Ägypten. Denken wir an die Traditionen der Konservierung von Toten in manchen Kulturen. Eine absolute Sehenswürdigkeit ist die frühchinesische Grabfeldanlage des ersten chinesischen Kaisers Qin Shihuangdis (†210 v. Chr.) in der Nähe von Xian, der von einer riesigen Terrakotta-Armee bewacht wird. Das sind alles sprechende Hinweise, dass für die Menschen das Leben mit dem Tod nicht zu Ende ist. Theologisch wäre es deshalb erstaunlich, wenn sich für Paulus das Heilsereignis Jesu Christi nicht bedingungslos auf alle Menschen erstrecken sollte.
Der zentrale Satz aber lautet bei Paulus in aller Klarheit: Jesus ist gestorben und auferstanden. Diese zentrale Glaubensgewissheit fasst er im 1. Korintherbrief in gefälligere Sätze als im 1. Thessalonicherbrief. In 1 Thess lauten sie: Gott werde die Verstorbenen am Ende durch Jesus zu sich führen; Jesus werde vom Himmel herabkommen, und so würden die Verstorbenen auferstehen. Wir, die Lebenden, die noch nicht Verstorbenen, würden dann auf Wolken entrückt zur Begegnung mit dem Herrn. Diese Schilderung schließt Paulus mit den Worten: „Tröstet einander mit diesen Worten." In 1 Kor klingt es ähnlich, aber weniger griffig. Die Toten würden zur Unvergänglichkeit auferweckt, wir aber, die Lebenden, würden verwandelt werden. Denn das Ver-

gängliche müsse sich mit Unvergänglichkeit bekleiden und dieses Sterbliche mit Unsterblichkeit. So erfülle sich das Wort der Schrift: „Verschlungen ist der Tod vom Sieg. Tod, wo ist dein Sieg? Tod, wo ist dein Stachel?" (1 Kor 15,53–55). Dieser Text transportiert in all den begleitenden Vorstellungen den Kern: Verschlungen ist der Tod vom Sieg! Im selben Korintherbrief scheint Paulus aber auch die Enge der Hoffnungslosigkeit für die, die nicht an Christus glauben, hinter sich gelassen zu haben. Denn in aller Bestimmtheit sagt er: Christus ist von den Toten auferweckt worden als erster der Entschlafenen. Da durch einen Menschen der Tod gekommen ist, kommt durch einen Menschen auch die Auferstehung der Toten. Wie in Adam alle sterben, so werden in Christus alle lebendig gemacht werden.

TOD, WO IST DEIN STACHEL?

Paulus glaubte, dachte und schrieb unter dem Eindruck der Naherwartung des Herrn, wie man das später nannte. Das müssen wir uns vor Augen halten. Paulus dachte und schrieb von seinem Weltbild her. Deshalb die phantasievollen Bilder eines Befehls, der ergeht, und einer Posaune Gottes, die erschallt, und des vom Himmel herabkommenden Auferstandenen, der die Verstorbenen in die Herrlichkeit der Ewigkeit führt. Dazu das Bild, dass die Lebenden auf Wolken in die Höhen Gottes entrückt würden. Damals vermochten solche Bilder möglicherweise Trauernde zu trösten und ihnen Glaubens- und Lebensmut zu schenken. Wir können aus heutiger Warte dazu nur sagen: Nicht an diese Bilder, an dieses Szenario der Rettung in Gott müssen wir glauben, sondern an den in diesen Bildern transportierten Kern: Im Auferstandenen ist der Tod aller Menschen, den wir alle sterben, besiegt! Da greift dann wieder die Theologie des Paulus, nach der wir in der Taufe in den Tod Jesu hineingestorben sind. Wir, die Glaubenden, haben diese Sicht im Glauben angenommen, aber sie gilt nicht nur für uns. Was wäre das für ein Skelett von Lebenszuversicht, müssten wir uns vorstellen, mehr als zwei Drittel der Menschheit hätten vor Gott keine Chance? Sie würden in ihrem Leben nicht erfasst von der Wirklichkeit der Selbstmitteilung Gottes? Die doch allen gilt?
Hier hat, spät genug, das Konzil vor sechzig Jahren Bedenken abgelegt. Das zeigt zum Beispiel ein Satz aus der Pastoralkonstitution Gaudium et spes: Das Volk Gottes bemüht sich, in den Ereignissen, Bedürfnissen und Wünschen, die es zusammen mit den übrigen Menschen unserer Zeit teilt, die wahren Zeichen der Gegenwart und der Absicht Gottes zu erkennen (Gaudium et spes 11). Das gilt umso mehr, wenn wir einen weiteren Satz hinzunehmen: „Der Sohn Gottes hat sich in seiner Menschwerdung gewissermaßen mit jedem Menschen vereinigt" (Gaudium et spes 22). Mit jedem Menschen!
So führt uns letztlich die heutige zweite Lesung, gelesen mit den Augen des Glaubens, zu einer Weite des Vertrauens in Gott, der uns als das Geheimnis unseres Lebens entgegenkommt.

Stefan Knobloch

Jenseits-Vorstellung

Das Ende der Welt fasziniert. Auch in der Bibel werden Endzeitdramen geschildert. Ein solches Szenario haben wir gerade in der zweiten Lesung aus 1 Thess 4 gehört: Da ist die Rede vom Rufen des Erzengels, der erschallenden Posaune Gottes, dem Herrn Jesus, der vom Himmel herabkommt, um die Toten aufzuerwecken. Die Lebenden werden dann mit den Auferweckten auf den Wolken in die Luft entrückt. Doch das ist nur „Zutat". Denn die eigentliche Botschaft hat Paulus in den kleinen, fast unscheinbaren Satz gepackt: „Dann werden wir immer beim Herrn sein." Das ist der Kern der christlichen Hoffnung: Das Jenseits ist Beziehung, Gemeinschaft mit Jesus Christus und damit auch mit Gott, dem Vater, eine Gemeinschaft von Angesicht zu Angesicht zwischen Gott und Mensch.

DER UNVERWECHSELBARE MENSCH HAT EINE ZUKUNFT

„Dann werden wir immer beim Herrn sein" – dieser Satz hat eine große Sprengkraft für unsere Vorstellungen vom „Jenseits". Eine wichtige Folge dieser Aussage ist nämlich, dass ich als die einmalige, unverwechselbare Person weiterlebe, als die mich Gott erschaffen hat. Sein Jawort und seine Treue zu mir enden nicht mit dem Tod. In ihm zerfällt nur der Körper zu Staub. Der Kern des christlichen Bekenntnisses heißt nicht Wiedergeburt, durch die wir im nächsten Leben eine andere, neue Identität annehmen, die wenig bis gar nichts mit der Existenz im früheren Leben gemeinsam hat (außer, dass sie deren Folge ist). Auch ist der Tod kein endgültiges Verlöschen, kein Eingehen in den Kreislauf der Natur, sodass ich als einmalige, unverwechselbare Person nicht mehr existiere. Das Christentum versteht den Tod anders: Er ist Begegnung mit dem Herrn. Und begegnen können sich nur Personen, Individuen. Ich bin angesprochen mit meinen Stärken und Schwächen, meinem Charakter, meinen Wunden, die sicher nicht einfach verschwunden, sondern geheilt sein werden (vgl. die Wundmale Jesu). Denn auch Gott ist Person, d. h. ein Du, das ich ansprechen und mit dem ich in Verbindung stehen kann. Er hält sein Jawort, das er bei der Schöpfung zu mir als einmaliger, unverwechselbarer Person gesprochen hat, über den Tod hinaus durch.

IM JENSEITS GIBT ES KEINE EINZELGÄNGER

Allerdings darf man aus dem eben Gesagten gerade nicht schließen, dass das Jenseits eine Privatangelegenheit ist, die nur mich persönlich und meinen Gott angeht. Das Gegenteil ist der Fall. Wenn Paulus sagt: „Dann werden wir immer beim Herrn sein" – dann meint er wirklich „wir", also die Gemeinschaft der Menschen, die Kirche, ja die gesamte gerettete Menschheit. Der Himmel ist, salopp formuliert, eine Wohngemeinschaft ganz unterschiedlicher Personen aus vielen verschiedenen Generationen und aller Herren Länder. Dass der

Mensch ein Gemeinschaftswesen ist, gilt eben auch für das Leben nach dem Tod, dem vollendeten Reich Gottes. Jesus spricht ja im Johannesevangelium vom „Haus des Vaters mit den vielen Wohnungen" (Joh 14), in dem ganz unterschiedliche Individuen Platz finden. D. h., es werden auch unsere Beziehungen gerettet. Wir werden so sehr von der umfassenden Liebe Gottes getragen sein, dass es möglich sein wird, sogar dem in die Augen zu schauen, der uns verletzt hat.

DAS JENSEITS BEI JESUS: EIN EWIGES HOCHZEITSFEST

Was wir bisher bei Paulus bedacht haben, finden wir auch bei Jesus, wenn er im heutigen Evangelium das Gleichnis der zehn Jungfrauen mit ihrem unterschiedlichen Ergehen erzählt. Zunächst einmal das Bild der Hochzeit, wohlgemerkt der orientalischen Hochzeit, die nicht nur einen Nachmittag und Abend, sondern mehrere Tage lang mit vielen Menschen gefeiert wird. Die Hochzeit ist ein Bild der Liebe und der Freude. Wir finden in diesem Bild auch die Aussagen, dass der Himmel ein großes versöhntes, verbundenes Wir ist. Es besteht aus unverwechselbaren Menschen, die an diesem Fest teilnehmen. Vom Hochzeitsfest als Bild der Liebe her wird auch deutlich, warum die fünf törichten Jungfrauen ausgeschlossen bleiben: Das Öl in der Lampe hält die Flamme am Brennen, die Licht spendet. Deshalb steht das Öl für alles, was die Liebe in uns lebendig hält. Die fünf törichten Jungfrauen haben das Fest auf die leichte Schulter genommen, ihrer Liebe nicht genügend Nahrung gegeben, mehr auf sich geschaut. Sie haben sich nicht darum gekümmert, dass in ihren (Lebens-)Lampen genügend Öl ist. Deswegen fehlt die Freude. Eine Hochzeit aber, bei der sich die Gäste nicht freuen, ist von einem Beerdigungskaffee nicht so wirklich zu unterscheiden.

Damit sind wir bei der Frage der Lebensrelevanz des Gleichnisses: Wenn die Ewigkeit Gottes wie eine Hochzeit, ein Fest mit Musik und Tanz, Freude, gutem Essen und Trinken ist, dann darf daran teilnehmen, wer Liebe, Freude, Glaube und Hoffnung mitbringt, wer mit liebendem, brennendem Herzen durch die Welt gegangen ist. So kommt unser Alltag in den Blick, ist doch das Hier und Heute der Ort, an dem dieses Öl gesammelt wird. Deshalb stellen sich folgende Fragen an unseren Lebensstil: Wenn der Himmel eine große Gemeinschaft ist: Was müsste sich in meinem Leben ändern, damit ich schon hier der Gemeinschaft der Menschen diene? Wenn der Mensch als Persönlichkeit im Tod gerade nicht erlischt: Wie müssen wir dann mit unseren Toten umgehen?

Wenn ich vermeiden will, dass der Bräutigam zu mir dieses vernichtende Wort sagt „Ich kenne euch nicht!": Wo kann ich ihm heute schon begegnen, seine Nähe suchen, um ihn kennenzulernen? Die Antwort ist einfach: In der Stille des Gebetes, der Lesung/Betrachtung seines Wortes, den Sakramenten, der Begegnung mit den Armen und Schwachen, die auf meine Hilfe warten! Durch diese und viele andere Punkte sammeln wir das Öl in unseren Lebenslampen, damit wir dem Bräutigam mit brennenden Lampen (= liebenden Herzen) entgegenziehen können. Denn wenn wir schon hier seine Nähe und Gegenwart suchen, werden wir beim Beginn der ewigen Hochzeit keinem Unbekannten begegnen!

Markus Lerchl

Ganz oder gar nicht

Evangelium: Mt 25,1–13

Jetzt mal ehrlich: Was war euer erstes Gefühl, als ihr eben das Evangelium gehört habt? Wie findet ihr das, was da erzählt wird? Ich könnte mir vorstellen, dass viele denken: „Das kann ja wohl nicht wahr sein! Wie ungerecht! Da bekommen wir so oft im Gottesdienst, von den Eltern oder in der Schule erzählt, dass man teilen soll, um anderen zu helfen – und dann so eine Geschichte?! Die einen weigern sich zu teilen, die anderen müssen extra noch einmal Öl kaufen gehen – und werden dann damit bestraft, dass sie vor verschlossener Tür stehen. Wie unfreundlich ist das denn?!

So ganz unrecht habt ihr ja nicht! Jedenfalls, wenn man die Geschichte so liest, als sollte sie von einem Ereignis berichten, das tatsächlich so geschehen ist. Allerdings – das kennt ihr bestimmt schon von vielen anderen Geschichten aus der Bibel – ist das hier eben kein Bericht, sondern ein Gleichnis. Jesus hat ganz oft in Gleichnissen gesprochen. Erinnert ihr euch vielleicht noch an einige? (–) Vielleicht das vom Senfkorn oder das vom Schatz im Acker? *(Je nachdem, welche Gleichnisse bereits von den Kindern genannt wurden, anpassen)*

Meistens erkennt man die Gleichnisse daran, dass Jesus ganz zu Beginn ausdrücklich sagt: „Mit dem Himmelreich ist es wie …" – so ist es auch beim heutigen Evangelium. In einem bestimmten Punkt soll das Gleichnis also bildhaft umschreiben, wie Menschen sich das mit dem Reich Gottes bzw. dem Himmelreich vorstellen können. Und der Punkt, um den es heute geht, ist: Wachsamkeit!

WAS BEDEUTET ÜBERHAUPT TÖRICHT?

Um das Gleichnis oder besser gesagt, den Vergleich darin zu deuten, müssen wir vermutlich erst einmal ein anderes Wort klären. Ihr habt ja gehört, dass im Gleichnis insgesamt von zehn „Jungfrauen" die Rede ist, die zu einer Hochzeit eingeladen sind. Tatsächlich gibt es bis heute manche Brautpaare, die bei ihrer Hochzeit ein paar Freundinnen oder Verwandte bitten, „Brautjungfer" zu sein – da steckt das alte Wort „Jungfrau" noch drin. Die Brautjungfern sollen dem Brautpaar helfen, damit es sich ganz auf sein großes Fest konzentrieren kann. Im Gleichnis ist das ein bisschen ähnlich: Die zehn Jungfrauen haben die Aufgabe, mit ihren Öllampen für Licht zu sorgen, wenn der Bräutigam kommt. Und jetzt beginnt das Problem: Fünf von ihnen sind klug, die anderen fünf werden als „töricht" bezeichnet. Habt ihr eine Idee, was das Wort bedeuten könnte?

(–) Ja, meist sagt man heute eher „dumm" als „töricht", aber auch dabei kommt es darauf an, wie man das Wort auslegt. Denn es geht nicht darum, dass jemand Dinge nicht verstehen kann, weil seine Intelligenz nicht ausreichen würde. „Töricht" meint eher, dass jemand einfach nicht nachdenkt, nicht auf die Folgen seines Handelns achtet, sondern nur auf die Bedürfnisse, die er oder sie gerade im Moment hat. Ich gebe euch ein ganz einfaches Beispiel: In manchen Familien bekommen die Kinder Süßigkeiten für eine ganze Woche ausgeteilt. Die Kunst besteht dann darin, sich die Süßigkeiten so einzuteilen, dass man sieben Tage lang etwas davon hat. Manche Kinder können das ganz prima, sie naschen immer ein bisschen und heben sich den Rest für die übrigen Tage auf. Andere aber futtern gleich am ersten Tag alles weg! Im schlimmsten Fall haben sie dann Bauchschmerzen – und vor allem für den Rest der Woche keine Süßigkeiten mehr! Dann ist das Gejammer groß – und manche betteln dann ihre Geschwister an, ihnen etwas abzugeben. Aber eigentlich sind sie selbst schuld, wenn sie nichts mehr haben, weil sie alles auf einmal genascht haben. So etwas Ähnliches meint der Begriff „töricht" – und ein bisschen ist es bei den fünf jungen Frauen im Gleichnis ja auch so: Sie haben das ganze Öl in ihre Lampen gegossen und nicht daran gedacht, sich noch einen Vorrat für weitere Tage anzulegen. Da passt dann tatsächlich mal der Spruch: „Dumm gelaufen!"

UND WIESO KÖNNEN DIE ANDEREN NICHT TEILEN?

Jetzt könnte man ja immer noch sagen: Okay, sie waren wirklich töricht, sie haben einfach überhaupt nicht nachgedacht. Aber trotzdem: Wäre es nicht freundlich von den anderen fünf, ihnen zu helfen? Schließlich haben sie extra noch einen Vorrat an Öl mitgebracht. Und eine Dummheit begeht ja jeder Mensch einmal, da könnten sie doch großmütig sein? Wieder muss ich sagen: Ja, das wäre eine gute Botschaft – wenn wir hier kein Gleichnis hätten! Denn im Gleichnis steht auch das Öl in den Lampen für etwas anderes. Und das ist vielleicht ein bisschen komplizierter. Aber denkt noch einmal daran, wie der erste Satz lautet: „Mit dem Himmelreich wird es sein wie ..."! Das heißt, es geht um die Bereitschaft der Menschen, auf das Reich Gottes zu warten! Dafür steht das Öl in den Lampen: für unsere Kraft und Energie, die es braucht, auf Gott warten zu können. Und was ist dafür nötig? Ein offenes Herz und die Bereitschaft, nach Gottes Sinn zu leben – egal, wie lang es dauern mag, bis das Reich Gottes endgültig kommen wird. Und soll ich euch was sagen? Diese innerliche Bereitschaft, dieses offene Herz, das kann man sich nicht von anderen ausleihen! Das kann man in dem Sinne auch nicht teilen oder verteilen, denn es muss jeweils im eigenen Inneren geschehen. Es ist ein bisschen wie mit der Liebe: Eure Eltern können euch nicht ein bisschen lieben oder ein bisschen eure Mama oder euer Papa sein. Sie sind es mit ganzem Herzen – selbst in den Fällen, in denen sie vielleicht nicht mehr zusammenleben. Aber eure Eltern bleiben sie, egal, was passiert. Es gibt einfach Dinge, die gehen nur ganz oder gar nicht. Dazu gehört auch das offene Herz für Gott und die Bereitschaft, ihn in meinem Leben willkommen zu heißen. Dass wir mit diesem wachsamen Herzen leben sollen, das ist die Botschaft des heutigen Evangeliums. Denn Gott will uns einladen in sein Reich. Das zu verpassen, wäre doch ziemlich – töricht! Findet ihr nicht auch?

Agnes Molzberger

Dreiunddreißigster Sonntag (A)

LIEDVORSCHLÄGE

Gesänge zur Eucharistiefeier

Eröffnungsgesang: Nun jauchzt dem Herren, alle Welt (GL 144,1,2,4); *Kyrie:* Kyrie (GL 155); *Gloria:* Gloria, Ehre sei Gott (GL 169); *Antwortgesang:* Selig, wer Gott fürchtet (GL 71,1) mit den Psalmversen *oder* Alles meinem Gott zu Ehren (GL 455,1+3); *Ruf vor dem Evangelium:* Halleluja (GL 174,1) mit dem Vers; *zur Gabenbereitung:* Herr, du bist mein Leben (GL 456,1–2+4); *Danklied:* Ich lobe meinen Gott von ganzem Herzen (GL 400); *zur Entlassung:* Dass du mich einstimmen lässt (GL 389,1+3+4–6).

Gesänge zur Wort-Gottes-Feier

Zum Taufgedächtnis: Lasst uns loben, freudig loben (GL 489); *Hymnus:* Ich lobe meinen Gott, der aus der Tiefe mich holt (GL 383).

ERÖFFNUNG

Liturgischer Gruß

Gott, unser Herr, der uns Menschen nach seinem Vorbild erschaffen hat, sei mit euch / ist mit uns allen.

Einführung

Heute ist Sonntag, ein Ruhetag. Gott hat am siebten Tag geruht. Ruhe – das ist wichtig! Aber die sechs Tage zuvor wurde gearbeitet. Das bedeutet nicht, dass Gott eine Sechstagewoche bevorzugen würde oder die Rente ab 70.
In den heutigen Texten ist jedoch deutlich zu erkennen, wie wichtig es ihm ist, tüchtig zu sein, zu arbeiten, zu machen. Wer nichts tut, der lebt auf die Kosten von anderen, der wähnt sich in falschen Sicherheiten, der setzt nicht seine Fähigkeiten ein, die uns Gott zu unserem Wohl und dem unserer Mitmenschen geschenkt hat. Das geschieht nicht, wenn wir uns dem göttlichen Willen unterwerfen und nach Vorbild Christi leben.

Tagesgebet der Eucharistiefeier

Gott, du Urheber alles Guten, du bist unser Herr.
Lass uns begreifen, dass wir frei werden,
wenn wir uns deinem Willen unterwerfen,
und dass wir die vollkommene Freude finden,
wenn wir in deinem Dienst treu bleiben.
Darum bitten wir durch Jesus Christus.

Perikopengebet der Wort-Gottes-Feier

Allmächtiger Gott, du beschenkst deine Geschöpfe
mit vielfältigen Gaben.
Lass uns erkennen,
was du von uns willst,
und gib uns die Kraft
zu tun, was du von uns erwartest.
Darum bitten wir dich
durch unseren Herrn Jesus Christus, deinen Sohn,
der mit dir lebt und herrscht
in der Einheit des Heiligen Geistes,
Gott von Ewigkeit zu Ewigkeit.

ZU DEN SCHRIFTLESUNGEN

1. Lesung: Spr 31,10–13.19–20.30–31
Der tüchtigen Frau gebührt Ruhm, denn sie ist dem Herrn ähnlich.

2. Lesung: 1 Thess 5,1–6
Die Getauften sind der Nacht entronnen und gehören dem Tag an, der Christus ist. Sie sollen sich nicht auf Nichtstun ausruhen, sondern wach sein.

Evangelium: Mt 25,14–30
Im Gleichnis von den anvertrauten Talenten Silbergeld werden jene Diener vom Herrn belohnt, die in seinem Sinne gearbeitet und gewirtschaftet haben.

FÜRBITTEN

Zu Gott, der uns ein Vorbild für unser Tun ist, bitten wir:

- Für alle Menschen, die aktiv dazu beitragen, dass es anderen gut geht.
- Für alle Menschen, die sich aktiv in der Politik engagieren, um gute und gerechte Lebensbedingungen zu erwirken sowie Frieden zu schaffen.
- Für alle Menschen, die sich aktiv in der Wirtschaft einsetzen, um faire Arbeitsbedingungen und gleiche Chancen für alle zu erreichen.
- Für alle Menschen, die aktiv andere Mitmenschen liebevoll pflegen und betreuen.
- Für alle Menschen, die aktiv ihren Glauben leben und weitergeben.
- Für alle Menschen, die sich zu Hause aufopfernd und liebend für das Wohl ihrer Familie einsetzen.
- Für alle Menschen, die uns im Leben ein Vorbild waren.

Du, Gott, verheißt jenen, die dir treu und aufrichtig dienen, dein Heil. Führe uns einst in dein Reich, der du lebst und wirkst in Ewigkeit.

Zum Vaterunser

Wir wissen, das Umfeld färbt auf das Verhalten und die Handlungen des Menschen ab. Wenn Gott unser Vater ist, dann sollte unser Leben von ihm durchdrungen sein. So lasst uns nun zu unserem Vater beten:

Zum Friedensgebet

Frieden geschieht nur bedingt durch Nichtstun. Am Frieden muss man arbeiten, zum Frieden muss man etwas beitragen. So bitten wir:

Kommunionvers

Gott nahe zu sein ist mein Glück. Ich setze mein Vertrauen auf Gott, den Herrn (Ps 73,28).

ELEMENTE FÜR DIE WORT-GOTTES-FEIER

Zum Taufgedächtnis

L: Das weiße Taufkleid, das wir bei unserer Taufe getragen haben, weist darauf hin, dass Gott in uns und durch uns zu wirken vermag. Dazu sind wir durch die Taufe erwählt und berufen. So lasst uns beten:
Gott, du Quelle des Lebens.
Du schenkst uns dein Heil in sichtbaren Zeichen.
So sei uns dieses Wasser der Taufe ein Zeichen für das neue Leben,
das du in der Taufe in uns gewirkt hast.
Erneuere in uns die Gabe deines Geistes.
Darum bitten wir durch Christus, unseren Herrn. *A:* Amen.
Das Wasser wird ausgeteilt, dabei singt die Gemeinde (s. o.).

Zum Lobpreis

K/A: Singt dem Herrn alle Länder der Erde, singt dem Herrn und preist seinen Namen (GL 376).

L: Gepriesen bist du, Herr, unser Schöpfer. Du hast alles erschaffen, du übergabst uns eine heile Welt zum Leben. *KV*

L: Gepriesen bist du, Herr, unser Retter. Du hast immer wieder Propheten als deine Boten entsandt, um uns Menschen zu lehren und zu beschützen. *KV*

L: Gepriesen bist du, Herr, unser Heiland. Du hast uns deinen einzigen Sohn gesandt, um uns die Liebe vorzuleben und uns zu erlösen. *KV*

L: Gepriesen bist du, Herr, unser Gott, wir danken dir dafür, dass du immer wieder aktiv für uns da bist. Dir gebührt Ehre und Ruhm. So stimmen wir ein in den Lobgesang der himmlischen Chöre: *(Es folgt der Hymnus.)*

Carolin Trostheide

Vergrabt euren Glauben nicht!

Es ist eine spannende Geschichte, die Jesus uns erzählt, eine Geschichte, die verschiedene Aspekte hat, die wir längst nicht alle ausschöpfen können. Einige Hinweise: 1. Das Gleichnis steht im Zusammenhang einer großen Rede Jesu, in der Einheitsübersetzung mit „Rede über die Endzeit" überschrieben. Sie umfasst die Kap. 24 und 25, bevor dann die Passion, die Leidensgeschichte Jesu, beginnt. In der Komposition des Matthäus-Evangeliums ist es die sechste Rede Jesu, gleichsam das Gegenstück zur ersten Rede, zur Bergpredigt in den Kapiteln 5 bis 7. Es geht in dieser Rede um die Zeit zwischen der Himmelfahrt Jesu und seiner Wiederkunft. Es geht also um die Zeit der Kirche, um die Jetztzeit, in der wie leben, wie alle Generationen vor uns in ihrer Jetztzeit lebten. Im Gleichnis ist es so ausgedrückt: Jesus ist wie der Mann, der auf Reisen ging. Er übergibt das Evangelium, die Botschaft vom Reich Gottes, das er verkündet hat, seiner Kirche, den Frauen und Männern, die ihm folgten und folgen. So schließt ja das Matthäus-Evangelium mit dem Auftrag Jesu: „Geht in alle Welt …" Jesus vertraut uns sein Evangelium an. Jetzt sind wir es, die wirken sollen. 2. Dieses Evangelium ist ermutigend und auch beängstigend, wenn man auf den dritten Diener schaut. Ermutigend: Gott traut uns viel zu, jedem und jeder von uns. Keiner und keine ist unbegabt, für Gottes Reich etwas zu tun. Paulus hat in seinem Korintherbrief beschrieben, wie viele unterschiedliche Gaben es gibt, und fasst zusammen: „Jedem aber wird die Offenbarung des Geistes geschenkt, damit sie anderen nützt. Einem jeden teilt Gottes Geist seine besondere Gabe zu, wie er will" (1 Kor 12,7;11). Man kann es mit den Bildern aus dem Gleichnis so ausdrücken: Vergrabt euren Glauben nicht! Versteckt ihn nicht! Lebt euren Glauben, macht was draus! Den Glauben weitergeben, das ist nicht Sache von wenigen Spezialisten. Jeder und jede von uns ist dazu begabt und befähigt.
3. Im Blick auf den dritten Diener kann das Evangelium auch beängstigend sein. Es könnte ja heißen: Wehe, wenn du dein Talent vergräbst, wenn du dich nicht traust, deinen Glauben zu leben. Es klingt hart und ist hart, was der Herr zu seinem Diener sagt. Es ist Mahnung und Warnung für uns: Macht es nicht so wie der dritte Diener! Vergrabt euren Glauben nicht! 4. Matthäus denkt an die Christen seiner Zeit, an die junge Kirche. Es ist ein ermunterndes und mahnendes Wort an die Kirche zu jener Zeit, auch an uns heute. Es ist eine Aufforderung: Bewahrt nicht ängstlich die Tradition, nur um der Tradition willen. Geht auf den Marktplatz der Welt, treibt Handel mit eurem Glauben, auch wenn es ein Risiko ist. Ich denke dabei an den großen Aufbruch, den die Kirche vor 60 Jahren mit dem II. Vatikanischen Konzil gewagt hat, den die Jüngeren nur noch vom Hörensagen kennen. Es wäre schlecht um unsere Kirche bestellt, wenn sie diesen Aufbruch vergessen würde. Auch für die Kirche als Ganze mag die Botschaft des Gleichnisses lauten: Ihr könnt nur gewinnen, wenn ihr euren Glauben riskiert. Ihr habt doch die Zusicherung, dass Jesus bei euch ist.

Hermann Kast

Etwas muss sich ändern

Schön war die Zeit. „Ach, wenn es doch immer so bleiben könnte." Manchmal schießt uns dieser Gedanke durch den Kopf. Mit Klugheit hat das leider allerdings nicht viel zu tun. Das thematisiert auch Jesus heute in seinem Gleichnis im Evangelium. Darin ruft er dazu auf, das eigene Potential im Sinne des Willens Gottes zu nutzen und sich nicht auf den eigenen Fähigkeiten und Talenten auszuruhen.

ALLTAGSWEISHEITEN IN DER BIBEL

Doch zunächst zur heutigen Lesung aus dem Alten Testament. Sie stammt aus dem letzten Kapitel des Buches der Sprüche. Diese Verse sind als „Lob der tüchtigen Hausfrau" bekannt geworden. Um allerdings zu verstehen, was hier zusammengetragen wurde, muss man ein wenig mehr über das Buch der Sprichwörter erfahren.

„Hochmut kommt vor dem Fall", „Der Mensch denkt und Gott lenkt" und „Wer andern eine Grube gräbt, fällt selbst hinein" – solche Art von Sprüchen kennen wir bis heute aus dem Buch der Sprichwörter. Alltagsweisheiten aus einem Palästina von vor über 2000 Jahren – heute noch relevant oder zumindest so gut auf den Punkt gebracht, dass man ihre Botschaft noch zu bestimmten Gelegenheiten verwendet. Es sind Merksätze, die sich aus dem Erfahrungsschatz der Menschen speisen. Sie sind dabei zweifelsohne nicht immer richtig, spiegeln aber Lebenserfahrung oder den Wunsch nach einer Gerechtigkeit, die es im Leben geben sollte.

Dabei beginnt das Buch der Sprüche in den ersten Kapiteln eigentlich mit einer klugen Rede der erdachten Frau Weisheit, die sich mit der Torheit, der Dummheit, auseinandersetzt. So ist es das Anliegen des Buchs der Sprüche, die Leserinnen und Leser zu lehren, wie sie im Alltag, im Leben zwischen dumm und klug, zwischen töricht und weise, zwischen ungerecht und gerecht unterscheiden können. Es will damit Orientierung geben in einem Alltag, der auch damals schon für viele Menschen immer unübersichtlicher wurde. Immerhin wurde Israel/Palästina in diesen Jahrhunderten mehrfach von immer neuen Imperien überrannt und eingenommen, musste sich neuen Gesetzen, neuen Göttern, neuen Gedankenwelten unterwerfen oder sich zumindest mit ihnen auseinandersetzen. Da halfen auch die schon erwähnten Alltagssprüche und Bauernweisheiten, die ebenfalls einen großen Teil des Buchs der Sprüche ausmachen.

VON FRAU WEISHEIT ZUR WEISEN FRAU

Dieses biblische Buch endet dann mit dem schon genannten „Lob der tüchtigen Hausfrau", die „klug" oder „weise" zu nennen wohl deutlicher angemessener ist und auch dem Text viel besser entspricht. Denn die Lesung des heutigen Sonntags bietet nur einige ausgewählte und nicht einmal zusammenhängende Verse dieses Textes. Und da scheint es dann wirklich um das Klischee der Hausfrau zu gehen, die Wolle und Flachs spinnt, Tücher webt, sich um Bedürftige, aber vor allem um ihren Mann kümmert. Liest man allerdings auch die heute ausgelassenen Verse mit, dann geht es nicht bloß im engeren Sinn um den Haushalt der Hausfrau, dann geht es um das gesamte Hab und Gut – griech. Oikos – und somit wird aus der Hausfrau eine Ökonomin. Liest man nämlich weiter, dann holt die Frau Nahrung aus der Ferne, kauft Äcker, bestellt einen Weinberg, managt Tag und Nacht ihren häuslichen Betrieb. Weiterhin wird von ihr berichtet, dass sie Kraft und Würde und keine Angst vor der Zukunft hat. Und sie wird so auch von ihren Kindern und ihrem Mann gerühmt: „Viele Frauen erwiesen sich als tüchtig, du aber übertriffst sie alle." Es geht also um eine kluge Frau, die mit der Welt um sich herum umzugehen weiß.

Somit knüpft dieses Lob am Ende des Buchs der Sprüche wieder an den Anfang und die Rede der Weisheit an. Was zu Beginn eher theoretisch war, wird hier am Ende in der klugen Frau Fleisch und Blut, die mit ihrem Lebensbeispiel zeigt, was klug, was weise und was gerecht ist.

Insofern ist es schon sehr merkwürdig, dass die Leseordnung des heutigen Sonntags diesen Text so sehr auf wenige Verse zusammengestrichen hat, dass dabei vor allem die klischeehaften häuslichen Fähigkeiten der Frau erwähnt werden.

DAS VORBILD DER „HAUSFRAU"

Das Lob der klugen Frau scheint vielmehr ein passender Text dafür zu sein, um zu zeigen, wie wichtig es ist, mit den Dingen der Welt clever und gerecht umzugehen, den Wohlstand zu mehren und dabei die Armen nicht zu vergessen, die eigene Zeit und Arbeit sowie die eigenen Fähigkeiten für die eigene Familie, aber auch für die gesamte Gesellschaft sinnvoll und gewinnbringend einzusetzen, mit allen geschenkten Gaben und Talenten sinnvoll zu wirtschaften.

Das erscheint ja auch als Sinn des Evangeliums, wo von den Dienern ebenfalls verlangt wird, dass sie mit ihren Gaben nicht ängstlich umgehen, sondern mit diesen etwas anfangen und aus sich selbst mehr herausholen.

Alle Bibeltexte aber sind sicher im Rahmen ihrer Entstehungszeit zu sehen. Daher sollten wir uns auch nicht so sehr auf die Tätigkeiten der tüchtigen Hausfrau und der klugen Diener konzentrieren, sondern diese Gleichnisse vielmehr zum Vorbild für uns in unserer modernen Welt nehmen und überlegen, wie wir heute mit den göttlichen Gaben und Talenten, die uns geschenkt wurden, aber auch mit der ganzen göttlichen Schöpfung klug umgehen. Vielleicht hat uns nie so sehr wie heute die Orientierung gefehlt, was nun gerade klug und gerecht oder eben auch nachhaltig und zukunftsorientiert ist. Sicher ist: Auch nach biblischen Maßstäben zeigt sich Dummheit vor allem da, wo gerade nicht gehandelt und bloß ein Zustand bewahrt werden soll. Wo es so bleiben soll, wie es immer war. Die Klugen aber arbeiten mit dem, was Gott ihnen anvertraut hat, in dem Sinne, wie er es gewollt hat.

Christoph Buysch

Vom Mut, unsere Talente einzusetzen

Jedem gerechtigkeitsliebenden Menschen muss das heutige Evangelium unangenehm aufstoßen. Vor allem der letzte Absatz – „Wer hat, dem wird gegeben und er wird im Überfluss haben; wer aber nicht hat, dem wird auch noch weggenommen, was er hat" (Mt 25,29) – gehört zu den schwierigsten Sätzen der Frohen Botschaft und klingt, wenn man ihn isoliert betrachtet, geradezu unchristlich. Zwar sagen uns die Exegeten, dass dieser Absatz ein späterer Zusatz ist, der nicht zum ursprünglichen Gleichnis gehört, aber das macht es nur wenig besser: Sollen denn die Reichen auf der Erde immer reicher werden und die Armen immer ärmer? Wir wissen, dass es dieses Problem in der Weltwirtschaft tatsächlich gibt, aber soll das tatsächlich auch im Reich Gottes so sein? Hält es Gott mit den Reichen und Erfolgsverwöhnten, mit den Talentierten und Begabten; und straft er die Zukurzgekommenen, Minderbegabten, Ängstlichen und Schwachen?

DAS GESCHENK GOTTES AN UNS – GLAUBE, HOFFNUNG, LIEBE

Wir sehen: Es muss etwas anderes sein, was hinter diesem Gleichnis steckt. Die Talente können hier nicht materielle Dinge meinen, sondern sind ein Bild für das Geschenk Gottes an uns, die Talente, die er jedem/r in die Wiege gelegt hat. Die irrsinnig hohe Summe – ein Talent Silber entsprach 6000 Denaren, ein Denar dem Tagesbedarf einer Familie – will nur nochmal das unglaublich hohe Gut verdeutlichen, das Gott uns anvertraut hat.

Vielleicht kommen wir weiter, wenn wir statt der Talente die theologischen Tugenden Glaube, Hoffnung und Liebe einsetzen. Zunächst einmal sagt das Gleichnis dann nämlich, dass jedem Menschen Talente im Sinne von Tugenden und positiven Anlagen von Gott gegeben sind, die es zu entfalten gilt. Wenn ich diese Tugenden mit Blick auf andere Menschen einsetze, dann werde ich selbst letztendlich viel mehr davon haben, als wenn ich sparsam mit ihnen umgehe. Es geht um den Reichtum, der wächst, wenn man ihn einsetzt. Wenn ich selbst meinen Glauben weitergebe, werde ich in meinem eigenen Glauben bestärkt werden; wenn ich selbst Liebe schenke, werde ich Liebe erfahren; wenn ich selbst Hoffnung verbreite und zu einem Hoffnungszeichen für andere werde, kommt auch dies irgendwann zu mir zurück, denn die Hoffnung anderer kann für mich einmal lebensnotwendig sein, wenn ich selbst am Boden liege.

Aber nicht nur im Leben des Einzelnen, auch im Leben der Gemeinde kann jeder Dienst, vom kleinsten Messdiener über die Katechetin bis zum Pfarrer, ein Dienst in Glauben, Hoffnung und Liebe sein. Wer bereit ist, in dieser Weise in der Gemeinde seine Talente einzubringen, wird von Gott mit neuen Gaben wie Freude, Dankbarkeit und Zufriedenheit beschenkt werden. Wie vielfältig sind die Talente in der Gemeinde: Es gibt Menschen, die durch die Organisation von Feiern und Festen für eine fröhliche Stimmung sorgen; es gibt andere, die handwerklich oder gestalterisch begabt sind; wieder andere haben eine große Empathie, um zu Kranken zu gehen und ihnen Trost zuzusprechen. Die Liste ließe sich verlängern. Der französische Schriftsteller Georges Bernanos bringt es auf den Punkt, wenn er schreibt: „Das Leben lehrt mich, dass in dieser Welt niemand getröstet wird, der nicht selbst vorher Trost gespendet hat, dass niemand Freude findet, der nicht selbst Freude geschenkt hat. Unter uns Menschen gibt es nur Austausch; Gott allein schenkt, er allein."

GEGEN EIN LÄHMENDES GOTTESBILD

So hat also jeder sein Talent zum Austausch, ein Talent, das er einbringen und wiedergewinnen kann. Deshalb wird der nichtsnutzige Knecht gescholten: In seiner Ängstlichkeit und seinem Sicherheitsdenken („Was ich hab', das hab' ich.") hat er auch seinen Glauben, seine Hoffnung und seine Liebe für sich allein behalten. Damit hat er sich sein eigenes Grab geschaufelt, ja er hat sich mitsamt seinen Hoffnungen begraben. Wenn er doch nur den Keim, den göttlichen Funken, den Gott in sein Herz gelegt hat, zur Entfaltung und zum Auflodern gebracht hätte, hätte er den Reichtum des Glaubens erfahren. So aber hat er gezeigt, dass Gott in seinem Leben eigentlich keine Rolle mehr spielt, oder nur noch eine negative und bedrohliche: „Ich wusste, dass du ein strenger Mensch bist; du erntest, wo du nicht gesät hast, und sammelst, wo du nicht ausgestreut hast" (Mt 25,24).
Ein solches Gottesbild lähmt und verängstigt, Jesus Christus hingegen lädt uns ein, etwas im positiven Sinn zu riskieren, indem wir uns selbst hingeben, um uns so erst ganz zu gewinnen. Wir sind eingeladen, als Christen auf diese Weise zu leben. Nicht die Probleme, sondern der Reichtum des Glaubens sollte uns leiten. Nicht die Angst darf uns lähmen, sondern die Freude soll uns ermutigen.

AUS DEM GLAUBEN HANDELN

Von daher gewinnt der so schwierige Schlussabsatz wieder seinen Sinn: Wenn du aus deinem Glauben heraus handelst und andere Herzen entflammst, wirst du selbst erfahren, wie reich uns Gott immer wieder neu beschenkt. Wenn du deinen Glauben aber vergräbst und er keine Rolle in deinem Leben und Handeln spielt, wirst du ihn irgendwann auch ganz verlieren. So ruft uns das Gleichnis auf, aus unserem Glauben heraus zu handeln und unsere Talente für andere einzusetzen. Dabei dürfen wir darauf vertrauen – das zeigt die Gleichbehandlung der beiden Diener, die fünf bzw. zwei Talente bekommen haben –, dass Gott nicht auf das Ergebnis schaut, nicht auf die Summe des Erreichten, sondern darauf, ob wir es überhaupt versucht haben.

Cornelius Roth

Eine Frau von Kraft

Lesung: Spr 31,10–13.19–20.30–31 *(später verkündigen)*

DIE STARKEN MÄNNER DER BIBEL

In der Bibel gibt es viele wichtige Leute. Welche kennt ihr denn? (–)
Wisst ihr auch, was diese Leute so gemacht haben, vielleicht auch welchen Beruf sie hatten? (–)
Wir kennen aus der Bibel häufig Heldengeschichten. Da wird von großen Männern erzählt. Zum Beispiel von König David, der als kleiner, junger Mann schon den großen Goliath besiegt hat. Oder von Josef, der sogar in Ägypten Vizekönig geworden ist. Oder besonders von Jesus, dem Sohn Gottes. Vielleicht auch von den Aposteln Petrus und Paulus. Aus diesen Erzählungen kann man viel lernen über Gott und die Welt. Darum fallen uns diese herausragenden Leute auch meist zuerst ein, wenn wir an Menschen aus der Bibel denken.

JEDER HAT SEINE AUFGABEN

Es gibt in der Bibel aber auch ganz andere Geschichten. Auch welche über ganz „normale" Leute. So einen Text haben wir heute gehört.
Er steht im Buch der Sprichwörter. Das enthält wirklich ganz viele schlaue Sprüche, auch längere Reden. Die Menschen vor 2500 Jahren haben auch schon über das Leben nachgedacht und es lohnt sich, ihnen einmal zuzuhören und darüber nachzudenken.
In dem Text aus dem Buch der Sprichwörter geht es nicht um einen großen Helden oder um einen König, sondern um eine ganz normale Frau. Sie hat auch gar keinen Namen. Sie spielt auch keine besondere Rolle, ist weder eine Königin noch eine Prophetin. Sie heißt einfach nur „tüchtige Frau" oder „starke Frau". Hören wir einmal, was im Buch der Sprichwörter über sie gesagt wird:
(Evangelium jetzt verkündigen)
In der Bibel ist das Lob dieser starken Frau noch viel länger, wir haben nur einen kleinen Teil gehört. Habt ihr euch ein paar Dinge gemerkt, was diese Frau so macht? Sie tut Gutes, nichts Böses, sie sorgt für Wolle und Flachs, sie kümmert sich auch um die Armen. Die starke Frau übernimmt viele wichtige Aufgaben. Manche davon spielen heute für uns keine Rolle mehr. Meistens kaufen wir z. B. fertige Kleidung ein und müssen uns keine Gedanken darüber machen, woher wir den Stoff dafür kriegen. Damals, als unser Text geschrieben wurde, war das anders. Trotzdem haben wir noch immer viele Aufgaben zu erledigen. Ihr geht in die Schule, eure Eltern haben vielleicht mal einen Beruf gelernt oder studiert. Und trotzdem gibt es daneben ganz viele andere Aufgaben, die man einfach machen muss. Aufgaben, an die man gar nicht immer denkt, ohne die aber zu Hause oder in der Kirchengemeinde oder im Verein nichts funktionieren würde. Denkt nur mal an eure Eltern, was die so alles an

Aufgaben bewältigen, obwohl sie dafür kein Geld bekommen und niemand sich dafür bedankt. Fallen euch solche Aufgaben ein? (–)

Viele Dinge müssen gut erledigt werden, damit das Leben funktioniert. Eine Familie ist auch so ein bisschen wie ein kleines Unternehmen, das einen Manager oder eine Managerin braucht. Jedes Familienmitglied hat seine Aufgaben und die müssen gut erledigt werden, auch wenn es niemand bemerkt. Meistens bemerkt man es erst, wenn sie nicht gut erledigt worden sind.

WAS WILLST DU MAL WERDEN?

Wenn Erwachsene Kinder etwas fragen, dann häufig: „Weißt du denn schon, was du einmal werden willst?" Bestimmt kennt ihr diese Fragen. Es ist auch wichtig, dass man sich darüber Gedanken macht, was man später einmal Tolles machen will. Wir sollen mit unseren Begabungen und Fähigkeiten ja auch etwas anfangen. Aus unserem heutigen Bibeltext kann man aber noch etwas lernen. Es kommt nicht nur darauf an, dass man irgendeinen tollen Beruf hat, Geld dafür bekommt und viele Menschen klatschen. Es kommt auch darauf an, die vielen kleinen und großen Aufgaben, die man so hat, gut zu erledigen.

Unser Text aus dem Buch der Sprichwörter lobt darum keinen berühmten Helden, sondern eine starke, aber ganz normale Frau: In ihren Aufgaben liegt etwas ganz Wichtiges. Dabei kommt sogar Weisheit und Klugheit zum Vorschein. Dafür soll man sie auch loben. Es ist wichtig, dass wir uns überlegen, was wir mal werden wollen. Aber dabei geht es nicht nur um tolle Jobs und ein hohes Gehalt. Wir dürfen auch einfach starke Frauen und Männer, starke Menschen werden. Kraftvoll, klug und geduldig die vielen kleinen Aufgaben im Alltag erledigen, die für unsere Familie und für die Menschen in unserer Nähe zu übernehmen sind. Wie die starke Frau aus dem Buch der Sprichwörter.

Martin Nitsche

Christkönigssonntag (A)

LIEDVORSCHLÄGE

Gesänge
Eröffnungsgesang: Macht weit die Pforten in der Welt (GL 360); *Antwortgesang:* „Der Herr ist mein Hirt" (GL 37,1) mit den Psalmversen; *Ruf vor dem Evangelium:* Halleluja (GL 175,4) mit dem Vers*; zur Gabenbereitung:* Christus, du Herrscher (GL 370); *Danklied:* Gelobt seist du, Herr Jesu Christ (GL 375).

ERÖFFNUNG

Liturgischer Gruß
Der Herr, der als König herrscht, sei mit euch / ist mit uns allen.

Einführung
Der letzte Sonntag des Kirchenjahres lädt uns dazu ein, auf den wahren und wirklichen König dieser Welt zu schauen. Sein Königtum besteht darin, den Menschen zu dienen, sich hinzugeben bis zum äußersten, zu lieben bis hinein in die dunkelste Stunde seines Todes am Kreuz.

Kyrie-Litanei
Herr Jesus, du bist unser König. Kyrie, eleison.
Herr Jesus, du gehst unseren Lebensweg mit. Christe, eleison.
Herr Jesus, du vergibst die Schuld und rettest unser Leben. Kyrie, eleison.

Tagesgebet der Eucharistiefeier
Allmächtiger, ewiger Gott, du hast deinem geliebten Sohn
alle Gewalt gegeben im Himmel und auf Erden
und ihn zum Haupt der neuen Schöpfung gemacht.
Befreie alle Geschöpfe von der Macht des Bösen,
damit sie allein dir dienen und dich in Ewigkeit rühmen.
Darum bitten wir durch Jesus Christus.

Perikopengebet der Wort-Gottes-Feier
Allmächtiger Gott, dein Sohn ist uns zum Bruder geworden
und sitzt zu deiner Rechten.
Hilf uns, in dieser Zeit seiner Weisung zu folgen,
damit wir einst aufgenommen werden
in sein Reich. Darum bitten wir durch ihn,
Jesus Christus, deinen Sohn, der mit dir lebt
und herrscht in der Einheit des Heiligen Geistes,
Gott von Ewigkeit zu Ewigkeit.

1. Lesung: 34,11–12.15–17a

Der Hirte ist der Garant dafür, dass seine Herde im Schutz seiner Fürsorge leben kann. Die Herde erkennt ihn an seiner Stimme. So ist es auch zwischen Gott und den Menschen.

2. Lesung: 1 Kor 15,20–26.28

Jesus Christus, der in seiner Auferstehung die Dunkelheit des Todes bezwungen hat, ist für uns Christen das Ziel unseres Weges. Das heutige Fest zeigt uns, dass das vermeintliche Ende dieser Welt nicht an sein Ende kommt, sondern im erhöhten gekrönten Christus seinen Anfang nimmt. Diese Botschaft gilt es, wie es der Apostel Paulus seinerzeit getan hat, in der Welt zu verkündigen und daraus zu leben.

Evangelium: Mt 25,31–46

Die verklärte Sicht vom „lieben Gott" wird heute in die Realität des göttlichen Willens gehoben. Gott ist gerecht. Er unterscheidet zwischen Gut und Böse und zwischen Gerecht und Ungerecht. Im Blick auf das heutige Evangelium werden wir Hörenden aufgefordert, uns zu positionieren. Auf welcher Seite wollen wir stehen? Die Würde, die uns Gott zuspricht als Kinder Gottes, sollen auch wir als Christinnen und Christen vertreten. Gott helfe uns dabei, das Gute vom Bösen zu unterscheiden.

FÜRBITTEN

Jesus Christus hat sich am Kreuz hingegeben und uns in seiner Auferstehung den Weg zum Ewigen Leben eröffnet. Gott, unser Vater, hat ihn in die Welt gesandt, damit wir an seinem demütigen Leben erkennen, was es heißt, königlich zu handeln. Zu ihm rufen wir in unseren Anliegen.

- Wir beten für die Politiker und Regierenden in der Welt: Für alle, die in der politischen Verantwortung stehen, Länder zu regieren. Lass sie zum Wohl aller Menschen handeln. V/A: Du sei bei uns in unsrer Mitte (Gl 182,2).
- Wir beten für die armen und hungernden Menschen: Für alle, die auf der Straße leben und von der Gesellschaft ausgegrenzt sind. Für jene, denen das Geld für das tägliche Brot fehlt und die sich sorgen müssen. ...
- Wir beten für die Kranken: Für alle, die ein schweres Kreuz tragen, die körperliche oder seelische Schmerzen aushalten müssen. Für jene, die mutlos und verzweifelt sind. Schenke ihnen Kraft und Mut. ...
- Wir beten für unsere Seelsorger: Für alle, die sich in den Dienst der Nachfolge Christi stellen und dort, wo sie eingesetzt sind, sichtbar die Liebe und Zugewandtheit Jesu bezeugen. Für jene Priester, die in unserer Pfarreiengemeinschaft segensreich wirken und gewirkt haben. ...

Ehre sei dem Vater und dem Sohn und dem Heiligen Geist. Wie im Anfang, so auch jetzt und in alle Ewigkeit.

Zum Vaterunser

Jesu Vater ist auch unser Vater. Als Kinder Gottes beten wir voll Vertrauen.

Kommunionvers

Der Herr thront als König in Ewigkeit. Der Herr segne sein Volk mit Frieden.

Zur Besinnung

Jesus, du unser König.
Kein Machthaber, kein Diktator.
Jesus, nur du allein kannst König sein.
Der Dornenkranz ist deine Krone.
Die Wunden sind deine Insignien.
Dein Königtum besteht aus Liebe und Frieden.
Ganz anders als in dieser Welt.
Ja, du bist nicht von dieser Welt.
Und wir?
Wir wollen in dein Königtum eintreten.
In die andere Welt.
In dein Königtum.

ELEMENTE FÜR DIE WORT-GOTTES-FEIER

Zum Schuldbekenntnis

Jesus Christus ist ein König des Rechts, der Gerechtigkeit und des Friedens. Wir feiern ihn heute als unseren König, dem Beispiel seines Umgangs mit Gott und den Menschen folgen wir oft nicht. Deshalb bitten wir:

Zum Friedenszeichen

Christi Königtum ist ein Reich des Friedens. Dieser Friede ist in unserer Welt fragil. Wünschen wir einander den tiefen Frieden Gottes, den Frieden, den die Welt nicht geben kann.

Dominik Schmitt

Die wahre Macht

Vom Präsidenten der Vereinigten Staaten von Amerika wird oft gesagt, er sei der mächtigste Mann der Welt. Aber woran messen wir eigentlich die Macht des US-Präsidenten? Warum bezeichnen viele ihn als den „mächtigsten Mann der Welt"?

Wenn wir darüber nachdenken, dann merken wir schnell: Wenn von Macht geredet wird, dann geht es vor allem um militärische Stärke. Der US-Präsident ist der Oberbefehlshaber der vermutlich stärksten Armee der Welt, deshalb gilt er als der mächtigste Mann der Welt. Es scheint so zu sein, dass wir Menschen ganz instinktiv den für den Mächtigsten halten, der die größte Zerstörungsmacht besitzt. Der ist mächtig, der viel zerstören kann. Oder auch: Der ist mächtig, der andere Menschen befehligen kann, der andere Menschen und ganze Völker sich mit Gewalt unterwerfen kann, der andere zu etwas zwingen kann.

Wenn wir heute Jesus Christus als unseren König verehren, dann steht das im krassen Gegensatz dazu. Jesus Christus hatte keine Armee – einige seiner Jünger hätten sicher für ihn gekämpft, auch mit Waffen, aber das hat Jesus strikt abgelehnt. Jesus hat sich niemanden mit Gewalt unterworfen. Am Kreuz ist er – in den Augen der Welt – völlig ohnmächtig, ohne jede Macht. So verspotten ihn viele. Viele Menschen, durch alle Jahrhunderte hindurch, können deshalb nichts mit ihm anfangen, weil er ein scheinbar ohnmächtiger König ist. Und wenn wir es mit den Kategorien dieser Welt beurteilen, dann können wir wirklich sagen: Ja, er ist ohnmächtig, ohne Macht, ohne Zerstörungsmacht.

Seine Macht ist eine andere: Er ist mächtig, wie die Liebe mächtig ist, wie die Wahrheit mächtig ist, wie die Vergebung mächtig ist. Das ist seine Macht. Seine Macht ist nicht Macht, zu zerstören, sondern Macht, aufzubauen. Seine Macht ist nicht Macht, zu töten, sondern Macht, Leben zu schenken. Seine Macht ist nicht die Macht, andere versklaven zu können, sondern die Macht, zu befreien. Es ist die Macht eines Hirten, von dem wir heute in der Lesung gehört haben: „Die verloren gegangenen Tiere will ich suchen, die vertriebenen zurückbringen, die verletzten verbinden, die schwachen kräftigen, die fetten und starken behüten."

Wir haben heute unter uns keinen US-Präsidenten und kein Staatsoberhaupt. Aber auch wir haben im Kleinen oft Macht über andere. Andere sind von uns abhängig, z. B. die Kinder von den Eltern, die Angestellten von ihrem Chef usw. Wir alle kommen in Situationen, in denen es um Macht geht. Denken wir dann als Christen immer daran, was Macht im Sinne Gottes heißt: den Menschen Leben geben zu können; die Menschen befreien zu können; etwas Gutes aufbauen zu können. Wenn wir in diesem Sinne mächtig werden, dann sind auch wir mit Christus Könige – Könige im Sinne Gottes.

Sebastian Büning

Ein faszinierendes Profilbild

In meinem Familien- und Freundeskreis gibt es viele Menschen, die liebend gern und – für meine Begriffe oft – das Profilbild auf ihrem Smartphone wechseln. Je nach Jahreszeit, mit technischen Kniffen gealtert oder verjüngt, aus herrlichen Urlaubstagen oder festlichen Anlässen, mit neuen Klamotten und Frisuren … Ja, da muss ich dann und wann zweimal hinschauen und kann staunen.

Es ist schön, dadurch Stimmungen wahrnehmen zu können, Aufenthaltsorte zu ahnen, mitzuerleben, was mein Gegenüber freut, was „die Welt" von Familie, Freundschaft und Kontakten auf diesem Weg mitbekommen soll.

GOTTES PROFILBILD

Wenigstens eines davon, aber ein mir sehr kostbares und wichtiges, taucht gleich zu Beginn unserer heutigen Lesung auf. „Siehe, ich selbst bin es …!"

Mir kommt Gott in diesen Zeilen vor wie jemand, der sich an seinem neuen Wohnort oder Arbeitsplatz orientierend umsieht. Wo gibt es was? Wo finde ich wen? Wer braucht mich? Was sind meine Möglichkeiten und Aufgaben? Für wen bin ich Ansprechpartner*in und wie ist die Stimmung?

Alle Mitarbeitenden in der Seel- und Menschensorge, alle Mandatsträger*innen in der Politik, jede Sozialstation und jede Supermarktkette müsste sich so informieren. Denn je nach Ergebnis der Umfrage, je nach persönlichem Eindruck oder an mich herangetragenen Erwartungen darf/soll ich mein „Sortiment" gestalten.

Gott benutzt das Bild eines Hirten und macht ganz klar, was das bedeutet: sich der Menschen annehmen, von Herzen kümmern, wahrnehmen, wo sie sind, wie sie leben, wie es ihnen geht – und was sie brauchen.

GOTTES TÄTERPROFIL

Nachdem für Gott klar geworden zu sein scheint, woran es fehlt, wo Bedarf besteht und was seinen geliebten Menschen abgeht, lässt er es nicht beim Wahlplakat oder beim ansprechend designten Werbeflyer. „Man könnte!", „Man sollte!", „Man müsste vielleicht!" – Solche Sätze sind ihm fremd, regen ihn, wenn wir so menschlich von ihm sprechen dürfen, wahrscheinlich sogar gewaltig auf.

Der Gott-Hirte macht sich an die Arbeit. Das Projekt, das er in den Blick nimmt, die Zusammenhänge, in denen Menschen Zuwendung, Geborgenheit, Hilfe erfahren sollen, sind arbeitsintensiv. Jede Krankenschwester, jeder Pfleger, alle pflegenden Angehörigen, Mitarbeitende in Heimen und Behinderteneinrichtungen, in psychosozialen Beratungsstellen und Diensten können ein Lied davon singen. Leute, die Soziale Arbeit zu ihrem Beruf gemacht haben, Tag für Tag mit Gefangenen oder in der Resozialisierung, in Flüchtlingsdiensten und auf Entzugstationen arbeiten, wissen, was er sich da vornimmt – und wie schwer es ist, so eine Hirtin, so ein Hirte zu sein.

Aber es freut mich, dass Gott all diese Menschen mit ihren Problemen und Einschränkungen sieht, dass ihn das überhaupt nicht gleichgültig lässt, im Gegenteil, er sich zum Anwalt all jener macht.

Hirtin/Hirte sein oder werden wollen, das braucht in unserer Gesellschaft noch viel mehr Anerkennung, noch viel leistungsgerechtere Bezahlung, noch viel mehr Ausbildungsstätten, Wertschätzung und Dank – Hauptberuflichen, Teilzeitkräften gegenüber genauso wie für die Angehörigen, vor allem Frauen, die da die Hauptarbeit übernehmen.

Für mich dürfen christliche Gemeinden solche Aufgaben nicht einfach auslagern: Dafür haben wir doch Profis! Die können das besser. Die werden dafür bezahlt. Pastoral, Hirtendienst in unseren Pfarreien und Seelsorge-Einheiten müssen die Menschen im Blick haben und bereit zum Dienst sein.

Viele reden in den kirchlichen Gemeinden heute vom so genannten Kerngeschäft: Gottesdienste feiern, festlich und ansprechend. Verkündigung und Neu-Evangelisierung sind weithin hoch im Kurs. Aber die Anbetung darf das Verbinden und Pflegen nicht ersetzen, die Predigt nicht die Hilfsbereitschaft bedürftigen Menschen gegenüber, das Pfarrfest nicht den Welttag der Armen und die Kirchenrenovierung nicht die materielle Sorge für Menschen in Elend und Not, weltweit.

Hirte/Hirtin werde ich manchmal ganz plötzlich. Da wird mein Kind krank, da braucht der Nachbar Hilfe, da kennt sich die Mutter nicht mehr aus, da braucht ein Flüchtling eine Wohnung. Ich weiß oder habe selber eine, die schon lange leer steht. Da muss ein offenes Wort gegen politische Stimmungsmache gesagt werden. Da könnte für jemanden Platz am Tisch sein oder Geld für eine Spende an die Tafel vor Ort …

HIRTE/HIRTIN IST KÖNIG/KÖNIGIN

Die Kirche legt uns heute, am Christkönigssonntag, dieses Wort Gottes, das Ezechiel ausrichtet, ans Herz. Für den Hirtendienst ist sich Gott nicht zu gut, im Gegenteil: Er entschließt sich selbst zu solchem Tun.

Ob wir in unserer Gesellschaft, wo die Zahl der Menschen, die Hilfe, Unterstützung, Obdach, Pflege, Zeit und Zuneigung brauchen, massiv zunimmt, nicht etwas von der Chef-Sache übernehmen könnten?

Das wäre oft ganz einfach: Jetzt löse ich meine Schwester/meinen Bruder einfach mal ein Wochenende bei der Pflege unserer Mutter ab. Jetzt mache ich endlich den längst versprochenen Besuch im Pflegeheim und komme dann öfter. Jetzt werde ich Vorlese-Oma oder Deutsch-Nachhilfe-Lehrer für Flüchtlingskinder, engagiere ich mich für die Obdachlosen- oder Behindertenhilfe …

Königliche Züge für mein Profilbild, nicht nur auf dem Handy, sondern als Persönlichkeit, klar mit oft eng abgesteckten Freizeitmöglichkeiten, aber doch vorhandenen Freiräumen. Wie glücklich es machen, aber auch wie anstrengend es sein kann, so tätig zu werden, davon kann uns nicht nur Gott berichten. Das können wir von allen erfahren, die den Entschluss gefasst haben: Ich will mich kümmern!

Albert L. Miorin

Nicht aus der Zeit gefallen

An diesem Sonntag werden wieder viele fragen: Christkönig – was soll so ein Fest heute noch? Aber mal ehrlich: Faszinieren König und Königin nicht auch heute noch? Wie hat der Tod der Queen die Menschen bewegt und die Medien gefüllt! Selbst negative Nachrichten über südostasiatische Könige und ihre Verschwendungssucht scheinen dieser Faszination bei vielen Menschen nichts anhaben zu können. König der Löwen, König Fußball – wir brauchen nicht weit zu gehen. Das Fest kann theologisch richtig heißen, wie es will: An „Dreikönig" sind die Sternsinger unterwegs, aus den Weisen im Evangelium sind seit Jahrhunderten Könige geworden, und das bringt erstaunlich viele gekrönte Kinder stundenlang auf den Weg, um für notleidende Kinder Spenden zu sammeln.

ABER JESUS ALS KÖNIG?

Dieser Titel begegnet uns in den Evangelien oft im Zusammenhang mit Jesus: Die Weisen suchen nach dem neugeborenen König. Herodes erschrickt über einen Königskonkurrenten. Er lässt das Königskind verfolgen. In der Wüste wird Jesus mit der Aussicht auf ein Königreich versucht. Nach vielen Wundern und der Brotvermehrung wollen die Menschen Jesus zum König machen. Pilatus fragt Jesus: Bist du ein König? Die Soldaten verspotten den dornengekrönten Jesus als ohnmächtigen König. Und schließlich demütigt Pilatus die Hohepriester, indem er über dem wie ein Verbrecher gekreuzigten Jesus die Inschrift anbringen lässt: König der Juden. Eine Inschrift, die heute auf vielen Kreuzesdarstellungen zu sehen ist: INRI, Jesus (von) Nazaret, Rex Judaorum. Vor der Darstellung Jesu in qualvollen Schmerzen aus der Gotik wurde Jesus lange Zeit in schlichtem, aber würdevollem Königsmantel dargestellt, mit ausgebreiteten Armen am Kreuz stehend. Wenn Jesus als König gesehen wurde, um seiner Würde gerecht zu werden, dann lag es nahe, dass seine Mutter Maria als Königin gekrönt ist. Dieses Fest „Maria Königin" feiern wir nach dem liturgischen Kalender am 22. August.

Aber alle diese Situationen und Fragen zeigen: Sie treffen nicht den Kern, das wirkliche Wesen Jesu, nicht das, wozu er in die Welt gekommen ist. Können wir denn irgendwie erfassen, wozu er gekommen ist? Ohne in eine fromme Formel zu rutschen?

ÜBERRASCHENDE WENDE

Im heutigen Evangelium haben wir von einer überraschenden Wende gehört. Da nimmt der König als Richter Platz und spricht ein Urteil. Jetzt geht es den Böcken wie den Schafen, also nach unserem Verständnis den Guten und den Schlechten, genauso wie Herodes, Pilatus usw.: Sie haben Jesus anders erwartet, als er ihnen tatsächlich begegnet ist! Oh, was hätten sie alles getan, wenn sie ihm als König begegnet wären! Die so genannten Böcke haben nichts getan, weil sie Jesus nicht erkannten, und die so genannten Schafe haben das Richtige getan, obwohl sie Jesus auch nicht erkannten. Sie teilten mit den Menschen ihr Essen, ihre Zeit, ihr Zuhause, was diese eben brauchten, und wussten auch nicht, dass sie dabei Jesus begegneten.

Ist das nicht die krasse Kehrtwende in der Erscheinung Jesu? Der thronende Richter und König begegnet uns nicht in großer Macht und prächtigem Gefolge wie am Anfang des Evangeliums, um uns zu richten, sondern er braucht uns für die Not in der Welt! Er braucht uns, so sagt er uns heute, besonders am Rand der Gesellschaft, bei den Hungrigen, Armen, Gefangenen, Kranken ... und es wird noch nicht einmal gesagt, dass die besonders gut oder fromm sein müssten, um eine Begegnung mit Jesus entstehen zu lassen!

Können wir dann sicher sein, dass wir nicht selbst zu denen gehören, die ihn brauchen? Manche von uns kennen Hunger, und sei es als drückende Sorge, wie sie die Kosten fürs Leben aufbringen sollen, oder die Gefangenschaft einer Depression, die Einsamkeit einer Krankheit, die uns auf Besuch warten lässt, den Hunger nach einer liebevollen Zuwendung, einem Blick, einem Gruß, einem Dank ...

PERSÖNLICHE AUDIENZ HEUTE

Dann sagt uns aber doch Christus als König: In dir können die Menschen mir begegnen! Du kannst diejenige sein, derjenige sein, durch den ich, Jesus Christus, unter den Menschen bin. Als derjenige, der dich bittet, oft unausgesprochen: Sieh' mich an! Nimm mich auf! Teile deine Zeit mit mir! Sag mir etwas, das mich aufrichtet! Und oft werde ich derjenige sein, diejenige, der oder die selbst darauf angewiesen ist, dass mir Menschen begegnen, die nicht nur meine Bedürftigkeit und Not erkennen, sondern auch die Krone: Denn ich war hungrig, gefangen, einsam, krank ...

Die Weisen haben erkannt, wem sie in der Krippe im Stall begegnet sind, dass es ein ganz besonderes Kind ist und wert, ihre kostbaren Geschenke zu erhalten. Können wir an das Königs-Ich in uns glauben? Können wir es im anderen sehen? Könnte das helfen, dass wir einander öfter mit Achtung, Wertschätzung, ja Ehrfurcht begegnen?

Verneigen wir uns doch heute beim Friedensgruß vor der Königin, vor dem König neben uns!

Klaus Heizmann

Tag der Entscheidung!

Evangelium: Mt 25,31–46

Wieder geht ein Kirchenjahr zu Ende, am nächsten Sonntag feiern wir schon den ersten Advent. Die Bibeltexte sprechen heute vom sogenannten „Endgericht", dem Tag, an dem Jesus wiederkommt und jeden Einzelnen nach seinen guten Werken befragt wird. In unserem Alltag spielt das Endgericht keine besondere Rolle, wir vergessen es ziemlich oft. In der Zeit, in der Jesus gelebt hat, erwarteten die Menschen diesen Tag mit großer Spannung.
Jesus erzählt seinen Freunden von diesem Gerichtstag, der noch in der Zukunft liegt. Wir haben durch diese Erzählung eine Vorstellung, worauf es bei Jesus ankommt, wenn er wiederkommt. Beim Hören des Textes sind mir drei Dinge aufgefallen.

EIN GEDULDIGER ERKLÄRER

Erstens: Jesus ist ein geduldiger Erklärer.
Sehr ausführlich berichtet der Text, wer den Segen Gottes erhält. Alle, die Jesus geholfen haben, als er hungrig, durstig, obdachlos, nackt, krank oder im Gefängnis war, sind vom Vater gesegnet. Die Gerechten verstehen das nicht und fragen sehr ausführlich nach, aber wann haben wir dich denn hungrig, durstig, obdachlos, nackt, krank oder im Gefängnis gesehen? Sie können sich an keine derartige Situation erinnern. Da löst er auf: „Was ihr einem meiner geringsten Brüder getan habt, das habt ihr mir getan."
Dann erklärt er all den selbstsüchtigen und verurteilten Menschen, dass sie ihm nicht dienten, als er bedürftig war, dabei zählt er nochmal alles auf. Auch sie können sich an keine Situation erinnern und schließlich sagt der König des Endgerichts: „Was ihr für die Ärmsten nicht getan habt, das habt ihr mir nicht getan." Na, das ist mal eine ausführliche Auflistung, um gute und schlechte Taten zu beschreiben. Die Erklärung ist sehr eindeutig, da kann man sich kaum herausreden, es nicht verstanden zu haben.

ZIEMLICH EINFACHE ANFORDERUNGEN ZU ERFÜLLEN

Der zweite Punkt, der mir aufgefallen ist: Jesus verlangt nichts Unmögliches. Bei dem Endgericht wird nicht nach Geld, Macht oder gewonnenen Schlachten gefragt. Er fragt nicht nach dem Beruf, nach dem erworbenen Reichtum oder Ähnlichem. Nein, er fragt nach, ob wir Dinge getan haben, die durchaus möglich sind: Habt ihr dem Hungrigen zu essen gegeben? Habt ihr dem, der Durst hatte, etwas zu trinken gegeben? Habt ihr den Menschen, die fremd in eurem Land waren, euer Haus geöffnet und ihnen geholfen, eine Wohnung zu finden? Habt ihr eure Kleidung an den weitergegeben, der nichts hatte? Habt ihr auf die Kranken geachtet und sie besucht und getröstet? Und habt ihr an die Gefangenen gedacht, die vielleicht durch tragische Umstände ins Gefängnis kamen?

Oft machen wir uns Gedanken über schwierige Mathegleichungen und taktische Sportmanöver und das ist super und macht Spaß. Aber das, was Jesus fordert, ist ganz einfach und vielleicht gerade deshalb tun wir uns oft so schwer damit.

WIR TUN ES FÜR JESUS

Und drittens: Alles, was wir tun, tun wir für Jesus!

Wir Christen, so nennen wir uns als Anhänger von Jesus Christus, werden also am Ende vor Gericht gestellt. Puh, was für Aussichten... Gibt es keine andere Religion mit einem besseren Ende? Nun ich denke, die Aussichten auf das Ende sind gar nicht so schlecht. In meinem Poesie-Album von der Schulzeit stand: „Es hat sein Leben am besten verbracht, der die meisten Menschen hat glücklich gemacht!" Das ist eigentlich nichts anderes als das, was das Christentum fordert. Sich für den anderen einsetzen! Das tun natürlich auch Nichtchristen, aber es gibt einen Unterschied: Wir tun es für Jesus, unseren Freund.

Warum sollte man Fremden helfen? Etwas von dem, was wir uns mühsam erarbeitet haben, abgeben? Warum immer alles teilen? Na, weil Jesus uns dafür etwas viel Größeres verspricht, sozusagen einen Extralohn, und weil wir bei jeder guten Tat ihm persönlich etwas Gutes tun. All unsere guten Taten werden sozusagen gesammelt und machen die Welt besser.

ALS LOHN DAS EWIGE LEBEN

Und der große Preis, um den es geht, ist das ewige Leben. Ach je, wer kann sich da etwas darunter vorstellen? Das scheint noch so weit weg. Braucht man das? Glaubt da heute noch jemand dran? Ich glaube daran. Es ist traurig und beängstigend zu denken, dass mit dem Tod alles vorbei ist. Für mich ist das ewige Leben mehr als eine fromme Wunschvorstellung. Jesus hat es versprochen und durch seine Auferstehung real werden lassen. Nach dem Tod kommt nicht das Ende.

UND WAS TUN WIR?

Das neue Kirchenjahr startet. Neues Jahr, neues Glück mit guten Vorsätzen! Jesus hat uns heute viele Ideen mit auf den Weg gegeben, das Gute zu tun, ihm Gutes zu tun! In Deutschland geht es den Menschen recht gut, da muss man erst mal jemanden finden, der Hunger hat und dem man etwas zu trinken anbieten kann. Aber ich glaube, wir können es als Einladung auffassen, gut mit unseren Mitmenschen umzugehen, ihnen Gutes zu tun, aufmerksam zu sein. Jesus zählt auf unsere guten Taten und ihm entgeht nichts, im guten Sinne! So können wir frohgemut dem „Endgericht" entgegenschauen, dann erwartet uns die Belohnung für unsere Taten.

Kathrin Vogt

Endlich Ferien!

LIEDVORSCHLÄGE

Gesänge
Eröffnungsgesang: Wir machen uns auf den Weg (GL 835, Eigenteil Bistum Münster); *zur Gabenbereitung:* Wenn wir das Leben teilen (GL 474); *zur Entlassung*: Möge die Straße uns zusammenführen (Segenslied).

ERÖFFNUNG

Einführung
Schöne Ferien! Den Gruß bekommt man in der Schule am Ende des Schuljahres zu hören. Schönen Urlaub, wünschen nette Arbeitskolleginnen und Kollegen. Man hat es sich verdient! Mal rauskommen und eine andere Umgebung sehen, oder auch zu Hause bleiben, aber endlich mal Zeit haben für die Dinge, die sonst zu kurz kommen. Entspannung für Geist und Körper. Was gehört dazu? Wann ist ein Urlaub gelungen? Und hat der Glaube unterwegs auch Urlaub, oder gehört die kurze Einkehr und Besinnung bei der Kirchenbesichtigung in der fremden Stadt dazu? Gott will uns nahe sein, auch im Urlaub.

Gebet
Guter Gott,
wir danken dir für die freie Zeit, die vor uns liegt.
Hilf uns, sie gut zu nutzen,
dass daraus eine segensreiche Zeit wird.
Mach uns offen für den, der unterwegs unsere Hilfe braucht
und behüte uns und unsere Lieben vor Unglücken und Irrfahrten.
Darum bitten wir durch Christus, unseren Herrn.

ZUR VERKÜNDIGUNG

Einleitung
Meistens verreist man mit dem Flugzeug, mit der Bahn oder mit dem Auto. In der Zeit, in der Jesus gelebt hat, sind die Leute mit dem Schiff, dem Pferd oder dem Esel gereist. Oder sie gingen zu Fuß, so wie Jesus heute im Evangelium. Da war nicht alles immer so bequem, die Reisegruppe war auch ziemlich speziell, aber hören wir, was der Evangelist Lukas uns zu berichten weiß.

Evangelium: Lk 9,51–59a

Endlich Ferien! Viele werden sich in den nächsten Tagen auf den Weg in den Urlaub machen. Es geht auf Reisen! Was einen da so genau erwartet, weiß man ja nie. Man kann neue Leute und neue Orte kennenlernen.

Oder fährt vielleicht schon seit Jahren an ein bekanntes Ziel, bei dem man weiß, was man hat!

Jesus ist im heutigen Evangelium auch auf dem Weg nach Jerusalem. Den Ort kannte er wohl bestens und er ist nicht auf den Weg in den Urlaub, sondern er geht seinem Kreuz entgegen, seiner Himmelfahrt, sagt der Text.

Das Buchungssystem war damals auch noch ein anderes. Er schickt einen Boten voraus, der eine Unterkunft besorgen soll, aber niemand will ihn aufnehmen. Das erinnert ein bisschen an Weihnachten, da wollte auch niemand Maria und Josef aufnehmen. Die Jünger reagieren auf die Ablehnung ziemlich gereizt und fordern spontan die Vernichtung des Dorfes. „Sollen wir befehlen, dass Feuer vom Himmel fällt und sie vernichtet?" Na, das war aber auch eine nette Reisegesellschaft.

Jesus will davon aber nichts wissen und sie gehen in ein anderes Dorf. Ich kann mir vorstellen, dass die Stimmung der Reisetruppe eher gedrückt als laut vergnügt war. Trotzdem gibt es unterwegs Menschen, die sich ihnen anschließen wollen, oder die Jesus konkret einlädt, ihm zu folgen.

Jesus stellt dabei keine leichte Reise in Aussicht, sondern eher harte Konditionen. Es sind keine Verzögerungen erlaubt, es gibt keine Bequemlichkeiten und auch kein Zurückschauen auf das alte Leben. Hat jemand Lust, sich anzuschließen?

WAS LEHRT UNS DER REISEBERICHT VON JESUS?

Zu ihm zu gehören, Christ sein, das ist nicht einfach, das fordert die ganze Person. Das bringt auch Unbequemlichkeiten mit sich. Damals wie heute.

Aber ich denke, seine Zusage lohnt sich. Wer gerufen wird und den freien Mut hat, sich wie Jesus in die Hand Gottes zu geben, der kann eine ganz neue Freiheit erleben.

Das ist schwere Kost, und dennoch möchte ich zwei Tipps für die Reise in den Sommerferien aus dem heutigen Evangelium übersetzen:

1. Wenn mal etwas nicht klappt wie geplant *(denkt an den Boten, den Jesus vorausschickt),* dann folgt nicht den Jüngern, die sich Feuer vom Himmel wünschten, um alles zu vernichten, sondern denkt an Jesus, der einfach woanders einen neuen Versuch startete.

2. Und der zweite Tipp: Nehmt den Segen Gottes mit auf eure Fahrt! Denkt bei der schönen Landschaft an unseren Schöpfer, bei einer schönen Kirche oder einem Wegkreuz an unseren Freund Jesus und schickt ein kurzes Dankgebet zum Himmel, denn wer ein dankbares Herz hat, der hat auch ein glückliches Herz. Das funktioniert übrigens auch bei einem Spaziergang zu Hause! In diesem Sinne, eine gesegnete Ferienzeit, wo auch immer ihr euch aufhalten werdet!

FÜRBITTEN

Gott ist gut. Er begleitet uns auf allen Wegen. Wir bitten um Schutz und Segen: Christus, höre uns.

- Guter Gott, die Ferien beginnen. Wir bitten um eine gesegnete Zeit für die Familien und um eine sichere Reise für alle, die sich in den nächsten Tagen auf den Weg machen. ...
- Guter Gott, manche Familien können sich keine große Reise leisten. Schenke ihnen Kreativität und frohen Mut, in den kleinen Dingen Freude und Abwechslung zu entdecken. ...
- Guter Gott, wir wollen an all die Menschen denken, die Aufgrund von Krankheit nicht vereisen können. Denken wir auch an all die Menschen, die sich um sie kümmern und sie pflegen. ...
- Guter Gott, wir wollen für die Menschen beten, die in Pflege- und Altenheimen leben und die niemand besucht. Schenke du ihnen deinen Trost und Beistand und Menschen, die sich ihrer annehmen. ...
- Guter Gott, wir beten für alle, die bald ihre letzte Reise zu dir antreten werden, segne sie und schenke ihnen das Vertrauen auf das ewige Leben. ...

REISESEGEN

Segne, o Gott, die vor uns liegende Reise.
Segne die Fahrt und die Ankunft.
Segne die, die uns willkommen heißen,
und uns, die wir ihre Gastfreundschaft annehmen,
damit Christus in unsere Mitte komme
beim Reisen und beim Ausruhen.
(GL 13,4)

Kathrin Vogt

Ewige Wohnung im Haus des Vaters

ERÖFFNUNG

Musikstück
oder Lied: „Wir sind nur Gast auf Erden" (GL 505).

Liturgischer Gruß
Jesus Christus, der Herr des Lebens, er sei mit euch / ist mit uns allen.

Einführung
„Auferstehung ist unser Glaube, Wiedersehen unsere Hoffnung, Gedenken unsere Liebe" – dieser Ausspruch des heiligen Augustinus kann vielleicht ausdrücken, was viele von uns in dieser Stunde empfinden. Wir haben uns hier auf dem Friedhof versammelt, um an unsere verstorbenen Angehörigen und Freunde zu denken: wertgeschätzte Menschen, die hier und an anderen Orten ihre letzte irdische Ruhestätte gefunden haben. Wir dürfen dies tun in Liebe und Dankbarkeit gegenüber denen, die uns in die Ewigkeit vorausgegangen sind. Wir hoffen sie wiederzusehen und dürfen glauben, dass Jesus Christus, der Herr des Lebens, der durch Kreuz und Auferstehung den Tod bezwungen hat, unsere Verstorbenen in seine Ewigkeit führt.

Kyrie-Litanei
Herr Jesus Christus,
du hast unser menschliches Schicksal geteilt.
Herr, erbarme dich. *A:* Herr, erbarme dich.
Auferstanden von den Toten, eröffnest du uns den Weg zum ewigen Leben.
Christus, erbarme dich. *A:* Christus, erbarme dich.
Aufgefahren in den Himmel, lädst du uns ein zur Gemeinschaft mit Gott.
Herr, erbarme dich. *A:* Herr, erbarme dich.

Gebet
Allmächtiger Gott, du hast deinen Sohn
als Sieger über den Tod zu deiner Rechten erhöht.
Gib deinen verstorbenen Dienern und Dienerinnen
Anteil an seinem Sieg über die Vergänglichkeit,
damit sie dich, ihren Schöpfer und Erlöser,
schauen von Angesicht zu Angesicht.
Darum bitten wir durch Jesus Christus,
deinen Sohn, unseren Herrn und Gott,
der in der Einheit des Heiligen Geistes
mit dir lebt und herrscht in Ewigkeit.

ZUR VERKÜNDIGUNG

Hinführung zum Evangelium

Christus verheißt den Jüngern eine ewige Wohnung im Haus des Vaters. Er verspricht, ihnen vorauszugehen und einen Platz vorzubereiten. Im Vertrauen darauf, dass diese Zusage auch uns und unseren Verstorbenen gilt, hören wir nun das Evangelium.

Evangelium Joh 14,1–3

Euer Herz lasse sich nicht verwirren.
Glaubt an Gott
und glaubt an mich!
Im Haus meines Vaters gibt es viele Wohnungen.
Wenn es nicht so wäre, hätte ich euch dann gesagt:
Ich gehe, um einen Platz für euch vorzubereiten?
Wenn ich gegangen bin
und einen Platz für euch vorbereitet habe,
komme ich wieder
und werde euch zu mir holen,
damit auch ihr dort seid, wo ich bin.

Musikstück

oder Lied: „Meine Hoffnung und meine Freude, meine Stärke" (GL 365).

Gebetsteil

FÜRBITTEN

Im Glauben, dass unser Leben in der Ewigkeit vollendet wird, bitten wir:
V: Herr des Lebens. *A:* Wir bitten dich, erhöre uns.

- Für alle, die an Christus glauben: dass sie glaubwürdige Zeugen der Hoffnung sind.
- Für alle, die um Verstorbene trauern: dass sie Trost finden in dir und Menschen begegnen, die ihnen beistehen.
- Für alle, die Trauernde begleiten: Schenke ihnen die richtigen Worte angesichts von Leid und Not.
- Für uns selbst: dass wir immer mehr verstehen lernen, zu welcher Hoffnung wir berufen sind.
- Für unsere Verstorbenen: dass sie ewige Heimat finden in deinem Reich.

Herr Jesus Christus, Sieger über Leben und Tod, dir vertrauen wir unsere Bitten an. Dir sei Lob und Ehre in Ewigkeit.

Zum Vaterunser

Im Himmel ist eine Wohnung für den Menschen vorbereitet, der Gottes Nähe sucht. Im kindlichen Vertrauen wollen wir beten und dürfen ihn dabei Vater nennen:

Gebet

Herr, wir danken dir
für all die Menschen, die uns nahegestanden und
einen wichtigen Teil des Lebens mit uns geteilt haben.
Es schmerzt uns,
dass sie aus unserer Welt entrissen sind,
aber wir hoffen, dass sie nun bei dir leben,
dort, wo es kein Leid und keinen Tod mehr gibt.
Wir danken dir für all das Gute,
das unsere Verstorbenen uns geschenkt haben.
Dankbar erinnern wir uns an ihre Liebe und Freundschaft,
ihr Engagement und manche frohe Stunde.
Vergelte du ihnen,
was sie Gutes getan haben,
und erbarme dich ihrer Unvollkommenheiten.
Schenke ihnen ewigen Frieden
und Wohnung bei dir.
Das erbitten wir durch Jesus Christus,
unseren Herrn und Gott,
der mit dir und dem Heiligen Geist lebt
und herrscht in alle Ewigkeit.

Impuls vor der Gräbersegnung

Der verstorbene Papst Benedikt XVI. hat einmal gesagt: „Nur wer im Tod eine große Hoffnung erkennt, kann auch ein Leben leben, das von der Hoffnung ausgeht (...) Der Mensch braucht Ewigkeit und jede andere Hoffnung ist für ihn zu kurz, zu begrenzt (...) Wir wissen, dass Gott aus seiner Ferne herausgetreten und zu uns gekommen ist, dass er in unser Leben eingetreten ist und zu uns sagt: ‚Ich bin die Auferstehung und das Leben. Wer an mich glaubt, wird leben, auch wenn er stirbt, und jeder, der lebt und an mich glaubt, wird auf ewig nicht sterben.' "
In dieser Zuversicht wollen wir nun die Gräber unserer Verstorbenen segnen.

Es folgt die Gräbersegnung

Wo es üblich ist, endet die Feier mit dem Segen für die Gemeinde, der Entlassung und einem Mariengruß, beispielsweise „Maria, breit den Mantel aus" (GL 534).
Christoph Heinemann

Segnung eines Bildstockes des hl. Aloisius

Heute ist ein besonderer Tag. Sie feiern sozusagen Ihr goldenes Entlass-Jubiläum. Und das nicht etwa in einem Schulraum oder Restaurant, und nicht einmal im heimatlichen Gotteshaus unseres Dorfes, dem Ort Ihrer Kindheit und Jugend.

(1) Und doch ist „etwas Kirche" heute dabei, ja sogar eine kleine selbst gebaute Kirche, eine Landkapelle oder ein Bildstock, wie wir sagen. Von einigen Ihres Kreises mit eigenen Händen erbaut und von der großen Mehrheit mitgetragen, gewollt und für diesen Tag gewünscht.

Und dass Sie gerade diesen Tag jetzt hier so begehen, ist für mich Zeichen, dass, bei aller Veränderung, Sie selbst heute Kirche sind, unterschiedlich wie die Materialien unseres kleinen Bauwerks dort, einige härter und fester, andere weicher oder eher verborgen im Hintergrund, fast unsichtbar und doch wichtig. Manche sind wie das verwendete Glas selbst transparent, lichtdurchlässig durch das Gute, das sie in Familie, Nachbarschaft und oft auch in der Gemeinde geben und schenken; andere halten still und unauffällig so einiges, wie hier Steine und Fundament, zusammen, sind Halt zum Anlehnen und Stützen.

Mit Ihrem Heiligenhaus, sagen wir es einmal so, segnen wir heute vor allem Sie, als lebendige Zeichen – wenn auch wie bei jedem von uns mit Kanten und Grenzen – des Christlichen, ganz unterschiedlich und doch kostbar, in unserer Welt. Oft sind Sie, wie es damals Anfang der Siebziger N. N. für die Darstellung des Heiligen hier gewesen ist, kleine oder große Retter, unter Ihren Angehörigen, Freunden, ehemaligen Kollegen, im weltlichen Ehrenamt, wie etwa den Sportvereinen, oder in der Kirche, wie zum Beispiel in Frauengemeinschaft und Frauenhilfe, in den Chören oder wo immer Not am Mann oder der Frau ist. Dazu im Segen heute weiter viel Kraft und gutes Miteinander im gemeinsamen Einsatz!

(2) Hier unter der Überdachung sehe ich ihn, Aloisius – in Talar und Rochett – so wie unsere älteren Messdienerinnen und Messdiener: schwarz-weiß – schaue ich aber zu Ihnen, sehe ich eine bunte, farbige Schar. Frauen und Männer. Schwarz-weiß und bunt, das sind auch die fünfzig Jahre seit Ihrer Entlassung plus der noch längeren Zeit von Ihrer Einschulung und ersten Kindheit an. Nicht nur die anfänglichen Schwarz-Weiß-Fernseher haben sich bald „gemausert" und die vergilbten blassen Fotos eine Wandlung durchgemacht, zunächst als Aufnahmen in Farbe, dann heute gar im Handy, modellierbar und in allen Farben, Formen und Beiwerk ganz nach eigenem Geschmack zu gestalten! In dieser langen Zeit, auf die Sie schauen, liegt viel Veränderung, Umdenken, Entwicklung, Wandlung. Kein Schwarz-Weiß-Sehen etwa zwischen unseren Konfessionen: Dass Sie, lieber Pfarrer N. N., heute mit uns den Gottesdienst feiern, ist mehr als ein Zeichen für positive Veränderung. Vor Zeiten undenk-

bar, in einer damals weithin in jeder Hinsicht „geschlossen" katholisch geprägten Ortschaft.

Kein simples Schwarz-Weiß-Malen ebenso wenig in den verschiedenen Formen von partnerschaftlichen Beziehungen und Weggefährtenschaften, wofür auch viele von Ihnen hier mit ihrem ganz persönlichen Leben in Höhen und Tiefen stehen.

Kein allzu hausbackenes Entweder-oder im Blick auf Kirche und Christsein. Wir sind heute „draußen", nicht im Innenraum der Kirche, und sind doch versammelt, um einen Impuls aus der Tradition des Glaubens aufzunehmen und tun dies in der Natur, in Gottes Schöpfung. Nicht mehr einfach alles „schwarz-weiß"!

VIEL GUTES UND VIEL GRUND ZUM DANKEN

(3) Zugleich ist da auch die andere Seite. Wie die Redensart sagt: „Da wird es einem einfach zu bunt." Nicht weil Vielfalt, Veränderung und neue Farben im Leben nicht gut wären, sondern weil man „das Kind mit dem Bade ausgießt", wie wieder ein Sprichwort sagt. Weil Hektik und neue Besserwisserei sich breitmachen – weil man die eigenen Wurzeln vergisst und in wiederbelebter Intoleranz alles, was persönlichem Geschmack widerspricht, einfach beseitigen will; und da braucht es auch heute Wachheit und Mut, wie damals, als eine von Ihnen, vielleicht weniger absolut an die Figur als an die erlebte und vertraute Klassengemeinschaft denkend, Ihr Symbol nicht nur bewahrt, sondern zu sich nach Hause genommen hat. Was wir mit nach Hause nehmen aus der Kirche, aus dem Gottesdienst, ja aus unserer Lebenserfahrung, aus Grenzen und Krisen, aus Festen und Alltagen, aus unserem Leben als Menschen und Christen, das gehört zu uns. Dem geben wir einen Platz in unserem inneren Zuhause, in unserem persönlichen Leben.

Hier Ihr „Begleiter aus Kindertagen hinter Glas" in seiner Deutlichkeit von Weiß als Hellem und Schwarz als Dunkel gibt eine Grundorientierung, nicht mehr und nicht weniger. Wenn ich zu Ihnen blicke, bin ich sehr zuversichtlich:

Farbe und Leben werden Sie selbst weiter dem durch Sie als gut und lichtvoll Erkannten geben.

Und vielleicht sind Sie und sind wir auch in Zukunft bescheidene Retter der Grundorientierung in Familie, im Gutsein den Mitmenschen allgemein gegenüber und auch für unsere evangelischen und katholischen Gemeinden.

Ihnen von Herzen einen farbig-frohen Glückwunsch und gleich hier in der Natur an der bereiteten Picknick-Kaffeetafel eine, im wahrsten Sinne, klasse Feier. Gott segne diesen Bildstock und vor allem Sie alle. Amen.

Heinz Norbert Hürter

Immer bei dir

In unserem ökumenischen Gottesdienst haben wir heute als Predigttext eine Lesung aus dem Buch der Psalmen gehört, den Psalm 73. Dazu zunächst eine Geschichte von einem der alten Mönchsväter aus dem 4. Jahrhundert:

Der Altvater Antonius richtete seinen Blick auf die Tiefe der Ratschlüsse Gottes und stellte die Frage: „Herr, wie kommt es, dass manche nach einem kurzen Leben sterben, andere aber ein hohes Alter erreichen? Und warum leiden die einen Not, während andere reich sind? Warum schwelgen die Ungerechten in Reichtum und die Gerechten leben in Armut? Da kam eine Stimme zu ihm, die sprach: „Antonius, achte auf dich selbst; denn das sind Fügungen Gottes, und es frommt dir nicht, sie zu erforschen" (Apophthegmata Patrum 2).

Der alte Mönchsvater schlägt sich mit der gleichen Frage herum, an der sich ein Jahrtausend früher auch der Beter des 73. Psalms abarbeitete. Warum geht es den Schlechten so gut und den Guten so schlecht? Womit habe ich verdient, dass es gerade mir so schlecht geht?

SIEG DER RÜCKSICHTSLOSEN

Der Beter ist kein Fundamentalist und kein Pietist, sondern ein aufgeklärter Gebildeter, der sich in einer tiefen Glaubenskrise befindet. In den ersten zwölf Zeilen des Psalms schildert er seine Anfechtung. Es sind keine theoretischen Probleme, die ihn quälen, sondern die tagtägliche Erfahrung, dass die Gottlosen machen können, was sie wollen, und es geht ihnen prächtig. Sie führen überall das große Wort und setzen sich rücksichtslos durch. Ihre Bosheit kennt keine Grenzen. Sie haben immer recht und verspotten die Andersdenkenden als „Gutmenschen". Für sie gibt es keinen Gott, und falls doch, hat er anderes zu tun, als sich um die Welt und die Menschen zu kümmern. Diese Meinung behalten sie natürlich nicht für sich, sondern verbreiten sie lauthals in allen Medien. Sie sind als „Influencer" (Beeinflusser) äußerst erfolgreich und haben viele tausend „Follower" (Nachläufer). Jeder kann sehen, wie gut es ihnen geht. Dem Beter aber geht es körperlich und seelisch schlecht. „Fürwahr, umsonst bewahrte ich lauter mein Herz und wusch meine Hände in Unschuld. Und doch war ich alle Tage geplagt und wurde jeden Morgen gezüchtigt" (V. 13f).

HEILKRAFT DER ERINNERUNG

Dann aber ab Vers 15 kommt ein neuer Ton in den Psalm. Nun spricht der Beter Gott im Du an und sagt, was ihn hindert, es den erfolgreichen Populisten gleichzutun. Er bringt es nicht übers Herz, dem Gott seiner Väter und Mütter den Abschied zu geben, wenn er an die Leidensgeschichte seines Volkes denkt. Aus der Botschaft vom rettenden Gott haben die Kinder Israels durch die Jahrhunderte und Jahrtausende hin immer wieder Kraft geschöpft. Der jüdische Philosoph Abraham Joshua Heschel sagt dazu: „Vieles von dem, was die Bibel verlangt, kann zusammengefasst werden in einem Wort: Erinnern!" Die Erinnerung an die Gemeinschaft der leidenden Gotteskinder gab dem Beter von Psalm 73 die Kraft, bei Gott auszuhalten in der Nacht des Leidens. Psychologen haben herausgefunden, dass bei einer Altersdepression eine „Lebensrückblickintervention" hilfreich sein kann. Es gab doch auch viele positive Erfahrungen in unserem Leben. Diese Heilkraft der Erinnerung hilft auch dem Beter von Psalm 73 wieder auf die Beine. Wir Christen können diese Kraft erfahren in der Erinnerung an unseren Bruder Jesus Christus, der bei uns ausgehalten hat in der Nacht des Leidens. Sein Kreuz ist das Zeichen, dass Gott sich mit allen Leidenden solidarisiert. Ihnen gilt die Verheißung, die im ersten Vers des Psalms ausgesprochen wird: „Fürwahr, Gott ist gut für Israel, für alle, die reinen Herzens sind." Und im letzten Vers heißt es: „Ich aber – Gott nahe zu sein, ist gut für mich."

GEBETSKAMPF UND STIMMUNGSUMSCHWUNG

Wenn wir Psalm 73 meditieren, erleben wir den Prozess einer inneren Verwandlung. Das Ich erzählt von einer tiefen Lebens- bzw. Gotteskrise und von seinem Weg aus dieser Krise. In schonungsloser Offenheit führt der Beter ein Krisengespräch mit Gott. Und dieser Gebetskampf verwandelt ihn. Er kommt los von der Fixierung auf die Gottlosen und hört auf, sich selbst zu bemitleiden. In den Versen 18–22 zeigt sich ganz deutlich die Wende: „Ja, mein Herz war bitter. Ich war ein Tor ohne Einsicht" (V. 21). Er beschreibt erneut die Frevler, deren Verhalten ihn so erzürnt hat – jetzt aber aus dem Blickwinkel Gottes. Nun erscheinen sie wie nichtige Gestalten, substanzlose Blender, deren glänzende Fassade Gott nicht täuschen kann. Der Beter hat also keinen Grund, sich mit Eifersucht zu plagen. Jeder weitere Neid auf diese hohlen Wichtigtuer wäre töricht. Im Gebet kommt der Psalmist zur Ruhe und beherzigt das, was auch der alte Mönchvater als himmlischen Rat erhält. Schau nicht auf die anderen, das macht dich nur verrückt. Auch du wirst das Rätsel des Bösen nicht lösen. Achte auf dich selbst und mache dich bereit für die Begegnung mit Gott. Der Beter fängt an zu vertrauen, dass das Treiben der Gottlosen keine Zukunft haben wird. Auch seine Sicht des Leids verändert sich. Er erkennt, dass Gott ihn niemals verlässt, dass er immer bei ihm ist – auch wenn es ihm manchmal sehr schlecht geht. Der Gott, an den er sich gehalten hat, wird auch ihn halten und führen und am Ende in seine Lebensgemeinschaft aufnehmen.
„Ich aber bleibe immer bei dir, du hältst mich an deiner Rechten. Du leitest mich nach deinem Ratschluss und nimmst mich am Ende auf in Herrlichkeit" (V. 23f).

Norbert Tillmann

Von Gottes Gnade geführt

Wenn Ehepaare den 70. Jahrestag ihrer Hochzeit feiern, nennt man dies Gnadenhochzeit. Dieser Begriff macht deutlich, dass Gottes besonderer Schutz und Segen, seine Gnade, auf diesen Menschen ruhen. Nur wenigen Ehepaaren, das wirst du sicherlich auch in deiner aktiven Pfarrerzeit erfahren haben, ist diese Gnade geschenkt. Somit ist dein heutiges Priesterjubiläum auch ein Gnadenfest. Gottes Gnade ruht auch auf deinem Leben und Wirken.

Mit der heutigen Feier gedenken wir deiner Priesterweihe vor 70 Jahren, die du am 29. März 1952 zusammen mit weiteren 16 Mitbrüdern durch Bischof Dr. Matthias Wehr empfangen hast. Im Augenblick der Handauflegung und im Gebet des Bischofs hat Gott dir schon seine Gnade geschenkt. Er hat dich durch das Sakrament der Priesterweihe mit seiner Gnade ausgezeichnet und dich mit ihr ausgerüstet, um in seinem Namen und im Auftrag der Kirche diese Berufung zu leben.

Solche Augenblicke, solche Sternstunden in seinem Leben vergisst man nicht, sondern sie sind zeitlebens Quelle, aus der wir schöpfen und lebenslanges Fundament, auf dem wir stehen und das uns Tag für Tag trägt.

EINE VERÄNDERTE KIRCHENSTUNDE

Wir leben heute, 70 Jahre später, in einer ganz anderen Zeit und in einer ganz veränderten Kirchenstunde. Vor 70 Jahren galt der Priester noch als eine erhöhte Person in Kirche und Gesellschaft. Er war auf ein hohes Podest gehoben, war unangreifbar, unantastbar, ausgezeichnet und viele Menschen meinten, der Priester sei eine heilige Gestalt.

Dass der Priester eben kein Heiliger per se ist, haben wir seit dem Jahr 2010 nicht nur in Deutschland, sondern weltweit bitter und schmerzlich erfahren müssen. In der heutigen modernen Welt ist der Priester, der viele Jahre im Berufsansehen weit vorne in der Skala rangierte, auf die hintersten Plätze gerückt.

Viele diskutieren heute offen darüber, auch im Bereich der Theologie und in der Kirche, ob der Priester überhaupt noch notwendig für das Leben der Kirche ist und ob die Gemeinden nicht auch ohne den geweihten Priester bestehen und überleben können. Bei dem derzeit laufenden Synodalen Weg in Deutschland gibt es das Forum II „Priesterliche Existenz heute", in dem sehr kritisch und manchmal lehramtlich abweichend über den Priester und das Priesterbild diskutiert und heftig gestritten wird.

Was vor 70 oder vor 20 Jahren noch grundsätzlich war, wird heute kritisch in Frage gestellt. Deswegen verwundert es nicht, dass sich so wenige junge Männer noch für den Priesterberuf entscheiden und im Wirrwarr all dieser lauten Stimmen, der Hektik und des Stresses unserer Zeit so wenige Gottes Ruf überhaupt noch hören.

Nein, der Priester muss kein Heiliger sein, aber er muss sich bemühen und auf dem Weg bleiben, den er einmal begonnen hat.

Der Priester ist für die Kirche, für die Gesellschaft und für diese Welt unbedingt notwendig. Er wird weiterhin gebraucht, um die heilende und befreiende, frohe Botschaft Gottes zu verkünden, die Sakramente, die Zeichen des Heils, zu spenden, Menschen in allen ihren Lebenssituationen zu begleiten, Kranke aufzurichten, den Verzweifelten Mut und Hoffnung zuzusprechen, Verirrten und Sündern Gottes Barmherzigkeit zu vermitteln, Sterbenden in ihrer letzten Not beizustehen, Trauernde zu trösten und für die ihm anvertrauten Menschen zu beten.

Der im Jahre 1931 verstorbene schwedisch-lutherische Theologe und Erzbischof von Uppsala, Nathan Söderblom, einer der Väter der ökumenischen Bewegung und Friedensnobelpreisträger, hat einmal von einem kurzen Gespräch erzählt, das er mit einem Bauern geführt hat.

Ein Bauer kam zu ihm und sagte: „Herr Erzbischof, mir scheint, deine Zeit ist um." Söderblom fragte dann erstaunt: „Warum?" Der Bauer gab ihm zur Antwort: „Nun, die Kirche hat die Zeit der Priester gehabt. Sie kam und sie ging. Das war Rom. Die große Zeit der römischen Kirche, deren Stolz die priesterliche Hierarchie und Macht der Päpste war. Dann kam die Zeit der Leviten und Schriftgelehrten. Das waren Wittenberg und Genf, die Zeit des Protestantismus, wie ihn Luther in Wittenberg und Calvin in Genf lehrten, die Zeit der großen Bibelwissenschaft und des Vertrauens auf die Heilige Schrift. Auch diese Zeit kam und ging." Entsetzt bohrte der Erzbischof bei dem Bauern nach: „Und jetzt?" Darauf erwiderte der Bauer: „Jetzt fängt die Zeit des barmherzigen Samariters an!"

Mit dieser Geschichte wollte der Erzbischof auf den eigentlichen Dienst der Kirche und seiner Diener hinweisen. Der Priester ist dazu bestellt, Gott und den Menschen zu dienen und alles zu geben, was er hat. Und deswegen ist der Priester auch heute noch unersetzlich und gehört in das Leben und Wirken der Kirche unwiderruflich hinein.

DER PRIESTER IST DER VERTRAUTE JESU

Das Evangelium, das wir gerade gehört haben und das grafisch auf der Jubiläumskerze hier vorne auf dem Altar dargestellt ist, ist ein wunderbares Bild für das Leben und Wirken des Priesters.

Zu jedem Familien- und Berufsleben gehören Höhen und Tiefen, Erfolg und Misserfolg, Freud und Leid, Lachen und Tränen, Gewinne und Verluste. Das ist im Leben und im Wirken des Priesters nicht anders.

Zu all dem Schönen, Bunten, den Freuden und Erfolgen, die wir erfahren, gehören auch Misserfolge, Niederlagen, Zweifel, Verzweiflung und Brüche, dunkle Tage und Nächte.

Doch das Geheimnis unseres priesterlichen Dienstes ist die tiefe Verbundenheit mit dem Herrn, die wir bei unserer Weihe versprochen haben. Diese drückt sich darin aus, dass wir auf seine Stimme hören, achtsam und sensibel dafür sind, was er uns sagen will. Dies sollten wir gerade in unserer Erfolglosigkeit und im Sturm unserer jetzigen Zeit in besonderer Weise beherzigen und tun.

Simon Petrus und seine Fischerkollegen haben das verstanden, denn entgegen aller Berufserfahrung haben sie Jesu Wort verstanden und auf ihn gehört: „Fahr hinaus!" – „Duc in altum!" Die beste Fangzeit ist für die Fischer die Nacht, in der es ruhig und still ist, nicht der helle und lärmende Tag. Und die Jünger fahren trotz ihrer Niedergeschlagenheit und Erfolglosigkeit auf die Anweisung Jesu doch noch einmal hinaus und kommen mit einem übervollen Netz zurück. Welch eine wunderbare Erfahrung. Das ist Segen – das ist Gnade! Dort, wo wir auf Jesu Stimme hören, passiert Ungeahntes, werden wir in einem hohen und unvorstellbaren Maß beschenkt. Dort, wo wir uns an Jesus halten, geschieht Wunderbares und Großartiges.

Deswegen braucht die Kirche Frauen und Männer, braucht sie Priester, die das Wort Jesu aufmerksam hören und nicht große Reden schwingen und sich das geistliche Leben und den geistlichen Dienst so angenehm wie möglich gestalten. Die Kirche braucht Priester, die immer wieder hinausfahren, es immer und immer wieder versuchen, weil sie eben Gott grenzenlos vertrauen. Der Priester ist der Vertraute Jesu, wenn er sein Leben und Wirken nach ihm ausrichtet. Deswegen ist der Priesterberuf nichts für Feiglinge, sondern der Priester ist ein Mann des Mutes und des Vertrauens! Die Kirche braucht heute mehr denn je Priester vom Format des barmherzigen Samariters. Dort, wo sich alle von einem Menschen abwenden, der in Not ist, Schuld auf sich geladen oder ins Abseits geraten ist, muss der Priester der letzte Haltepunkt und Helfer sein. Dort, wo niemand mehr für einen da ist, muss der Priester stehen und seine offenen Arme und sein offenes Herz entgegenstrecken.

ALS MENSCHENFISCHER TREU GEWESEN

Du, lieber N., gehörst zu diesen Nachfolgern, zu diesen Menschenfischern und bist, mit Hilfe der Gottesmutter, die du so sehr verehrst, bis zum heutigen Tag dem Herrn treu geblieben. Du hast an allen deinen Stellen, an die du gesandt worden bist, die Netze ausgeworfen und deinen priesterlichen Dienst mit allen deinen Charismen, deinen Stärken und deinem Können, aber auch mit deinen Schwächen verlässlich ausgeübt.

Auch, wenn du nicht mehr so hinausfahren kannst wie in jüngeren Jahren, so wissen ich und viele andere auch, dass dein Gebet ein wichtiger Mosaikstein in unserem Gemeindeleben ist, wenn du an den Sonn- und Feiertagen hier im Chorgestühl die Eucharistie mit uns feierst und daheim, in deiner Wohnung, das Stundengebet persolvierst.

Jetzt, in deinem hohen Alter, darfst du deine Hände ausstrecken und dich von deinem Herrn gürten und führen lassen und dir weiterhin sicher sein, dass seine Gnade mit dir ist. Du darfst das in Anspruch nehmen, was der Apostel Paulus an seine Gemeinde in Korinth in seinem 2. Brief, dem sogenannten Tränenbrief, geschrieben hat: „Meine Gnade genügt dir; denn die Kraft wird in der Schwachheit vollendet" (2 Kor 12,9). Oder wie es die heilige Therese von Lisieux formuliert: „Alles ist Gnade!"

DER PRIESTER KANN NICHT ALLEINE PRIESTER SEIN

Eines ist aber auch klar: Wir können nicht Priester alleine sein, wir brauchen Menschen, die unseren Dienst stützen und tragen – in der Gemeinde und in unserem Haus. Hier möchte ich deine langjährige Haushälterin, Frau N. N., nennen, die dir seit beinahe 50 Jahren treu an der Seite steht und dich in deinem aktiven Dienst wie auch bis heute weiterhin unterstützt, damit du deinen Lebensabend sorglos leben und genießen kannst.
Vielen Dank, liebe Frau N., für diesen so wichtigen und aufrichtigen Dienst!

GOTT SELBER WIRD DAS GUTE WERK VOLLENDEN

Lieber Mitbruder N., sehr herzlich gratuliere ich dir zu diesem Gnadenjubiläum und danke mit dir und der hier anwesenden Gemeinde und vielen anderen Menschen Gott dafür, dass er dich zum Priester berufen und dir so viele Jahre geschenkt hat.
Ich danke dir für dein priesterliches Leben, für diese 70 erfüllten und ausgefüllten gnadenhafte Jahre.
Danke, dass du treu geblieben und ein Zeuge Jesu Christi bist!
Ich sage dir stellvertretend Dank von allen Menschen, denen du als Priester begegnet bist und ihnen deinen Dienst geschenkt hast.
Danke, dass du seit vier Jahren hier unter uns bist! Du bist eine Bereicherung für uns alle hier in der Pfarrgemeinde!
Gottes Gnade hat dich all die Jahre über geführt. Das Große, das Gott dir an Gnade jedoch schenken wird, steht dir noch bevor! Sie wird ungeahnt größer sein, als wir es uns vorstellen.
Gott selber möge dann das gute Werk, das er vor 70 Jahren an dir begonnen hat, vollenden.

Klaus Leist

Jesus Christus – unsere Hoffnung auf das ewige Leben

VERGÄNGLICHKEIT UND UNAUSWEICHLICHKEIT DES TODES

Wir gedenken unseres Verstorbenen / unserer Verstorbenen N. N. Das Drama der menschlichen Existenz wird uns in dieser Stunde bewusster denn je. Sprachlosigkeit, Traurigkeit, Schmerz und Dunkelheit drohen viele von uns zu überwältigen. Indem wir unseren Blick auf den Sarg / die Urne richten, denken wir wohl auch an unsere eigene Vergänglichkeit, an die Unausweichlichkeit des Todes. „Windhauch, Windhauch … das ist alles Windhauch und Luftgespinst. Es gibt keinen Vorteil unter der Sonne" (Koh 1,2a.2,11b) – wusste schon der alttestamentliche Weise Kohelet. Wer bin ich eigentlich? Warum muss ich einst alles, was ich erreicht und erlebt habe, loslassen? Hat mein Leben einen endgültigen Sinn, ist es zielgerichtet? Gibt es nur diese meine Lebenszeit? Diese Fragen steigen in uns auf und verlangen oft nach einer uns tragenden und stärkenden Antwort. Suchen wir damit aber nicht eigentlich einen Trost, der uns Halt geben könnte? Ihn kann uns die dankbare Erinnerung an den geliebten Menschen spenden, an die gemeinsam erlebte Zeit, das Gedenken an all das Gute und Schöne, das für unser Leben eine Bereicherung war. *(Platz für biografische Details und Persönlichkeitseigenschaften des/der Verstorbenen)*

DIE VERHEISSUNG JESU ALS GRUND UNSERES GLAUBENS

Neben der dankbaren Erinnerung möchte ich mit Ihnen, liebe verehrte Trauergemeinde, noch nach einer anderen Trost- und Hoffnungsquelle suchen. Diese finden wir im Glauben an Gott, der sich in Jesus Christus, seinem Sohn, offenbarte, und so den Menschen die Perspektive der Ewigkeit eröffnete. Viele können heute damit nichts anfangen. Sie sagen: „Mit dem Tod ist alles aus und vorbei. Alles andere ist nur Illusion und frommer Wunsch." Und wir? Unser Glaube wird in dieser Stunde des Abschiednehmens herausgefordert wie in keiner anderen. Glauben wir, dass Gott das Leben eines jeden von uns in seinen Händen trägt; dass nur er unsere tiefsten Sehnsüchte und Wünsche erfüllen kann; dass sich nur in ihm die größten Sinnfragen lösen lassen, dass wir für ein Leben in Fülle – ein Leben in der Herrlichkeit Gottes – bestimmt sind? (Aus diesem Glauben lebte unser lieber Verstorbener / unsere liebe Verstorbene N. N. und in diesem Glauben ist er / sie von uns heimgegangen.)
Gerade haben wir die Worte Jesu aus dem Evangelium nach Johannes gehört: „Ich bin die Auferstehung und das Leben. Wer an mich glaubt, wird leben, auch wenn er stirbt, und jeder, der lebt und an mich glaubt, wird auf ewig nicht sterben" (Joh 31,24–25). Jesus hat diese seine Verheißung wahrgemacht, als er in seinem Tod und seiner Auferstehung dem Tod die Macht genommen und der Menschheit den Himmel eröffnet hat. „Ich bin die Auferstehung und das Leben." – Diese Worte Jesu sind doch der Grund unseres Glaubens an das

ewige Leben, das Fundament unserer Hoffnung auf die Auferstehung der Toten. Und weil wir aus diesem Glauben und dieser Hoffnung leben oder zu leben versuchen, feiern wir diesen Trauergottesdienst und beten für unseren Verstorbenen / unsere Verstorbene N. N. Ohne diesen Glauben, ohne diese Hoffnung wäre alles, was wir gerade tun, doch einfach sinnlos.

DAS HERAUSFORDERNDE GEHEIMNIS DER EWIGKEIT

Das ewige Leben und die Auferstehung der Toten bleiben in diesem irdischen Leben ein großes, unerforschliches Geheimnis, an das wir uns nur schrittweise herantasten können. Papst Benedikt XVI. gibt Impulse, die behilflich sein können, diese unbegreifliche Wirklichkeit ein wenig zu verstehen. Er schreibt: „Wir können nur versuchen, aus der Zeitlichkeit, in der wir gefangen sind, herauszudenken und zu ahnen, dass Ewigkeit nicht eine immer weitergehende Abfolge von Kalendertagen ist, sondern etwas wie der erfüllte Augenblick, in dem uns das Ganze umfängt und wir das Ganze umfangen. Es wäre der Augenblick des Eintauchens in den Ozean der unendlichen Liebe, in dem es keine Zeit, kein Vor- und Nachher mehr gibt. Wir können nur versuchen zu denken, dass dieser Augenblick das Leben im vollen Sinn ist, immer neues Eintauchen in die Weite des Seins, indem wir einfach von der Freude überwältigt werden" (Spe Salvi 12). Was für eine hoffnungsspendende und tröstende Botschaft! Herr/Frau N. N. vollendete sein/ihr irdisches Leben. Möge unser Gott ihn/sie und einst uns alle, die wir jetzt um ihn/sie trauern, in die ewige Liebesgemeinschaft mit sich aufnehmen und uns ein Wiedersehen schenken.

Robert Solis

Cäcilia, Patronin der Kirchenmusik

Cäcilia war es offenbar gegeben, geistesgegenwärtig zu sein. In entscheidenden Augenblicken war sie wachsam – und vorbereitet, glänzend vorbereitet. Wie die klugen Jungfrauen in Jesu Gleichnis. Es wird seit alter Zeit an ihrem Gedenktag, dem 22. November, vorgelesen (Mt 25,1–13).

Es ist noch nicht lange her, da wäre der heiligen Cäcilia beinahe ihr Fest entwendet worden, einfach genommen – von niemand geringerem, erschrecken Sie nicht, als dem Papst in Rom. Vor gut fünfzig Jahren wollte Paul VI. den Heiligenkalender reformieren, entrümpeln, und zwar gründlich. Von bestens ausgewiesenen Geschichtswissenschaftlern hatte er sich beraten lassen. Denn im kirchlichen Kalender gab es ja Heilige, für die nur legendarische Überlieferungen beizubringen waren, nicht aber hieb- und stichfeste historische Beweise. Deren Gedenktage sollten wegfallen. Außer für Cäcilia sollte das noch für andere populäre Heilige gelten – für ebenfalls seit Jahrhunderten beliebte Gestalten wie Nikolaus, Ursula, Christophorus, Susanna, Barbara.

Nach heftigem, weltweitem Protest hat Paul VI. diese Pläne fallen lassen. Unzählige Kirchenchöre rund um den Erdball hatten klipp und klar zum Ausdruck gebracht: Wir lassen sie uns nicht nehmen: unsere Cäcilia, Patronin der Kirchenmusik.

Der Papst war geistesgegenwärtig genug, seinen Entschluss zurückzunehmen. So lernfähig, so bereit, sich korrigieren zu lassen – damit bleibt er ein Vorbild für alle seine Nachfolger. Ob Paul VI. auch deswegen im Oktober 2014 heiliggesprochen wurde, von dem vierten seiner Nachfolger, Papst Franziskus?

DEN GLAUBEN LEBEN – GANZ UND GAR

Nicht nur Jesus, auch viele in seiner Nachfolge wurden und werden zum Tod verurteilt. In der Frühzeit des Christentums kam es bis zum Beginn des 4. Jahrhunderts immer wieder zu erbitterten, schlimmen Verfolgungen. Von Cäcilia wird überliefert: Auch sie, eine hochbegabte und begeisterte junge Christin, ist Opfer einer solchen Staatsverfolgung geworden.

Cäcilia soll, wird erzählt, einen Mann heiraten, der kein Christ ist. In der Hochzeitsnacht eröffnet sie ihm: Valerian, es tut mir wirklich leid. Aber ich kann nicht deine Frau sein. Ich bin längst vergeben. Vor Jahren schon habe ich Jesus mein Ja-Wort gegeben.

Cäcilia gelingt es, dem jungen Mann das so mitzuteilen und zu erklären, dass er nicht wutentbrannt wegläuft. Nach einer Reihe von Gesprächen ist er sogar vom christlichen Glauben so beeindruckt, dass er sich taufen lässt. Wie Cäcilia bezahlt auch er diese Entscheidung mit seinem Leben.

Als junge Frau lässt Cäcilia sich ihren entschiedenen Wunsch nach Freiheit und Selbstbestimmung nicht nehmen. Sie will ausschließlich ihren Glauben leben, ganz und gar. Valerian ist beeindruckt, lässt sich umstimmen. Aber kann sie dem übermächtigen Zwang durch staatliche Fremdbestimmung widerstehen, so rücksichtslos und gewalttätig wie diese vorgeht?

Bis heute stellen sich viele Menschen in vergleichbaren Situationen solche Fragen, aktuell nicht nur in der Ukraine oder im Iran.

Es wird erzählt: Zur besonderen Ausstrahlung von Cäcilia gehört nicht nur ihr Mut, sondern auch ihre ganz wunderbare musische Begabung. Auch dadurch kann sie ergreifend ausdrücken, wie ihr Glaube sie begeistert, sie verwandelt hat. Viele bekehren sich daraufhin ebenfalls zum Christentum, obwohl auch sie sich dadurch in große Gefahr begeben.

HANNAH – CÄCILIA – MARIA

Eine Frau in Not, die ihren Glauben als Quelle erfährt, als Quelle des Trostes und der Ermutigung – eine solche Frau war Hannah, die im elften Jahrhundert vor Christus lebte. Endlich schwanger zu sein, doch noch Mutter werden zu können – diese Freude besingt sie in ihrem Lied. Ihr Sohn ist Samuel, der letzte große Richter in der Frühzeit Israels. Als sie spürt, dass sie ein Kind erwartet, betet sie:

„Mein Herz ist voll Freude über den HERRN, / erhöht ist meine Macht durch den HERRN. / Weit öffnet sich mein Mund gegen meine Feinde (...) Den Schwachen hebt der HERR empor aus dem Staub / und erhöht den Armen, der im Schmutz liegt; / er gibt ihm einen Sitz bei den Edlen, / einen Ehrenplatz weist er ihm zu" (1 Sam 2,1.8).

Ein Refrain greift Hannahs Jubel so auf:

„Mein Herz ist voll Freude über den Herrn. Große Kraft gibt mir mein Gott. Der Bogen der Helden wird zerbrochen, aber die Wankenden gürten sich mit Kraft".

Hannah hat Maria zu ihrem Magnificat inspiriert. Schwanger mit Jesus besingt sie darin ihre Berufung und ihre Befreiung, die sie Gott verdankt. In Marias Lied findet Tag für Tag weltweit das Abendgebet der Kirche seinen Höhepunkt.

Hannah, Maria, Cäcilia – drei Frauen, die nicht nur kämpfen müssen, sondern auch zu kämpfen wissen, dabei aber ihre Liebenswürdigkeit nicht verlieren. Im Gegenteil, die blüht auf, wird noch anziehender. Ein Grund könnte sein: Alle drei sind sie musikalisch.

Unbeirrbare Liebenswürdigkeit und Musikalität – wenn diese beiden sich zusammentun, können Wunder geschehen. Gelegentlich, wenn auch viel zu selten, gelingt es eben doch: „Frieden schaffen ohne Waffen".

HELGE LOEWENBERG-DOMP

In meinen 24 Jahren in den Niederlanden haben mich besonders Frauen beeindruckt, wenn sie von den Erfahrungen erzählten, die sie in den Jahren 1940 bis 1945 gemacht haben, während der Gewaltherrschaft der deutschen nationalsozialistischen Besatzung. Stellvertretend möchte ich einen Namen nennen: Helge Loewenberg-Domp.

Sie wurde im Jahr 1915 als Tochter jüdischer Eltern in Münster geboren. Bald nach ihrem ersten öffentlichen Auftritt als junge Sängerin in ihrer Vaterstadt floh sie schon im März 1933 als Siebzehnjährige in die Niederlande. Dort konnte sie überleben, mit Mühe und Not. Drei Jahre, von 1942 bis 45, war sie zusammen mit ihren Eltern und ihrer Schwester untergetaucht, in einem Versteck auf einem Dachboden in Nijkerk.

Nach dem Krieg konnte sie ihre Gesangsausbildung, die sie noch in Münster begonnen hatte, nicht mehr fortsetzen. Aber ihr ganzes Leben hat sie weiter für die Musik gelebt und gearbeitet. Bis ins hohe Alter erzählte sie jungen Menschen, wie sie der Gewaltherrschaft widerstanden hatte und ihr so entkommen war. Sie starb am 2. Januar 2021 in Amsterdam, im Alter von 105 Jahren.

Ich kann mir gut vorstellen, wie die letzten drei Zeilen eines niederländischen Gedichtes klingen würden, wenn nicht ich sie aussprechen würde, sondern sie:

„Een volk dat voor tirannen zwicht, / zal meer dan lijf en goed verliezen, / dan dooft het licht" (Hendrik Mattheus von Randwijk, 1909–1966).

Ein Volk, das den Tyrannen weicht, / wird mehr als Leib und Gut verlieren, / dann erlischt das Licht.

(Inschrift auf dem Widerstandsmonument an der Weteringschans in Amsterdam)

Nicht nur Gewaltherrscher, auch Gewohnheiten können zu Tyrannen werden – sogar Gewohnheiten, die lange gut schienen. Wir müssen uns zur Zeit von einer Lebensweise verabschieden und befreien, von der wir uns, immer noch zögernd, ungern trennen. Aber der Klimawandel ist unerbittlich, und so mussten wir inzwischen erkennen: Unsere bisherige Lebensweise kann und darf nicht mehr die Lebensweise der Zukunft sein. Denn diese Art zu leben, einfach immer weiter so drauf los zu leben, „ach, was soll's, nach uns die Sintflut!" –, das hat schon katastrophale Schäden angerichtet, mehr als genug. Immer deutlicher zeichnet sich ab: Wir beschwören noch weit Schlimmeres herauf, wenn wir nicht endlich umkehren.

Geistesgegenwärtig sein – glücklich, wer das kann! Wir wünschen es uns gegenseitig. Damit wir in entscheidenden Augenblicken vorbereitet sind. Damit auch wir Jesu Wunsch folgen können – oder ist es seine flehentliche Bitte: „Haltet auch ihr euch bereit!" „Wachet und betet!" (Mt 24,24.26,41)?

Heinz-Georg Surmund

Zur Gestaltung von Wort-Gottes-Feiern mit GWiK

Die Gestaltung der Wort-Gottes-Feiern in GWiK orientiert sich am Werkbuch für die Wort-Gottes-Feier an Sonn- und Festtagen.

LIEDVORSCHLÄGE

Mit den Gesängen zur Eucharistiefeier lassen sich auch Wort-Gottes-Feiern gestalten. Dabei sind die der Eucharistiefeier vorbehaltenen Lieder einfach wegzulassen. Sollten andere Lieder nicht zur Wort-Gottes-Feier passen, wird ihnen eine Alternative angeboten. Sonn- und festtägliche Lobpreise sind dem Werkbuch für die Wort-Gottes-Feier zu entnehmen. Zudem wird hin und wieder ein Vorschlag für einen Hymnus gemacht, der den Lobpreis abrundet. Außerhalb der Fasten- und Adventszeit ist das in der Regel das Glorialied.

ERÖFFNUNG

Der Eröffnungsteil ist für Eucharistiefeier und Wort-Gottes-Feier gleichermaßen geeignet. Der liturgische Gruß ist so formuliert, dass er von Klerikern und Laien gesprochen werden kann.

ZU DEN SCHRIFTLESUNGEN

Der zweite Gliederungspunkt „Zu den Schriftlesungen" bezieht sich ebenfalls auf beide Gottesdienstformen. Von den Predigten bietet sich besonders die Kurzpredigt als Lesepredigt für die Wort-Gottes-Feier an.

ELEMENTE FÜR DIE WORT-GOTTES-FEIER

Die hier angeführten Elemente beziehen sich im Regelfall auf die „Antwort der Gemeinde" auf das gehörte Wort Gottes. Dazu kann auch eine zu bestimmten Sonn- und Festtagen gehörende Segnung zählen, etwa die Segnung des Adventskranzes. Segnungen setzen eine Beauftragung durch den Bischof voraus.
Die „Antwort der Gemeinde" auf die „Verkündigung des Wortes Gottes" mündet im sonn- oder festtäglichen Lobpreis.

FÜRBITTEN

Die Fürbitten sind für beide Feiern gedacht. Bei der Wort-Gottes-Feier entfällt das abschließende Gebet. Hier wird direkt das Vaterunser eingeleitet.

Gesamtverzeichnis 2023

Behandelte Perikopen
(mit Kurzpredigten, ohne Kinderpredigten)

Gottesdienst-Modelle

Thematische Reihen

Thematische Vorlagen und Beiträge

Anschriften der Mitarbeiterinnen und Mitarbeiter dieses Bandes

Barton, Pfr. Stefan, Jakobstraße 48, 65479 Raunheim – **Bidinger,** Dipl. Relpäd (FH) Daniel, Rotkehlchenweg 22, 55126 Mainz – **Birk,** OSB P. Martin, Abtei, 97359 Münsterschwarzach – **Brantzen,** Prof. Dr. Hubertus, Südring 303, 55128 Mainz – **Busse,** P. Elmar, Klosterstraße 5, 56428 Dernbach – **Büning,** P. Sebastian, Brüder-Grimm-Str. 1, 36037 Fulda – **Buysch,** Dr. Theol. Dipl. Theol. Christoph, Sandberg 139b, 47809 Krefeld – **Diener,** Pfr. Thomas, Kurgartenstraße 16, 67098 Bad Dürkheim – **Gaidetzka,** Dipl. Theol. Petra, Im Purweider Feld 14, 52070 Aachen – **Geist,** Domkap. em. Dr. Heinz, Kettengasse 26, 97070 Würzburg – **Goßmann,** Brigitte, Zweitorstr. 25a, 41748 Viersen – **Günther,** OSFS P. Hans-Werner, Salesianum-Rosental, 85072 Eichstätt – **Hardt,** Elisabeth, Dipl. Soz-Päd., Rubensallee 48, 55127 Mainz – **Hartmann,** Spiritual Dr. Wolfgang, Bischöfliches Priesterseminar der Diözese Fulda, 36037 Fulda – **Heinemann,** OMI P. Christoph, Merkurweg 21, 55126 Mainz – **Heizmann,** Pastoralreferent Klaus, Herrenhausstraße 16, 55291 Saulheim – **Hieke,** Prof. Dr. Thomas, Sägemühle 7, 91275 Auerbach-Michelfeld – **Hirt,** Beate, Rheinallee 1c, 55116 Mainz – **Hörnemann,** OSB P. Dr. Daniel, Abtei Gerleve, 48727 Billerbeck – **Hürter,** Pfr. Heinz-Norbert, Via Aurelia Vecchia, 14 A, I-00058 Santa Marinella (RM) – **Jagelki,** OMI P. Jürgen, Merkurweg 21, 55126 Mainz – **Jakobi,** Dompropst i. R. Paul, Pauline-von-Mallinckrodt-Platz 8, 32243 Minden – **Jauch,** OFM P. Robert, Laubenweg 1, 63637 Jossgrund-Burgjoß – **Kast,** Pfr. Hermann, Ludwig-Uhland-Straße 3, 67346 Speyer – **Kayenburg,** Dipl. Theol. Katrin, Eichhornstraße 11, 41239 Mönchengladbach – **Kirsch,** Dipl. Theol. Philipp, Universitätsring 19, E 244, 54296 Trier – **Klinger,** Dipl. Theol. Norbert, Bahnhofstr. 18, 63457 Hanau – **Klosterkamp,** OMI P. Dr. Thomas, Oblate School of Theology, 285 Oblate Drive, San Antonio TX 78216, U.S.A. – **Knapp,** Pastoralreferent Steffen, Kiefernstraße 29, 55246 Mainz – **Knobloch,** OFMCap Prof. P. Dr. Stefan, Fürstenzellerstr. 29a, 94036 Passau – **Konrad,** Pfr. Markus W., Augustinerstr. 34, 55116 Mainz – **Kowalski,** Prof. Dr. Beate, Nachtigallenweg 1, 44225 Dortmund – **Kreiss,** Clemens, Grüne Gasse 10, 48143 Münster – **Kruse,** Br. Karsten-Johannes, Ellewick 14, 48691 Vreden – **Kulla,** OMI P. André, Brüder-Grimm-Str. 1, 36037 Fulda – **Kunz,** Dipl. Theol. Dipl. Rel.-päd. Florian, Orli-Torgau-Str. 7, 54294 Trier – **Lazar,** OSB Sr. Ruth, Abtei St. Gertrud, Alexanderdorf, Klosterstraße 1, 15838 Am Mellensee – **Leist,** Dekan Klaus, Fruchtmarkt 19, 66606 St. Wendel – **Lehnertz-Lütticken,** Marlies, Händelstr. 8, 54294 Trier – **Lerchl,** Pfr. Markus, Basilikastraße 1, 55411 Bingen – **Maierhof,** Pfr. Jens, Gymnasiumstraße 16, 76297 Stutensee – **Miorin,** Pfr. Albert L., Scheyerer Straße 4, 85276 Pfaffenhofen/Ilm – **Modenbach,** SAC P. Siegfried, Geistliches Zentrum, Kohlhagen 2, 57399 Kirchhundem – **Molzberger,** Agnes, Frankfurter Str. 6, 65239 Hochheim – **Nitsche,** Dr. Martin, Fb Katholische Theologie, Goethe-Universität, 60323 Frankfurt a. M. – **Ohly,** Pfr. Prof. Dr. Christoph, Lichhof 1, 50676 Köln – **Rieth,** Ordinariatsdirektorin Stephanie, Schultheißweg 17, 55252 Mainz-Kastel – **Rohrbach,** Melina, Generaloberst-Beck-Straße 11, 55129 Mainz – **Roth,** Prof. Dr. Cornelius, Eduard-Schick-Platz 5, 36037 Fulda – **Rottmann,** OMI Br. Burkhard, Klosterstr. 5, 36088 Hünfeld – **Röll,** Dr. Maximilian, Birkenweg 6, 65558 Gückingen – **Schäfer,** Pfr. Tobias, Lutherring 9, 67547 Worms – **Schmidt,** Pastoralreferentin Brigitte, Gerastr. 41, 53125 Bonn – **Schmidt,** Msgr. Prof. Dr. Konrad, Im Wienig 3, 59846 Sundern Stockum – **Schmitt,** Kpl. Dominik, Frankenstraße 3, 56727 Mayen – **Solis,** Pastor Dr. Robert, Bonhoefferstr.1, 38444 Wolfsburg – **Stephan,** Pastoralreferent Thomas, Mozartstr. 7, 76863 Herxheim – **Surmund,** Pfr. Dr. Heinz-Georg, Katthagen 41, 48143 Münster – **Tillmann,** Pfr. Dr. Norbert, Friedensstr. 11, 49492 Westerkappeln – **Trostheide,** Carolin, Alte Holzstraße 3, 59302 Oelde – **Vey,** OMI P. Patrick, Brüder-Grimm-Str. 1, 36037 Fulda – **Vogt,** OMI Sr. Kathrin, Walburgisplatz 12, 46342 Velen – **Watteroth,** OMI P. Jens, Oblatenkloster St. Eugen von Mazenod, Barbarastraße 5, 45307 Essen – **Wedon,** OMI P. Dr. Athanasius, Nikolauskloster, 41363 Jüchen – **Wieczorek,** OMI P. Florian, Merkurweg 21, 55126 Mainz – **Wilczek,** OMI P. Norbert, Vennweg 6, 46325 Borken-Burlo – **Worbs,** Prof. Dr. Marcin, ul. Partyzancka 8, PL 45-850 Opole – **Zier,** Mag. theol. Johannes, Rückertstraße 51, 60314 Frankfurt a. M.